权威·前沿·原创

皮书系列为

“十二五”“十三五”“十四五”时期国家重点出版物出版专项规划项目

智库成果出版与传播平台

贵阳贵安“强省会”发展报告

（2024）

REPORT ON THE DEVELOPMENT OF GUIYANG GUI'AN AS A STRONG PROVINCIAL CAPITAL (2024)

主　　编／黄朝椿　李海舰
执行主编／罗以洪　彭绪庶　吕念东
执行副主编／王国丽　陈　涛　余斌鑫

社会科学文献出版社
SOCIAL SCIENCES ACADEMIC PRESS (CHINA)

图书在版编目(CIP)数据

贵阳贵安“强省会”发展报告.2024 / 黄朝椿，李海舰主编；罗以洪，彭绪庶，吕念东执行主编.-- 北京：社会科学文献出版社，2025.2.--（贵州蓝皮书）.
ISBN 978-7-5228-4903-4

Ⅰ.F127.73

中国国家版本馆 CIP 数据核字第 2025JJ2857 号

贵州蓝皮书
贵阳贵安“强省会”发展报告（2024）

主　　编 / 黄朝椿　李海舰
执行主编 / 罗以洪　彭绪庶　吕念东
执行副主编 / 王国丽　陈　涛　余斌鑫

出 版 人 / 冀祥德
责任编辑 / 陈　颖
责任印制 / 岳　阳

出　　版 / 社会科学文献出版社 · 皮书分社（010）59367127
　　　　　地址：北京市北三环中路甲 29 号院华龙大厦　邮编：100029
　　　　　网址：www.ssap.com.cn
发　　行 / 社会科学文献出版社（010）59367028
印　　装 / 三河市东方印刷有限公司

规　　格 / 开　本：787mm × 1092mm　1/16
　　　　　印　张：26.75　字　数：398 千字
版　　次 / 2025 年 2 月第 1 版　2025 年 2 月第 1 次印刷
书　　号 / ISBN 978-7-5228-4903-4
定　　价 / 168.00 元

读者服务电话：4008918866

本著作为2023年度贵阳贵安政校、政所、政院合作重大专项课题（社科类）“贵阳贵安‘强省会’经验比较研究”（编号：贵阳贵安重大专项［2023］社科-001）和中国社会科学院国情调研贵州基地成果，获贵州省社会科学院“区域经济学”重点学科支持。

《贵阳贵安“强省会”发展报告（2024）》
编　委　会

《贵阳贵安“强省会”发展报告（2024）》编辑部

主　　编　黄朝椿　李海舰

执行主编　罗以洪　彭绪庶　吕念东

执行副主编　王国丽　陈　涛　余斌鑫

编　　辑　贺　俊　王红霞　罗先菊　朱　薇　林　玲
宋军卫　陈绍宥　亢楠楠　张宙材　方　翌
吴　帆　潘　一　卫肖晔　袁　昕　周　雄
张　笑　颜　强　杨竹卿　寻　雯

主要编撰者简介

黄朝椿 管理学博士，贵州省社会科学院党委书记。主要研究方向为宏观经济、数字经济、发展理论，在《人民日报（理论版）》《经济日报（理论版）》《学习时报》《法制日报》《计量经济学报》《中国科学院院刊》《外国经济与管理》等刊物上发表多篇学术论文。

李海舰 中国社会科学院数量经济与技术经济研究所党委书记、副所长，二级研究员，中国社会科学院大学教授、博士生导师。全国新闻出版行业领军人才、中国社会科学院哲学社会科学创新工程长城学者（2011~2016），享受国务院政府特殊津贴。兼任中国数量经济学会常务副理事长，曾任中国社会科学院工业经济研究所副所长。主要研究方向为数字经济与产业创新、战略管理与组织创新、公司哲学与思维创新，在《中国社会科学》《管理世界》《中国工业经济》等刊物上发表论文多篇，曾获孙冶方经济科学奖、蒋一苇企业改革与发展学术基金奖、中国社会科学院优秀科研成果奖等多项。

罗以洪 管理学博士，贵州省社会科学院区域经济研究所所长、研究员，贵州省政府津贴获得者，贵州省数字经济实验室执行主任，兼任国家社会科学基金项目同行评议专家、贵州省大数据局专家库等专家。主要研究方向为区域经济、数字经济、创新管理，在《管理科学学报》等核心期刊发表文章 10 余篇，出版专著 3 部，负责多项经济发展规划课题，主持 1 项国家课题、8项省部级课题，承担的科研成果多次获得省级主要领导的肯定性批示，负责执行主编多部蓝皮书，主持的科研成果获贵州省第十三次哲学社会科学优秀成果奖一等奖。

彭绪庶 中国社会科学院数量经济与技术经济研究所信息化与网络经济研究室主任、研究员，中国社会科学院大学教授、博士生导师，博士后合作导师，兼任中国社会科学院信息化研究中心主任、中国技术经济学会常务理事、科技创新政策与评价专业委员会副主任。主要研究方向为数字技术创新与创新政策、绿色发展与生态文明，多项政策建议获国家领导人批示，曾多次获中国社会科学院优秀对策信息奖。

吕念东 贵阳市社会科学界联合会党组书记、主席，贵阳市十五届人大常务委员会委员、法制委员会副主任委员（兼），高级编辑。主要研究方向为法学、经济学。组织编撰《筑梦人——中华人民共和国成立70年来贵阳知识分子的家国情怀》《芳华70——辉煌的筑迹》《砥砺奋进四十年——贵阳市改革开放印记》《破冰之战——贵阳创建全国禁毒示范城市的探索与实践》等著作。

王国丽 贵州省社会科学院区域经济研究所支部副书记，贵州省数字经济实验室副秘书长，助理研究员，博士研究生。在《农村经济》《农业经济》等期刊发表论文10余篇，参加多部蓝皮书系列编辑出版。主要研究方向为产业经济、数字农业，企业管理。

陈　涛 管理学博士，硕士生导师。贵州师范大学经济与管理学院副教授，贵州省数字经济实验室副主任。主要研究方向为数字经济、区域经济、创新管理。在《系统工程》《科学学与科学管理》等学术刊物发表理论文章20余篇，由光明日报出版社出版专著1部。主持国家社科基金项目1项，省部级课题2项，参与国家级课题多项。作为核心成员参与撰写的多份专报获得省主要领导肯定性批示。

余斌鑫 贵州省社会科学院区域经济研究所助理研究员，贵州省数字经济实验室副秘书长。主要研究方向为中小企业数字化转型，参与国家级课题2项，省级课题4项，主持地厅级课题10余项，在省级以上报刊发表理论文章多篇。

摘　要

“强省会”，就是做大做强省会城市，在资源、政策等方面予以支持，通过“强省会”行动树立省会城市的榜样，辐射、带动全省。贵州省委十二届八次全会提出在“十四五”时期将实施“强省会”五年行动，加快构建以黔中城市群为主体、贵阳贵安为龙头、贵阳—贵安—安顺都市圈和遵义都市圈为核心增长极的新格局。

《贵阳贵安“强省会”发展报告（2024）》由总报告、分报告、专题报告、案例报告、附录等部分组成。总报告主要回顾了2021~2023年贵州提出实施“强省会”行动以来贵阳贵安在产业升级、城市建设、生态环保、社会事业等各项工作中的主要成效，比较分析贵阳贵安与全国省会城市的发展差异，研究认为贵阳贵安“强省会”行动推进中还存在城市品质和基础设施有待提升、经济发展及产业转型面临压力、资源节约和环境保护约束发展等“三大问题”，提出了做优城市功能打造贵阳贵安为最佳宜居城市、坚持产业为要构建贵阳贵安现代化产业体系、坚持生态立市推进贵阳贵安生态文明强根基、坚持创新驱动为贵阳贵安发展注入强劲动力、坚持开放协作发挥省会功能推动跨区域协调等实施“强省会”行动的“五大建议”。分报告着重分析了贵阳贵安新型工业化、农业现代化、新型城镇化、旅游产业化、数字经济、生态立市、人才兴市、对外开放推进“强省会”的主要成效、存在的问题，并提出对策建议。专题报告主要对全国省会城市经济发展、主要省会城市工业“强省会”行动、数字经济“强省会”行动、生态文明“强省会”行动等进行了比较研究。案例报告主要对浙江省杭州市、山东省

济南市、湖南省长沙市、四川省成都市“强省会”经验进行了比较研究。

自“强省会”行动实施以来，贵阳市和贵安新区坚定不移落实“四主四市”工作思路，着力扩大内需、优化结构、提振信心、防范化解风险，加快推进产业升级、城市建设、生态环保、社会事业等各项工作，经济社会发展实现了质的有效提升和量的合理增长。着眼未来，贵阳贵安将紧紧围绕大数据、大生态战略，全力实施“强省会”行动，大力发展数字经济，加快产业结构调整与转型升级，做优城市功能打造贵阳贵安最佳宜居城市，坚持产业为要构建贵阳贵安现代化产业体系，坚持生态立市筑牢贵阳贵安生态文明根基，坚持创新驱动为贵阳贵安发展注入强劲动力，坚持开放协作发挥省会功能推动跨区域协调，进一步推动贵阳贵安高质量发展，奋力谱写中国式现代化贵州篇章。

关键词： 贵阳贵安　“强省会”行动　中国式现代化

Abstract

"The development as a strong provincial capital" is to make the capital city bigger and stronger, prioritize it in resource allocation, policy support and other aspects, and set up an example of cities through the action to radiate and drive the development of the whole province. The development as a strong provincial capital action was stated in the eighth plenary session of the 12th Guizhou Committee of the Communist Party of China that it will be implemented during the "14th Five-Year Plan" period, to accelerate the construction of the Qianzhong city cluster as the main body and Guiyang Guian as the leader, and to build Guiyang-Guian-Anshun city cluster and Zunyi city cluster as the core growth poles.

Guiyang Guian's "the development as a strong provincial capital" Development Report (2024) consists of a general report, sub-reports, special reports, case reports and appendices. The general report mainly reviews the main achievements of Guiyang Guian in industrial upgrading, urban construction, ecological protection, social programs, etc., in 2021-2023, and compares and analyzes the differences in the development of Guiyang Guian with the capital cities across the country. There are four major problems during the action: urban quality and infrastructure upgrading, economic development and industrial transformation pressure, resource conservation and environmental protection constraints, and the lack of innovation drive. In order to implement the development as a strong provincial capital action, the general report puts forward five recommendations: optimizing city functions to create Guiyang Guian for the best livable city, adhering to the industry as the key to build modern industrial system, adhering to the ecological civilization, adhering to the innovation drive for the developments, adhering to the opening-up to promote the cross-regional coordination. Sub-reports focus on the achievements and problems of new industrialization, agricultural modernization, tourism industrialization, digital economy, ecological city, talent city, opening-up among the development of Guiyang Gui' an as a strong provincial capital action, and put forward countermeasures and recommendations. Special reports focus on a comparative study of the economic development of capital cities across China, and the industrial development of Guiyang Gui' an as a strong provincial capital, the digital development of Guiyang Gui' an as a strong provincial capital and the eco-civilization development of Guiyang Gui' an as a strong provincial capitalof major capital cities in China. Case reports focuses on a comparative study on the development as a strong provincial capital experiences of Hangzhou, Jinan, Changsha and Chengdu.

Since the implementation of the "the development as a strong provincial capital" action, Guiyang Guian unswervingly implements the "four main four cities" strategy, focuses on expanding domestic demand, optimizes structures, boosts confidence, prevents and resolves risks, and accelerates industrial upgrading, urban construction, ecological and environmental protection, social programs and so on. The economic and social development has realized effective improvement in quality and reasonable growth in quantity. Focus on the future Guiyang Guian will closely pursue the big data and big ecological strategies, fully implement the "the development as a strong provincial capital" action to vigorously develop digital economy, accelerate the industrial restructuring, transformation and upgrading. Further promotes the high-quality development of Guiyang Guian and strives to write Guizhou chapter of a Chinese path to modernization by building the best livable city, constructing modern industrial system, building ecological civilization foundation, adhering to innovation drive, giving full play to the capital comprehensive capacity to promote the coordinated development across regions.

Keywords: Guiyang Guian; Strong Provincial Capital; A Chinese Path to Modernization

目　录

Ⅰ　总报告

Ⅱ　分报告

Ⅲ　专题报告

Ⅳ　案例报告

CONTENTS

I General Report

II Subject Reports

Ⅲ Special Reports

Ⅳ Case Reports

总 报 告

B.1

大力实施“强省会”行动 奋力谱写中国式现代化贵州篇章

——2024 年贵阳贵安发展报告

贵阳贵安“强省会”发展报告课题组*

摘 要： “强省会”，就是做大做强省会城市，在资源、政策等各方面处于优先，通过“强省会”行动树立省会城市的榜样，辐射、带动全省。

* 课题组组长：黄朝椿，管理学博士，贵州省社会科学院党委书记，主要研究方向为宏观经济、数字经济、发展理论；李海舰，中国社会科学院数量经济与技术经济研究所党委书记、副所长、经济学博士、二级研究员，主要研究方向为公司数字经济与产业创新、战略管理与组织创新、公司哲学与思维创新；谢忠文，贵州省社会科学院副院长、法学博士，主要研究方向为政治经济学、创新理论。执行组长：罗以洪，贵州省社会科学院区域经济研究所所长、研究员、博士，主要研究方向为区域经济、数字经济、创新管理；彭绪庶，中国社会科学院数量经济与技术经济研究所信息化与网络经济研究室主任、研究员、博士生导师，主要研究方向为数字技术创新与创新政策、绿色发展与生态文明。执行副组长：王国丽，贵州省社会科学院区域经济研究所支部副书记、助理研究员，主要研究方向为产业经济、数字农业、企业管理；陈涛，贵州师范大学经济与管理学院副教授、博士，主要研究方向为数字经济、创新管理；余斌鑫，贵州省社会科学院区域经济研究所助理研究员，主要研究方向为中小企业数字化转型。

贵州省委十二届八次全会提出在“十四五”时期将实施“强省会”五年行动，加快构建以黔中城市群为主体、贵阳贵安为龙头、贵阳—贵安—安顺都市圈和遵义都市圈为核心增长极的新格局。本报告在阐述贵阳贵安“强省会”行动提出背景下，总结了“强省会”行动实施以来的主要成效，比较分析贵阳贵安与全国省会城市的发展差异。研究认为，贵阳贵安“强省会”行动推进中还存在城市品质和基础设施有待提升、经济发展及产业转型面临压力、资源节约和环境保护约束发展“三大问题”，提出了贵阳贵安做优城市功能打造贵阳贵安为最佳宜居城市、坚持产业为要构建贵阳贵安现代化产业体系、坚持生态立市推进贵阳贵安生态文明强根基、坚持创新驱动为贵阳贵安发展注入强劲动力、坚持开放协作发挥省会功能推动跨区域协调等实施“强省会”行动的“五大建议”。

关键词： “强省会”行动　贵阳贵安　中国式现代化　贵州

党的十八大以来，以习近平同志为核心的党中央高度重视科技创新和区域协调发展工作，提出了一系列重大战略部署。进入“十四五”后，“强省会”（含“强首府”，全书同）一词频频见诸媒体。据不完全统计，长沙、石家庄、福州、贵阳、太原、济南、南宁、武汉、郑州、昆明、南京、杭州、成都、西安等省会城市，都提出了“强省会”行动或强中心城市战略，一些首位度并不低的省会城市迅速出台了可操作性极强的“强省会”具体措施。长期以来，基于历史、自然等多方面原因，贵州省发展相对滞后、城乡区域发展不平衡问题突出。2020 年 2 月，《中共贵州省委 贵州省人民政府关于支持贵安新区高质量发展的意见》提出推动贵阳贵安融合发展，2020 年 12 月，中共贵州省委提出实施“强省会”五年行动，通过“强省会”行动提升省会综合实力和竞争力，带动全省经济社会高质量发展，奋力谱写中国式现代化贵州篇章。

一　贵阳贵安“强省会”行动提出背景

2020 年 12 月，中共贵州省委十二届八次全会提出，贵州“十四五”时期将实施“强省会”五年行动，加快构建以黔中城市群为主体、贵阳贵安为龙头、贵阳—贵安—安顺都市圈和遵义都市圈为核心增长极的新格局。贵州成为继福建之后，第二个正式宣布启动“强省会”行动的省份，通过“强省会”行动，推动省会城市加快发展，提升省会城市综合实力和竞争力，使其成为引领全省经济社会发展的核心增长极。

（一）贯彻落实习近平总书记视察贵州重要讲话精神的重大举措

2015 年 6 月，习近平总书记到贵州视察，指示贵州要坚持新型工业化、新型城镇化、农业现代化、旅游产业化“四个轮子一起转”，守住发展和生态两条底线，走出一条有别于东部、不同于西部其他省份的发展新路。2021 年 2 月 3~5 日，习近平总书记视察贵州，勉励贵州广大干部群众坚持稳中求进的工作总基调，坚持以高质量发展统揽全局，在新时代西部大开发上闯新路，在乡村振兴上开新局，在实施数字经济战略上抢新机，在生态文明建设上出新绩。实施“强省会”行动，是贯彻落实习近平总书记对贵州工作系列重要讲话精神的重要举措。一是提升贵阳贵安综合经济实力。在新的发展阶段，贵州省需要寻找新的增长点和动力源。贵阳贵安是全省政治、经济和文化中心，通过实施“强省会”行动，优化产业结构、提高科技创新能力和人才吸引力，增强贵阳贵安的综合实力和城市竞争力。二是发挥贵阳贵安辐射带动作用。贵阳贵安在区域发展中具有重要的战略地位，通过加强贵阳贵安融合发展，更好地发挥其辐射带动作用，促进与周边地区经济联动和协同发展，推动贵州省内区域经济一体化进程，加强与周边省份交流合作，共同构建更加紧密的经济圈。

（二）全省经济社会高质量发展需要省会城市发挥更大牵引作用

受地理环境等制约，贵州曾经是全国贫困人口最多、脱贫攻坚最艰巨的省份。在过去10多年时间里，贵州紧紧抓住西部大开发机遇，贯彻落实《国务院关于进一步促进贵州经济社会又好又快发展的若干意见》（国发〔2012〕2号），大力实施“大扶贫、大数据、大生态”三大战略行动，在经济上实现了跨越式发展。2010~2019年十年间，贵州经济增速始终稳居全国前3位。尽管如此，贵州高质量发展仍然面临不少困难。一是发展基础仍然相对薄弱。历史欠账包袱较多，影响了贵州的现代化进程。2023年，贵州GDP为2.09万亿元，在全国31个省区市中排名第22位，GDP占全国的比例仅为1.67%；2023年末，全省城镇常住人口为2162.08万人，常住人口城镇化率为55.94%，远低于全国66.16%的平均水平。二是贵州与周边省份比较优势不突出。从周边省份发展来看，贵州北部的川渝地区是国家内循环战略核心地区，东边的湖南是中国十大经济强省之一，南边的广西、西边的云南是我国对接东盟的桥头堡。比较而言，贵州无论是区位条件、经济总量还是开放程度都弱于周边省份。从人口及人才来看，2023年，贵州常住人口3865万人，在全国排名第17位，在西南地区中低于四川（8638万人，全国排名第5位）、广西（5027万人，全国排名第11位）和云南（4673万人，全国排名第12位），[①] 属于西南人口较少省份之一，贵州需要从长计议，留住和吸引外来人口。三是贵阳首位度不高。2019年，贵阳经济首位度为24.1%，与成都、武汉等省会城市相比，还有很大提升空间。从省内来看，贵阳的经济龙头地位还有待提升。表1所示为2010年、2019年全国省会（含首府，全书同）城市经济首位度比较。

① 资料来源：根据全国统计年鉴、统计公报及各省区统计公报综合计算得到。

表1　2010年、2019年全国省会（首府）城市经济首位度比较

省会城市	2010年GDP(亿元)	2010年全省GDP(亿元)	2019年GDP(亿元)	2019年全省GDP(亿元)	2010年全省经济首位度(%)	2019年全省经济首位度(%)	经济首位度变化(个百分点)
银川	763.26	1643.41	1901.48	3705.18	46.4	51.3	4.9
长春	3329.00	8577.06	5904.10	11726.80	38.8	50.3	11.5
西宁	628.28	1350.43	1327.82	2965.95	46.5	44.8	-1.7
拉萨	178.91	507.46	617.88	1600.00	35.3	38.6	3.3
哈尔滨	3665.90	10235.00	5249.40	13612.70	35.8	38.6	2.8
成都	5508.30	16898.60	17012.65	46615.82	32.6	36.5	3.9
西安	3241.49	10021.53	9321.19	25793.17	32.3	36.1	3.8
武汉	5515.76	15806.09	16223.20	45828.31	34.9	35.4	0.5
兰州	1100.39	4119.46	2837.36	8718.30	26.7	32.5	5.8
海口	590.55	2052.12	1671.93	5308.94	28.8	31.5	2.7
长沙	4547.06	15902.12	11574.22	39752.12	28.6	29.1	0.5
昆明	2120.37	7220.14	6475.88	23223.75	29.4	27.9	-1.5
沈阳	5017.00	18278.30	6470.30	24909.50	27.4	26.0	-1.4
合肥	2702.50	12263.40	9409.40	37114.00	22.0	25.4	3.4
乌鲁木齐	1311.00	5418.81	3450.09	13780.00	24.2	25.0	0.8
杭州	5945.82	27227.00	15373.00	62352.00	21.8	24.7	2.9
贵阳	**1096.79**	**4593.97**	**4039.60**	**16769.34**	**23.9**	**24.1**	**0.2**
太原	1778.05	9088.10	4028.51	17026.68	19.6	23.7	4.1
南昌	2207.11	9435.00	5596.18	24757.50	23.4	22.6	-0.8
福州	3068.21	14357.12	9392.30	42395.00	21.4	22.2	0.8
广州	10604.48	45472.83	23628.60	107671.07	23.3	21.9	-1.4
郑州	4002.90	22942.68	11589.70	54259.20	17.4	21.4	4.0
南宁	1800.43	9502.39	4506.56	21237.14	18.9	21.2	2.3
石家庄	3401.02	20197.10	5809.90	35104.50	16.8	16.6	-0.2
呼和浩特	1865.71	11655.00	2791.46	17212.50	16.0	16.2	0.2
南京	5010.36	40903.30	14030.15	99631.52	12.2	14.1	1.9
济南	3910.80	39416.20	9443.40	71067.50	9.9	13.3	3.4

说明：本书所称“首位度”是指省会（首府）城市某项指标占全省（自治区）的比重。
资料来源：根据各省、自治区统计年鉴整理分析得到，不含直辖市。

（三）新时代推动产业转型升级和人民高品质生活提升的迫切需要

实施“强省会”行动，是在新阶段下推动全省高质量发展的战略抉择。一是产业资本密集度大幅提高，“省域经济”时代到来。中国改革开放取得巨大成就，“县域经济”发挥了较大作用。改革开放以来，全国3000多个区县千方百计发展GDP，发展了一大批具备市场化、竞争力非常不错的县域产业集群，从浙江义乌、温州到广东佛山的大片富县通过县域经济实现了较快发展，浙江温州打火机、浙江玉环水龙头、广东佛山陶瓷等县域特色优势产品形成了有较强竞争力的县域经济品牌。但科技的进步使产业投资级别和技术门槛大大提高。过去一个小村镇或小老板集资几十万或上百万元就可以搞纺织、塑胶、五金等小厂，一个县攒出几亿元甚至几十亿元也能建厂投产。但科技含量高的芯片、面板、大化工等产业投资规模起步都在数百亿元、千亿元级别以上，如此巨大的投资规模和庞大的产业链不是县域经济所能独立完成的。2022年，上市公司深天马A在厦门建设一条第8.6代新型显示面板生产线，所需投资达330亿元；[①] 中石化在河北唐山曹妃甸建设千万吨级炼油项目，总投资额达267亿元。[②] 中国县域经济竞争模式已经逐步转向了省级区域竞争时代。二是高质量发展需要实现产业的转型升级。更严格的环保法规、更稀缺昂贵的土地资源和更严格的劳动保护已大幅压缩了很多中小型制造商的利润空间，需要各个区域间实现各种资源的有效整合才能扩大市场规模，从而形成更大的成本优势和产业竞争优势。依靠中心城市的产业集聚作用，通过政府将产业链条高端服务业（如研发、设计和品牌营销等）和制造业环节放置在大城市，推动产业转型升级，建立基于产业的大区域竞争合作关系。三是提高人民生活品质成为新时代发展的重要目标。通过实施“强省会”行动，进一步提升贵阳贵安城市品质和服务功能，为

① 《耗资330亿！深天马厦门8.6代TFT-LCD面板项目主厂房将全面封顶》，OFweek显示网，2023年6月26日，https://display.ofweek.com/2023-06/ART-8120-2300-30601227.html。

② 《我国千万吨级炼化项目概览（最新）》，搜狐网，2019年4月3日，https://www.sohu.com/a/305751805_732269。

市民提供更加优质的教育、医疗、文化、体育等公共服务，满足人民日益增长的美好生活需要，提高人民群众的生活水平和幸福感。贵阳贵安的快速发展，为全省人民提供了更多的就业机会和创业机会，让全省人民在新征程中共同创造和享受高品质生活。

（四）顺应国家区域发展战略参与更高水平合作竞争的主动选择

“强省会”并非简单地扩大城市规模或提高 GDP 指标，而是要提升城市综合实力和竞争力，实现经济、政治、文化、社会、生态文明建设“五位一体”全面进步。一是顺应国家区域发展战略促进全省经济实现新跨越。贵州地处西南腹地，与多个省份接壤，具有承东启西、连南贯北的区位优势。贯彻落实《国务院关于支持贵州在新时代西部大开发上闯新路的意见》（国发〔2022〕2 号）精神，实施“强省会”行动，加快贵阳等核心城市发展，是贵州顺应国家区域发展战略、促进全省经济实现新跨越发展的迫切需要。二是为贵州在新格局下参与更高水平合作竞争争取更大发展空间。在新的发展条件下，贵州面临的区域竞争更加激烈，实施“强省会”行动，有利于推动贵州融入东盟、大湾区、成渝、长江经济带等，加强与其他省份区域协作，参与更高水平合作竞争、争取更大发展空间。

二　“强省会”行动实施以来的主要成效

自“强省会”行动实施以来，贵阳市和贵安新区坚定不移落实“四主四市”工作思路，着力扩大内需、优化结构、提振信心、防范化解风险，加快推进产业升级、城市建设、生态环保、社会事业等各项工作，经济社会发展实现了质的有效提升和量的合理增长。

（一）实施“强省会”行动，综合实力再上新台阶

在“强省会”行动推动下，贵阳贵安综合实力迈上了新台阶。一是贵阳市综合实力实现新突破。2023 年，贵阳市全市地区生产总值再次跨过千

亿级台阶，达到5154.75亿元[①]，同比增长6%，增速高于全国、全省，经济运行总体呈现回稳向好、进中提质的良好态势。二是贵安新区发展开启新篇章。2023年，贵安新区地区生产总值实现229.13亿元，同比增长24.1%，增速居国家级新区首位，实现“三年大变样”良好开局。三是“强省会”行动实现新突破。贵阳贵安经济总量达到5278.04亿元，同比增长6.2%，数字经济占比超过50%，绿色经济占比达49%。2023年，贵阳市经济首位度进一步提升，达到24.6%，比2019年上升了0.5个百分点，在全国27个省区（下同）中排名第19位。表2所示为贵阳市2020~2023年地区生产总值及三次产业变化。

表2　2020~2023年贵阳市地区生产总值及三次产业变化

年份	地区生产总值（亿元）	同比增速（%）	第一产业增加值（亿元）	同比增速（%）	第二产业增加值（亿元）	同比增速（%）	第三产业增加值（亿元）	同比增速（%）
2020	4315.66	5.0	178.00	6.4	1563.84	5.6	2573.54	4.4
2021	4674.76	6.6	193.44	7.8	1647.72	5.1	2833.60	7.5
2022	4921.17	2.0	203.60	4.0	1739.57	3.7	2977.99	0.9
2023	5154.75	6.0	207.48	4.0	1805.28	5.8	3142.00	6.2

资料来源：根据历年统计数据综合计算所得。

（二）聚焦城市定位，宜居城市建设迈上新台阶

贵阳贵安坚持规划为先，聚焦城市发展高质量、城市生活高品质、城市治理高效能，城市建设迈上了新台阶。

1. 优化城市发展格局，打造高质量发展载体

优化城市空间布局，以点带面、以面带体辐射全省，提升省会城市发展能级，以省会强带动全省强。一是城市空间布局优化。优化城市空间布局，完成“一核三中心多组团”城市空间规划，擘画了未来十年城市发展蓝图。

① 2023年贵阳GDP数据未经第五次全国经济普查调整修改。全书同。

《贵阳市实施“强省会”五年行动方案》明确提出，努力将贵阳贵安打造成为首位度更高的省会城市、影响力更大的中心城市、生态性更强的功能城市、幸福感更足的宜居城市。到 2025 年，城市能级进一步提升，首位度达到 27%以上，城市常住人口达到 700 万人，城区常住人口达到 500 万人，城镇化率达到 80%左右。二是在宏观规划上体现品貌。按照全省“一群三带”空间格局规划，着力优化贵阳贵安城市空间布局，加快构建以云岩、南明老城为核，以观山湖-白云、贵安-清镇、花溪为中心，以双龙-乌当、开阳-息烽、修文为组团的“一核三中心多组团”城市空间格局，全面提升城市综合能级，推动建设承载千万级人口大都市，巩固提升贵阳贵安在黔中城市群中的核心地位。三是在中观规划上体现品质。围绕延续城市文脉、提升城市品质，打造“一河两片六区多点，绿心环林瞰湖拥山”的总体城市风貌，不断提升城市文化内涵和品牌竞争力。加强重点区域城市设计，让城市建设与文化文脉传承相得益彰，彰显以文韵城、以景靓城、城景交融的城市特色。四是在微观规划上体现品位。把城市规划精准实施到每条街区、每个项目、每栋建筑，下足绣花功夫，把每一寸空间管好用好，让城市的大街小巷、亭台楼阁、一砖一瓦都彰显品位、突出特色、体现情怀，让城市的每一座建筑都成为精心雕琢的“艺术品”。五是强化人口导入。通过大力实施人才引、育、用、留“四大工程”和“筑人才·强省会”在黔高校毕业生就业创业行动等举措，全面提升人口首位度。加快农业转移人口市民化，引导外来人口向城市功能新板块布局，扩大市政基础设施、公共服务设施等动态适配人口规模，以人流带动物流、商流、资金流、信息流，大力提升经济能级，提高经济首位度。受“强省会”行动、“最宽松落户”等政策激励，贵阳“逆袭”成为全国人口增量第二城。

2. 提升城市建设水平，构筑高品质生活空间

坚持把让群众满意摆在更加突出位置，从城市设施、城市功能、城市魅力着手，把城市建设成为宜居宜业宜游的高品质生活空间。一是做优“城”要素，城市颜值气质不断提升。大力实施城市更新行动，加大棚户区、老旧小区、背街小巷改造力度，深挖历史文脉，实施贯城河揭盖工程，建设城垣

文化步道，打造甲秀楼、翠微园、阳明祠、文昌阁等历史文化街区，扮靓城市颜值、提升城市气质。二是做活“房”要素，商品房加快去库存。持续引导房地产业良性循环和健康发展，强化商品房、保障性租赁住房、安置房、标准厂房“四房”联动，为老百姓住有所居、住有宜居、住有优居创造良好条件，更好满足高品质生活和现代产业发展需要。三是做通“路”要素，城市功能日趋完善。加快建设轨道交通 S1 线，开通运营轨道交通 3 号线，贵阳地铁迈入“线网时代”，日均客流量超过 62 万人次。持续推进打通城市“断头路”，拥堵指数稳定退出全国前 10。优化调整常规公交线路 58 条，有效提升了群众公共出行效率，城市功能日趋完善。四是做好“治”要素，城市治理水平持续提升。市区两级城市运行管理中心建成投用，初步实现城市“一网总览、一网统管、一网通办、一网共享”。中心城区 77 个生活垃圾转运站全部关停，新建、改造生活垃圾转运分类分拣中心 36 个，全市城乡原生生活垃圾实现“零填埋”，生活垃圾分类工作评估排名跃升至全国大城市前列。五是做足“园”要素，推进“千园之城”建设。筑牢“一带四廊、八河千园”生态安全格局，建设更多开敞式、景观化公园，实现园在城中、城在园中、城园相融，打造城市宜居宜业宜游环境。有效构筑贵阳贵安成为一幅“宜居宜业宜游、精致精美精彩”的美丽城市画卷，贵阳贵安城市功能品质飞速提升，“千园之城”正在逐渐形成。

3. 提高城市治理能力，让城市生活更美好

贵阳贵安大力围绕城市运行关键环节，破解城市管理中的难点、堵点，全力提升城市综合治理能力。一是打一场交通治堵的攻坚战。针对贵阳市交通拥堵难点问题，2021 年 10 月，贵阳市提出以铁的手腕打一场交通治堵攻坚战。系统推进公交、轨道交通、环城快铁等公共交通深度融合，建好用好数字化智能交通指挥平台，提升“人、车、路、灯、站”适配度，打通重点区域堵点，切实解决交通“顽疾”。百度地图等发布的《2023 年度中国城市交通报告》显示，2023 年，贵阳交通拥堵指数全国排名均为 10 名之外，贵阳市拥堵指数、拥堵里程、拥堵持续时间均呈下降趋势。二是全力抓好城市运行保障。持续完善水、电、气、讯等市政基础设施，健全消费品流通体

系，完善农产品供应链体系，做好粮食安全保障和重要农产品保供稳价，加大基本生活物资保障力度，不断满足城市人口增长和产业发展需要。三是全力抓好城市运行管理。加快建设城市运营中心，推进城市治理数字化、智能化、智慧化；打好全国文明城市巩固提升持久战，实施强基、整脏、治乱、改差“四大工程”，争创全国文明城市“五连冠”，全面改善城市综合环境和提升功能品质。四是全力抓好城市运行安全。大力推进地灾防控、森林防火、极端天气应对、消防安全、高层建筑隐患治理、自建房和危房整治等风险防控，强化应急救援体系建设，提高城市应对各种风险挑战的能力。

（三）聚焦经济功能，现代产业体系建设成为“领头羊”

贵阳贵安牢固树立“强省会首先强产业、强产业重点强工业、强工业聚焦制造业”理念，聚焦“1+7+1”重点工业产业[①]，培育发展新产业集群，成为全省高质量发展的“排头兵”、现代化建设的“领头羊”。

1. 做强工业经济，新型工业化加速推进

贵阳贵安坚持把发展新型工业化作为第一推动力，以“1+7+1”重点工业产业为支撑，在大数据、智能制造、新能源汽车等领域形成了一批具有竞争力的产业集群，形成了一批高附加值的产业链。2023 年，规模以上工业增加值同比增长 9.6%，为近六年来新高，工业支撑作用持续显现。产业结构持续优化，七大产业加速集聚。宁德时代、奇瑞等重大项目投产。2023 年，战略性新兴产业占规模以上工业总产值比重达 32.1%。贵州磷化开瑞科技有限责任公司成为全省首批新能源电池回收白名单企业，成为工信部首批新能源电池回收白名单企业。产业招商成效明显，“招商易”平台上线运行，新引进优强企业 469 家，新引进到位资金 930.9 亿元。[②]

2. 做强数字经济，打造面向全国的算力保障基地

以“强省会”为主抓手，坚定不移推进“数字活市”战略，大力发展

① 贵阳“1+7+1”产业：“1”是指央企制造业；“7”是指先进装备制造、新能源汽车、电子信息制造、铝及铝加工、磷化工、生态特色食品、健康医药；另一个“1”是指软件信息技术服务业。

② 本文全部数据除特殊说明外，均来自贵阳市相关部门。

“一硬一软”两大产业，数字经济成为贵阳贵安高质量发展新引擎。一是算力保障能力全国最高。依托“东数西算”工程建设，贵阳贵安提升通算、智算、超算等复合型算力水平，算力底座不断夯实，网络设施提质升级，贵阳贵安算力保障水平在全国10个数据中心集群中最高。截至2023年底，累计引进20个数据（智算）中心，成为全球集聚大型和超大型数据中心最多的地区之一。二是“软件再出发”行动成效明显。通过“软件再出发”行动，培育大中小融通的软服业生态，在做大规模中做优结构。2023年，软件和信息技术服务业收入达832.55亿元，同比增长20.6%。累计引进华为生态伙伴44家，全市软服业市场主体达到6261户，34家软服业企业入选省“专精特新”中小企业名单。三是电子信息制造业攻坚行动稳步推进。云上鲲鹏、航天电器、振华新云、顺络迅达等一批重点企业快速发展。2023年，贵阳电子信息制造业完成产值244.76亿元，同比增长29.3%，占七大产业比重达15.1%。四是推动数字经济与实体经济深度融合。“万企融合”大赋能行动稳步推进，2023年，工业企业数字化转型取得新进展，全年建成融合示范项目211个，大数据与实体经济融合水平发展指数达56以上。振华电子、满帮等入选工信部“企业上云”典型案例；盘江民爆、航宇科技获工信部“2023年度智能制造示范工厂”称号；航天控制、航天计量测试获工信部“2023年度智能制造优秀场景”称号。五是“四个品牌”持续提升。成功举办2023数博会，贵阳大数据交易所成为全国首个数据要素登记OID行业节点，年交易额突破20亿元，上线运营全国首个政务数据专区，贵阳大数据科创城集聚企业818家，大数据交流体验中心全年接待参观人员18.2万人次。

3. 做强农业经济，“三农”工作取得新成效

通过推进农业科技创新、优化农业产业结构、提升农产品质量等措施，推动现代农业稳步提升。一是农业农村经济形势稳中向好。坚持农业农村优先发展，2023年，贵阳贵安农林牧渔业总产值359.99亿元，增长4.2%，并列全省第二；全市农村常住居民人均可支配收入达23640元，增长7.8%，绝对值和增加值保持全省第一。脱贫成果持续巩固，“四个不摘”落实到

位，牢牢守住不发生规模性返贫底线。二是狠抓“五个关键”，粮食和重要农产品保供能力不断提升。粮食蔬菜保障有力，加强耕地和永久基本农田保护，超额完成粮食生产和储备目标任务，玉米最高亩产首破黔中玉米单产千公斤纪录，水稻泰丰优 79 最高亩产达 939.4 公斤，创全省自育品种新纪录。“菜篮子”重要农产品生产保供能力稳步提升，新建越冬蔬菜保供基地 2.28 万亩，蔬菜自给率提升 2 个百分点、达 62%，农业农村部刊发贵阳市“菜篮子”工作做法。贵阳市在第三轮全国“菜篮子”市长负责制考核中排名第 4，取得历史最好成绩。种业发展取得突破，成立现代种业产业园，岳麓山贵阳种业创新中心获批农业农村部喀斯特山区玉米生物学与遗传育种重点实验室，落户全省首个生猪“院士工作室”，在农业科技创新上充分展现了省会担当。初步形成 9 个农产品加工聚集区，贵茶集团获评国家现代农业全产业链标准化示范基地。三是乡村产业高质高效，农村人居环境持续改善。认定市级特色专业乡镇 12 个、“一村一品”示范村 164 个，永乐桃、玺运桃缘等 5 个特色农业品牌综合产值达到 500 万元以上。“品牌强农”战略成效明显，花小莓入选全国“土特产”推介名单，开阳绿茶获评全国名特优新农产品，“修文猕猴桃”入选农业农村部“农业品牌精品培育名单”。修文小箐镇获批全国农业产业强镇项目。修文县谷堡乡平滩村被认定为全国乡村特色产业产值超亿元村。狠抓农村治房、治水、治垃圾、治厕、治风“五治”，中央电视台《新闻联播》专题报道贵阳市农村“五治”工作。基层治理能力有效提升，开阳县禾丰乡入选第三批全国乡村治理示范乡镇，乌当区新堡乡王岗村、清镇市王庄乡小坡村、修文县洒坪镇青山村入选第三批全国乡村治理示范村。

4. 做强文旅经济，建设现代服务业体系

贵阳贵安加快建设全省旅游枢纽城市，旅游产业已成为助推贵阳市现代服务业高质量发展的新引擎和新动能。一是旅游经济加快恢复。2023 年，全市接待游客 1.47 亿人次、增速 29.8%，旅游收入 1950.53 亿元、增速 42.7%，游客人均花费达 1325 元、过夜游客突破 3100 万人次。全年接待游客数量、游客人均花费、过夜游客数量分别恢复到 2019 年的 116%、106%、129%，过夜游客数量和人均花费两项指标绝对值全省排位第一。贵阳市入选中国十大“大美之城”“2023 年中国十大旅游目的地必去城市”。二是推出一批文旅融合新业态。聚焦“三大要素”，深挖“六爽”内涵，推出一批文旅融合新业态，贵阳市“避暑+”“文化+”成为全国新热点。文旅融合亮点纷呈，“路边音乐会”场场爆满，成为贵州群众文化新 IP，2023 年举办路边音乐会 103 场，拉动关联消费增长 30%以上，创新举办黄金大道交响音乐会、路边音乐会跨年嘉年华等活动，成为全省继“村 BA”“村超”后的又一文旅顶流和文化盛宴。建成全国首个长征文化数字体验馆。形成新的旅游“虹吸效应”，“贵阳旅行新玩法”入选中国旅游创业创新范例。大松山墓群入选全国十大考古新发现。三是消费流通扩容提质。贵阳市 2023 年社会消费品零售总额 2526.77 亿元，同比增长 5.2%。新引进一批国内国际知名消费品牌、贵州首店，新增全国钻级酒家 12 个、“中华老字号”3 个，建成曹状元街、繁花市井等 5 个特色街区，策划推出“520 购物节”系列活动，青岩古镇南北明清街获评国家级旅游休闲街区称号，青云路步行街获评国家级夜间文化和旅游消费集聚区称号，文旅流量正实实在在转化为消费增量。四是推动现代服务业提质增效。加强现代物流业建设，以推进国家物流枢纽建设为突破口，不断完善基础设施新布局，培育创新驱动新优势，推动贵阳陆港型、贵阳生产服务型国家物流枢纽分别入选 2020 年度、2023 年度国家建设名单。大力发展总部经济，推动国际国内 500 强企业、央企、省属国企在贵阳贵安设立总部、大区域总部、研发总部、生产性服务业总部等。

（四）聚焦开放功能，深化改革开放取得新成效

贵阳贵安不断拓宽开放通道，加强与珠三角、长三角、成渝、北部湾等地区联系，优化开放环境、打造“贵人服务”品牌，助力高水平对外开放。

1. 拓宽开放通道，巩固提升全国性综合交通枢纽地位

依托西部陆海新通道重要节点城市、国家物流枢纽承载城市，以及贵阳陆港型、生产服务型国家物流枢纽和国家骨干冷链物流基地，推进贵阳贵安口岸枢纽通道建设，引领区域发展大协同、构建外联内畅大枢纽。一是夯实贵阳龙洞堡机场区域枢纽功能。加快空港物流园区、冷链、生鲜分销服务仓

配一体化基地、航空快件枢纽、区域分拨中心建设，推动贵阳改貌铁路海关监管作业场所建设运营，创建空港型国家物流枢纽。截至2023年底，打造区域航空枢纽和客货集散地实现国际国内航线204条，开通国际货运航线旅客吞吐量1946.9万人次、货邮吞吐量9.14万吨，分别列全国及周边省会城市机场第24位及第4位。二是加快贵阳国际陆港建设。加强贵阳都拉营国际陆海通物流港等铁路海关监管作业场所与沿海、沿边和沿江口岸之间的协作，加强与盐田港、广州港、防城港、湛江港等港口在班列开行、物流仓储、通关互认等方面合作，增强枢纽集散能力，推动图定中欧班列正常运行，常态化开行西部陆海新通道班列。2023年，成功引进中远海运集团，实现出口货物在贵阳国际陆港“一次申报、一次查验、一次放行”。三是推进铁路公路建设，建设更加高效便捷的开放大通道。积极推进贵南高铁等重大项目建设，加快构建“一横两环十三射”高速公路网。

2. 建设开放平台，推动贵阳贵安成为全省对外开放主窗口

加强开放平台建设，通过“1+5”开放平台建设吸引优秀项目入驻。以贵安新区、高新区、经开区、贵阳综保区、双龙航空港经济区、贵安综保区为载体的“1+5”开放平台吸引优质项目入驻。贵安综保区不断搭建开放平台、扩大开放范围，获“国家新型工业化产业示范基地”“省级现代服务业集聚区”“省低碳产业示范园区”“省级绿色示范园区”等多个“金字招牌”。经开区推进先进装备制造、大数据电子信息、健康医药、新能源和现代服务业“4+1”主导产业发展，全力打造千亿级开发区。围绕“一港两区三外”[①]大力发展开放型经济，建好用好“一局四中心”[②]，用好用足贵阳综保区、贵安综保区优势，不断提升外贸、外资、外经发展水平。

3. 培育开放主体，培育更多从事外向型经济的经营主体

聚焦开放型经济发展，加强外向型企业培育，为“强省会”行动注入

① “一港两区三外”，“一港”指贵阳市双龙航空港；“两区”指贵阳综合保税区、贵安综合保税区；“三外”指外贸、外资、外经。

② “一局四中心”是贵州省加强对外开放口岸建设、抢抓西部陆海新通道节点城市建设的重要基础设施项目，旨在推动贵阳贵安发展开放型经济。“一局”指国际邮件互换局；“四中心”包括国际快件中心、保税物流中心（B型）、国际货运中心、海关监管中心。

强劲动力。一是加强外贸基地培育。2023 年，全市加强落实“内转外”“外转内”等外贸培育措施，孵化建设进口水果、冰鲜水产品、红酒、茶叶、辣椒、二手车出口等外贸进出口基地，打造生态特色食品、智能制造、贵州好礼选品中心，组织企业参加消博会、广交会、进博会等国际性展会拓展国际市场，外贸增速高于全省乃至全国。二是强化外贸新业态培育。在跨境电商方面，实现中国（贵阳）跨境电商公服平台正式运营，贵阳宁波跨境电商服务联盟成立，举办跨境电商创业创新大赛，筛选一批重点工业企业开展跨境电商转型试点，打造一批传统企业中触“电”出海典型企业。2023 年，贵阳贵安跨境电商交易额完成 56.8 亿元，贵阳贵安加工贸易同比增长 11.6%。三是大力实施“内转外”行动。深化产业外贸支撑，对苗姑娘、奇瑞万达等有出口意向企业，开展“一对一”指导，组织全市重点企业参加国内外展销会。大力培育发展外综服企业，贵阳市鲸飞数字供应链和商储供应链等 2 家企业获批为省级重点外贸综合服务企业。组织企业参加消博会、广交会等国际性展会，帮助企业拓展国际市场。支持引导跨境电商企业建设海外仓和海外运营中心，探索开通跨境电商全货航线。

4. 坚持改革开放，发展内生动力持续增强

贵阳贵安着力抓好重大改革任务攻坚克难，加快把改革蓝图变为现实图景。一是坚持用好改革开放关键一招，发展内生动力持续增强。完成新一轮国企改革顶层设计，深化国企收入分配改革，贵阳信用增进公司组建 53 天获 AAA 评级，贵阳贵安国企实现营收 1158 亿元，同比增长 12.6%。“五个一办”改革深入推进，全市政务服务事项全程网办率达 84.2%。市场主体活力释放，出台支持民营经济发展“二十八条”，民营经济发展持续向好、活力明显增强。二是对外开放持续扩大，“一局四中心”建成投用。开通国际货运航线，二手车出口基地挂牌投用，“一港通”快速通关模式成功试运行，建成贵阳市跨境电商公共服务平台，完成国家全面深化服务贸易创新发展试点任务。2023 年，贵阳综合保税区、贵安综合保税区全国综合排名分别提升到第 57 位、第 28 位。三是深化科技体制改革，科技创新取得新实效。大力推进科技创新“3+3”工作部署，科技创新取得了新成效。贵阳 2023 年在全国 101 个国家创

新型城市中列第27位，在西部20个国家创新型城市中排名第3，研发投入经费占全省的52.8%，增长8.6%，高于全国、全省平均水平。获批建设1个全国重点实验室、2个国家级科技企业孵化器，新增1个国家高等学校学科创新引智基地、4个国家产业技术基础公共服务平台，成立贵州绿色产业研究院、乌江实验室、国家技术转移东部中心贵州分中心。贵州大自然科技股份有限公司成为全省首家国家级工业设计中心。

（五）聚焦生态功能，生态文明建设取得新发展

贵阳贵安紧紧围绕生态文明建设先行示范区战略定位，聚焦“一城一战一整改”，用“生态画笔”勾勒出一幅美丽的绿色山水画卷。

1. 抓“一城”

加强生态文明城市建设，加快创建国家生态文明建设示范区。贵阳市第十一次党代会作出了深入实施“生态立市”战略部署，在绿色机制构建、绿色屏障巩固、绿色经济发展、绿色家园建设、绿色文化培育等方面取得显著成绩，为“强省会”行动达成奠定坚实基础。印发《贵阳贵安深入推进生态立市战略奋力在生态文明建设上出新绩的实施方案》《贵阳市“十四五”生态环境保护专项规划》《贵阳贵安打造生态文明建设先行区示范区实施方案》《贵阳市国家生态文明建设示范区规划（2023－2035年）》等文件，2023年贵阳市荣获“国家生态文明建设示范区”称号，成为贵州首个获得该项荣誉的地级市，也是全国第三个获得该荣誉的省会城市。

2. 抓“一战”

坚持科学治污、精准治污、依法治污，深入打好蓝天、碧水、净土、固废治理、乡村环境整治五场攻坚战，贵阳贵安优良的生态环境优势持续巩固提升。一是大气环境方面，自2021年以来，贵阳市环境空气质量优良率稳定在98.9%以上，2022年首达100%，在确保空气优良率基础上，着力推动PM2.5攻坚，2023年贵阳市环境空气质量优良天数占比99.5%，环境空气质量在全国168个重点城市排名第11。二是水环境方面，持续推进南明河、麦架河流域水质提升和光洞河、大泥窝河等不达标河流治理，进一步加大

城镇污水处理厂建设和污水管网建设改造力度；巩固已完成治理的30处城市黑臭水体治理成效，未出现返黑返臭；加快推进集中式饮用水水源地环境问题整治、废弃煤矿酸性废水治理及入河排污口专项整治，截至2023年底，全市28个国省控断面水质优良率首达100%，15个集中式饮用水水源地水质达标率为100%。三是土壤环境方面，做好重点建设用地环境管理，建立覆盖市区两级的建设用地土壤环境管理长效机制，确保用途变更为“一住两公”的地块，供应前完成土壤污染状况调查，杜绝土地违规开发利用，确保重点建设用地安全利用有效保障。做好农用土地污染防治，推进耕地土壤源头防控，按年度制定受污染耕地安全利用与严格管控工作计划，全面落实严格管控类耕地和超标点位落实风险管控等闭环管理措施。四是固废治理方面，以无废城市建设为抓手，推动固体废物源头减量、资源化利用和无害化处置。积极推动磷化工产业绿色高质量发展，强化磷石膏综合利用技术攻关和项目建设，贵阳市磷石膏产生量从2019年775万吨下降到2023年720万吨，2021年以来，贵阳市磷石膏综合利用率均保持在80%以上。紧扣生活垃圾分类，初步建立生活垃圾“源头分类、垃圾投放、收集收运、初次处理、终端处置”五个环节治理体系，在全国大城市生活垃圾分类评估排名中，位列第一档“成效显著”。另外，2021年以来，先后建成贵阳市医疗废弃物处置项目、贵州省危险废物暨贵阳市医疗废物处置中心二期项目，将全市医废处理能力从9205吨/年提升至33355吨/年，医疗废物无害化处置率保持100%；建成白云垃圾焚烧发电项目、清镇垃圾焚烧发电项目，焚烧处理能力由2400吨/日提升至5150吨/日，全市原生生活垃圾实现“零填埋”。五是乡村环境方面，在“十三五”期间和2021年完成贵阳贵安687个行政村乡村环境整治的基础上，从2022年起，通过资源化利用、新建集中式污水处理设施、就近纳管进入乡镇污水处理厂等方式，因地制宜对剩余309个行政村开展农村生活污水治理，截至2023年底，共完成贵阳贵安912个行政村农村环境整治和56条农村黑臭水体治理，贵阳市农村生活污水治理（管控）率达59.95%，排名全省第一。

3. 抓“一整改”

一是第一轮中央环保督察及“回头看”反馈贵阳贵安 77 个问题，均已全部整改完成并销号。其中，“南明河溢流污染”问题整改，得到人民群众高度认可，中央电视台多次报道，中央生态环境保护督察办公室将该问题整改纳入《督察整改看成效典型案例汇编》；“洋水河总磷污染”问题，通过全面整改，“牛奶河”变成“清水河”，治理成效被生态环境部西南督察局作为“为群众办实事”正面典型。二是第二轮中央生态环境保护督察反馈贵阳市 18 个问题已完成整改 15 个，反馈贵安新区的 9 个问题已完成整改 8 个。三是 2018~2022 年长江经济带生态环境警示片披露贵阳市 23 个问题，截至 2023 年底，已全部完成整改并销号。

（六）聚焦群众需求，保障改善民生取得新成效

贵阳贵安始终坚持以人民为中心的发展思想，聚焦群众的操心事、烦心事、揪心事，做细做实民生工作，人民群众获得感、幸福感、安全感不断增强。

1. 聚焦增进民生福祉，坚持不懈保障和改善民生

贵阳贵安聚焦“教业文卫体、老幼食住行”等核心要素，持续推进“一圈两场三改”建设，不断完善住房保障体系，加大保障性住房建设和供给，扎实推进城中村、老旧小区、背街小巷、地下管网改造，提升完善消防站、公共厕所等公共设施，让居民住有所居、居有所安。把群众诉求作为工作导向和努力方向，“一圈两场三改”三年攻坚顺利完成，140 个“15 分钟生活圈”全面建成。

2. 以农村“五治”为抓手，持续改善人居环境

以农村“五治”为抓手，建设生态宜居和美乡村取得显著成效。一是治房有成效。坚持做好“清建管用”四篇文章，完成农村宅基地及农房确权登记 2. 86 万宗、宜居农房整治 10000 栋、盘活利用闲置农房 1006 栋，动态整治农村危房 4028 栋。二是治水优生态。坚持饮用水、生活污水、黑臭水体“三水同治”，实施 14 个农村供水保障工程、16 个乡镇生活污水处理设施提升工程、91 个行政村生活污水治理和 12 条黑臭水体治理工程，农村

生活污水治理率达53%，农村黑臭水体动态清零。三是治垃圾美环境。紧盯源头分类、分类投放、收集收运、初次处理、终端处理“五个环节”，坚持源头分类、外运减量，完成400个村寨收集收运点、2个有机垃圾协同处置项目建设，30户以上自然村寨生活垃圾收运处置体系实现全覆盖。四是治厕提品质。坚持室内厕室外厕同治、公厕私厕同治、治厕治水同治“三个同治”，巩固提升农村户厕改厕成果，新建农村公厕17座，农村卫生厕所普及率达90%。五是治风促文明。倡导“婚事新办、丧事简办、其他不办”，规范建设农村公益性生态公墓，不断提升“治风”成效。新建和提质改造农村公益性生态公墓46个，新建农村公益性生态公墓15个，996个村“一约一会”常态长效运转，乡风文明蔚然成风，滥办酒席得到有效遏制。

3. 聚焦重要领域，补齐民生短板

贵阳贵安聚焦医疗、教育、就业等重要民生领域，公共服务持续完善。一是提高医疗服务保障能力。贵阳市医保局持续推进医保经办服务“下沉”，不仅在全市银行网点、医院、移动营业厅等民生服务点安装第三代医保自助服务一体机，还在所有村（社区）完成医保专网铺设工作，打造服务站点，将医保政务服务下沉至乡镇（街道）和村（社区）办理，让群众可以就近办理医保业务。截至2023年底，贵阳贵安已建成乡镇（街道）医保经办服务站148个、村（社区）医保经办服务点1685个，全市村（社区）办件数141274件[①]。获批国家紧密型城市医疗集团试点，4个国家区域医疗中心全部投运。二是办好人民满意教育。全力办好人民满意的教育，大力促进学前教育普及普惠、义务教育优质均衡、高中教育优质特色、特殊教育更有温度、职业教育更具内涵、高等教育更有质量。2023年，贵阳贵安共完成32所中小学（幼儿园）项目建设，新增2.65万个学位，全市普惠性幼儿园覆盖率93.62%，完成186所义务教育“公办强校”评估认定。三是促进就业帮扶养老服务。把稳就业作为重大政治任务和最大的民生工程，

① 《贵阳贵安坚定不移强民生 提升群众“三感”》，贵阳发布，2024年1月31日，https://baijiahao.baidu.com/s?id=1789563333133656431&wfr=spider&for=pc。

实施就业优先战略，大力推进稳就业、促就业系列举措。城镇新增就业15.4万人，农村劳动力转移就业4.1万人，零就业家庭保持动态清零。将11类重点群体纳入监测保障范围，贵阳成为西部地区唯一实现市域范围内城乡低保标准统一的省会城市。四是防范化解重大风险有力有效。加强重大风险安全防范，生产安全事故起数和死亡人数持续“双降”，2023年，没有发生较大以上生产安全事故，社会大局保持稳定。成功创建国家食品安全示范城市、首批全国社会治安防控体系建设示范城市。

三　贵阳贵安与全国省会城市的比较分析

随着“强省会”行动的深入实施，贵阳贵安在人口增长、经济发展、创新能力、产业结构、生态环境等方面展现出强劲发展势头，逐渐成为全国省会城市的关注焦点。

（一）人口增长：逆势上扬的贵阳现象

随着“强省会”行动的深入实施，贵阳贵安人口增长呈现逆势上扬态势。2023年，全国常住人口连续两年出现负增长，2023年全国常住人口较上年末减少208万人，但贵阳市常住人口达到640.29万人，连续三年人口净增量达到10万人以上，在全国范围内尤为突出。2023年，贵阳市常住人口增速超全省2.7个百分点，贵阳市人口规模在全省排名第三，与排名第一的毕节市和第二的遵义市差距逐年缩小。与人口规模相近（500万~900万人）的其他省会城市比较，贵阳市人口增速远超昆明、福州、南昌等城市，实现了2.9%的增长率。显著的人口增长为贵阳贵安发展提供了充足的劳动力资源。2023年，贵阳市在全国省会城市常住人口排名中排第19位，比2022年增加18.25万人，同比2022年常住人口增长数量排全国第3名。2023年贵阳市省会城市人口首位度为16.57%，在全国排第15名。表3所示为2023年全国省会城市人口首位度变化情况。

表 3　2023 年全国省会城市人口首位度变化情况

序号	城市	城市类别	2023 年所在省区常住人口（万人）	2022 年省会城市常住人口（万人）	2023 年省会城市常住人口（万人）	2023 年省会城市常住人口排名	同比 2022 年常住人口增长（万人）	同比 2022 年常住人口增长排名	2023 年省会城市人口首位度（%）	2023 年省会城市人口首位度排名
1	石家庄	超大城市	7393	1122. 35	1123. 35	7	1	22	15. 19	21
2	太原	特大城市	3466	543. 5	545. 39	20	1. 89	20	15. 74	19
3	呼和浩特	大城市	2396	355. 11	360. 41	23	5. 3	14	15. 04	22
4	沈阳	特大城市	4182	914. 7	920. 4	13	5. 7	12	22. 01	9
5	长春	特大城市	2339	906. 54	910. 19	14	3. 65	15	38. 91	3
6	哈尔滨	特大城市	3062	943. 2	939. 5	12	-3. 7	27	30. 68	5
7	南京	特大城市	8526	949. 11	954. 7	10	5. 59	13	11. 20	26
8	杭州	超大城市	6627	1237. 6	1252. 2	6	14. 6	5	18. 90	11
9	合肥	特大城市	6121	963. 4	985. 3	9	21. 9	2	16. 10	16
10	福州	特大城市	4183	844. 8	846. 9	17	2. 1	19	20. 25	10
11	南昌	特大城市	4515	653. 81	656. 8	18	2. 99	17	14. 55	24
12	济南	特大城市	10123	941. 5	943. 7	11	2. 2	18	9. 32	27
13	郑州	超大城市	9815	1282. 8	1300. 8	5	18	4	13. 25	25
14	武汉	超大城市	5838	1373. 9	1377. 4	3	3. 5	16	23. 59	8
15	长沙	超大城市	6568	1042. 06	1051. 31	8	9. 25	8	16. 01	17
16	广州	超大城市	12706	1873. 41	1882. 7	2	9. 29	7	14. 82	23
17	南宁	特大城市	5027	810. 08	894. 08	15	84	1	17. 79	14
18	海口	大城市	1043	293. 97	300. 2	24	6. 23	11	28. 78	6

续表

序号	城市	城市类别	2023 年所在省区常住人口(万人)	2022 年省会城市常住人口(万人)	2023 年省会城市常住人口(万人)	2023 年省会城市常住人口排名	同比 2022 年常住人口增长(万人)	同比 2022 年常住人口增长排名	2023 年省会城市人口首位度(%)	2023 年省会城市人口首位度排名
19	成都	超大城市	8368	2126.8	2140.3	1	13.5	6	25.58	7
20	**贵阳**	**特大城市**	**3865**	**622.04**	**640.29**	**19**	**18.25**	**3**	**16.57**	**15**
21	昆明	特大城市	4673	860	868	16	8	10	18.57	12
22	拉萨	中等城市	365	57.11	57.8	27	0.69	24	15.84	18
23	西安	超大城市	3952	1299.6	1307.8	4	8.2	9	33.09	4
24	兰州	大城市	2465	441.53	442.5	21	0.97	23	17.95	13
25	西宁	大城市	594	248	248.1	26	0.1	25	41.77	1
26	银川	大城市	729	289.68	290.81	25	1.13	21	39.89	2
27	乌鲁木齐	大城市	2598	408.48	408.5	22	0.02	26	15.72	20

注：①以上全国省会城市数据是不包含北京、天津、上海、重庆等 4 个直辖市的 27 个省会城市的数据，下同。

②由于统计数据缺失，哈尔滨 2023 年、2022 年人口数据分别为 2022 年、2021 年统计公报人口数据，拉萨 2023 年、2022 年人口数据分别为 2021 年、2020 年数据。

③根据《关于调整城市规模划分标准的通知》，以城区常住人口为统计口径，将城市划分为五类七档：小城市（Ⅰ型小城市、Ⅱ型小城市）、中等城市、大城市（Ⅰ型大城市、Ⅱ型大城市）、特大城市、超大城市。（1）小城市，是指城区常住人口 50 万以下的城市。城区常住人口 20 万至 50 万的城市为Ⅰ型小城市，城区常住人口 20 万以下的城市为Ⅱ型小城市。（2）中等城市，指城区常住人口 50 万以上 100 万以下的城市。（3）大城市，指城区常住人口 100 万以上 500 万以下的城市。城区常住人口 300 万至 500 万的城市为Ⅰ型大城市，城区常住人口 100 万至 300 万的城市为Ⅱ型大城市。（4）特大城市，指城区常住人口 500 万以上 1000 万以下的城市。（5）超大城市，是指城区常住人口 1000 万以上的城市。

资料来源：根据全国各地统计公报综合整理。

（二）经济增长：增速领先、首位度提升

在经济发展方面，贵阳贵安展现出强劲的增长势头，其 GDP 在全国省会城市中排名逐年上升。一是经济增速连续多年居全国省会城市前列。贵阳贵安经济增速持续领跑全国省会城市，远高于全国平均水平。从全国省会城市在过去 10 年（2013~2023 年）的经济表现看，贵阳市以 147%的 GDP 增幅名列第五；在 2010~2020 年的 10 年间，贵阳 GDP 从 1096.79 亿元增加到 4315.66 亿元，增幅高达 293%，在全国主要城市中位列第一。二是“强省会”行动提高了经济首位度。2021 年，大力实施“强省会”行动，贵阳市经济首位度从 2019 年的 24.09%增加到 2023 年的 24.65%，经济首位度排名从全国 27 个省（自治区）中第 17 名上升到第 16 名。三是数字经济为地区经济增长注入强劲活力。贵阳贵安积极打造数字经济发展创新区核心区，在数字经济领域呈现强劲的发展势头。2014~2023 年，先后引进华为、腾讯、三大通信运营商等行业头部企业，探索出一条竞逐未来产业赛道的新路径。贵阳贵安的数字经济增加值占 GDP 的比重由 2021 年的 41.9%提升至 2023 年的 52.9%，达到了 2500 亿元以上。四是贵安新区“小而美”高质量发展成色足。贵安新区是我国 19 个国家级新区之一，与其他国家级新区相比，贵安新区面积、人口和经济规模都相对较小，但经济发展、城乡融合、生态文明建设均位于国家级新区前列，呈现典型的“小而美”特征。2023 年，贵安新区直管区 GDP 为 229 亿元，在 19 个国家级新区中规模最小，但 2022 年和 2023 年贵安新区 GDP 增速分别达 12.5%和 24.1%，在 19 个国家级新区中分别居第 1 位和第 2 位。贵安新区成立 10 年来，年均 GDP 增速高达 18.2%，远超全国和贵州省同期年均增速，很好地发挥了“火车头”作用。

如表 4 所示为 2019 年、2023 年全国省会城市 GDP 首位度对比情况。表 5 为 2022~2023 年国家级新区经济发展情况。

表 4　2019 年、2023 年全国省会城市 GDP 首位度对比情况

序号	地区	2019 年全省区 GDP（亿元）	2019 年省会城市 GDP(亿元)	2019 年全国省会城市 GDP 排名	2019 年省会城市 GDP 首位度（%）	2019 年省会城市 GDP 首位度排名	2023 年全省区 GDP（亿元）	2023 年省会城市 GDP(亿元)	2023 年全国省会城市 GDP 排名	2023 年省会城市 GDP 首位度（%）	2023 年省会城市 GDP 首位度排名
1	石家庄	34978.6	5810	15	16.61	24	43944.1	7534.2	15	17.14	24
2	太原	16961.6	4029	20	23.75	18	25698.2	5573.74	18	21.69	22
3	呼和浩特	17212.5	2791	23	16.21	25	24627	3801.55	22	15.44	25
4	沈阳	24855.3	6470	13	26.03	13	30209.4	8122.1	13	26.89	14
5	长春	11726.8	5904	14	50.35	2	13531.2	7002.06	16	51.75	1
6	哈尔滨	13544.4	5249	17	38.75	4	15883.9	5576.3	17	35.11	8
7	南京	98656.8	14031	5	14.22	26	128222.2	17421.4	5	13.59	27
8	杭州	62462	15373	4	24.61	16	82553.2	20058.98	3	24.30	17
9	合肥	36845.5	9409	9	25.54	14	47050.6	12673.78	11	26.94	13
10	福州	42326.6	9392	10	22.19	20	54355.1	12928.47	8	23.79	18
11	南昌	24667.3	5596	16	22.69	19	32200.1	12673.8	10	39.36	4
12	济南	70540.5	9443	8	13.39	27	92068.7	12757.42	9	13.86	26
13	郑州	53717.8	11590	6	21.58	22	59132.4	13617.84	7	23.03	19
14	武汉	45429	16223	3	35.71	8	55803.6	20011.65	4	35.86	6
15	长沙	39894.1	11574	7	29.01	11	50012.9	14331.98	6	28.66	12

续表

序号	地区	2019 年全省区 GDP（亿元）	2019 年省会城市 GDP（亿元）	2019 年全国省会城市 GDP 排名	2019 年省会城市 GDP 首位度（%）	2019 年省会城市 GDP 首位度排名	2023 年全省区 GDP（亿元）	2023 年省会城市 GDP（亿元）	2023 年全国省会城市 GDP 排名	2023 年省会城市 GDP 首位度（%）	2023 年省会城市 GDP 首位度排名
16	广州	107986.9	23629	1	21.88	21	135673.2	30355.73	1	22.37	20
17	南宁	21237.1	4507	18	21.22	23	27202.4	5469.06	19	20.11	23
18	海口	5330.8	1672	25	31.36	10	7551.2	2358.44	25	31.23	10
19	成都	46363.8	17013	2	36.69	5	60132.9	22074.72	2	36.71	5
20	**贵阳**	**16769.3**	**4040**	**19**	**24.09**	**17**	**20913.3**	**5154.75**	**20**	**24.65**	**16**
21	昆明	23223.8	6476	12	27.89	12	30021.1	7864.76	14	26.20	15
22	拉萨	1697.8	618	27	36.40	6	2392.7	834.79	27	34.89	9
23	西安	25793.2	9321	11	36.14	7	33786.1	12010.76	12	35.55	7
24	兰州	8718.3	2837	22	32.54	9	11863.8	3487.3	23	29.39	11
25	西宁	2941.1	1328	26	45.15	3	3799.1	1801.13	26	47.41	3
26	银川	3748.5	1897	24	50.61	1	5315	2685.63	24	50.53	2
27	乌鲁木齐	13597.1	3413	21	25.10	15	19125.9	4168.46	21	21.79	21

资料来源：根据国家统计局、各省会城市年度统计公报综合整理。

表5　2022~2023年国家级新区经济发展情况

单位：亿元，%

新区	2022年GDP	2022年增速	2023年GDP	2023年增速***
上海浦东新区	16013	1.1	16175	4.8
天津滨海新区	7982	1.1	—	4.6
青岛西海岸新区	4692	4.8	5003	6
四川天府新区	4450	4	4633	6.9
重庆两江新区	4550	3.6	4650	6.5
湖南湘江新区	4282	5	4509	5
福建福州新区	2948	—	3127	—
大连金普新区	2705	5	2908	—
南京江北新区	2628	1.8	2699	5.1
广州南山新区	2253	4.2	2324	4.3
浙江舟山群岛新区	1951	8.5	2101	—
云南滇中新区	1000	5.2	1105	9.3
江西赣江新区	1000	—	—	—
吉林长春新区	843	-2.2	913	7.2
黑龙江哈尔滨新区	853*	—	584**	—
山西西咸新区	625	3.5	674	—
河北雄安新区	345	—	413	19
甘肃兰州新区	342	14.0	370	10.1
贵州贵安新区	185	12.5	229	24.1

注：*为黑龙江哈尔滨新区2021年GDP数据；**为黑龙江哈尔滨新区江北一体发展区GDP数据；***为综合测算获得。

资料来源：根据互联网和相关新区网站综合整理。

（三）创新能力：创新驱动的贵阳实践

贵阳贵安高度重视科技创新，通过引进高层次人才、建设科研平台、推动产学研合作等措施，不断提升科技创新能力。一是贵阳上榜国家创新型城市。由科技部科学技术信息研究所发布的《国家创新型城市创新能力评价报告2023》显示，国家创新型城市排行榜排名前10位的城市依次为北京、上海、深圳、南京、杭州、武汉、广州、西安、苏州、合肥，长三角地区占据“半壁江山”。贵阳在 101 个国家创新型城市（首次含北京、上海、天津、重庆 4 个直辖市）中，列第 27 位，创新能力指数为 59.64。同时，贵阳上榜全国城市创新能力百强榜。二是集聚创新资源。贵阳贵安通过引进和培育高新技术企业、科研机构和创新人才等方式，不断提升城市创新能力和核心竞争力。积极引进华为、腾讯等科技巨头在本地设立研发中心和产业基地，推动大数据、云计算等新兴产业快速发展。截至 2023 年底，贵阳贵安高新技术企业总数达到 1479 家、国家级专精特新“小巨人”企业 33 家、省级专精特新中小企业 216 家、省级创新型中小企业 172 家、孵化器（众创空间）达 126 家，在主板、创业板、科创板上市的科技型企业累计达到 18 家①。三是加强改革和科技创新试点示范。贵阳贵安以“一市一示范”“一县一试点”为牵引，带动改革全面突破。15 个国家级试点和 23 个省级试点深入推进，为全省乃至全国提供了可复制、可推广的经验和模式。贵阳贵安重点产业已实现产业技术创新中心全覆盖，截至 2023 年底，累计建成国家级（全国）重点实验室 6 个，省级重点实验室 55 个，国家级工程技术研究中心 5 个，省级工程技术研究中心 97 个，省级、市级新型研发机构 15 家。贵阳市在国家创新型城市创新能力评价中表现优异。四是营造良好的创新政策环境。贵阳贵安出台了一系列支持创新的政策优惠措施和专项行动。贵阳市加大对科技创新企业的财政投入和金融支持力度，降低企业融资成本，优化创新生态体系建设。坚持以科技创新“3+3”为抓手，持续推进六大重大科技战略行动和向科技要产能专项行动，为贵阳贵安的创新发展提供了有力保障。

（四）产业结构：多元并进的贵阳格局

与全国省会城市相比，贵阳贵安在产业结构优化方面呈现鲜明特点，在数字经济贡献度、新兴产业发展速度等方面具有一定优势。一是不断优化三

① 贵阳市科技局：《贵阳上榜国家创新型城市》，贵阳市人民政府网，2024 年 1 月 15 日，https://www.guiyang.gov.cn/zwgk/zwgkxwdt/zwgkxwdtbmdt/202401/t20240115_83541272.html。

次产业结构。积极推进产业结构调整，2023 年，贵阳贵安第三产业增加值占比显著提升，成为经济增长的主要动力。第二产业保持稳健增长，特别是在高新技术产业和制造业方面取得显著成效。第一产业尽管占比较低，但农业现代化建设取得了积极进展。二是实现产业向质量效益型转变。贵阳贵安聚焦云服务、信创、数据要素流通三大重点产业，发展电子信息制造业和软件与信息技术服务业（“一硬一软”），实施“东数西算”工程、推进“软件再出发”行动，实现了数字产业由规模速度型向质量效益型转变。2023 年，软件业中“云服务”产业收入达 617.52 亿元，同比增长 30.4%，占软件业务收入的 74.2%。电子信息制造业中总产值同比增长 29.3%，智能终端、电子元器件、服务器成为三大支柱产业。通过提升服务业质量和水平、推动文化旅游业转型升级等方式促进现代服务业和文化旅游业的融合发展。通过打造特色商业街区、提升旅游服务质量等方式，吸引了大量游客前来贵阳贵安观光旅游。三是建立贵阳贵安比较优势。在产业结构优化上，特别是云服务和数据要素流通方面，形成了较为完整的产业链和生态体系。在数字经济领域的表现较为突出，数字经济成为经济增长的强大驱动力。新兴产业发展迅速，增速超过全国平均水平。

（五）生态环境：绿水青山的贵阳样本

贵阳贵安坚持生态优先、绿色发展理念，大力推进生态文明建设。贵阳市环境空气质量连续七年稳定达到国家二级标准，在全国 168 个重点城市中排名前列，水环境质量也持续改善，主要河流断面水质达标率稳步提高。一是生态环境质量高。从空气质量来看，贵阳贵安环境空气质量持续优良，2023 年环境空气质量优良天数高达 363 天，优良天数比例为 99.5%，在全国省会城市中排名前列。水环境质量保持优良，主要河流监测断面达到或优于Ⅲ类水质比例保持在 100%，县级及以上集中式饮用水水源地水质达标率保持在较高水平。维持较好声环境质量上，为居民提供了良好的生活环境。二是生态文明建设成效显著。2023 年，贵阳市荣获“国家生态文明建设示范区”称号，成为贵州省第一个成功创建的地级市、全国第三个成功创建的省会城市。坚持“生态立市”战略不动摇，推动生态产业化和产业生态化，绿色农业、绿色工业等产业产值均实现两位数增长。积极引导公众参与到生态文明建设中来，通过举办生态文明展、开展生态文明志愿服务活动等方式提高公众参与度。三是生态经济处于中上水平。2023 年，通过对全国部分省会城市生态宜居情况比较，除江西省南昌市外，其余 7 个省会城市的服务业增加值占 GDP 的比重均超过全国平均水平（54.6%），其中，贵阳市处于中上水平，达到 60.5%。从规上工业综合能源消费量来看，贵阳市、南宁市的能耗基数较低。四是贵阳市生态宜居程度较高。从人均公园绿地面积看，在列出的 8 个省会城市中仅有贵阳市超过全国所有城市的平均值（16.2 平方米）达到 17.95 平方米，排名第一。长沙市、贵阳市建成区绿地率处于省会城市中高位，分别达到了 42.22%和 41.27%，贵阳市排名第二。表 6 所示为 2023 年全国部分省会城市生态宜居情况。

表 6　2023 年全国部分省会城市生态宜居情况

序号	省会城市	人均公园绿地面积(平方米)	人均公园绿地面积排名	建成区绿地率(%)	建成区绿地率排名
1	长沙市	13.15	4	42.22	1
2	兰州市	8.72	7	33.08	8
3	福州市	14.83	2	40.08	5
4	济南市	12.94	5	37.46	6
5	贵阳市	17.95	1	41.27	2
6	南宁市	4.65	8	37.01	7
7	昆明市	12.45	6	40.30	3
8	南昌市	13.18	3	40.20	4

资料来源：根据综合数据整理计算。

四　贵阳贵安“强省会”行动推进中存在的主要问题

作为贵州省的省会城市，贵阳贵安承载着推动地区经济发展、提升城市竞争力的重任，在“强省会”行动实施过程中也面临系列问题。

（一）城市品质和基础设施有待提升

贵阳贵安在城镇化进程中虽然取得了一定成就，但在城市品质和产城融合方面仍有待提升。一是城市规划有待优化。在推进“强省会”行动中，面临贵阳贵安统一规划、融合发展、分步实施问题，由于贵安新区是国家级新区，其与贵阳市融合发展中在城市发展空间布局、城市功能分区等方面还不够完善，各区域之间的发展仍然不平衡。二是城市规划融合性有待提升。城市规划的科学性、合理性与城市发展的融合度仍需提升，农村公共服务相对滞后，农村地区教育、医疗、文化等服务水平较低，城乡基础设施和公共服务水平差距依然存在，城市发展不够协调。部分城乡接合部、农贸市场、背街小巷等区域的“脏乱差”现象依然存在。三是基础设施相对薄弱。受整体经济形势及房地产市场影响，贵阳贵安在城市建设方面投入不足，城市基础设施建设滞后。交通拥堵问题比较严重，道路建设滞后于车辆增长速度，城市交通压力不断增大。水资源和电力资源需求不断增加，工业用水供应能力压力大。四是城市建设投入不足。社会资本在城市建设中发挥作用不足，一些重要的城市建设项目无法及时启动或完成，影响了城市功能提升。五是人口与城镇化面临挑战。“强省会”行动整体提升了贵阳贵安吸引力，但与发达地区及周边城市比较，城市整体吸引力仍需提升。

（二）经济发展及产业转型面临压力

贵阳贵安正面临着经济发展及产业转型升级的双重压力，给“强省会”行动的顺利推进带来一定影响。一是与预期增长目标有差距。“强省会”行动要求贵阳到2025年生产总值达到7000亿元以上，首位度达到27%以上，而2023年全市地区生产总值为5154.75亿元，与目标值尚有较大差距。二是经济发展目标空间受限。随着产业规模扩大和人口增长，城市基础设施和公共服务设施建设面临较大压力，贵阳市作为省会城市向周边可拓展的空间有限，在有限空间内实现经济高质量发展、平衡经济发展与城市承载能力之间的矛盾面临挑战。三是产业转型升级压力大。贵阳贵安磷煤化工、铝及铝加工等传统产业占比较大，高技术附加值产品不多，高增长动力不足。战略性新兴产业、高端产业发展较弱，集群效应还未显现，上下游企业之间协同效应不明显。数字经济与农业融合程度不高，未能充分发挥数字经济在农业领域的赋能作用。交通枢纽优势还未充分体现，以省会城市整合全省旅游资源、强化文旅融合发展还不足，尚未形成全省一体化发展的大旅游格局。四是区域协调发展压力大。在“强省会”行动推进过程中，除了与省内遵义、安顺、黔东南、黔南需要协调发展外，还需要处理好与周边成都、重庆、长沙、南宁、昆明等城市的协调发展关系。贵安新区在 2023 年的 GDP 远低于上海浦东新区等新区，在全国 19 个国家级新区中，贵安新区的经济总量排名靠后，经济规模较小，与周边重庆两江新区、四川天府新区、云南滇中新区等发展还存在差距。

（三）资源节约和环境保护约束发展

贵阳贵安地处喀斯特地区，生态环境脆弱、保护压力大制约了贵阳贵安“强省会”行动推进。一是资源环境保护对“强省会”行动推进存在约束。贵阳的主要支柱产业偏向于资源依赖型，“强省会”快速推进导致生态和能源大量损耗，快速建立低碳绿色现代化产业体系，将生态优势转换为经济优势，提升大数据、大生态、大旅游相关优势产业在国内外的竞争力，在“双碳”目标牵引下实现生态和经济齐头并进仍面临挑战。二是城市化快速发展对生态环境提出了新要求。城市化进程加速发展和人口的大量聚集对生态环境提出了更高要求。从对生态空间的挑战看，贵阳地形复杂，人地矛盾问题长期存在，城市快速扩张对生态用地产生了巨大压力。从对资源环境的挑战看，城市快速扩张，污染物总量和类别增长给整体生态环境和生态承载力带来巨大压力。从对人民生态福祉满足程度的挑战看，人口快速增长，人民对绿地及良好生态环境的需求不断上涨，可用空间和资源有限，供给不均衡、不匹配之间的矛盾加剧。三是经济社会绿色转型速度有待提升。贵阳经济绿色转型面临较大困难。以绿色经济为代表的战略性新兴产业起步阶段不高、集群效应还未显现。能源结构调整相对缓慢，化石能源消费、火电仍占据主导地位，风能、光伏、氢能等产业发展较慢。传统产业综合利用率较低，高效低碳循环利用产业链尚未形成，生态产品价值实现机制尚不完善、实现路径相对单一。

五　对策建议

通过打造贵阳贵安最佳宜居城市，构建贵阳贵安现代化产业体系，筑牢贵阳贵安生态文明根基，坚持创新驱动，发挥省会综合能力推动区域协调发展。

（一）做优城市功能，打造贵阳贵安为最佳宜居城市

大力提升城镇品质，加快建设贵阳贵安特大城市，打造贵阳贵安成为最佳宜居城市。

1. 建设贵阳贵安特大城市

以建设贵阳贵安特大城市为目标，有效推动人口导入，以人流带动物流、商流、资金流、信息流。一是科学规划城市发展布局。结合贵阳贵安资源环境承载力，加强规划引领，按照特大城市优化布局贵阳贵安城市发展，明确城市功能分区和空间布局，配套做好基础设施、公共服务设施。二是完善城市住房体系。加快建立多主体供给、多渠道保障、租购并举的住房制度，解决好新市民、青年人住房问题。扩大保障性租赁住房供给，完善长租房政策。改革完善住房公积金制度，健全缴存、使用、管理和运行机制。三是推进户籍制度改革。加强户籍制度改革，全面推进农业转移人口落户贵阳贵安，提高贵阳贵安对农业人口、外来人口吸引力。加快农村宅基地确权登记颁证，推进集体产权制度改革，依法保障进城落户农民的农村土地承包权、宅基地使用权、集体收益分配权，解除进城农民后顾之忧。四是推进产城融合。统筹贵阳贵安产业布局，加快大数据科创城建设，打造先进装备制造、大数据电子信息等产业集群和现代金融、商贸会展、文化创意等产业集聚区。支持贵安新区打造全省科创中心。推进贵阳国家全域旅游示范区建

设，大力发展生产性服务业，推动现代服务业集聚区提质发展。大力发展总部经济，支持以贵阳贵安为核心申建中国（贵州）自由贸易试验区。

2. 大力提升城镇品质

加快城市改造、管理和服务创新，实现城市建设的可持续发展，构建以人为核心的新型城镇化。一是优化交通运输设施及管理。加强交通基础设施建设，优化交通组织，提高交通效率。加快构建贵阳贵安包括铁路、公路、航空等多种运输方式的现代综合交通运输体系。优化道路交通网络布局和交通信号灯设置，切实解决贵阳市交通拥堵问题。二是深入推进城镇“四改”扎实推进棚户区改造。积极稳步推进城中村改造，重点攻坚改造老城区内脏乱差的城市危房，全面推进城镇老旧小区改造。建立完善城镇老旧小区改造制度框架、政策体系和工作机制。强力推进背街小巷改造，打造安全有序、管理精细、空间整洁、设施完善、环境优美、市井浓郁的文明街巷。

3. 全面提升城镇数智化水平

依托“贵阳数谷”加快推动智慧城市建设，运用现代信息技术手段提升城市管理和服务水平。一是构建“数智惠民”体系。发展优质均等智慧教育，推进便捷智慧医疗，推进“智慧社区”建设，支持建设智慧体育公园、智慧场馆、智能健身驿站。二是推进贵阳贵安数字孪生城市建设。围绕“强省会”行动，综合运用大数据、云计算、人工智能等技术手段，加快打造贵阳贵安“数字孪生社区”。三是推进城镇智慧商业发展。加快智慧商圈建设，探索打造“孪生购物商城”。积极发展“互联网+新零售”，推动一批无人超市、智能便利店落地。四是提升城镇数字化治理水平。应用5G、区块链、北斗卫星导航等技术，提升城市交通、环境卫生、应急管理等精细化、智能化管理能力。

（二）坚持产业为要，构建贵阳贵安现代化产业体系

以“强省会”行动为目标，聚焦重点产业发展，推进产业融合、建设产业集群，构建贵阳贵安现代化产业体系，提升产业竞争力和可持续发展能力，为“强省会”实现提供有力产业支撑。

1. 聚焦重点产业，明确产业定位

明确产业发展主攻方向，重点聚焦推进电子信息制造、先进装备制造、新能源汽车、新能源动力电池及材料、大数据电子信息等优势产业高质量发展。一是聚焦主攻方向。把贵安新区作为强产业的重中之重，努力实现裂变式增长、引领性突破。推动“1+7+1”产业（现代山地高效农业、七大工业产业和现代服务业）加快发展，以“四大产业基地”为重点加速壮大七大工业产业，找准自身定位，持续抓工业目标、工业要素、工业项目、工业企业、工业产业、工业园区，发展壮大在筑央企制造业，以及电子信息制造、先进装备制造、磷化工、生态特色食品、新能源汽车、铝及铝加工、健康医药产业、软件和信息技术服务业等重点产业，以工业大突破夯实“强省会”行动产业基础。二是聚焦投资开发。狠抓工业项目建设，抓好重大项目推进，全力扩大有效投资。狠抓重点企业开发培育，提高单位产出效益。聚焦市场主体、龙头企业，促进企业提质增效。三是聚焦全产业链发展。围绕七大重点工业产业和区域主导产业、特色产业集中精力抓招商，瞄准国内发达地区，区内现有央企、龙头企业等开展建链、强链、补链、延链招商工作，构建“一个终端产品带动一条产业链，牵引育成一个产业集群”的新格局。

2. 坚定不移推进“工业强市”战略

新型工业化作为打造“强省会”的核心引擎，是“强省会”产业发展第一工程。一是聚焦工业高端化。围绕七大重点产业部署创新链建成产业技术创新中心，紧扣重点产业发展方向，组织产业关键核心技术和共性技术攻关，不断提升企业创新活力，全力提质量、创品牌。加快培育壮大新兴产业和未来产业，强化首台套装备、首批次材料、首版次软件在贵阳贵安的示范应用，因地制宜加快人工智能、低空经济等产业前瞻布局与创新发展。二是聚焦工业智能化。深入推进算力的工业化领域应用，适度超前布局工业大模型等新型基础设施，促进大数据赋能研发设计、生产制造、经营管理等各环节，为传统制造业创造全方位、全链条数字化转型升级支撑。协同推进企业数字化改造，加快企业“上云用数赋智”，助力企业“降本、提质、增

效”，促进企业持续健康发展。三是聚焦工业绿色化。着力推进工业低碳循环发展，加快推进绿色制造体系建设、推动工业绿色发展。紧紧围绕国家绿色工厂要求，推动优质工业项目优化布局，加强绿色低碳、节能环保等技术研发推广，以企业为主体，布局建设一批绿色工厂、低碳园区和绿色场景项目。

3.推进贵阳贵安农业高质量发展

通过强化粮食安全、优化农业产业结构、提升农业科技水平、推进农业绿色发展、深化农村改革、加强农业基础设施建设、推动农业品牌建设等措施，全面提升农业综合竞争力和可持续发展力。一是坚守粮食安全底线。通过科技手段提高粮食单产，提高粮食储备和加工能力，完善粮食储备体系，确保贵阳贵安粮食供应链稳定安全。二是优化农业产业结构。狠抓“稳粮、保供、优种、活市、联工”“五个关键”和“一乡一业、一村一品、一产一企、一家一特、一人一技”“五个一”，围绕十二大特色优势产业延链强链补链，大力发展特色种养业、现代种业、农产品加工流通业和乡村旅游等业态，培育壮大“四大经营主体”，围绕品种品质品牌做好“土特产”文章，推广“龙头企业+合作社+农户+基地”组织模式，促进农业产业化经营，奋力推动现代山地特色高效都市农业做优做强。三是提高农业科技应用水平。探索在贵阳贵安推广丘陵山区智能农机设备、农机卫星导航自动驾驶作业、农业地理信息引擎等核心技术和产品。积极探索创新场景应用，提升省会城市农业品牌影响力。加强与高校、科研院所合作，重点推广智能化、数字化、机械化种植等现代农业技术。四是加快农业经济绿色转型。加快推进一、二、三产业融合发展，大力发展森林康养、农业休闲、生态观光、自然教育，构建“生态农业+生态旅游”融合模式，充分实现生态产品价值，拓宽“两山”转化路径。实施化肥农药减量增效行动，推广有机肥和生物防治技术。加强秸秆综合利用和畜禽粪污等农业废弃物资源化利用。推进农业节水灌溉和水肥一体化技术，提高水资源利用效率。五是完善人才及资源管理体系。重视农村教育、留住乡村人才、建立健全农村人才培养管理体系，提高农民数字素养，为“强省会”构筑人才高地。扎实推进涉农资金投入，精准引导社会资本，优化涉农项目资金分配机制，夯实“强省会”资源基础。六是推动农业品牌建设。加强农业品牌建设，培育五零吾当、修文猕猴桃、印象硒州、花小莓、开阳枇杷等具有贵阳贵安地方特色的农产品品牌。培育一批民营农业龙头企业，拓展农产品销售渠道和市场空间。

4. 推进贵阳贵安旅游产业高质量发展

发挥交通枢纽优势，推动形成以贵阳贵安为集散中心的大旅游格局。一是发挥好“省会”交通枢纽优势。增加贵阳市通往周边著名景点的列车班次，提高游客到达旅游目的地的便利性，开发旅游专线巴士服务，为游客提供从贵阳到各个目的地的一站式交通解决方案。提供机场直达各大景区的大巴或专车服务等实现航班与地面交通无缝衔接服务。二是整合旅游资源。完善全省旅游资源整合规划，推广“多彩贵州”旅游品牌，推动贵阳贵安参与全省主要旅游线路规划，建立覆盖全省的重要景点，设计自然探索之旅、民族文化之旅主题游线路，挖掘和保护具有贵阳贵安地方特色和文化价值的旅游景点，推动贵阳贵安参与各市（州）举办苗族芦笙节、布依族六月六等大型文化旅游节庆活动。三是加强文旅融合发展。充分用好抖音、快手、小红书等平台资源，强化阳明文化、“路边音乐会”等品牌传播，创新表现形式，让“路边音乐会”现象级文旅 IP 不断出圈，丰富“特色文化+旅游”“音乐+旅游”多元文旅业态，创新设计旅游线路，让贵阳避暑游、美食游、康养游、研学游与特色文化融合发展。

（三）坚持生态立市，推进贵阳贵安生态文明强根基

坚持“生态立市”，推动市民绿色生活方式转变，加快推进经济绿色转型、强化污染防治攻坚，加强城市绿色基础设施建设，将贵阳贵安打造成为西南地区生态屏障和经济发展新高地。

1. 强化生态规划引领，构建绿色发展蓝图

针对生态文明建设中存在的突出问题谋划发展，优化空间布局、完善政策法规。一是完善法规制度。出台绿色金融、生态补偿、环境税收等更多有利于生态文明建设的政策措施，制定并完善贵阳贵安生态文明建设中长期规

划，为绿色发展提供有力支持。二是优化空间布局。划定贵阳贵安生态保护红线，永久基本农田、城镇开发边界等控制线，优化国土空间开发保护格局，促进生产空间集约高效、生活空间宜居适度、生态空间山清水秀。

2. 加强生态环境保护，筑牢生态安全屏障

严格环境监管，加强生态环境保护与修复，筑牢贵阳贵安生态安全屏障。一是实施严格的环境保护制度。加大环保执法力度，严厉打击各类环境违法行为，加大对违法排污、破坏生态行为的处罚力度，确保环境质量持续改善。建立健全环境风险预警和应急响应机制，构建贵阳贵安生态环境保护法规体系，有效防范和化解生态环境风险。二是推进实施生态系统修复工程。实施山水林田湖草沙一体化保护和修复工程，加强对森林、湿地、河流等自然生态系统的保护与修复，实施退耕还林、水土保持、生物多样性保护等项目，提升生态系统服务功能。

3. 推动绿色产业发展，实现经济转型升级

依托贵阳贵安资源禀赋和产业基础，发展绿色循环经济，培育新兴产业。一是加强生态领域的科技创新。充分利用现代生态农业技术，推动科技创新与生态文明建设深度融合，推动环保产业技术创新和成果转化。二是发展绿色循环经济。鼓励企业采用清洁生产技术，推动传统产业绿色转型升级，构建循环经济产业链，提高资源利用效率，减少废弃物排放。三是培育绿色新兴产业。大力发展大数据、云计算、生态旅游、绿色农业等新兴产业，实现农业生产数字化、减量化、循环化、绿色化，拓宽“两山”转化路径，大力发展绿色服务业，打造贵阳贵安绿色经济增长极。

4. 深化生态文明宣传教育，营造全民参与氛围

加强生态教育、倡导绿色生活、加大生态宣传，营造全面参与的生态建设氛围。一是加强生态教育。将生态文明教育纳入国民教育体系和干部教育培训体系，普及生态文明知识，提高全民生态文明素养。二是倡导绿色生活。倡导简约适度、绿色低碳的生活方式，鼓励市民参与垃圾分类、节能减排、绿色出行等环保行动，形成崇尚生态文明的社会风尚。三是加大生态宣传。通过媒体、学校、社区等多种渠道，广泛开展生态文明宣传教育，提高

公众生态文明意识。

5. 加强区域合作与交流，扩大生态文明建设朋友圈

加强与国内发达省份及周边地区合作与交流，扩大贵阳贵安生态文明建设朋友圈。一是建立区域生态文明建设联盟。建立由贵阳贵安及周边地区政府、企业、科研机构等共同参与的生态文明建设联盟，定期召开联席会议，共商合作事宜。二是深化生态产业合作。依托贵阳贵安生态资源优势，联合四川、重庆、湖南、广西、云南等周边地区发展生态旅游、生态农业、生态工业等绿色产业，形成生态产业链条。三是加强生态环境保护与治理合作。针对跨省、跨地区行政区域间的水污染、空气污染等环境问题，建立联防联控机制。推动区域间环境监测数据共享，提高环境监测和预警能力。四是开展生态文明教育与文化交流。加强跨地区间的生态文明教育合作，共同举办贵阳生态文明国际论坛等活动。促进区域间文化交流与融合，为生态文明建设提供精神动力和文化支撑。

（四）坚持创新驱动，为贵阳贵安发展注入强劲动力

按照科技创新“3+3”总体工作要求，全力抓创新型城市、抓创新型产业、抓创新型企业、抓科技平台、抓科技投入、抓科技人才，释放创新潜能。

1. 抓创新型城市

聚焦国家创新型城市创新能力评价体系，切实增强贵阳贵安创新治理力、原始创新力、技术创新力、成果转化力、创新驱动力，巩固提升创新型城市建设成果。统筹贵州科学城、贵阳大数据科创城、花溪大学城、清镇职教城“四城”联动发展，积极探索建立有利于“四城”产业、人才、教育、科技资源融通的协同体制机制，加速创新链、产业链、人才链、资金链深度融合。

2. 抓创新型产业

支持在筑央企在贵安新区、经开区、双龙航空港经济区等打造服务配套完善、创新要素活跃、产业人才集聚的航天航空基础件和结构件产业集群。

一是以创新型产业培育发展新质生产力。以算力、赋能、产业为主导，推动数据中心从“以存为主”向“存算一体、智算优先”升级，加快建设智算中心，打造具有国际竞争力的国产智算高地，持续开展行业大模型应用场景开放，加快培育新质生产力。二是推动产业转型升级。实施传统产业改造升级行动，运用新技术、新工艺、新设备提升传统产业竞争力，推动产业朝高端化、智能化、绿色化方向发展。三是布局未来产业发展。发展人工智能、北斗、元宇宙、平台经济、渲染、电竞、动漫等产业，布局未来产业，打造新经济增长点。

3. 抓创新型企业

发挥好政策协同合力效应，多措并举、全面发力推动各类创新资源、创新要素向企业集聚。一是优化企业创新生态。鼓励支持行业优势企业牵头创建创新创业生态培育中心，联合高校、科研机构建立要素共投、利益共享、风险共担的协作机制，打造产业链上中下游、大中小企业协同创新产业生态。二是建立以企业为主体的创新体系。建立健全以企业为主体、市场为导向、产学研深度融合的技术创新体系，鼓励企业加大研发投入，提升自主创新能力。

4. 抓科技平台

加快落实“科技入黔”，加强产学研用深度融合，优化科技创新平台建设。一是优化创新平台建设布局。加强产学研用深度融合，建设重点实验室、企业技术中心等高水平创新平台，促进创新资源高效配置和共享。二是推进“校院企”创新平台建设。推进贵阳贵安“十校十院”与企业创新合作，通过合作搭建高能级创新平台，争取更多优质科技资源向贵阳贵安集聚，支持磷化工、大数据、生态环境等领域重点实验室参与全国重点实验室体系重组。三是建设综合创新服务平台。支持依托“贵商易”服务平台，建设“产学研”综合服务平台，鼓励高校、科研院所和企业通过平台实现创新资源、创新需求有效链接。

5. 抓科技投入

充分利用各种资源加大研发投入引导及金融支持，提高科技服务水平。

一是加大研发投入引导力度。深入实施贵阳市企业研发投入相关政策，积极落实省规上工业企业研发活动扶持计划，引导企业持续加大研发投入力度。二是丰富科技金融供给。深化科技和金融结合，推动在筑银行开展金融产品和服务创新，扩大科技型企业信贷渠道与规模。三是提高服务科技企业能级。支持符合条件的科创企业通过风险投资、私募股权投资、上市融资、科技信贷等方式快速成长。

6. 抓科技人才

围绕“筑人才　强省会”人才品牌，实施人才兴市战略，完善创新服务体系。一是实施人才兴市战略。制定并实施更加积极、开放、有效的人才政策，吸引国内外高层次人才和创新团队落户贵阳贵安。加强本土人才培养，提升人才自主培养能力。二是多渠道引进培育人才。加强院士团队、杰青、长江等领军型人才柔性引进，持续通过人博会、数博会等活动引才，争取更多优秀人才（团队）落地。打造“阶梯式”人才培育体系，加强本地人才储备建设。加大成果转化专业人才培养，提高科技成果转化人员的专业化、职业化水平。三是加强科研评估激励。鼓励高校、科研院所出台激励机制，对产出重大成果或作出重要贡献人才给予奖励，激发人才创新活力。四是创新人才应用模式。鼓励各创新平台内部通过“揭榜挂帅”方式用好人才，深入推进科技特派员服务乡村振兴，探索全面推行“科技专员”“科技副职”服务企业计划。

（五）坚持开放协作，发挥省会功能推动跨区域协调

用好贵阳贵安开放通道和平台载体，加强对外开放，推动区域协调发展，缩小城乡差距，促进社会和谐稳定。

1. 打造内陆开放型经济新高地先行区

聚焦开放型特色产业、综合物流枢纽、开放平台建设等，打造贵阳贵安成为内陆开放型经济新高地先行区。一是建设完善开放型特色产业体系。做大做强传统优势产业的外向型服务，大力发展高端磷肥、精细磷化工等，筑牢贵阳贵安在磷化工等方面的优势。发挥绿色生态优势，提高重要农产品标

准化、规模化、品牌化水平，加快推进特色食品、中药材等精深加工产业发展。二是持续推进贵阳贵安综合物流枢纽建设。加快打造全省功能最完善、西南地区有重要影响力的航空口岸。强化对外铁路通道建设，提升贵阳国际陆港运营水平。强化对外公路通道建设，构建贵阳-东南亚公路跨境物流体系，打造干支相通的内河航道体系，推动黔中航运中心建设。强化货运枢纽能力建设，推动“公铁空水”高效联动。三是建设好贵阳贵安开放平台。围绕重点产业，实现差异化、错位化、集群化发展，做大做强“国字号”开放平台。创新办好各类大会活动，更加突出活动国际化、项目化、市场化，推动活动影响力持续向招商吸引力转化。不断深化“东部总部+贵州基地”“东部研发+贵州制造”“东部企业+贵州资源”“东部市场+贵州产品”等合作模式，全力打造贵阳贵安对外开放协作平台。

2. 推动城市群一体化发展

以黔中经济群为核心，推进各地区间的合作与交流，推动城市群一体化发展。一是促进城市群产业协同发展。发挥省会统筹市场与资源能力，以黔中城市群为核心，推动各地市与省会之间合作与交流，建立跨区域技术转移和科技资源共享平台，实现资源共享和优势互补。二是推进城市间差异化发展。发挥省会综合交通主通道、对外开放主平台作用，依托高效便捷的交通网络，优化产业布局，避免同质化竞争，实现城市差异化发展。三是加强城市间环境保护合作。沿全省主要交通干线和河流，建设绿色生态走廊，保护生物多样性，建立城市群间环境污染预警和应急响应机制，共同应对大气、水体污染等问题，确保水资源有效利用和可持续发展。

3. 加强城乡融合发展

加强城乡统筹，推进城乡产业合作和资源有效配置。一是强化城乡产业合作。支持贵阳贵安与各地区合作建设一批现代农业产业园、农村产业融合发展示范园、农业产业强镇，支持贵阳贵安加快培育现代都市型农业，培育壮大文化体验、研学科普、民宿经济等新兴业态。支持贵阳贵安艺术家、企业家等群体在全省建设非遗工坊和乡土人才工作室，推动传统村落活化传承和特色化、品牌化发展。二是促进资源均衡分配。完善结对帮扶机制，下沉贵阳贵安教育资源，推进贵阳贵安优质教育资源向农村倾斜，加强对农村学校硬件设施建设和师资力量配备帮扶。充分利用互联网技术，开展远程诊疗服务，提高农村医疗服务水平。

参考文献

习近平：《高举中国特色社会主义伟大旗帜为全面建设社会主义现代化国家而团结奋斗》，《人民日报》2022 年 10 月 26 日。

习近平：《推动形成优势互补高质量发展的区域经济布局》，《求是》2019 年第 24 期。

胡忠雄：《生态立市工业强市数字活市人才兴市奋力谱写新时代“强省会”新篇章》，《贵阳日报》2021 年 12 月 27 日。

张航、丁任重：《实施“强省会”行动的现实基础及其可能取向》，《改革》2020 年第 8 期。

中国社会科学院农村发展研究所课题组：《农业农村现代化：重点、难点与推进路径》，《中国农村经济》2024 年第 5 期。

周玉龙、杨一诺：《“强省会”行动：历史、逻辑与成效》，《城市问题》2024 年第 3 期。

许恒兵：《新质生产力：科学内涵、战略考量与理论贡献》，《南京社会科学》2024 年第 3 期。

分 报 告

B.2
2021～2023年贵阳贵安新型工业化推进"强省会"报告

陈绍宥*

摘　要： 新型工业化是推进"强省会"的核心引擎。贵阳贵安坚持把新型工业化作为第一推动力，围绕工业"六个抓"，扎实推进新型工业化，全力以赴做大做强做优工业经济，贵阳贵安工业经济呈规模不断扩大、速度保持较快增长态势、招商引资不断突破、新引进产业项目资金到位率高、新型工业化支撑基础不断夯实、工业企业智能化改造有效推进等特点，具有产业体系不断完备带来配套协同发展、数字化智能化资源集中、发展要素保障充足等优势，为"强省会"奠定坚实产业基础。但也存在工业投资保持高位增长难、"链主"龙头企业偏少、产业集聚效应不明显，以及企业上规不及预期等问题。为此，本文提出进一步强化服务、切实推进项目落地和企业"上规""上市"，重塑招商体系、提升招商效率，实施精准招商、提升招商质量，强化要素保障、确保项目落地投产等对策建议。

* 陈绍宥，贵州省社会科学院区域经济研究所副研究员，主要研究方向为产业经济。

关键词： 贵阳贵安　新型工业化　“强省会”

实施“强省会”行动是贯彻落实习近平总书记视察贵州重要讲话精神的重大举措，是在新阶段下推动全省高质量发展的战略抉择，是在新格局下参与高水平合作竞争的主动选择，是在新征程中创造高品质生活的迫切需要。近年来，贵阳贵安深入学习贯彻党的二十大精神和习近平总书记视察贵州重要讲话精神，坚定不移推进“工业强市”战略，坚持把新型工业化作为第一推动力，围绕工业“六个抓”，扎实推进新型工业化，全力以赴做大做强做优工业经济。2023 年，全市规模以上工业增加值同比增长 9.6%，新开工亿元以上项目 79 个、建成 57 个；工业投资占固定资产投资比重较 2022 年提高 4 个百分点，达 27.4%，工业技改投资同比增长 37.8%，工业产能加速升级。七大重点工业产业增加值同比增长 15.0%，[①] 全市工业产业结构持续优化，工业经济呈现稳中有进、持续向好的态势，工业支撑作用持续显现，为“强省会”奠定了坚实产业基础。

一　贵阳贵安新型工业化发展成效

近年来，贵阳贵安坚定不移推进“工业强市”战略，坚持把新型工业化作为第一推动力，全力以赴做大做强做优工业经济。贵阳贵安工业经济规模不断扩大、工业经济保持较快增速、现代产业体系初步建成、工业企业智能化改造有效推进，工业经济呈现稳中有进、持续向好的态势，工业支撑作用持续显现，为“强省会”奠定了坚实产业基础。

（一）工业经济规模不断扩大

近年来，贵阳贵安坚定不移推进工业强市，加快推进工业经济高质量发

① 本文除特殊说明外，所有数据均来源于贵阳市投促局、工信部等相关部门提供的文件和总结资料。

展，奋力实现工业大突破，为"强省会"提供有力支撑。工业经济发展取得明显成效，经济规模不断扩大。从工业增加值看，在经济发展面临较多困难的情况下，全市工业增加值逐年提升，2019~2023年全部工业增加值分别为848.86亿元、900.29亿元、984.75亿元、1041.36亿元、1091.43亿元（见图1），呈现稳中有进、持续向好的态势。从工业总产值看，2023年顺利完成了目标任务，全年工业总产值目标任务为3900亿元，实际完成全口径工业总产值3967.7亿元。其中，贵安新区目标为200亿元，完成223亿元，超目标23亿元。2023年，七大工业产业总产值全年目标为1700亿元，实际完成1900亿元左右，其中，贵安新区七大工业产业总产值目标为105亿元，全年完成120亿元，超目标15亿元。

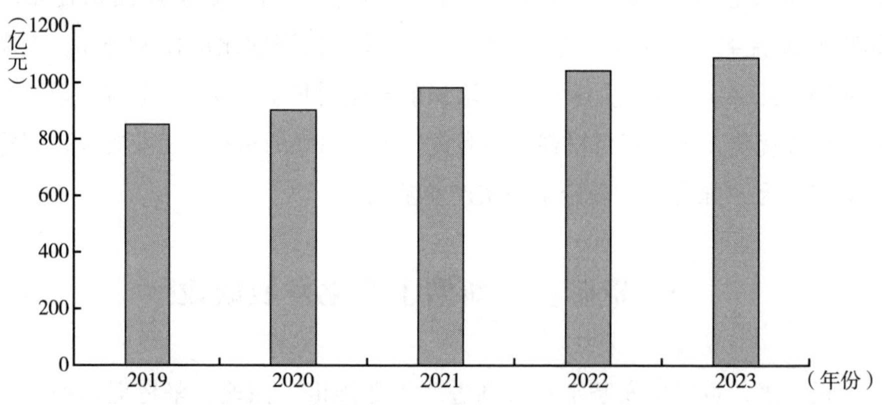

图1　2019~2023年贵阳贵安工业增加值

资料来源：历年《贵阳市国民经济和社会发展统计公报》。

（二）工业经济保持较快增速

近年来，贵阳贵安坚持把新型工业化作为第一推动力，着力推进工业经济加快高质量发展。全市工业经济保持较快增速，2021~2023年，全市工业增加值同比增速分别为8.7%、2.8%、8.4%。2023年，全市规模以上工业增加值同比增长9.6%，高于全国（4.6%）5.0个百分点，高于全省（5.9%）3.7个百分点（见图2）。在西部10个省会城市排名第4位，在全省排名第 1 位。贵安新区规模以上工业增加值增速指标目标为 60%，完成 79.5%，超目标 19.5 个百分点。全市七大重点工业产业增加值增长 15.0%。

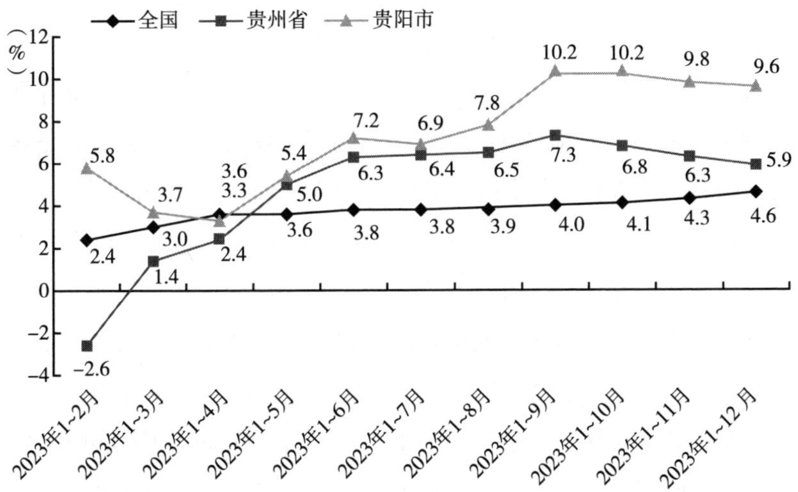

图 2　2023 年全国、贵州省、贵阳贵安规上工业增加值增速

资料来源：国家统计局、贵州省统计局相关资料、《贵阳市工业和信息化局关于 2023 年 1~12 月工业经济运行情况》。

全市以新能源电池及材料、先进装备制造、电子信息制造为主导产业，以健康医药为特色产业的产业增加值比上年增长 9.2%，占全市规模以上工业增加值比重达 28.1%。其中，电子信息制造业增长 29.7%，占规模以上工业增加值的 3.2%，拉动规模以上工业增加值增长 0.8 个百分点；先进装备制造业增长 11.1%，占规模以上工业增加值的 7.6%，拉动规模以上工业增加值增长 0.9 个百分点；健康医药及生态特色食品业增长 8.3%，占规模以上工业增加值的 13.1%，拉动规模以上工业增加值增长 1.1 个百分点。

（三）招商引资取得明显成效

项目是经济社会发展的重要支撑，贵阳贵安把招商引资作为"强省会"

的重要抓手，着力强化招商力度，创新举措，推动精准招商实现“六个大”突破。央企招商实现大突破，截至2023年底，贵阳市（含贵安新区）引进央企工业项目18个，投资总额145.9亿元，累计产生到位资金（不含续建）71.1亿元。民企招商实现大突破，贵阳市民企招商大会纳入签约成果统计项目302个，投资总额957亿元（工业占比53%），现场签约项目6个，总投资115.4亿元，占全省签约金额的29.44%，纳入成果统计和现场签约总额绝对值在全省排名均位列第一。园区招商实现大突破，各省级及以上开发区、特色工业园区围绕主导产业、特色产业，以标房招商为主抓手，沿着产业链供应链配套，联动140余家区域内企业开展以商招商、以企招商，全年新引进以房招商工业项目253个，签约面积332.4万平方米，已入驻标房面积205.7万平方米，新引进中山粤健、中兆永烨、京东·中房等运营商签约园区专业化项目11个，不断提升标房使用率。驻外招商实现大突破，瞄准驻地优质资源，各驻外办招商打法越来越精准、成效越来越明显，促成70个工业项目达成合作，签约金额376.03亿元，推动区域产业合作取得新实效。重点产业招商实现大突破，新引进七大工业产业项目315个、773.9亿元，实现到位资金131.84亿元。市场化招商实现大突破，强化基金招商，以基金推动珍宝岛集团西南地区总部的铂韬新材料热、电、磁管理功能性粉体及成型系列新材料产业化，标果集配中心建设，华阳宇光汽车配件制造，艾斯谱商显灯带生产等项目落地。市场资源招商实现大突破，以市场、订单、矿产、能源、工程及市属国有企业资源等，与东方电气、晟阳餐饮、德保膳食、微宿文旅、锦源晟、威派格水务、耐科达耐火材料、均维环保、中科利亨等企业开展项目合作。

（四）新引进产业项目到位资金落实较好

招商引资是推动区域经济发展的重要举措，但要切实地推动经济发展，最关键的是项目的落地和资金的到位。贵阳贵安把抓好“新引进产业项目到位资金”作为11项主要目标之一，2023年贵阳贵安资金到位情况落实较好，全年新引进产业项目到位资金目标为900亿元，实际完成930.91亿元，超目标 30.91 亿元。其中，贵安新区新引进产业项目到位资金指标全年目标为 180 亿元，全年完成 181.52 亿元，超目标 1.52 亿元。贵阳贵安新引进产业项目到位资金中工业项目资金占比全年目标为 55%，2023 年实际完成 56.18%，超目标 1.18 个百分点。其中，贵安新区新引进产业项目到位资金中工业项目到位资金占比指标目标为 48%，完成 48.6%，超目标 0.6 个百分点。

（五）新型工业化支撑基础不断夯实

人才、资金、厂房是工业发展的基础要素。贵阳贵安为高质量推进新型工业化，在人才引进培养、资金争取、厂房建设方面切实做实做细相关工作，取得明显成效，为新型工业化发展提供了重要支撑。在人才方面，贵阳贵安紧紧围绕人才工作“五个一”的要求，推进人才资源集聚，2023 年，全市各类人才经费共预算 8 亿元，累计拨付 5.48 亿元，其中，市级财政资金预算 2.44 亿元，拨付 1.44 亿元。全市新增制造业人才 2.32 万人，完成全年目标任务（2.2 万人）的 105%。其中，贵安新区计划新增制造业产业人才 2800 人，实际新增制造业产业人才 2826 人；计划新增大数据人才 1 万人，实际新增大数据及相关人才 10270 人。在资金方面，积极争取省新型工业化基金及新动能基金支持，2023 年，全市共获省新型工业化基金及新动能基金放款项目 13 个，共获放款金额 20.13 亿元，占全省比重为 29.78%，排名全省第一，其中，贵安新区获省新型工业化发展基金、省新动能基金放款支持共 11.25 亿元，超目标 1.25 亿元。在厂房建设方面，新增标准厂房开工及建成情况落实较好。2023 年，贵阳贵安全年新增标准厂房建成 700.63 万平方米，超目标 0.63 万平方米。其中，贵安新区 2023 年新增标准厂房建成指标全年目标为 100 万平方米，全年完成 100.75 万平方米，超目标 0.75 万平方米。

（六）工业企业智能化改造有效推进

近年来，贵阳贵安全面推动工业企业开展数字化、智能化转型，促进大数据赋能研发设计、生产制造、经营管理等各环节，助力企业"降本、提质、增效"。2023 年，贵阳贵安大数据与实体经济融合水平发展指数达 56 以上，融合水平已由初级向中级迈进。通过数字化赋能，众多工业企业在生产管理和智能制造水平上再上一个新台阶，实现了质的飞跃。贵州中铝基于工业互联网、大数据、云计算等技术，实施了铝板带箔行业智能生产执行系统示范项目，对车间生产设备铸轧机、冷轧机、退火炉、重卷机等进行智能升级，实现了销售订单、生产计划、物资采购、库存、生产执行、物流运输等全过程智能化管理，深度推进传统制造向"智能制造"转变。贵州磷化集团围绕生产现场基础自动化智能化全面数据采集、数据传输基础网络建设、数据资源化、数据应用和数据价值化等方面进行数字化转型，致力于探索 5G+智能制造应用建设，使许多生产应用场景得到深度拓展，继而转换为企业发展的"助推器"，三年内即实现工业产值 434.77 亿元、利润总额 40.2 亿元，创历史新高。贵阳贵安以"万企融合"和"千企改造"为抓手，遴选华为云等数字化诊断服务商 3 家，对 350 余家企业进行数字化转型培训，已开展 182 家企业数字化转型诊断，推动 105 家企业开展数字化改造，如惠诚食品"5G+智慧工厂项目"、詹阳重工"机械油管智能制造柔性生产线建设项目"、永青仪电"永青 5G 创新应用灯塔工厂"等，总投资达 30 亿元，通过数字化诊断了解企业资金缺乏、转型方向不明确等问题，助力企业找到了转型升级的解决方案。

二　贵阳贵安新型工业化发展存在的主要问题

尽管贵阳贵安新型工业化为"强省会"做出重大贡献，取得明显成效，但仍存在工业投资保持高位增长难、"链主"龙头企业偏少且产业竞相发展的集聚效应不明显，以及企业上规不及预期等问题，亟须在进一步深入推进新型工业化进程中加以解决。

（一）工业投资保持高位增长难

受国际形势日益复杂、全球经济增长乏力、国内经济回升较缓的影响，2023 年以来，全社会各领域投资信心不足，尽管工业投资自上年以来一直保持两位数以上的增速，但在下半年逐步收窄，由上半年的增长 30.4%，下降到全年增长 5.1%，增长逐渐乏力。其中，民营企业投资意愿不强，民间投资出现下滑，2023 年增速同比下滑 8.3%，拉低全市工业投资增速 3.8 个百分点。受内外环境影响，工业投资未达到既定目标，产业投资未能持续发挥主力作用，下降幅度较大，产业项目全年完成投资同比下滑 14.2%，占全部工业投资比重较 2022 年降低 12.6 个百分点。比如，恒力项目原定 2023 年计划投资 30 亿元，后因市场环境、建设时序等各种变化，未摘牌一期剩余约 960 亩工业用地，2023 年仅完成投资 5.51 亿元。“以房招商”不及预期，未能将标房投资进一步延伸至产业投资，入驻企业规模小、质量低、采用旧设备情况较多，项目无法达到 500 万元的固投入库门槛，对上年工业投资增量支撑不足，对工业投资贡献有限。同时，部分标厂项目进展缓慢，贵安产控集团、贵安综保公司等平台公司开发建设的标厂项目，因融资授信不佳、资金不足、土地要素准备不到位等问题而项目进展缓慢、暂停施工，对投资支撑不足，比如综保 4-1 期、4-2 期等项目因资金问题主体施工进展缓慢，新能源一期、二期产业园项目虽已摘地，但因融资、招商等问题主体未开工建设，蛇口网谷因形象问题暂未达到入库条件等。

（二）“链主”龙头企业偏少，产业竞相发展的集聚效应不明显

近年来，贵阳贵安在产业链招商上取得一定成效，新能源汽车及电池材料产业已形成产业生态，吉利、奇瑞、比亚迪、宁德时代等龙头企业落地，除此之外，七大重点工业产业总体发展现状与高端化、绿色化、集约化仍有距离。比如，电子信息制造业产业链条不健全，链条核心环节薄弱，龙头企业较少，对产业集聚性的支撑力不足；先进装备制造业除航空航天、专用设备制造有龙头企业外，金属制品、通用设备等领域没有形成相应行业的龙头

企业；铝及铝加工产业受产能限制、“双碳”及系列能耗“双控”等政策影响，产业集群弱，整体产业链较短、产业幅较窄，上下游闭环生产功能性配套不足，产业规模总体偏小，未形成完整产业集群效应等。此外，各产业龙头引领、集聚发展的态势尚未形成，就贵安新区来看，2023 年新区电子信息制造，先进装备制造，新能源汽车、电池及材料等三大产业集群占规上工业总产值比重为 70%，但以电子信息制造业为主，高增加值率的装备制造业支撑欠缺，需进一步优化三大集群同步发展。

（三）企业上规不及预期

受宏观经济复苏缓慢、有效市场需求不足影响，小微企业基础薄弱，利润空间被压缩，培育难度较大。同时，区县对目标的重要性、紧迫性认识不足，跟踪培育、措施力度不够有力，在工作机制、政策激励、综合服务等方面缺乏创新、办法不多，效果不明显，导致企业上规不及预期。根据“强工业”指挥部 2023 年“强省会”工作关于企业主体培育任务安排，2023 年净增规模以上工业企业 200 家，但全年实际新增规上工业企业为 98 家，与预期目标相差较大，工业企业上规仅完成全年目标的 49%。

三　贵阳贵安新型工业化发展环境分析

经过多年发展，贵阳贵安进一步推进新型工业化环境不断改善，具有产业体系不断完善带来集聚发展、数字化智能化资源加快集中、重要发展要素保障充足等优势，但也面临招商形势严峻等多重挑战。总体来看，发展形势仍较为有利。

（一）产业体系不断完备带来的配套协同发展优势

近年来，贵阳贵安始终坚持以高质量发展统揽全局，把新型工业化作为第一工程，按照“强省会”首先强产业、强产业重点强工业的相关要求，以“四大产业基地”为重点加速壮大七大产业，高端化、智能化、绿色化发展的七大产业体系初步建成，为贵阳贵安工业高质量发展奠定了坚实基础。比如，先进装备制造业初步构建了以航空航天装备为主导、社会通用性装备为辅的产业体系。新能源汽车产业初步构建了发动机、雨刮、密封件、内外饰件、轮胎、动力电池等产业链雏形。磷化工产业形成以磷酸、磷酸一铵、磷酸二铵、磷复肥生产和黄磷生产为基础，向精细磷化工延伸的产业发展格局。铝及铝加工产业已建构形成了“铝土矿→氧化铝→电解铝→铝合金→铝精深加工→再生铝回收利用”的产业生态链。电子信息制造业依托振华集团、航天电器、海信电子等龙头企业，“芯、件、板、机、器”五大板块协同发展。健康医药产业依托健兴、益佰、同济堂、新天等一批企业，以中成药、化学原料药及制剂、医疗器械为主的“两药一械”加快发展。生态特色食品产业依托“老干妈”“黔五福”“贵州龙”“贵酒”“贵茶”“山花牛奶”等一批知名企业，初步形成门类较为齐全的生态特色食品产业体系。随着产业体系的不断构建和产业的加快集聚，贵阳贵安工业产业首位度稳步提升，首位度从2021年的24.19%提升到2023年的24.69%，分别比周边的昆明市、南宁市高2.44个、11.3个百分点，在27个省会城市中列第14位，处于中等水平，工业首位度的提升有助于贵阳贵安进一步推进高质量发展，为强省会提供坚实产业支撑（见表1）。

表1　2021年、2023年全国主要省会城市工业首位度

城市	2021年		2023年	
	工业首位度(%)	工业首位度排名	工业首位度(%)	工业首位度排名
长春	62.09	1	57.07	1
银川	48.99	2	52.38	2
西宁	37.97	3	42.94	3
拉萨	36.72	4	37.24	4
武汉	32.28	5	33.64	5
哈尔滨	32.11	6	30.14	6
成都	30.65	7	29.90	7
海口	30.32	8	29.89	8
长沙	29.41	9	28.51	9

续表

城市	2021 年		2023 年	
	工业首位度(%)	工业首位度排名	工业首位度(%)	工业首位度排名
兰州	27.95	10	27.46	10
西安	25.57	11	25.81	11
南昌	24.54	12	25.73	12
沈阳	24.32	13	25.17	13
贵阳	24.19	14	24.69	14
合肥	23.99	15	24.60	15
郑州	23.61	16	24.23	16
昆明	21.38	17	22.25	17
福州	18.40	18	19.51	18
太原	18.25	19	17.57	19
杭州	17.61	20	16.69	20
乌鲁木齐	16.51	21	14.87	21
广州	15.28	22	14.28	22
石家庄	14.08	23	14.05	23
南宁	12.88	24	13.39	24
济南	12.07	25	11.98	25
呼和浩特	11.21	26	11.43	26
南京	10.65	27	10.42	27

资料来源：各省会城市国民经济和社会发展统计公报。

（二）数字化智能化资源加快集中优势

与全国其他地方比较来看，贵阳贵安在推进新型工业化方面具有数字化智能化资源集中的优势，主要表现在算力布局上的三大优势。一是算力综合保障能力优势。根据测算，2023 年，贵安算力保障指数在 10 个数据中心集群中最高，为 57.02，位居全国第一。二是政策保障力度优势。截至 2023 年底，出台的省级算力相关政策数量排名第一，达 41 个。三是省会集聚优势。贵安数据中心集群布局于贵州省会城市贵阳，是西部集群中唯一位于省会城市的，可充分利用省会城市所具备的诸多优势，获得产业、人才、交通以及配套服务等方面较好的支撑。同时，贵安发展集团与华为将共同推动人工智能等新一代信息技术在贵州工业等领域深度融合应用，依托华为盘古、电信星辰、移动九天、讯飞星火等大模型，聚焦酱酒、新材料、电力等八大重点行业，推进大模型产业化应用，赋能千行百业转型升级。

（三）重要发展要素保障充足优势

要素保障是经济发展的关键。综合来看，贵阳贵安新型工业化具有电力、土地等方面的要素优势，在电价方面具有显著优势，自2023年6月1日起执行《省发展改革委关于第三监管周期贵州电网输配电价和销售电价有关事项的通知》（黔发改价格〔2023〕359号），贵州电网第三监管周期输配电价继续下降，贵州省大工业输配电价220千伏、110千伏、35千伏、10千伏分别排名全国第29位、28位、23位、24位，与周边省区相比，贵州省大工业平均输配电价处于最低水平，用电价格在全国继续保持比较优势。同时，贵阳贵安还具有土地保障优势，有943.48公里城镇开发边界，为产业发展提供了充足的用地保障。此外，依托全省2300多万适龄劳动力，贵阳贵安推进新型工业化用工成本优势明显。

（四）招商形势严峻，面临多重挑战

受国际国内经济形势影响，企业对市场投资环境信心不足，投资明显收紧，项目落地转化效率低。全国产业招商区域竞争激烈，“抢企大战”爆发，“反向招商”兴起，贵阳贵安在产业配套、金融支持、人才支撑、创业驱动、技术平台等方面支撑能力有限，对比发达地区显现出一些劣势。同时，省、市开展纠治招商引资“内卷”，严禁出台超越财政承受能力的招商引资政策，纠治实施“税收优惠”，招商引资吸引力、竞争力不强。

四　贵阳贵安新型工业化发展的对策建议

针对贵阳贵安推进新型工业化过程中存在的主要问题，建议从以下几个方面加以解决。

（一）进一步强化服务，切实推进项目落地和企业“上规”“上市”

用好“贵商易”“招商易”平台，推动帮代办、跨区域服务，继续完善领导分级包保及市区分级推动项目建设机制，定期开展重大项目调度，推动招商项目尽快落地开工，建设项目尽快建成投产，建成项目尽快达产满产。切实抓好工业企业“上规”“上市”。抓好工业企业“上规”，强化企业上规业务培训和指导，充分挖掘已入驻标准厂房企业，建立并动态更新企业上规培育库，常态化为拟培育上规企业开展融资对接、产品推广工作，加大对新进退库企业帮扶力度，全力推动企业上规入统。抓好工业企业“上市”，着力挖存量、扩增量，做好上市企业梯度培养，争取沪深北交易所专业的指导及支持，积极推动已具备条件的企业上市。

（二）重塑招商体系，提升招商效率

招商引资是贵阳贵安产业高质量发展的重要抓手，要以更大力度、更实举措抓好产业大招商。要着力强化顶层设计。市委、市政府负责组织年度招商推进大会，凝聚合力。市招商领导小组负责组织季度全市招商情况部署会，切实推动重大项目招商或落地。市政府每月召开招商调度会，通报指标完成情况、调度项目重大工程和重点项目全生命周期管理情况。市招商领导小组办公室抓实目标制定、统筹调度、考核评价、重点推进。要进一步压实主体责任。市委市政府主要领导、分管领导、产业链长着力招引央企（国企）、各类500强等引领性重大项目，提高引领性项目签约落地成功率。市直部门应充分发挥专业优势、资源优势，梳理招商比较优势，重点关注产业支持政策、项目谋划。各区（市、县、开发区）加强

重大项目要素保障，落地服务主体责任。驻外办事处常态化做好区域内优强企业沟通对接，商（协）会广泛动员黔籍乡贤参与招商。切实实行闭环管理。建立健全项目全生命周期管理工作机制，推进全流程“贵人服务”，对重大签约项目实行问题清单派发制度，与企业约定开工、在建、入库、投产、达产、上规入统等时间节点，摸清各环节存在的困难和问题，分级派发问题清单，分类限时解决，形成更多投资实物量，促进招商提质增效。进一步优化考评体系。围绕省产业大招商领导小组下达任务，结合六大招商主体主责主业，精准设置招商成效评价体系，突出到位资金、工业到位资金等重点考评，将招商引资考核指标纳入“强省会”目标考核。

（三）实施精准招商，提升招商质量

着力推进产业链“链主”招商。聚焦央企制造业和七大工业产业，瞄准智能终端、工程机械、教育装备、医疗器械、休闲食品等龙头企业，着力开展“链主”招商；聚焦原材料找准下游产品、聚焦装备制造业找准上游产品、聚焦消费品制造业找准市场，推动宁德时代、比亚迪、华为云等优强企业开展“链主”招商，引进一批核心产品、高附加值环节、缺失环节产业链上下游项目，特别是“填空白、补短板”项目，打造产业生态，推动产业集聚。进一步强化标准厂房招商。结合区域特色和实际，进一步优化标房招商政策措施，着力引进汽车电子、医美医疗器械、生态特色食品等领域的优质企业，不断提升标房招商效率，推动标房投资进一步延伸至产业投资。切实强化基金招商。用好贵阳市政府投资母基金、贵阳大科城产业基金及区级产业引导基金，实施“基金+产业”新模式，着力“招基金”，招引国内符合产业导向、团队一流、资源丰富的基金团队，抓实“以投带引”资本招商，带动优秀投资机构落地。着力“基金招”，聚焦重点产业，发展潜力好、科技含量高的中小企业，以及标房招商项目，用好基金投资政策，争取将更多项目纳入省市基金优先支持盘子，招引、支持和推动一批产业项目落地。着力强化市场资源招商。以供应链平台为切入点，梳理“富矿精

开”、特许经营权、大规模设备更新和消费品以旧换新，以及城市建设、装饰材料、建筑家居、医疗器械、公共交通设施设备、各类应用场景等市场资源招商需求，谋划一批亿元以上招商项目，实施精准对接，推动全年转化落地一批市场换产业项目。

（四）强化要素保障，确保项目落地投产

要为企业做好发展服务，加强“地、证、电、房、人、钱”等要素供给，用心用情用力解决好企业发展和项目推进中的困难问题，有效帮助企业降低生产经营综合成本，让企业安心、放心、舒心发展。加大可用于招商标房的供给力度，完成水电路气及配套建设和消防验收，着力推进“以房招商”实现重大产业项目突破；加强产学研协同创新、深度融合，为招商项目提供人才支撑；加快电网建设，引导企业利用峰谷电价降低用电成本；建好用好“资金池”，缓解融资难、资金不足等问题；优化手续办理流程和时限，服务项目引得来、落得下、建得快。

参考文献

《胡忠雄率队在比亚迪股份有限公司考察》，《贵阳日报》2024 年 1 月 11 日。

《胡忠雄：加快推进工业经济高质量发展为“强省会”提供有力支撑》，《贵阳日报》2023 年 3 月 6 日。

贵阳市工业和信息化局：《2023 年 1～12 月工业经济运行情况》，2024 年 1 月 22 日。

《推进新型工业化 释放发展新动能——贵阳贵安坚定不移推进“工业强市”战略综述》，《贵阳日报》2024 年 1 月 31 日。

《贵阳贵安：推进新型工业化 做强做大做优工业经济》，《贵阳日报》2023 年 12 月 25 日。

贵州云上鲲鹏：《发力大数据，为何选择贵安？答案就在这里》，2024 年 6 月 12 日。

贵州省发改委：《贵州：充分发挥电价信号作用更好地引导用户参与削峰填谷》，2023 年 6 月 27 日。

B.3

2021~2023年贵阳贵安农业现代化推进"强省会"报告

王国丽 周 雄*

摘 要： 农业现代化为"强省会"提供重要基础和支撑。贵阳贵安在推进农业现代化上走在全省前列，如在一二三产业融合、农产品品牌影响力、产业发展要素以及农产品流通营销等方面取得了一些成效。本文基于增长极理论、城乡一体化理论和可持续发展理论阐释了农业现代化推进"强省会"的理论基础和实践逻辑。从农业首位度、产业结构、生产条件等视角对贵阳及全国省会城市的农业生产条件和环境进行了比较分析。研究发现，贵阳贵安农业现代化发展还存在基础薄弱、结构不优、与数字经济的融合程度不深等问题，需要着重从农业全产业链数字化应用水平、优质人才体系、涉农资金投入、农业农村现代化治理等方面做好相关工作，以打造"强省会"产业集聚优势、构筑"强省会"人才高地、夯实"强省会"资源基础、筑牢"强省会"一体化发展根基。

关键词： 贵阳贵安 农业现代化 "强省会"

2021~2023年，贵阳贵安农业农村经济形势稳中向好，农村社会事业稳步推进。现代种业方兴未艾、特色产业乘势而上，农业现代化为"强省会"提供重要基础和支撑，为"强省会"行动实施筑牢经济、产业、城乡融合

---

* 王国丽，贵州省社会科学院区域经济研究所助理研究员，主要研究方向为产业经济、数字农业、企业管理；周雄，贵阳市农业农村局工作人员，主要研究方向为农业经济和农村区域发展。

和生态根基。本文阐释农业现代化推动“强省会”的理论机理及实践逻辑，全面总结分析贵阳贵安农业现代化发展的实践成效，对比分析贵阳农业现代化发展水平在全国的位置，对贯彻落实党的二十大报告、抢抓国发〔2022〕2号文件机遇、加快贵阳贵安农业农村现代化、推进“强省会”行动具有重要的理论和现实意义。

一　农业现代化推进“强省会”行动实施的理论基础与实践逻辑

“强省会”是以实现区域经济社会的高质量发展和综合实力整体提升为目的的区域发展战略。农业现代化为“强省会”提供重要基础和支撑，为“强省会”行动筑牢经济、产业、城乡融合和生态根基。

（一）理论基础

基于增长极理论、城乡一体化理论和可持续发展理论，分析农业现代化推动“强省会”行动的理论逻辑。

1. 增长极理论

增长极理论认为一个国家（或地区）经济增长通常是从一个或数个“增长中心”逐渐向其他部门或地区传导的。经济增长通常在某些具有优势的区域率先发展，形成增长极。省会城市往往是区域的增长极，农业现代化通过多维度、多层面的作用机制，对地区经济增长产生显著的促进作用。农业现代化推动了农业生产中土地、劳动力、资本、技术等要素的优化组合与高效利用，通过提高农业生产效率、发展农产品加工业等，促进省会城市相关产业的集聚和发展，推动了农业产业的规模化、集约化经营，提升了农业产业的整体效益和竞争力，强化其作为增长极的作用和地位。农业现代化推动形成大型农业企业和产业集群，这些企业和集群集中在省会城市，吸引资金、技术和人才汇聚，从而形成新的经济增长点和增长极。

2. 城乡一体化理论

城乡一体化理论是为了打破长期以来城乡二元结构分割的局面，促进城乡之间资源、要素、经济、社会、文化等各方面的相互融合与协调发展的理论。在我国，城乡一体化理论旨在解决城乡发展不平衡、农村发展不充分等问题，推动实现城乡居民基本权益平等化、城乡公共服务均等化、城乡居民收入均衡化、城乡要素配置合理化以及城乡产业发展融合化等目标，以达到城乡共同繁荣发展的状态。农业现代化加快了从传统种植业、畜牧业向农产品精深加工、冷链物流、休闲农业、乡村旅游等二三产业延伸拓展的进程，农业与工业、服务业的深度融合，催生了众多新产业、新业态、新模式，拓展了产业发展边界，丰富了区域产业结构，强化了城乡之间的经济联系和互动，使省会城市成为城乡一体化发展的引领者和组织者，为“强省会”行动奠定坚实的城乡协同发展基础。

3. 可持续发展理论

可持续发展是指既满足当代人的需要，又不对后代人满足其需要的能力构成危害的发展，强调在经济发展过程中，要注重环境保护和资源节约，以确保未来的可持续发展。农业现代化通过推广绿色农业技术、发展生态农业等方式，促使农产品的质量、品种、安全性等方面得到显著提升，满足了消费者对高品质、多样化农产品的需求，扩大了农产品的市场需求规模；同时，随着农业标准化、品牌化建设的推进，培育了一批具有地域特色、市场竞争力强的农产品品牌，增强了本地农产品的竞争力，有助于实现农业的可持续发展，为省会城市提供稳定的生态屏障和可持续的资源保障。

（二）实践逻辑

农业现代化通过要素集聚、产业升级、消费拉动、生态支撑和城乡融合等，有力地推动“强省会”行动。

1. 要素集聚逻辑

随着农业现代化的推进，大量的农业科技创新资源、农业企业总部、农产品交易中心、大型物流中心、资金、技术、人才等向省会城市集聚，形成了农业产业的集聚效应。省会城市作为区域的经济、文化、科技中心，具备吸引与整合这些要素的优势条件。要素的集聚不仅促进了农业产业的发展，也为省会城市的相关产业发展提供有效支撑，推动城市的整体发展。

2. 产业升级逻辑

一方面，农业现代化通过引入先进的农业技术、装备和管理经验，发展规模化、专业化、集约化的现代农业，提高了农业生产效率和农产品质量，延伸了农业产业链条，推动了农产品加工业、农业服务业等相关产业的发展。另一方面，农业产业的转型升级又推动第二产业、第三产业优化升级，为省会城市的产业体系注入新活力，增强省会城市的产业竞争力和经济实力。

3. 消费拉动逻辑

农业现代化提高了农民的收入水平，增强了农村居民的消费能力。随着农村消费市场的不断扩大，农村居民对城市生产的工业产品、消费品以及服务的需求也不断增加，省会城市作为区域的商业中心和消费中心，能够充分满足农村消费市场的需求，从而拉动城市相关产业的发展。同时，农业现代化过程中催生的休闲农业、乡村旅游等新的消费业态，也给省会城市的旅游业、服务业等带来了新的发展机遇，促进了城市消费的升级和经济增长。

4. 生态支撑逻辑

农业现代化注重生态环境保护和可持续发展。通过发展绿色农业、循环农业等模式，加强农业面源污染治理，改善农村生态环境，为省会城市提供了重要的生态屏障和生态产品。良好的生态环境有助于提升省会城市的生态品质和宜居程度，吸引更多的人才、企业和投资，促进城市的可持续发展。

5. 城乡融合逻辑

农业现代化是推动城乡融合发展的重要动力。通过加强城乡之间的产业联系、基础设施互联互通、公共服务均等化等，促进了城乡资源的合理配置和要素的自由流动，缩小了城乡差距。省会城市作为城乡融合发展的引领者和组织者，能够充分发挥城市的辐射带动作用，推动周边农村地区的发展，实现城乡共同繁荣。城乡融合发展不仅为省会城市拓展了发展空间，也为城市经济社会发展提供了稳定的社会基础和市场环境。

二　贵阳贵安农业现代化推进“强省会”的实践成效

近年来，贵阳贵安全面贯彻落实中央、省“三农”工作决策部署，抢抓国发〔2022〕2号文件重大机遇，以实施“强省会”五年行动为抓手，以更高标准、更高要求、更高质量奋力开创农业现代化新局面，为“强省会”筑牢坚实根基。

截至2023年底，贵阳贵安有耕地298.83万亩，永久基本农田194.31万亩，已建成高标准农田63.84万亩，不宜建设高标准农田39.7万亩①，待开展高标准农田建设90.77万亩②。2023年，有农村人口118.21万人，农村劳动力83.3万人，第一产业从业人数31.5万人。贵阳贵安围绕“稳粮、保供、优种、活市、联工”等关键领域，加快构建现代农业生产经营体系，持续推动农业高质高效发展。2023年，贵阳贵安农林牧渔业总产值达到359.99亿元，同比增速4.2%，增速并列全省第二，较2021年增加31.93亿元，增长9.73%；完成粮食播种面积135.66万亩、产量42.94万吨；稳步推进“菜篮子”工程，全年实现蔬菜产量323.78万吨、水果产量69.15万吨、食用菌（鲜菌）产量6.06万吨、茶叶0.6万吨、生猪出栏119.3万头、家禽出栏2824.59万羽、水产品产量5667吨，其中肉鸡、鸡蛋产量已实现100%自给。2023年，农业机械总动力达167.92万千瓦，主要农作物耕种收综合机械化率达61%，较2021年的49.65%提升11.35个百分点；农产品加工转化率为66%，较2021年提高8个百分点。2023年贵阳贵安农村常住居民人均可支配收入达23640元，较2021年的20565元增长14.95%。

① 不宜建设高标准农田39.7万亩包括：重点项目及建设区域17.16万亩、一级水源保护地0.02万亩、自然保护地及风景名胜区3.17万亩、矿区17.19万亩、严格管控类耕地1.31万亩、退耕还林及国有林场国家公益林0.85万亩。

② 本文所有数据，除特殊说明外，均来自贵阳市农业农村局、贵阳市统计局工作总结、相关文件等。

（一）一二三产业融合取得明显成效

近年来，贵阳贵安通过大力发展农产品精深加工、培育壮大农业经营主体、培育新产业新业态等方式，加快一二三产业融合取得明显成效。

1. 大力发展农产品精深加工，产业链价值链得以延伸

聚焦 12 个特色优势产业，抓好补链延链强链，大力发展产地初加工与精深加工，做大做强农业加工企业，提升农产品加工转化率。2023 年，农产品加工业总产值达 1000 亿元，农产品加工转化率达 62.9%。推动农产品加工由“小特产”升级为“大产业”，由“平面分布”转型为“集群发展”，持续引导农产品加工企业向产地下沉、向特色食品产业园区集中，加快推进重点加工项目建设、产业强镇项目建设。贵阳贵安初步建成龙岗镇农产品加工、扎佐药业、猕猴桃产业加工等 9 个农产品加工集聚区，加快“贵阳贵安加工+全省基地”协作发展。

2. 培育壮大农业经营主体，现代农业生产经营体系得以支撑

2023 年底，贵阳贵安有新型经营主体 12990 个；市级及以上农业龙头企业 189 家，其中国家级 11 家，省级 94 家，市级 84 家；农民专业合作社 3079 家，其中国家级示范社 16 家、省级示范社 88 家；家庭农场达 3186 个，其中，省级示范家庭农场 150 个；有种养大户 6536 户，其中，有种植大户 5869 户、养殖大户 667 户。其中龙宝大坝探索“龙头企业+村集体经济+新型经营主体+农户”的联耕联种联营模式，实现亩均收入、人均收入、村集体经济收入的提升。修文县春海农机服务农民专业合作社理事长孙鸿入选全国农业农村劳动模范、最美农机合作社理事长。

3. 发展新产业新业态，现代农业产业体系得以构建

近年来，贵阳贵安挖掘乡村特色景观、农耕文化、乡风民俗等优质资源，拓展农业功能，开发特色产品，推动乡村旅游发展提质升级，2023 年，有全国乡村旅游重点村 4 个，省级乡村旅游重点村 15 个，四星级及以上农家乐 80 家，优品级客栈 47 个。以大数据、物联网、5G、区块链等为代表的数字技术应用到农业生产的各个环节，使得农业生产实现远程控制、实时

监测、自动预警，实现了农业生产由“小散乱”向效率化、规模化、标准化的生产方式转变，成功探索数字化种植“标准化”菌菇、智能化平台养殖“放心猪”、高科技养殖“高端虾”等模式。

（二）品牌影响力不断提升

贵阳贵安高度重视农产品品牌的建设与运营，有序开展了从源头优种示范到品牌建设再到总部经济打造等系列工作，成效显著。

1. 实施优种示范工程，农产品质量与安全有效提升

2023 年，贵阳贵安种业企业达 52 家，有国家、省级审定的主要农作物新品种 36 个。已成立贵阳市种子协会、种子质量检测鉴定中心，成立华智检测（贵阳）服务中心、贵州贵阳现代种业产业园及岳麓山贵阳种业创新中心，全省首个生猪“院士工作室”落户修文，贵州金农获评农业农村部喀斯特山区玉米生物学与遗传育种重点实验室。建有水稻两用核不育系繁育基地 100 亩，填补全省水稻亲本繁育零的空白；猕猴桃花粉厂实现猕猴桃花粉商品化生产零突破；建设全省最先进的玉米种子烘干生产线，实现玉米种植亩均收入提升 1000 元；建有蔬菜核心育苗中心 2 个，食用菌母种繁育中心 2 个，黔中地区桃种苗繁育中心、高原草莓种苗繁育中心各 1 个。

2. 品牌建设有序实施，农产品知名度大大提升

2023 年，全市有农产品商标达 2. 25 万件，累计完成绿色食品认证企业 78 家、认证产品 125 个，认定 393 个优质农产品生产基地。修文猕猴桃、印象硒州、花小莓、开阳枇杷等区域公共农产品品牌价值达 54 亿元。“修文猕猴桃”入选农业农村部“2023 年农业品牌精品培育名单”，息烽县石硐镇猕猴桃高效示范园区获第二批全国种植业“三品一标”基地称号。打造了农业特色专业乡镇 20 个，修文平滩村被认定为全国乡村特色产业产值超亿元村。

3. 持续打造农业产业总部经济（基地），集聚效应不断凸显

不断优化营商环境，吸引了一批省内涉农企业总部（总公司）落户贵阳，推动要素在贵阳集聚。全省种业高地已经初具雏形，贵州贵阳现代种业产业园、岳麓山贵阳种业创新中心挂牌成立，德康种业总部也成功落户贵阳。建成了全省首家公益性农产品批发市场（贵阳农产品物流园）和地利物流园，加快构建现代农副产品流通服务网络，切实推动“贵阳市场+全省产品”协同发展。围绕饮品、休闲食品、调味品、预制菜“三品一菜”，大力发展农产品初加工和精深加工，已初步打造了9个农产品加工聚集区，实现“贵阳贵安加工+全省基地”。

（三）要素保障能力持续提升

主要从土地改革、人才培养、科技和金融服务等方面做好农业现代化发展的要素保障，支撑农业现代化又好又快发展。

1. “四块地”整治改革取得阶段性成效

贵阳贵安不断深化耕地、林地、宅基地和集体建设用地“四块地”改革。累计建成高标准农田63万亩。发展林下种植10万亩，林下经济利用林地面积达149.97万亩。不断加快全国农村产权流转规范化交易整市试点。深化息烽县宅基地制度改革试点，全面推动宅基地“房地一体”确权颁证工作，推广闲置农房盘活利用模式，探索建立集体经营性建设用地规划、审批、认定、使用机制。规范开展城乡建设用地增减量挂钩节余指标县域内使用；依法依规把有偿收回的闲置宅基地、废弃集体公益性建设用地转变为集体经营性建设用地并入市交易。

2. 农村实用人才“量质齐升”

贵阳贵安强化应用型技能人才的培养，按照“缺什么补什么”原则，加大对农村实用人才培训，近两年实现“量质齐升”。现有农村实用人才78967人，其中省级认定65019人，市级新增培育13948人（待省级认定），连续3年增幅达20%以上（见表1）。其中，生产型人才占比51.57%，经营型人才占比10.35%，技能服务型人才占比3.47%，技能带动型人才占比9.29%，社会服务型人才占比25.32%。本科及以上学历人才1610人，占比同比提高0.42个百分点；中高级技能人才8871人，占比高于全省平均水平6.78个百分点；中高级职称人才3570人，占比高于全省平均水平3.45个百分点。2023年，首次开展贵阳贵安乡村工匠培育，认定乡村工匠329名，推荐40名评选省级乡村工匠名师，2名评选国家级乡村工匠名师。

表1　2023年贵阳贵安农村实用人才情况

指标名称	人数(人)	备注
农村实用人才	78967	连续3年增幅超过20%
其中:省级认定	65019	
市级新增培育	13948	

资料来源：《贵阳贵安农村实用人才工作情况汇报》。

3. “两大”服务不断提升

“两大”服务是指金融服务和科技服务。在金融支持方面，探索以财政资金撬动金融资金投入农业的机制，积极向上级争取资金，整合涉农资金向乡村振兴重点工作、重大工程倾斜。2022年获批省农业现代化产业基金总额15亿元，2023年争取省农业农村厅农业现代化产业基金13.485亿元。成功组织18家企业申报省级首批贴息贷款，涉及贷款4.5亿元，申报贴息841万元。创新设立市级中小企业现代农业产业化基金并完成资金募集2.5亿元。在科技支持方面，形成线上线下一体化农业社会化服务体系。全市已建立农机社会化服务组织90家，率先在全省实现涉农乡镇全覆盖，共投入各类农业机械10.82万台（套），完成主要农作物机耕面积271.67万亩、机播19.2万亩、机收86.88万亩。建立农技人员“揭榜挂帅”和基础性示范服务定点机制，全市1094名农技人员开展下沉服务4万余人次。

（四）流通营销体系逐渐完善

流通和营销渠道是农业现代化发展的重要环节，近年来，贵阳贵安不断完善并确保农产品流通和营销渠道高效畅通。

1. 基础设施不断完善

对内加快构建覆盖城、乡、村的物流体系，初步建成“市级运营中

心+贵安新区县级物流配送中心+县级快递物流分拨中心+乡级物流分拨点+村级物流驿站”的城乡物流体系。持续推进农产品冷链流通基础设施建设，2021~2023年，新增冷库库容超过10万立方米。贵阳国家骨干冷链物流基地成功入选2022年国家骨干冷链物流基地建设名单，有利于推动农产品上下游产业集聚和内外畅通。贵阳北部农产品电商物流园、首杨果蔬冷链中心、永辉物流中心面向省内外甚至国外布局进出口窗口，在全国建起14个物流仓储系统，在泰国、越南等多个国家建立直采基地，有效推动“黔货出山”。

2. 营销渠道不断完善

推广农商互联，创新农产品产销对接长效机制，已建成“惠民生鲜超市+农贸市场+社会化大型生鲜超市+社区菜店”的农产品零售体系。精准对外推介，积极对接融入粤港澳大湾区建设，深入推进“大湾区总部+贵阳贵安基地”“大湾区研发+贵阳贵安制造”等合作模式，加强农产品对外营销推介。在广州、深圳、北京建设集产品宣传、展示、消费体验、品牌推介、产品销售、商贸撮合功能于一体的贵荟馆省外仓并投入运营。

三　我国主要省会城市农业生产与发展比较分析

为科学全面认识贵阳农业现代化发展水平，按照可参照性、数据可获得性原则，从第一产业首位度、产业结构和农业生产条件等维度分析比较我国主要省会城市的农业现代化发展。

（一）第一产业首位度比较

第一产业首位度是指某区域第一产业增加值占全省第一产业增加值的比重。该首位度有助于了解农业生产的集中度，以及农业资源的分布情况。农业首位度较高，表明农业生产比较集中；农业首位度较低，则说明农业生产较为分散。2023 年贵阳第一产业首位度为 7. 17%，列第 10 位，处于中等偏下水平。全国来看，最高的是长春，第一产业首位度为 32. 28%，说明该市农业资源的分布以及农业生产的集中度较高；首位度超过 20%的还有银川和福州，分别为 22. 67%和 22. 43%。首位度最低的是呼和浩特，仅为 0. 1%，表明农业资源的分布以及农业生产的集中度非常低。贵阳第一产业首位度均低于周边省会城市，比如成都第一产业首位度为 9. 82%，长沙为 9. 78%，昆明为 8. 40%，南宁为 14. 24%（见表 2）。

表 2　2023 年省会城市第一产业首位度

城市名称	第一产业增加值（亿元）	所在省份第一产业增加值(亿元)	第一产业首位度（%）	第一产业首位度排名
呼和浩特	2. 86	2737. 00	0. 10	1
乌鲁木齐	33. 12	2742. 24	1. 21	2
郑州	172. 20	5360. 15	3. 21	3
太原	45. 98	1388. 86	3. 31	4
兰州	73. 10	1641. 30	4. 45	5
广州	317. 78	5540. 70	5. 74	6
南京	317. 75	5075. 80	6. 26	7
济南	429. 50	6506. 20	6. 60	8
海口	103. 48	1507. 40	6. 86	9
贵阳	**207. 48**	**2894. 28**	**7. 17**	**10**
昆明	353. 43	4206. 63	8. 40	11
武汉	474. 38	5073. 38	9. 35	12
长沙	451. 89	4621. 30	9. 78	13
成都	594. 90	6056. 60	9. 82	14
南昌	248. 60	2451. 50	10. 14	15
合肥	377. 2	3496. 60	10. 79	16
西安	325. 2	2649. 75	12. 27	17
沈阳	334. 4	2651. 00	12. 61	18
石家庄	576. 9	4466. 2	12. 92	19

续表

城市名称	第一产业增加值（亿元）	所在省份第一产业增加值（亿元）	第一产业首位度（%）	第一产业首位度排名
拉萨	29.92	215.01	13.92	20
南宁	636.4	4468.18	14.24	21
杭州	347	2332	14.88	22
西宁	65.06	387	16.81	23
哈尔滨	630.1	3518.3	17.91	24
福州	721.59	3217.66	22.43	25
银川	99.47	438.86	22.67	26
长春	530.97	1644.75	32.28	27

资料来源：各省、区 2023 年国民经济和社会发展统计公报；其中南昌市没有公布 2023 年数据，南昌市和江西省均用 2022 年数据代替；宁夏回族自治区的数据根据增速测算得出。

（二）产业结构比较

第一产业比重是指第一产业增加值占 GDP 比重，代表了一定时期内该地区经济结构中农业经济活动对整体经济的贡献程度和相对地位。第一产业增加值占 GDP 比重较高，通常意味着该地区的经济在较大程度上依赖农业生产，经济发展可能处于较为初级的阶段，产业结构相对单一。2023 年，贵阳第一产业比重为 4.03%，在 27 个省会城市中排名第 19 位，比重较高，表明经济结构的优化升级和经济发展方式的转变处于较低水平。哈尔滨、南宁第一产业比重超过 10%，说明其经济对第一产业的依赖性较高。第一产业比重在 3%～3.99%的城市有长沙、济南、南昌、拉萨、西宁、银川；第一产业比重在 1%～2.99%的城市有广州、郑州、杭州、南京、兰州、武汉、成都、西安、合肥。可以看出，早期实施"强省会"行动的城市如成都、武汉、郑州、合肥，第一产业比重在 1%～3%。因此，第一产业比重并不是越低经济结构就越优，一方面要确保农业的基础性地位，另一方面也要考虑经济结构的优化升级，所以不能一味追求最低的第一产业比重。呼和浩特、乌鲁木齐、太原由于农业生产的自然资源禀赋不足，农业生产条件差，第一产业占 GDP 比重均低于 1%（见表 3）。

表3　2023年各省会城市第一产业比重

城市名称	地区生产总值（亿元）	第一产业增加值（亿元）	第一产业比重（%）	排名
呼和浩特	754.52	2.86	0.38	1
乌鲁木齐	4168.46	33.12	0.79	2
太原	5573.74	45.98	0.82	3
广州	30355.73	317.78	1.05	4
郑州	13617.80	172.20	1.26	5
杭州	20059.00	347.00	1.73	6
南京	17421.40	317.75	1.82	7
兰州	3487.30	73.10	2.10	8
武汉	20011.65	474.38	2.37	9
成都	22074.70	594.90	2.69	10
西安	12010.76	325.20	2.71	11
合肥	12673.78	377.20	2.98	12
长沙	14331.98	451.89	3.15	13
济南	12757.40	429.50	3.37	14
南昌	7203.50	248.60	3.45	15
拉萨	834.79	29.92	3.58	16
西宁	1801.13	65.06	3.61	17
银川	2685.63	99.47	3.70	18
贵阳	**5154.75**	**207.48**	**4.03**	**19**
沈阳	8122.10	334.40	4.12	20
海口	2358.44	103.48	4.39	21
昆明	7864.76	353.43	4.49	22
福州	12928.47	721.59	5.58	23
长春	7002.06	530.97	7.58	24
石家庄	7534.20	576.90	7.66	25
哈尔滨	5576.30	630.10	11.30	26
南宁	5469.06	636.40	11.64	27

资料来源：各省会城市和省区2023年国民经济和社会发展统计公报，其中南昌市没有公布2023年数据，用2022年数据代替。

（三）农业生产条件比较

主要从农业机械总动力、农作物播种面积、农用化肥施用量、农用塑料薄膜使用量、农药施用量等方面进行比较分析。

1. 农业机械总动力比较分析

该指标反映农业生产中可用于作业的动力总量，在一定程度上代表农业生产的效率水平。2022 年，贵阳农业机械总动力为 208.15 万千瓦，在公布数据的 23 个城市中排名第 16 位，处于中等偏下水平，与周边成都市（423.52 万千瓦）、昆明市（2021 年，135400 万千瓦）、长沙市（632.7 万千瓦）相比差距较大，其中昆明市 2021 年农业机械总动力达到 13.54 亿千瓦，为全国最高；仅高于杭州（188.75 万千瓦）、西宁（149.69 万千瓦）、广州（124.87 万千瓦）福州（111.83 万千瓦）、太原（53.81 万千瓦）、海口（50.42 万千瓦）、乌鲁木齐（32.96 万千瓦）。

2. 农作物播种面积比较分析

受限于耕地质量，贵阳农作物播种面积较小，2023 年为 263.1 千公顷，在 27 个城市中排名第 17 位，高于南京（262.27 千公顷）、杭州（247.92 千公顷）、广州（212.31 千公顷）、兰州（198.2 千公顷）、西宁（122.9 千公顷）、福州（86.68 千公顷）、乌鲁木齐（85.48 千公顷）、太原（81.15 千公顷）、拉萨（51.4 千公顷）、海口（6.2 千公顷）。

3. 农用化肥施用量比较分析

农用化肥施用量的高低在一定程度上反映农业生产的集约化程度以及土壤肥力的维持与提升方式。2022 年贵阳农用化肥施用量为 45500 吨，在公布数据的 25 个城市中处于较低水平，排名第 19 位，高于海口（27541 吨）、太原（21380 吨）、银川（14553 吨）、西宁（11792 吨）、乌鲁木齐（9700 吨）、沈阳（183.89 吨）。农用化肥施用量较低可能意味着较少的农作物耕种面积、农业生产方式较为生态环保、土壤基础肥力较高、农业技术水平较高、农业产业结构调整等因素。

4. 农用塑料薄膜使用量比较分析

该指标衡量农业生产中的设施农业发展水平以及对土地保温保湿、提高农作物生长环境稳定性的投入水平和应用规模。2022 年贵阳农用塑料薄膜使用量为 1310 吨，在 20 个城市公布的数据中，排在第 18 位，仅高于西宁

（945 吨）和银川（469 吨），较低的使用量与较小的农作物播种面积有关，但也说明了贵阳设施农业发展水平低，在提高农作物生长环境稳定性的投入水平和应用规模方面还有很大空间。

5. 农药施用量比较分析

该指标反映了农业生产中对病虫害防控的投入和依赖程度，以及农业生产中病虫害防治的策略与方式，在一定层面上体现了农业生产的绿色化水平和对生态环境的影响程度。2022 年，贵阳农药施用量为 258 吨，在公布数据的 22 个城市中排名倒数第 2 位，仅高于银川（82.75 吨）。一方面，这与贵阳较低的农作物播种面积有关；另一方面，仍然可以说明贵阳农业生产的绿色化水平较高，对农药的施用量较少（见表 4）。

表 4　2022 年各省会城市农业生产条件统计

城市	农业机械总动力（万千瓦）	农作物播种面积（千公顷）	农用化肥施用量（折纯—吨）	农用塑料薄膜使用量（吨）	农药施用量（吨）
石家庄	1318.14（2021）	780.46	446075	5355	7723
太原	53.81	81.15	21380	—	—
呼和浩特	2725.50	417.10	130000	12603	658
沈阳	448.92	678.58	184	18510	3368
长春	1205.59	1650.20	684377	8972	10792
哈尔滨	1258.50	2079.40	466791	11559	8765
南京	240.05	262.27	52336	4290	1106
杭州	188.75	247.92	78129	6703	4703
合肥	513.71	701.99	203810	14702	3105
福州	111.83	86.68	72810	6111	4499
南昌	296.66	345.20	127900	1893	2950
济南	594.94	617.70	194361	—	2846.5
郑州	441.70	370.13	162609	—	—
武汉	246.82	422.34	101265	5632	3111
长沙	632.70	577.81	165150	7045	6611
广州	124.87	212.31	96891	2990	2611
南宁	—	972.467	556145	10266	13874
海口	50.42	6.20	27541	—	1042
成都	423.52	736.10	151900	12120	4136
贵阳	**208.15**	**263.10**	**45500**	**1310**	**258**

续表

城市	农业机械总动力（万千瓦）	农作物播种面积（千公顷）	农用化肥施用量（折纯—吨）	农用塑料薄膜使用量(吨)	农药施用量（吨）
昆明	135400	406.66	155285	11727	3213.2
拉萨	—	51.40	—	—	—
西安	248.79	775.10	249280	3357	1293
兰州	—	198.20	—	—	—
西宁	149.69	122.90	11792	945	390
银川	—	361.75	14553	469	83
乌鲁木齐	32.96	85.48	9700	—	—

资料来源：各省会城市和省区 2022 年统计年鉴、国民经济和社会发展统计公报，其中呼和浩特、南宁、昆明的相关数据用 2021 年代替。

四　贵阳贵安农业现代化推进"强省会"存在的问题

农业现代化在推动"强省会"行动实施过程中，因自身发展动力不足、产业基础薄弱，难以充分发挥对城市经济增长、产业结构优化升级、城乡融合发展等方面的支撑作用，"强省会"行动深入推进提供强劲支撑的能力不足。

（一）农业基础薄弱，推进"强省会"行动的动力支撑不足

从总量上看，贵阳贵安农业生产规模化、专业化程度较低，农产品产量与质量提升有限，农业经济效益增长乏力，产业产值难以实现突破性提升，带动农村居民收入增长受限，对"强省会"行动支撑不足。2023 年，贵阳贵安农林牧渔业总产值 359.99 亿元，占当年 GDP 比重的 6.98%，农业发展带动农村居民可支配收入水平有限，当年农村常住居民人均可支配收入 23640 元，城乡收入比为 2.05。相比省会城市差距较大，成都市 2023 年农村居民人均可支配收入突破 30000 元，城乡收入比为 1.77。农业从业者素质参差不齐，农业科技人才匮乏，农业技术推广与服务体系不健全。贵阳贵

安农村实用人才发展不均衡，推进农业现代化发展动力不足，2023 年农村经营型人才、技能带动型人才、技能服务型人才较少，分别占农村实用人才比重的 10.35%、9.29%、3.47%。从人才质量上看，本科及以上学历人才占比仅 2.04%，中高级技能人才占比 11.23%，中高级职称人才占比 4.52%。从品牌赋能上看，农业品牌知名度不高、品牌影响力小，农业品牌无法与农业农村资源进行有效整合，促进农业产业的优化升级与高质量发展，难以发挥品牌的集聚效应与辐射带动作用。在这种情况下，农业在吸纳就业、保障农产品供应、促进经济增长等方面的作用未能充分发挥，农业产业难以形成强大的发展驱动力与产业竞争力，为推动"强省会"行动提供坚实有力的动力支撑不足。

（二）产业结构不优，推进"强省会"行动的产业支撑不足

贵阳贵安农业现代化发展结构存在一些不合理之处，发展态势与"强省会"行动的需求匹配不够。从产业布局来看，种植业、畜牧业、渔业、林业等产业发展不均衡。畜牧业规模化、标准化程度不高，大多数养殖模式相对传统；渔业发展受限于养殖空间、技术水平和市场流通等因素，产业规模和效益难以提升；林业产业发展还较为粗放，林产品深加工及相关产业链延伸不足，附加值挖掘不够。在产业融合方面，现代化农业与二三产业的融合深度和广度不够，农业与加工业、服务业的衔接不够紧密，农产品加工转化率低，农业的多功能性开发不足，农村电商等新业态发展缓慢，尚未形成完整且高效的农业产业链和产业集群，产业集聚效应和协同发展能力较弱，为"强省会"行动提供坚实的产业基础和有力的经济支撑不足。

（三）数农融合程度不高，推进"强省会"行动的创新支撑不足

数字经济与农业的融合程度尚处于较低水平，未能充分发挥数字技术在农业领域的赋能作用与创新驱动价值。在农业生产环节，数字化农业设备与技术的应用范围有限，精准农业、智慧农业等先进模式的推广普及程度不高，农业生产过程中的信息化管理与智能化决策系统尚未广泛建立，导致农

业生产智能化、标准化不足。在农业市场销售环节，农产品网络营销的策略与手段较为单一，数字营销、大数据分析等先进技术在农业市场拓展中的应用不够深入，难以精准对接市场需求、实现农产品的高效销售与品牌打造。由于数字经济与农业融合程度不高，因此无法将数字技术的创新成果充分转化为农业生产力与产业竞争力，不能为农业产业的现代化转型升级提供强大的科技支撑，进而在推动“强省会”行动过程中，发挥农业产业应有的基础性、战略性作用不足。

五 贵阳贵安农业现代化推进“强省会”的对策建议

一方面，贵阳贵安要提高农业现代化水平，为推动“强省会”行动提供坚实的经济基础和物质保障；另一方面，要紧紧抓住“强省会”政策机遇，将数字经济发展充分运用到农业生产的各个环节，提升农业的数字化、智能化水平，进而为“强省会”行动筑牢坚实支撑。

（一）提高农业全产业链数字化应用水平，打造“强省会”产业创新优势

农业全产业链数字化水平是农业现代化发展的关键，针对贵州农业现代化发展的薄弱环节，应着重从以下几个方面着手。一是要加强对核心技术和设施设备的研发。以突破复杂气候地形农业遥感监测、智慧农业服务平台等关键技术研发为重点，围绕农业全产业链数字化部署核心技术创新链，探索丘陵山区智能农机设备、农机卫星导航自动驾驶作业、农业地理信息引擎、农业生产物联监测、农产品质量安全溯源等一系列核心技术和产品，鼓励农业龙头企业、高校院所等围绕企业智能管理、关键技术研发建立战略联盟。二是要积极探索创新场景应用。充分利用核心技术企业积极开展农业产业人工智能场景联合创新。结合区域地形地貌、温度湿度、气候气象等特性建立智慧农业管理系统，创建农业数字化场景工厂或数字农业示范基地，引领带动数字农业发展。探索构建基于政府、涉农经营主体、数字技术供应商等联

合推动数农融合发展的机制，推动农业经营主体数农融合取得明显成效。大力发展特优农产品电子商务，采用电商直采、社区团购等形式拓展农产品销售渠道，突出数农融合发展特色。三是要提升数字销售水平。运用大数据、人工智能等技术，对农产品市场需求、价格走势进行分析预测，完善数字化营销与质量追溯体系的建立，塑造农产品品牌形象，提高市场知名度和美誉度，扩大农产品的市场份额，提升省会城市农业产业的市场竞争力和品牌影响力。

（二）完善优质人才培养体系，构筑“强省会”人才高地

优质的人才体系是农业现代化发展的核心，要多渠道多方式完善人才培养体系。一是要重视农村教育的多样化教学。要使农村教育重新焕发生机，根据实际情况针对不同类型学生进行差异化教学，使之能够获得更多的学习机会，进而反哺乡村，推动农业农村现代化转型。二是要留住农村优质人才。一方面，加快构建全民覆盖、普惠共享、城乡一体的基本公共服务体系。特别是在教育、养老、医疗、文体设施建设等方面，加快优质人才吸收速度，不断提高农村基本公共服务水平，实现农村人才的现代化转型。另一方面，充分利用帮扶政策，对返乡创业者予以政策上的便利、经济上的帮扶。三是要建立健全农村人才培养管理体系。建立制度化、规范化、科学化的农村人才培养管理运营体系。完善一线干部的正向激励和晋升渠道。出台激励机制，在提拔晋级、工资福利等方面优先考虑成绩突出、群众认可的一线干部，向优秀村干部提供更多进入乡镇公务员序列的机会，要注意减少重复性无实际意义的工作考核。建立科学的基层农业科技推广队伍人才准入机制，并为在基层服务达到一定年限且考核合格的专业技术人才开通提高职称的“绿色通道”。构建满足管理需求的人才培养机制。出台政策激励优秀干部向基层流动，鼓励机关事业单位中富有社会治理经验的人员到基层工作；创新完善乡村周期培训制度，以长期和短期培训、学历和非学历教育、线上和线下、专题和实训相结合方式，构建乡村干部轮训和基层农技人员“订单培养”体系。与此同时，注重与农业高校的主动沟通，不断吸引优秀应

届毕业生驻村开展工作。四是构建和完善农村人才服务机制。在镇级党政机关设立专门的人才服务机构，配备专职工作干部，并将人才工作经费列入年度计划；设立专项开发基金，建立政府投入与社会投入相结合的多元化乡土人才资源开发投入体系，调动社会力量参与农村人才培养的积极性；打造跨城乡、跨区域的实时信息网络，构建农村人才培养监督动态反馈机制。深入持续实施“一人一技”行动，完善农村实用人才培养。

（三）扎实推进涉农资金投入，夯实“强省会”资源基础

要从资金的使用全过程方面着手保证充足的资金投入，为农业现代化发展奠定坚实基础。一是精准引导社会资本。将“强省会”行动作为招商引资重点内容，强化农业农村招商引资能力，建立重大投资项目“专员服务制”，充分利用会展、洽谈等多种形式扩大招商引资力度。相关部门可发挥金融机构信贷支持优势，推动金融机构积极创新农业现代化金融产品与服务，为符合条件的投资企业提供长期稳定的金融服务与差别化信贷支持政策，以此引导社会资本投资，推动农业农村现代化转型。二是优化涉农项目资金分配机制。加大对农业建设项目的财政支持，有效整合各部门的涉农资金，避免资金分散，严格防止部门之间、乡镇之间、村与村之间各自为政造成的重复投资现象。三是健全涉农资金监督机制。落实各部门的实际责任，从源头消除部门权责不清的问题，避免各职能部门为其所属单位谋利益。以“谁主管谁负责”“行业主管、分级负责”为原则，明确落实各部门在涉农资金方面的具体职责，做到权责统一。此外，财政、审计等部门是涉农资金监管的重要环节，要加强对涉农资金的日常监管，定期开展专项审计监督。

（四）完善农业农村现代化治理，筑牢“强省会”一体化发展根基

完善农业农村现代化治理，有利于推动农业农村现代化，打通城乡融合的障碍和制约，进一步推动“强省会”行动实施。一是要提升村民参与意识与能力。通过多种渠道和形式，向村民宣传村民自治的意义、内容和方法，提高村民对自治的认识和理解，增强其参与意识。开展培训活动，对村

民进行民主意识、法治观念、参与技能等方面的培训，提高村民参与自治的能力和水平。二是要加强组织建设与人才培养。选优配强村民自治组织的领导班子，选拔那些政治素质高、工作能力强、群众基础好的人员进入领导班子，提高组织的领导能力和工作水平。鼓励和吸引农村青年、致富能手、外出务工经商人员等积极参与村民自治，为组织注入新的活力。三是要促进资源整合与协同发展。加强村民自治组织与政府部门、社会组织、企业等的合作与联系，整合各方资源，形成工作合力，共同推动农业农村发展。四是推进信息化建设与公开透明。加强村务公开的监督和管理，确保公开内容的真实性、完整性和及时性，接受村民的监督和评价。

参考文献

代晓龙：《奋力开创农业现代化新局面为“强省会”开好局起好步筑牢坚实根基》，《贵州日报》2021 年 9 月 29 日。

宋子月、杨春晖、李伟等：《加快推进农业现代化夯实“强省会”坚实根基》，《贵州日报》2022 年 1 月 28 日。

任保平：《双重目标下数字经济赋能我国农业农村现代化的机制与路径》，《东岳论丛》2024 年第 1 期。

中国社会科学院农村发展研究所课题组：《农业农村现代化：重点、难点与推进路径》，《中国农村经济》2024 年第 5 期。

曾德超：《增长极理论对中国区域经济发展的启示》，《经济与管理研究》2005 年第 12 期。

薛晴、霍有光：《城乡一体化的理论渊源及其嬗变轨迹考察》，《经济地理》2010 年第 11 期。

孙海燕、王富喜：《区域协调发展的理论基础探究》，《经济地理》2008 年第 6 期。

B.4
2021~2023年贵阳贵安新型城镇化推进“强省会”报告

林 玲*

摘 要： 推进贵阳贵安新型城镇化是贵州“强省会”行动的重要抓手。本文旨在分析贵阳贵安新型城镇化的发展现状和问题，提出以新型城镇化推进“强省会”的政策建议。从对贵阳贵安新型城镇化的经济、社会与政策执行指标分析来看，贵阳贵安的城市承载力和居民生活质量得到了显著提升。与全国各省会城市比较而言，贵阳市经济和人口总量较小，但是经济首位度和城镇化率相较总量排名来说偏高，说明在贵州省内，贵阳市的资源与人口聚集度高。贵阳贵安在推进新型城镇化过程中面临产业升级、生态保护、城乡平衡、社会治理和资金短缺等诸多问题与挑战。基于以上分析，本文提出了促进产业优化升级、加强生态文明建设、加快城乡融合发展、提升社会治理能力、加大资金支持力度、推进智慧城市建设等政策建议。

关键词： 贵阳贵安 新型城镇化 “强省会”

随着国家新型城镇化政策的深入实施，省会城市成为区域经济发展的引擎，“强省会”行动的推进不仅是城市自身发展的需求，更是整个区域协调发展的关键。作为贵州省“强省会”行动的重要组成部分，贵阳贵安新型城镇化的发展承载着提升贵州省经济、社会、文化实力的核心使命，推动了产业升级、基础设施完善、人口集聚和公共服务水平提升。然而，在快速推

* 林玲，贵州省社会科学院对外经济研究所副研究员，主要研究方向为产业经济、对外经济。

进城镇化进程的同时，贵阳贵安也面临产业发展限制、人口承载能力有限、生态环境保护等多重挑战。通过全面对比贵阳与其他省会城市的城镇化发展情况，探索贵阳贵安新型城镇化的发展路径与优化措施，将为贵州省“强省会”行动的成功实施提供重要借鉴，并为贵州省实现高质量发展奠定坚实基础。

一　“强省会”行动与贵阳贵安新型城镇化发展

“强省会”行动通过集中资源和政策支持省会城市的发展，提升城市整体功能和承载力，推动城乡一体化发展，符合国家新型城镇化的目标。新型城镇化发展是推进“强省会”行动的重要抓手。“强省会”行动和新型城镇化发展在政策措施和目标实现上相辅相成、密不可分，都响应了国家推动高质量发展的要求，并致力于提高区域整体发展水平，优化资源配置和提升居民生活质量。

（一）“强省会”行动的提出背景

从国家发展大局来看，中国正在实施新型城镇化、乡村振兴等重大战略，而省会城市作为区域发展的核心引擎，承担着推动这些战略实施的重要责任。贵州提出“强省会”行动，也是为了更好地响应国家发展战略需求，促进贵州省的经济社会发展。

从全省来看，贵州是落后省份，需要通过推动省会城市的发展带动其他地区发展。贵州由于地理位置、交通条件等不利因素，在全国发展相对滞后。为了适应新的经济发展形势、实现后发赶超，贵州需要培育经济增长点和竞争优势。通过“强省会”行动的实施，集中资源支持贵阳贵安的经济发展，进而以点带面，借助省会城市的辐射带动作用，促进贵州各地区的协调发展。

贵阳市相比其他省会城市，也有一定的差距。作为省会城市，贵阳在全省具有政治、经济、文化等方面的资源优势，但其地位和影响力与我国其他省会城市相比还较低。通过实施“强省会”行动，可以进一步提升贵阳贵安的经济发展水平、地位和竞争力。

（二）推进贵阳贵安新型城镇化对实施“强省会”行动的作用

1. 经济引擎的强化

贵阳作为贵州省的省会城市，其经济实力直接影响着整个省域的发展。推进新型城镇化有助于贵阳贵安经济的快速增长和产业结构的优化升级，进而增强贵阳贵安在贵州省乃至西南地区的经济引擎作用，为贵州省的经济发展提供强劲动力。

2. 功能与服务的提升

推进新型城镇化将促进贵阳贵安包括基础设施建设、公共服务水平、城市规划管理等方面的城市功能提升。这不仅增强了贵阳作为省会城市的功能和作用，也提高了其作为“强省会”行动核心的服务能力和辐射力。

3. 人才吸引与集聚

人才是带动区域发展和竞争力提升的核心动力，对于贵州“强省会”行动的实施至关重要。推进新型城镇化将为贵阳贵安提供更多的就业机会和创新创业平台，吸引大量优秀人才向贵阳聚集，促进人才资源的集聚和优化。

4. 区域协调发展

推进贵阳贵安新型城镇化将带动周边地区的经济社会发展，形成以贵阳贵安为核心的城市群，促进贵阳与龙里、长顺、西秀、平坝等周边县区的协同发展。这有助于构建更加完善的区域协调发展格局，为贵州省实现全面发展和“强省会”行动奠定坚实基础。

（三）“强省会”行动与贵阳贵安新型城镇化的目标与政策支持

2020 年 12 月，贵州省委十二届八次全会提出大力实施“强省会”五年行动，指出“以新型城镇化为契机，大力提升城市发展能级”。2021 年 4 月，中共贵州省委、贵州省人民政府出台的《关于支持实施“强省会”五年行动若干政策措施的意见》中提出：全力支持贵阳加快实现“六个新突破”，打造首位度高的省会城市、影响力大的中心城市、生态性强的功能城市、幸福感足的宜业城市，在全省推进“四新”、“四化”和高质量发展中作示范走前列，确保到2025年生产总值达到7000亿元以上、首位度达到27%以上，综合经济实力、科技创新能力在省会城市中实现赶超进位，加快建成宜居宜业宜游的特大城市。2021年，《贵阳市实施“强省会”五年行动方案》指出：“围绕在新型工业化、新型城镇化、贵阳贵安协同融合发展、扩大内需提振消费、高质量公共服务供给、集聚创新人才队伍上实现新突破。”《贵阳市“十四五”新型城镇化发展专项规划》中提出了城市规模持续扩大、城镇经济持续增强、城市品质持续提升、城镇服务持续改善、城乡发展持续协调的发展目标，并量化了相应的具体目标：到2025年，贵阳贵安人口达到700万人、城镇化率达到80%以上，城区常住人口达到500万人，城市建成区面积达到600平方公里以上，建成特大城市；城市经济首位度提升到27%以上，力争4个区（市、县）经济总量分别达到1000亿元以上；人均受教育年限达到12年以上，养老机构护理型床位占比55%，人均预期寿命达到78岁以上；城乡居民人均可支配收入比力争控制在2以内。

贵阳贵安积极出台相关文件支持新型城镇化和“强省会”目标的实现。在扩大城市规模方面，编制完成了《贵阳市综合交通体系规划》《贵阳贵安低运量轨道交通线网规划（2022—2035）》《“乌双片区”与“贵清溪片区”交通连接规划》，推进编制“贵阳贵安‘一群三带’空间发展专项规划”“贵阳贵安城市生态水系（蓝线）专项规划”“阿哈湖绿核交通专项规划”“打造双龙交通综合枢纽交通承载力分析专项规划”等专项规划。在增强城市经济方面，制定了《贵阳贵安总部经济、楼宇经济发展规划》《贵阳贵安加快总部经济发展实施方案》《深化贵阳贵安总部经济改革工作方案》等配套方案措施。在提升城市品质方面，印发实施《贵阳贵安“一圈两场三改”规划建设攻坚三年行动计划（2021—2023）》。在协调城乡发展方面，编制出台《贵阳市普通国省道国土空间控制规划》、《贵阳贵安融合发展公共交通规划》和交通、水务、生态保护、新基建等领域专项规划。

二 贵阳贵安新型城镇化的现状分析

随着国家新型城镇化战略的提出，贵阳贵安新型城镇化也表现出快速推进和持续优化的趋势。基础设施不断完善，提高了区域内外的连接性和便利性；公共服务逐步覆盖城乡，居民生活质量显著提升；产业结构得到优化升级，带动了经济增长；生态环境保护得到高度重视，城市绿化率和空气质量持续改善；社区管理和服务体系逐步健全。总体而言，贵阳贵安新型城镇化发展朝着高质量方向稳步迈进。

（一）贵阳市新型城镇化进程概览

贵阳的城镇化历程大致可以分为以下几个阶段。

1. 初期探索阶段（2000~2010年）

随着全国城镇化进程的推进，贵阳也开始进行城镇化探索。提出了加强交通、水利等基础设施建设，初步形成城市骨架，促进基础设施的改善和城市功能的提升。

2. 快速发展阶段（2010~2015年）

2014 年，根据中国共产党第十八次全国代表大会报告、《中共中央关于全面深化改革若干重大问题的决定》、中央城镇化工作会议等会议精神，《国家新型城镇化规划（2014-2020 年）》发布，贵阳迎来新型城镇化快速发展期。以交通建设为突破口，大力推进铁路、公路等交通基础设施建设，重点发展高新技术产业和现代制造业，推动产业结构优化升级。

3. 质量提升阶段（2015~2020年）

"十三五"规划期间，贵阳进一步推动新型城镇化发展，强调城镇化质量的提升，提出了优化城市空间布局、推进生态文明建设、提升公共服务水平、注重城乡一体化发展、提升人民生活质量等措施。

4. 高质量发展阶段（2020年至今）

在"十四五"规划期间，贵州提出"强省会"行动。2021 年，贵州省推进新型城镇化暨"强省会"工作大会召开，提出大力实施"强省会"五年行动。贵阳贵安以高质量发展为目标，大力发展以人为核心的新型城镇化，加快城市功能提升和产业转型升级，推进城市数字化和智慧化建设，大力推进交通基础设施建设，提升城市综合竞争力和辐射带动能力。

（二）贵阳贵安新型城镇化发展指标分析

1. 经济指标分析

（1）GDP 增长与结构调整

经济增长为新型城镇化提供了必要的资金和技术支持，带动基础设施建设和公共服务的改善，吸引更多人口向城市迁移，从而加快新型城镇化进程。新型城镇化也为经济增长注入新的动力，城镇化带来的劳动力和市场集聚效应，能够提高资源配置效率和生产力水平，从而促进经济增长。

如表 1 所示，2013~2023 年贵阳市 GDP 保持增长，三次产业结构得到优化，第三产业比重增加。2023 年，贵阳市 GDP 达到 5154. 75 亿元，同比增长 6%；规模以上工业增加值增速为 9. 6%，高于经济增速；城市经济首位度提升到 24. 6%，同比提高 0. 2 个百分点。贵阳贵安经济总量达到 5278. 04 亿元、同比增长 6. 2%；数字经济、绿色经济占 GDP 比重分别为 50%、49%，分别比上年增加了 6 个和 1 个百分点。

表 1　2013~2023 年贵阳市 GDP 指数和三次产业构成

年份	GDP 指数	三次产业构成(%)		
		第一产业	第二产业	第三产业
2013	112. 9	4. 0	39. 2	56. 8
2014	110. 3	4. 7	39. 4	55. 9
2015	110. 4	4. 8	39. 4	55. 8
2016	109. 6	4. 8	39. 1	56. 0
2017	110. 3	4. 5	37. 7	57. 8
2018	108. 8	4. 1	36. 9	59. 0
2019	107. 4	4. 0	36. 5	59. 5
2020	105. 0	4. 1	36. 2	59. 6
2021	106. 6	4. 1	35. 2	60. 6

续表

年份	GDP 指数	三次产业构成(%)		
		第一产业	第二产业	第三产业
2022	102.0	4.1	35.3	60.5
2023	106.0	4.0	35.0	61.0

资料来源：《贵阳市统计年鉴》《贵阳市国民经济和社会发展统计公报》。

（2）产业升级与转型

产业升级是新型城镇化的重要推动力。通过产业优化和升级，推动产业从传统制造业向高技术、高附加值产业转变，发展壮大新兴产业，贵阳贵安能够吸引更多的资源和劳动力，增强经济实力和竞争力。而新型城镇化带来的基础设施的完善、市场规模的扩大以及劳动力素质的提升，都为产业升级创造了良好的条件。

“1+7+1”重点产业是推进“强省会”行动的重中之重。贵阳市聚焦“1+7+1”重点产业，加快推动重点产业高质量发展。如表 2 所示，贵阳市规模以上“1+7+1”重点产业保持增长，七大产业增加值 2021~2023 年分别增长 8.6%、7.9%、15%。2021 年，软件信息技术服务业营业收入增长了 104.6%，增长较快。

表 2　2021~2023 年贵阳市规模以上“1+7+1”重点产业增长速度

单位：%

行业分类	2021 年	2022 年	2023 年
(一)在筑央企制造业增加值	18.4	5.0	0.7
(二)七大产业增加值	8.6	7.9	15.0
1. 新能源汽车	-12.0	16.2	21.9
2. 磷化工产业	11.7	19.2	31.3
3. 铝及铝加工	22.8	-6.7	1.5
4. 电子信息制造业	43.6	19.0	13.8
5. 健康医药	-10.6	-8.9	9.6
6. 生态特色食品	-8.8	8.2	6.9
7. 先进装备制造	18.9	10.9	7.3
(三)软件信息技术服务业营业收入	104.6	85.0	18.7

资料来源：《贵阳市国民经济和社会发展统计公报》。

2023 年，贵阳市紧扣新能源电池及材料、先进装备制造、电子信息制造三个主导产业和健康医药食品一个特色产业谋发展，三个主导产业增加值较上年增长 12. 4%，一个特色产业增长 9. 2%。此外，贵阳市高技术制造业增加值增长 10. 4%，锂离子电池产量增长 37. 6%，集成电路增长 23. 0%，光电子器件增长 23. 0%，印制电路板增长 41. 9%，工业新动能加速积聚。

在新能源汽车产业方面，贵阳贵安形成了以宁德时代、比亚迪、奇瑞万达等整车制造、动力电池及材料企业为代表的、涵盖新能源汽车上中下游的新能源电池及配套产业集群。磷化工产业方面，逐步朝高端化、精细化方向发展，重点打造了开阳高端磷化肥产业园、双龙精细化磷化工产业园、息烽县磷煤化工生态工业基地以及宁德时代电池制造基地、开阳新能源电池材料产业园等。电子信息制造业方面，贵阳贵安围绕“芯、件、板、器、机”的全产业链，主攻电子元器件、智能终端服务器等高端产品，规划了上游配套材料、中游核心关键零部件和下游电子终端产品等各个板块。2023 年，贵阳市数字经济占 GDP 比重超 50%。先进装备制造业方面，贵阳贵安通过深化与航空工业集团、航天科工集团等央企的合作，重点发展精密传感及测控仪器、电子元器件等高端产品，积极发展工程机械及能矿装备产业，提高中高端零部件本地化供应比例，致力于打造省内领先、国内一流的航空航天零部件产业集群。

2. 社会指标评估

（1）人口变化与城镇化率

新型城镇化通过提供更多就业机会、改善居住环境和提高公共服务水平，吸引更多的人口向城市集聚，从而促进人口增长。随着人口的增加，对基础设施、公共服务等需求也在增加，推动了城市的扩张和发展。

人口不断增长。如表 3 所示，2013~2023 年，贵阳市年末总人口不断增长，城镇人口也保持增长，城镇化率不断升高。2023 年末总人口达到 640. 29 万人，比上年末增加 18. 25 万人，同比增长 2. 9%。

人口人才加速集聚。2023 年，贵阳市新增高校毕业生留筑人数创新高，达到12万人，其中，省外高校毕业生来筑人数比2022年翻一番，近三年青年人才占新增人口数比重超过60%。

表3 2013~2023年年末总人口和城镇化率变化情况

单位：万人，%

年份	年末总人口	城镇人口	城镇化率
2013	500.03	360.52	72.10
2014	519.71	380.43	73.20
2015	533.3	393.58	73.80
2016	555.2	415.84	74.90
2017	574.91	438.66	76.30
2018	583.24	453.18	77.70
2019	594.62	468.56	78.80
2020	598.98	479.6	80.07
2021	610.23	489.71	80.25
2022	622.04	499.56	80.31
2023	640.29	—	—

资料来源：根据《贵阳市统计年鉴》《贵阳市国民经济和社会发展统计公报》等资料整理。

（2）基础设施和社会服务水平提升

交通、通信、水电气等基础设施的完善是吸引人口向城镇集中的重要条件。基础设施的提升增强了城镇的承载能力和吸引力，提高了城市居民的生活质量，使城市更宜居，从而进一步吸引人口向城市迁移。完善的基础设施还为产业发展提供了必要条件，促进产业集聚和产业升级，带动地方经济的发展。

截至2023年末，贵阳轨道交通1号线、2号线、3号线开通运营，日均客流量超过62万人次，环城快铁全线开通运营。2023年，贵阳市优化调整常规公交线路58条，新开通运营定制公交273条；打通断头路15条，拥堵指数稳定退出全国前15；中心城区77个生活垃圾转运站全部关停，新建、改造生活垃圾转运分类分拣中心36个，城乡原生生活垃圾实现“零填埋”，生活垃圾分类工作评估排名跃升至全国大城市前列。如表

4 所示，贵阳市公共汽（电）车营运线路网长度总体上不断增加，有效提升了群众公共出行效率。

表 4　2017~2022 年公共汽（电）车营运线路网长度

单位：公里

年份	2017 年	2018 年	2019 年	2020 年	2021 年	2022 年
公共汽(电)车营运线路网长度	3753	5250	5751	5678	6362	6458

资料来源：《贵阳市统计年鉴》。

（三）目标执行情况及比较分析

“十四五”以来，贵阳贵安结合“六个抓”，加快推进以人为核心的新型城镇化，以城乡融合发展为方向，优化城镇布局结构，推进农业转移人口市民化，提高城乡建设管理和公共服务水平。

1. 人口规模有序增长

如表 3 所示，贵阳市常住人口逐年增长，2023 年末达到 640.29 万人，城镇化率 2020 年已经超过 80%，且保持逐年增长。2023 年，贵阳市的人口增量为 18.25 万人，从全国来看排第二，仅次于合肥；从全省来看，贵州省常住人口增加 9 万人，贵阳市的人口增量高于全省。2022 年，贵阳市城镇常住人口 499.56 万人。综上所述，贵阳市的人口规模接近“2025 年常住人口达到 700 万人、城镇常住人口 500 万人、城镇化率 80%以上”的目标。

2. 城镇经济持续增强

2023 年，贵阳市地区生产总值 5154.75 亿元，为全省地州市最高，占全省 GDP 的 25%；GDP 增速为 6.0%，高于全省 4.9%的水平，也高于全国 5.2%的水平；人均地区生产总值 81670 元，高于全省 54172 元的水平。2022 年，南明区地区生产总值突破千亿元、达到 1005.43 亿元，云岩区达到 956.81 亿元，花溪区、观山湖区达到 750 亿元以上，清镇市、开阳县、白云区达到 280 亿元以上，修文县、乌当区、息烽县达到 175 亿元以上。贵阳市经济总量接近“到 2025 年城市经济首位度提升到 27%以上、4 个区

（市、县）经济总量分别达到1000亿元以上”的目标。

3. 城乡发展逐渐协调

贵阳贵安城乡基本公共服务和基础设施建设有序推进，城乡居民人均可支配收入比逐年下降（见表5），2023年降至2.05，接近“到2025年城乡居民人均可支配收入比力争控制在2以内”的目标。2023年，贵阳市成为西部地区唯一实现市域范围内城乡低保标准统一的省会城市。

表5　2018~2023年贵阳市城乡居民收入

年份	2018年	2019年	2020年	2021年	2022年	2023年
城镇常住居民人均可支配收入(元)	35115	38240	40305	43876	46242	48364
农村常住居民人均可支配收入(元)	15648	17275	18674	20565	21925	23640
城乡居民人均可支配收入比	2.24	2.21	2.16	2.13	2.11	2.05

资料来源：《贵阳市统计年鉴》《贵阳市国民经济和社会发展统计公报》。

三　贵阳贵安与全国省会城市新型城镇化的比较优势和短板分析

贵阳贵安的新型城镇化取得了较好的成绩，与全国其他省会城市相比又各具特色，反映出贵阳贵安新型城镇化发展的优势和短板，便于我们发现和解决问题。

如表6所示，在27个省会城市中，贵阳市GDP排名第20位，经济首位度排名第15位，说明贵阳市经济总量在贵州省的占比较高；城镇人口数排名第19位，城镇化率排名第15位，说明贵阳市城镇人口占常住总人口的比重较高。贵阳市经济总量与人口总量与其他省会城市相比较小，但占全省的比重较大，这与贵州的经济、人口主要集中在省会贵阳有关。

贵阳市是2022年全国15个城镇化率超过80%的省会城市之一，2022年，全国城镇化率为65.22%，贵阳比全国水平高了近15个百分点，城镇化水平在全国来看较高。贵阳市实有公共（汽）电车营运车辆排名全国第20位，反映出贵阳公共服务与设施发展水平在全国省会城市来看较低。然而，较高的城镇化率和较低的公共服务水平让贵阳的公共服务和城市设施面临较大压力。

表6　全国省会城市2022年城镇化指标比较

城市	GDP（亿元）	经济首位度（%）	常住人口（万人）	城镇人口（万人）	城镇化率（%）	城镇居民人均可支配收入（元）	农村居民人均可支配收入（元）	城乡居民人均可支配收入比	实有公共（汽）电车营运车辆（辆）
杭州	18753	24.12	1237.6	1039	83.95	77043	45183	1.71	10174
广州	28839	22.34	1873.4	1620.1	86.48	76849	36292	2.12	15046
南京	16907	13.76	949.1	825.8	87.01	76643	34664	2.21	8314
长沙	13966	28.7	1042.1	867.7	83.27	65190	40678	1.60	9712
济南	12027	9.31	941.5	699.8	74.33	59459	23844	2.49	7425
武汉	18866	35.11	1373.9	1163.1	84.66	58449	29304	1.99	9943
合肥	12013	26.67	963.4	815.4	84.64	56177	28727	1.96	4317
福州	12308	23.17	844.8	619.0	73.27	55638	26826	2.07	5100
成都	20817	36.68	2126.8	1699.1	79.89	54897	30931	1.77	14778
呼和浩特	3229	13.94	355.1	288.4	81.21	54616	22352	2.44	2750
昆明	7541	26.05	860	697.5	81.10	53832	20722	2.60	5957
南昌	7203	23.79	653.8	516.0	78.92	52622	24218	2.17	3773
沈阳	7696	26.56	914.7	777.4	84.99	51702	22352	2.31	5492
拉萨	787	36.89	130.8	63.3	48.41	51591	22756	2.27	
乌鲁木齐	3893	21.94	408.2	393.9	96.50	46276	26110	1.77	4503
贵阳	4921	24.41	622.0	499.6	80.31	46242	21925	2.11	3177
兰州	3342	29.84	441.5	371.2	84.07	45277	17178	2.64	3078
石家庄	7101	16.76	1122.4	801.8	71.44	44745	19834	2.26	4965
银川	2536	50.06	289.7	236.8	81.74	44392	19349	2.29	2024
哈尔滨	5490	34.52	982.4	701.1	71.37	43981	22260	1.98	7428
太原	5571	21.74	543.5	485.5	89.34	43694	22822	1.91	2533
海口	2135	32.26	294.0	243.2	82.73	43535	29406	1.48	2055
长春	6800	52.63	906.5	608.7	67.14	43240	18919	2.29	4566
南宁	5218	19.84	889.17	625.62	70.36	42636	19001	2.24	3433
郑州	12934	21.08	1282.8	1018.54	79.40	41049	28237	1.45	6717
西宁	1644	45.54	248	198.08	79.87	40197	15797	2.54	1981
西安	11487	35.03	1299.59	1034.34	79.59	27431	15016	1.83	9272

数据来源：各城市统计年鉴。

贵阳市城镇居民人均可支配收入排名第16位，农村居民人均可支配收入排名第19位，城乡居民人均可支配收入比排名第13位，说明贵阳市居民人均收入较低，农村更低，而城乡收入差距与全国其他省会城市相比较小。

四　贵阳贵安推进新型城镇化过程中面临的问题与挑战

通过新型城镇化和“强省会”发展战略的实施，贵阳作为省会城市的竞争力明显提升。但是，随着新型城镇化的推进，贵阳还会面临一些挑战和问题。要达到“首位度高的省会城市、影响力大的中心城市、生态性强的功能城市、幸福感足的宜业城市”的目标，还需要在产业优化调整、生态环境保护、城乡协调发展、公共服务提升等方面继续努力。

（一）产业升级的挑战

贵阳产业结构以有色金属等资源型产业为主，传统产业转型升级困难，产业结构调整压力大。而且，贵阳的高新技术产业发展起步较晚，产业基础较为薄弱，缺乏核心竞争力和创新能力，科技成果转化率低，高新技术产业和新兴产业的发展受限。尽管贵阳在交通和基础设施建设上取得了一定成绩，但交通物流成本较高等问题依然存在，限制了产业链的延伸和区域经济的协同发展。同时，信息化和智能化基础设施的不足也制约了产业数字化转型。此外，高素质人才是产业升级的重要支撑，尽管贵阳的生活环境和教育投资都在不断改善，但相对一线城市仍存在较大差距，在吸引和留住高端人才方面竞争力不高。

（二）生态保护的挑战

新型城镇化带来了人口和经济活动的集中与增长，环境污染问题也会伴随而来，尤其是空气污染、水污染和土壤污染，增加了生态环境的压力。平衡经济发展与生态保护、避免过度开发和资源浪费，是贵阳贵安新型城镇化一个亟须解决的问题。在推进新型城镇化过程中，要推行清洁生产技术，实施有效的生态修复措施，控制和减少污染排放，加强环境监管，确保城市环境质量不下降。此外，新型城镇化过程中，水资源、土地资源和能源等的高效利用至关重要，贵阳贵安面临如何优化资源配置、提高资源利用效率、推动可持续发展的挑战。

（三）城乡平衡发展的挑战

新型城镇化不仅关注城市发展，也强调城乡一体化发展，通过基础设施和公共服务向农村地区延伸与覆盖，提升农村地区的现代化水平，实现城乡协调发展。贵阳贵安新型城镇化过程中，城市公共服务不断完善，而农村公共服务的提升相对滞后，农村地区的教育、医疗、文化等服务水平较低，城乡基础设施和公共服务水平的差距依然存在。此外，贵阳的工业化、信息化进程正在快速推进，农业现代化相对滞后。城市依赖于高新技术和服务业的发展，而农村则依旧以传统农业为主，导致城乡产业结构不平衡，进而影响了城乡经济的协同发展。从贵阳人口变化来看，2023 年贵阳人口的增量高于全省，说明贵阳人口的增加主要是靠省内人口的流入。随着大量人口流入，贵阳贵安城市面临人口增加带来的住房、交通等压力，而农村则劳动力短缺，造成了城乡人口流动不均，形成了“城市拥挤，农村空心化”的局面。

（四）社会治理能力提升的挑战

随着贵阳贵安新型城镇化的推进，社会治理体系、城市管理体制和协调机制亟待完善，社会治理面临新的挑战。首先，贵阳贵安新型城镇化进程带来了大量人口向城市迁移，城市人口的多元化和流动性增强，使得如户籍管理、社会服务供给、治安管理等方面社区管理的难度加大。同时，文化差异和生活习惯的不同导致外来人口与本地居民之间的融合也面临一定的困难，社区矛盾增加。其次，贵阳贵安教育、医疗、文化娱乐等公共服务提供仍存在不足，如贵安新区、观山湖区等新开发的城镇化区域的居民常常面临教育和医疗资源供给不足等问题。此外，部分城乡结合部、农贸市场、背街小巷等区域的“脏乱差”现象依然存在，城市干道与公路（环线）结合部位失管，以及运用数字化治理层级较低，给贵阳贵安的社会治理能力提升带来挑战。

（五）资金有力支撑的挑战

新型城镇化进程中的基础设施建设、公共服务提升和生态环境保护都需要大量资金投入。贵阳贵安作为西部欠发达地区，城镇化发展相对滞后，更需要大量的资金投入来弥补历史欠账。受宏观经济整体环境下行影响，贵阳贵安地方财政收入有限，社会融资难度提升，城市债务压力趋紧。尽管积极争取中央预算内投资和地方政府专项债券等资金支持，资金供需矛盾依然突出。贵阳银行等金融机构也积极支持地方经济发展，加大对新型城镇化的信贷资源投入，但整体金融支持仍显不足，尤其缺乏针对中小企业和创新项目的金融支持。此外，贵阳贵安在新型城镇化资金筹措上主要依赖政府拨款和银行贷款，社会资本参与度不高，融资渠道相对单一。企业和项目难以获得足够的融资，影响了贵阳贵安新型城镇化建设的推进速度。

五　贵阳贵安新型城镇化推进“强省会”的建议

贵阳贵安通过推进新型城镇化为“强省会”行动的实施提供了强力支持，为打造全省更具带动力的火车头、西南地区更具影响力的重要增长极奠定了坚实基础。展望未来，贵阳贵安需进一步扩大城市规模，提高城市综合承载能力和资源优化配置能力，提升城乡融合发展水平，在新型城镇化上实现新突破。

（一）推动产业转型升级，促进高质量发展

提升产业科技创新能力，设立专项基金支持科技创新和关键核心技术攻关，鼓励企业进行技术研发和产品创新。建立科技创新平台和孵化器，支持初创企业和创新团队的发展。重点推进信息技术、新材料、新能源、生物医

药等高新技术产业发展，支持人工智能、物联网、大数据等战略性新兴产业的发展，培育新的经济增长点，招引更多高附加值企业，提升整体产业链的竞争力。通过精准招商和产业链条延伸，吸引更多上下游企业入驻，形成完整的产业生态体系。推动传统产业的转型升级，通过技术改造和管理创新，提高产业附加值和竞争力，逐步淘汰落后产能。进一步优化营商环境，简化行政审批流程，提供更多的政策支持和服务保障。通过实施固定资产投资奖励、标准厂房租赁补助等措施，减轻企业负担，吸引更多优质企业落户。加大人才培养力度，特别是在大数据、人工智能等新兴领域，培养更多高素质的专业人才。通过校企合作、引进高端人才等方式，提升本地人才队伍的整体素质，为产业升级提供坚实的人才保障。

（二）推进绿色发展模式，深化生态文明建设

进一步加大对污染源的监控和治理力度，推行更严格的排放标准，特别是对重污染行业的监管。加强城市绿色基础设施的建设，包括建设更多的绿地、公园、湿地等，增加城市绿化面积。推广绿色建筑，倡导节能环保的建筑设计，推动城市建筑朝低碳、环保方向发展。加大对可再生能源的投资和应用，如太阳能、风能和生物质能。建设更多的可再生能源发电项目，推动能源结构转型，减少对化石燃料的依赖，降低碳排放。提升公共交通系统的覆盖率和便捷性，鼓励市民使用公共交通工具。推广新能源汽车，建设完善的充电桩网络，减少汽车尾气排放。实施更加严格的机动车排放标准，促进老旧车辆的淘汰。推广垃圾分类和资源回收，减少垃圾填埋和焚烧对环境的污染。鼓励使用环保产品，减少一次性用品的使用。实施生态修复工程，恢复被破坏的生态系统，设立生态保护区，限制开发活动，维护生物多样性。推动市民绿色生活方式的转变，通过宣传和教育提高市民的环保意识。

（三）推进城乡一体化建设，促进共同繁荣发展

通过体制机制创新，进一步推进城乡资源要素平等交换和公共资源合理配置。引导和支持贵阳贵安农业现代化、农村产业多元化，推进城乡产

业深度融合，提升农村经济活力，实现城乡共同繁荣。加快新型城镇化与乡村振兴的融合发展，改善农村基础设施和生活条件，提高农村居民生活质量。加大对农村地区基础设施的投资，提升农村交通、供水、供电、通信等基础设施水平，缩小城乡基础设施差距。加强农村教育、医疗、文化等公共服务设施建设，提高农村公共服务水平，推进城乡公共服务均等化。深化户籍制度改革，放宽农村居民进城落户条件，促进人口有序流动和合理分布，打破城乡二元结构。

（四）强化社会治理创新，提升城市治理效能

进一步加强社区和村级基层组织建设，提高基层治理能力和服务水平，推进基层党组织、社区自治组织和社会组织的协同发展。进一步推动治理体系和治理能力的现代化，应用大数据、人工智能等现代信息技术，提升社会治理的智能化和治理效率。依托贵阳大数据科创城等项目，建立智能化的社会治理平台，推动信息资源共享和业务协同，提高治理效率和服务质量。推进法治政府、法治社会、法治城市建设，扩大法律法规的宣传和普及，提高市民的法治意识和法治素养，促进社会治理的法治化。建立和完善公众参与机制，通过意见征集、召开听证会、民意调查等多种形式，充分听取市民意见，鼓励社会力量参与城市治理，构建多元共治的社会治理格局。

（五）拓宽融资渠道，强化资金保障

拓宽融资渠道，建立更完善的风险代偿补偿机制，吸引更多社会资本投入贵阳贵安新型城镇化建设。利用政府与社会资本合作模式，引入民间投资。采用发行地方债券等筹资手段，满足大型基础设施项目的资金需求。积极争取国家和省政府的政策支持和专项资金，获取更多的财政补贴和政策优惠。积极申请专项建设基金，支持关键领域的建设。优化产业结构，大力发展高新技术产业和现代服务业，提高经济发展的质量和效益，从而增加财政收入，为贵阳贵安新型城镇化建设提供更充足的资金支持。加强财政管理，

建立科学合理的财政支出机制，确保每一笔资金都用在刀刃上，提高资金使用效益，防止资金浪费和腐败行为。

（六）加快数字基础设施建设，提升智慧城市水平

加快信息化基础设施建设，推进5G网络、大数据中心、云计算平台等建设。利用物联网、人工智能等技术提升城市管理水平，进一步优化城市规划和布局。实现智慧交通、智慧环保、智慧社区等智能化管理，通过智能交通管理系统改善交通拥堵问题，通过智能监控系统提升城市安全管理水平等。推广如智能井盖、智慧灯杆和智能垃圾桶等智能设施，提升基础设施智能化水平。在市政、交通、物流、能源、安全等领域设施数字化转型和智能化升级的基础上，进一步扩展和完善这些智能基础设施的覆盖范围，确保全市范围内的智能化管理。提升贵阳贵安在教育和医疗等公共服务领域智慧化服务水平，推广更多在线教育平台和远程医疗服务，确保更多居民能够享受便捷的智慧公共服务。进一步整合与利用各类数据资源，建立完善的数据共享与开放平台，提升数据共享和协同能力，优化数据资源管理。进一步加强数据中心的建设和管理，优化贵安数据中心集群算力服务，确保数据的高效流通和利用。

参考文献

《中共贵州省委 贵州省人民政府关于支持实施“强省会”五年行动若干政策措施的意见》，2021年5月11日。

《贵阳银行：凝心聚力助力地方经济高质量发展》，《人民日报》2024年1月25日。

B.5
2021～2023年贵阳贵安旅游产业化推进“强省会”报告

朱　薇*

摘　要：　“强省会”行动是贵州省推动全省经济社会高质量发展的重要举措，贵阳贵安抓住“强省会”行动机遇，大力发展旅游业。报告认为，贵阳贵安围绕资源、客源、服务“三大要素”，通过推进贵阳贵安成为国家级旅游休闲城市、推进贵阳贵安成为国家文化和旅游消费示范城市等做法，贵阳贵安旅游产业化推进“强省会”取得显著成效。通过对省会城市旅游业发展“首位度”比较分析，发现贵州已经成为全国旅游热土，但省会城市旅游消费不足，提高贵阳贵安旅游综合收入还有很大空间。最后，提出强化创新发展、强化融合发展、强化数字发展、强化联动发展、强化市场发展“五个强化”建议，旨在为进一步推动旅游产业发展提供参考。

关键词：　贵阳贵安　旅游产业化　“强省会”行动

文旅产业是经济发展的强劲引擎。党的十八大以来，贵阳贵安深入学习贯彻习近平总书记对旅游工作作出的重要论述及视察贵州重要讲话精神，坚持以高质量发展统揽全局，围绕“四新”主攻“四化”，深入实施“四大文化工程”、旅游产业化“四大行动”，以“强省会”行动坚定不移强旅游，聚焦资源、客源、服务三大要素发力，围绕爽身、爽心、爽眼、爽口、爽

* 朱薇，贵州省社会科学院区域经济研究所副研究员，博士，主要研究方向为数字经济、产业经济。

购、爽游“六爽”着力打造“爽爽贵阳”城市品牌，加快推进旅游产业化，不断打造新业态、新模式，高质量发展之路越走越宽广，朝着具有国际影响力的旅游名城大步迈进，为贵阳贵安高质量发展增添新动能。

一　旅游产业化推进贵阳贵安“强省会”行动意义重大

旅游产业化在贵阳贵安“强省会”行动中发挥了重要作用，成为推动经济高质量发展和提升城市综合实力的重要力量。通过大力发展旅游产业，贵阳贵安实现了经济的快速增长，带动相关产业快速发展，有力提高就业水平，促进文化交流与传承，扩大贵阳贵安综合影响力。

（一）对地方经济贡献大

旅游产业作为综合性强、关联度大、开放度高的现代服务业，对经济增长的拉动作用明显。贵阳贵安旅游产业快速发展有力促进了地方经济发展。贵阳贵安通过大力发展旅游产业，直接带动了餐饮、住宿、交通、购物等相关行业的繁荣，促进了文化、体育、金融、信息等产业的融合发展。贵阳旅游及相关产业增加值从2021年的273.81亿元增长到2023年的302.25亿元，年均增长5.07%。旅游及相关产业增加值占GDP比重从2021年的5.81%提升至2023年的5.86%。游客满意度在三年内稳步提升，从2021年的85%上升到2023年的92%。

（二）带动相关产业发展

旅游业的发展不仅直接提升了旅游收入，还带动了相关产业的联动发展。餐饮业方面，贵阳贵安地区的餐饮收入从2021年的60亿元增长至2023年的90亿元。住宿业迎来了快速增长，酒店和民宿的入住率显著提高，2023年的总收入达到55亿元，比2021年增长了8.8%。贵安新区新开的五星级酒店，2023年入住率高达80%，带动了高端服务业的发展。交通运输业方面，由于游客数量的增加，贵阳贵安的公共交通、出租车和共享出行服务的需求也显著提升。文化产业受到了极大推动，文化演艺、手工艺品和地方特产销售额显著增加。

（三）有力促进地方就业

旅游业的繁荣有效提高了贵阳贵安地区的就业率。据统计，2021~2023年，贵阳贵安旅游业及相关产业共创造了15万个新的就业岗位。酒店和餐饮业新增就业岗位5万个，交通运输业新增就业岗位3万个，文化产业新增就业岗位2万个，其他相关服务业新增就业岗位5万个。为当地居民提供更多就业选择的同时，也吸引了外来务工人员，推动了区域人口流动和城市化进程。青岩古镇旅游发展带动了当地手工艺品产业的发展，吸纳了大量手工艺人和销售人员。贵安新区智慧旅游项目实施创造了大量高科技和服务业岗位，吸引了大批高学历人才涌入。

（四）促进文化传承发展

旅游业的发展不仅带来了经济效益，也促进了贵阳贵安文化传承发展。通过对历史文化遗产保护和开发，吸引了大量游客，弘扬和发展了传统文化。青岩古镇文化演艺项目《青岩古韵》为游客提供了丰富文化体验的同时，也为当地居民提供了展示和传承传统文化的平台。路边音乐会、民族大联欢、旅游特种兵新玩法等丰富多彩的文旅活动，不仅丰富了市民和游客的文化生活，也进一步擦亮了贵阳城市名片。甲秀楼、状元街、黔灵公园、阳明文化园等，成为贵阳市亮丽的文化名片。

二　旅游产业化推进“强省会”主要举措与成效

贵阳贵安积极响应省委、省政府“强省会”行动号召，以旅游产业化为重要抓手，围绕资源、客源、服务“三大要素”，通过促进国家深化文旅融合、提升旅游品质、创新旅游业态，持续擦亮“爽爽贵阳”城市品牌，为“强省会”行动提供强有力的支撑。

（一）坚定不移“强旅游”，推进贵阳贵安成为国家级旅游休闲城市

1. 推进贵阳贵安成为全国首选避暑胜地

加大旅游市场宣传推广力度，塑造“爽爽贵阳”旅游品牌形象，构建“爽爽贵阳”特色品牌体系，推进贵阳贵安成为全国首选避暑胜地。一是推进“爽爽贵阳”特色品牌体系建设。以“爽爽贵阳”品牌塑造为抓手，突出贵阳贵安自然生态、历史文化和多样化旅游产品，通过打造山地徒步旅游线路和文化遗产旅游线路等精品旅游线路与特色旅游产品，着力构建爽身、爽心、爽眼、爽口、爽购、爽游“六爽”产业体系。形成独特品牌体系，提升市场竞争力。二是重视“爽爽贵阳”品牌宣传推广。通过电视、网络、社交媒体等多种渠道，开展“爽爽贵阳”旅游品牌推广，“爽爽贵阳”品牌形象宣传片在央视和各大视频网站播放，累计观看量达1亿次，显著提升了城市知名度和美誉度。三是加大市场推广力度。持续组织开展“爽爽贵阳·黔茶飘香”“爽爽贵阳·旅行天堂”“爽爽贵阳·生态美景”“爽爽贵阳·旅途美宿”等系列活动，举办各类旅游节庆活动，主动参与国内外旅游展会，积极探索利用新媒体平台等。开展贵阳市“爽爽贵阳”品牌推广活动。自2021年以来，该活动累计覆盖受众超过1亿人次，吸引了大量国内外游客，2023年贵阳市的旅游收入增长超过40%。在同程旅行联合人民文旅发布的夏季旅游热力图中，贵阳避暑热门目的地排名全国第一。

2. 推进贵阳贵安成为全国主要康养基地

贵阳依托气候环境、田园风光、地质地貌、森林温泉等优势，坚定不移走生态优先、绿色发展之路，大力发展以温泉、森林氧吧、气候康养、中医药康养等为核心的康养旅游产业。依托农林、康养旅游、文化等资源禀赋，推动生态产业化和产业生态化，不断拓宽“绿水青山”和“金山银山”双向转化通道，统筹农文旅一体化发展，实现贵阳贵安康养产业特色化发展。

3. 持续推进贵阳贵安具有国际影响力的生态文明城市建设

持续推进贵阳贵安打造具有国际影响力的生态文明城市。抓紧休闲旅游、乡村旅游、山地特色旅游重大项目推进，建设旅游公路、旅游集散中

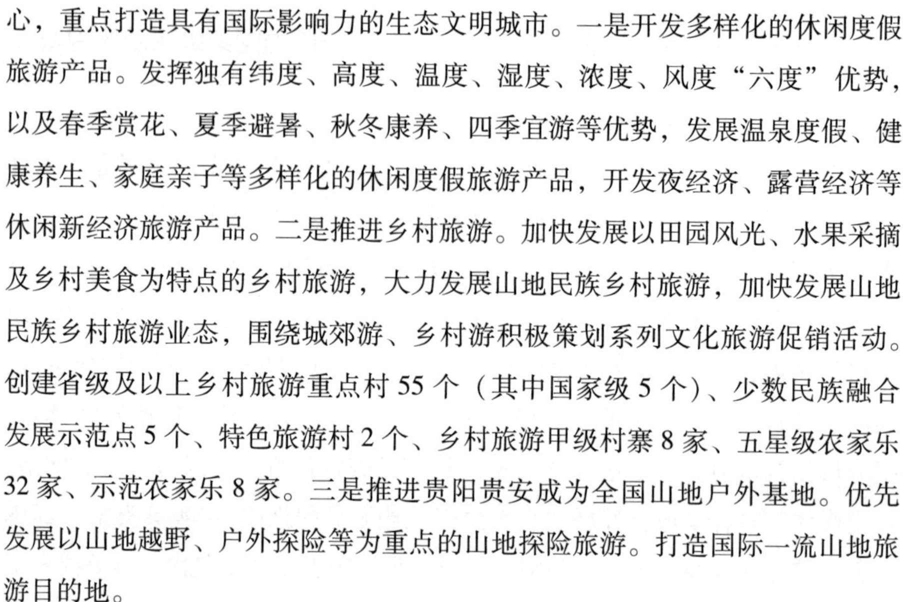

心，重点打造具有国际影响力的生态文明城市。一是开发多样化的休闲度假旅游产品。发挥独有纬度、高度、温度、湿度、浓度、风度“六度”优势，以及春季赏花、夏季避暑、秋冬康养、四季宜游等优势，发展温泉度假、健康养生、家庭亲子等多样化的休闲度假旅游产品，开发夜经济、露营经济等休闲新经济旅游产品。二是推进乡村旅游。加快发展以田园风光、水果采摘及乡村美食为特点的乡村旅游，大力发展山地民族乡村旅游，加快发展山地民族乡村旅游业态，围绕城郊游、乡村游积极策划系列文化旅游促销活动。创建省级及以上乡村旅游重点村 55 个（其中国家级 5 个）、少数民族融合发展示范点 5 个、特色旅游村 2 个、乡村旅游甲级村寨 8 家、五星级农家乐 32 家、示范农家乐 8 家。三是推进贵阳贵安成为全国山地户外基地。优先发展以山地越野、户外探险等为重点的山地探险旅游。打造国际一流山地旅游目的地。

4. 推进贵阳贵安成为全国夜间经济样板

大力发展夜间文旅经济，鼓励有条件的文化旅游景区和文化场馆开启夜游模式，做大做强“多彩贵州风”等主题演艺，开发 24 小时书店、主题光影秀等项目，打造“流光溢彩夜贵阳”。大力发展夜间文旅经济。积极组织申报国家夜间文旅消费集聚区、省级夜间文旅消费集聚区。十字街、青云路等，集聚了丰富的文创产品和美食，成为市民和游客的热门打卡地，2023 年主要的文创市集和夜市接待游客超过 200 万人次。

5. 大力探索新玩法、新业态、新模式

全面升级“爽爽贵阳”城市品牌，培育适应市场需求和消费升级的新产品、新业态、新模式，着力擦亮“强省会”的亮丽名片。与马蜂窝、抖音、美团、一码游贵州等 OTA 企业深度合作，推出品质露营、徒步登山、追风骑行等七大新潮爽游新玩法、线路以及八大体验，“爽爽贵阳新玩法·主客共享嗨五一”“点亮夜经济·玩转避暑季”“爽爽贵阳馨生活·助商惠民暖心季”等主题活动丰富多彩，青云市集、贵安樱花园、花溪高坡频获“外交天团”点赞。

（二）推进贵阳贵安成为国家文化和旅游消费示范城市

1. 推动贵阳贵安成为红色文旅主阵地

以双龙长征数字科技艺术馆和花溪“兵临贵阳”为核心，加快息烽、清镇、修文、开阳等地长征文化公园建设项目，培育和铸就长征文化内容高地。贵阳的长征数字科技艺术馆（红飘带）点燃红色旅游热潮，通过全息影像技术与戏剧结合，再现了红军长征的波澜壮阔与英勇无畏，成为游客红色记忆之旅重要打卡点。

2. 着力发展以阳明文化、生态文化和民族文化“三张名片”为核心的文化旅游

推动建设十字街、太平路、青云路、曹状元街等特色文化旅游街区、中高端文旅消费集聚区。实施“寻味贵阳”美食文化建设示范工程，提升旅游产品的文化内涵、科技含量、绿色元素，打造出一批在国内外有影响力的贵阳文化旅游地标。

3. 支持文化和旅游消费重大旅游项目建设

设立旅游发展专项资金，用于项目建设、旅游基础设施改善、旅游品牌推广等。通过专项资金支持，对甲秀楼景区进行大规模提升改造，美化景区、更新设施和建设智能化服务系统，甲秀楼景区年接待游客人数从2020年的13万人次提升到2023年的117万人次，青岩古镇的年接待游客人数从2020年的246万人次提升到2023年的632万人次，旅游综合收入从2.95亿元增长到9.9亿元。

（三）建立旅游联盟加强市场合作

加强与国内外旅游城市和机构的合作，建立旅游联盟，共同推广区域旅游。通过联合开发旅游产品、互送客源、共享旅游信息等方式，实现资源共享和互利共赢，扩大市场影响力。贵阳与成都、重庆等城市组成西南旅游联盟，联合推出跨省旅游线路和产品，吸引了大量游客。2023年推出“西南三城联游”线路，共接待游客30万人次，旅游收入达3亿元。

（四）不断完善营商环境

贵阳贵安在法治建设方面也做了大量工作，通过完善法律法规，为旅游产业的健康发展提供了保障。

1. 完善法律法规

一是执行省级管理条例到位。《贵州省旅游业管理条例》曾为全省旅游业发展提供法律保障，明确旅游经营者和游客权利义务，规范旅游市场秩序。依据《贵州省旅游条例》，贵阳市设立了旅游纠纷调解中心。自 2021 年以来，调解中心处理了超过 500 起旅游纠纷案件，调解成功率达 90% 以上，有效提高了游客的满意度和信任感。二是出台地方性法规和规章。《贵阳贵安旅游市场规范化经营专项整治方案》规定了旅游市场经营规范和管理措施，有效提升了旅游服务质量。《贵阳花溪区农家乐管理办法》对农家乐的建设标准、经营规范、卫生管理等方面做了详细规定，规范了农家乐经营，提高了服务质量。花溪区的农家乐年接待游客人数从 2020 年的 50 万人次增加到 2023 年的 80 万人次，游客满意度显著提升。

2. 提高标准化服务水平

一是推动旅游服务标准化建设。制定和实施旅游服务标准，提高服务质量和游客满意度。通过引入国际标准和先进管理经验，提升旅游服务水平，为游客提供优质的旅游体验。二是完善投诉处理机制。建立健全游客投诉处理机制，及时处理游客反馈的问题，通过设立游客投诉热线、网络投诉平台等渠道，方便游客反馈问题，及时给予解决和回复，提升游客满意度和忠诚度，游客满意度显著提升。

3. 加强专业人才培养

实施旅游人才培训计划，贵阳市政府与当地高校合作，开设旅游管理、酒店管理等多种旅游专业培训课程，培养了一批高素质的旅游服务人才。加强对旅游服务人才的培养和培训，定期组织旅游企业从业人员进行培训，特别是外语和特殊需求服务的培训，提高服务标准和专业水平，提高其专业素养和服务水平。2021 年以来，共有 5000 名旅游从业人员参加了培训，培训后从业人员的专业素质和服务水平显著提升，有效提高了游客满意度。

三　主要省会城市旅游业发展“首位度”比较分析

旅游业不仅反映城市吸引力和文化魅力，还直接影响地方经济发展和居民生活水平，是衡量一个城市开放程度和综合竞争力的重要指标。对贵阳贵安旅游业发展“首位度”的分析，了解贵阳贵安在全国旅游版图中的定位，为贵阳贵安未来发展提供借鉴和方向。旅游接待人次是衡量一个城市吸引游客能力的重要指标。通过比较与其他主要省会城市的旅游接待人次可以看到，贵阳在国内外游客中的知名度和吸引力。旅游综合收入是评价城市旅游业经济效益的重要指标。综合收入的高低直接关系城市经济增长和居民福利水平。通过与其他城市的比较，可以评估贵阳在旅游收入方面的竞争力。人均消费是衡量游客在当地消费能力和消费水平的重要指标。人均消费的高低不仅反映城市的旅游产品和服务质量，还关系城市旅游市场定位和发展潜力。

（一）省会城市旅游接待人次首位度对比

旅游接待人次不仅反映城市旅游资源和品牌知名度，也体现城市的交通便利性和基础设施完善程度。

2023年，贵州旅游接待6.36亿人次，旅游接待人次在全国（直辖市除外）排第15位，贵阳贵安旅游接待1.47亿人次，在有公开数据的25个省会城市中排第9，在西南地区，贵阳贵安旅游接待人次也排名靠后，低于成都、昆明等城市。从省会城市首位度看，贵阳旅游接待人次只占全省的23.11%。哈尔滨、银川、西宁、长春等省会城市在旅游接待人次方面遥遥领先，如何把到贵州的大部分游客吸引到贵阳贵安旅游，值得进一步深入研究。表1所示为2023年省会城市旅游接待人次首位度对比。

表1　2023年省会城市旅游接待人次首位度对比

位次	省份	省会城市	全省旅游接待人次(亿人次)	省会城市旅游接待人次(亿人次)	省会城市旅游接待人次首位度(%)
1	黑龙江	哈尔滨	2.20	1.35	61.36
2	宁夏	银川	0.70	0.42	60.00
3	青海	西宁	0.45	0.27	59.20
4	吉林	长春	3.14	1.47	46.82
5	湖北	武汉	7.00	3.14	44.86
6	四川	成都	6.80	2.80	41.18
7	陕西	西安	6.87	2.78	40.47
8	新疆	乌鲁木齐	2.65	1.00	37.74
9	广东	广州	7.77	2.34	30.12
10	湖南	长沙	6.60	1.95	29.55
11	云南	昆明	10.42	2.78	26.68
12	海南	海口	0.90	0.24	26.67
13	江西	南昌	7.90	1.90	24.05
14	**贵州**	**贵阳**	**6.36**	**1.47**	**23.11**
15	甘肃	兰州	3.88	0.87	22.40
16	广西	南宁	8.20	1.55	18.90
17	福建	福州	5.72	1.00	17.48
18	安徽	合肥	8.48	1.39	16.39
19	河北	石家庄	8.06	1.20	14.89
20	江苏	南京	9.42	1.28	13.59
21	浙江	杭州	7.60	1.00	13.16
22	辽宁	沈阳	5.10	0.60	11.76
23	山西	太原	0.81	0.09	10.78
24	山东	济南	7.80	0.59	7.59
25	河南	郑州	9.95	0.17	1.71

资料来源：根据各省区统计公报，结合网络数据，作者综合整理。

（二）省会城市旅游综合收入首位度对比

旅游综合收入不仅反映城市在吸引游客方面的成功程度，也直接影响当地经济发展和居民生活水平。旅游综合收入高通常意味着城市旅游产业链完善，游客在当地消费水平较高。表2中数据显示，贵州2023年旅游综合收入为7404.56亿元，旅游综合收入在25个省份中排第14位，贵阳贵安2023年旅游综合收入1952.51亿元，在25个省会城市中排第10位，贵阳贵安旅游综合收入首位度为26.37%，在全国省会城市中排名第9位，排名全国靠前。哈尔滨、西宁、西安、成都等省会城市在旅游综合收入方面遥遥领先，结合表1，贵阳贵安需要采取有力措施把到贵州其他地区的全国游客吸引到贵阳贵安旅游，并产生消费，提高贵阳贵安旅游综合收入还有很大空间。

表2　2023年省会城市旅游综合收入首位度对比

位次	省份	省会城市	全省旅游综合收入（亿元）	省会城市旅游综合收入（亿元）	省会城市旅游综合收入首位度（%）
1	黑龙江	哈尔滨	2215.30	1692.45	76.40
2	青海	西宁	430.64	269.00	62.47
3	陕西	西安	6273.89	3350.00	53.40
4	四川	成都	7443.46	3700.00	49.71
5	湖北	武汉	7000.00	3448.20	49.26
6	吉林	长春	5277.35	2411.09	45.69
7	广东	广州	9500.00	3309.50	34.84
8	新疆	乌鲁木齐	2967.15	1000.00	33.70
9	**贵州**	**贵阳**	**7404.56**	**1952.51**	**26.37**
10	云南	昆明	14400.00	3431.00	23.83
11	江西	南昌	8706.34	1977.79	22.72
12	山东	济南	9100.00	2000.00	21.98
13	安徽	合肥	8510.00	1866.68	21.94
14	辽宁	沈阳	5022.60	1100.00	21.90
15	海南	海口	1813.09	386.00	21.29
16	广西	南宁	8600.00	1724.43	20.05
17	江苏	南京	12000.00	2310.65	19.26
18	浙江	杭州	9907.60	1800.00	18.17

续表

位次	省份	省会城市	全省旅游综合收入（亿元）	省会城市旅游综合收入(亿元)	省会城市旅游综合收入首位度(%)
19	福建	福州	6981.00	983.89	14.09
20	宁夏	银川	6000.00	376.99	6.28
21	甘肃	兰州	2745.80	67.00	2.44
22	河北	石家庄	10036.67	114.50	1.14
23	河南	郑州	9645.60	92.80	0.96
24	山西	太原	8000.00	41.00	0.51
25	湖南	长沙	9000.62	0.24	0.00

资料来源：根据各省区统计公报，结合网络数据，作者综合整理。

（三）省会城市旅游人均消费首位度对比

人均消费高通常意味着城市提供了高质量的旅游产品和服务，以及良好的消费环境。分析旅游人均消费，了解贵阳贵安在提升游客消费方面的表现，以及在全国和区域内的相对位置，可识别贵阳贵安在旅游市场中的定位及其未来的发展潜力。由表3可以看出，2023年贵州旅游人均消费1164元，旅游人均消费在全国25个省份中排第6位，贵阳贵安旅游人均消费1325元，在25个省会城市中排第2位，仅低于广州市。贵阳贵安旅游人均消费首位度为113.81%，在全国省会城市中排名第19位。全国消费者在贵州的人均旅游消费总体不高，但在贵阳贵安人均旅游消费高，从人均消费水平看，应加大力度推动贵州旅游产业转型升级，推动贵州旅游业从传统旅游向高价值旅游转变。

表3　2023年省会城市旅游人均消费首位度对比

位次	省份	省会城市	全省旅游人均消费(元)	省会城市旅游人均消费(元)	省会城市旅游人均消费首位度(%)
1	海南	海口	150	780.00	520.00
2	甘肃	兰州	300	800.95	266.98

续表

位次	省份	省会城市	全省旅游人均消费(元)	省会城市旅游人均消费(元)	省会城市旅游人均消费首位度(%)
3	山西	太原	250	491.30	196.52
4	青海	西宁	350	602.23	172.07
5	宁夏	银川	500	763.25	152.65
6	江西	南昌	700	1038.84	148.41
7	新疆	乌鲁木齐	650	894.72	137.65
8	福建	福州	400	534.56	133.64
9	河北	石家庄	550	698.88	127.07
10	江苏	南京	1000	1252.14	125.21
11	安徽	合肥	900	1118.46	124.27
12	海南	海口	600	740.00	123.33
13	河南	郑州	450	552.02	122.67
14	黑龙江	哈尔滨	850	1031.81	121.39
15	吉林	长春	1050	1253.67	119.40
16	山东	济南	750	890.00	118.67
17	广东	广州	1200	1414.74	117.90
18	广西	南宁	950	1112.53	117.11
19	**贵州**	**贵阳**	**1164**	**1325.00**	**113.81**
20	陕西	西安	1100	1205.40	109.58
21	浙江	杭州	1150	1000.00	86.96
22	云南	昆明	1500	1234.89	82.33
23	湖北	武汉	1400	1098.47	78.46
24	四川	成都	2500	1317.86	52.71
25	辽宁	沈阳	2300	893.12	38.83

资料来源：根据各省区统计公报，结合网络数据，作者综合整理。

通过对贵阳贵安在旅游接待人次、旅游综合收入和旅游人均消费方面的“首位度”分析，可以看出大力推进旅游产业化、建设多彩贵州旅游强省战略取得了巨大成就。随着“流量”大起来，贵阳贵安需要致力于以优质旅游产品和服务供给来满足广大游客日益增长的旅游休闲需求，把“质量”

提起来，让“留量”多起来，需要从“卖门票”转变到“卖服务”“卖体验”，需要对标世界级旅游标准，充分发挥比较优势，进一步提升旅游格调品位，加快推动贵阳贵安旅游产业实现新突破。

四　贵阳贵安旅游产业化推进“强省会”建议

全面推进贵阳贵安旅游产业化进程，为“强省会”行动实施提供坚实保障，为区域经济高质量发展注入新动力，打造贵阳贵安早日成为中国乃至全球重要旅游目的地，继续为地方经济和社会发展做出更大贡献。

（一）强化创新发展

加快旅游经济转型和结构升级，大力推动产业业态创新，加强旅游产品创新，开发多样化的旅游产品，注重突出地域特色，在提高旅游经济整体素质和国际竞争力方面取得实质性进展。以“三个突破”“三个转变”的“3+3”发展思路推进产业创新发展。

1. 实现“三个突破”

在企业改革、旅游产业体制机制、人才引进培养上实现突破。一是在企业改革创新上实现突破，推进国有旅游景区和涉旅国有企业改革实现突破，加快构建完善现代企业管理制度和法人治理结构。推动混合所有制改造，加快贵阳贵安国有平台公司实体化转型见成效，使旅游企业真正成为旅游产业发展主体、创新活动主体和成果应用主体。二是在深化旅游体制改革上实现突破。持续开展贵阳贵安旅游综合改革试点，创新旅游管理体制机制，推进旅游供给侧结构性改革，先行先试开展旅游项目推动、体制创新、特色培育等工作，创新弹性假日制度安排。加快推动贵阳贵安带薪休假制度的落实与推广。制定落实带薪年休假具体办法，鼓励贵阳贵安机关、社会团体、企事业单位灵活安排职工休假时间。鼓励企事业单位为职工在学生长假期间休假创造便利条件。高品质开发贵阳贵安地方饮食文化，创新机制保障政策落实，研究出台关于土地利用、财政政策、税费减免、消费鼓励等方面的新政策措施，为贵阳贵安旅游产业业态创新提供体制、机制上的支持，促进贵阳贵安旅游业优质快速发展。三是在吸引和培养高层次旅游创新创业人才上实现突破。率先加快引进世界知名旅游品牌入驻贵阳贵安，带动提高旅游从业人员培训水平，全面提高专业技能和沟通能力。探索创新旅游人才培养引进机制，大力引进、培养网红旅游导游讲解、高级策划营销、景区规划、酒店管理等专门人才，以人才聚集带动资金与项目进入和产业素质提升。

2. 实现“三个转变”

加快传统旅游转型升级，提高旅游价值。一是加快实现由主要依赖观光型旅游向主要依靠休闲度假转变。发挥山地气候凉爽优势和低纬度、亚高原适宜四季旅游的组合优势，利用山地资源开发山地避暑度假项目，打造多样化休闲度假产品。挖掘侗族、苗族等少数民族文化融入休闲度假体验，通过民俗表演、传统手工艺体验等方式，让游客在休闲度假中感受贵州深厚的文化底蕴。二是以科技创新助力传统旅游向主要依靠休闲度假转变。利用数智技术精准把握游客需求，进行精准市场定位和产品开发，提升旅游服务体验。通过虚拟现实（VR）、增强现实（AR）技术制作沉浸式的旅游宣传内容。利用科技创新助力旅游资源保护与可持续利用，通过监测技术保护生态环境，确保休闲度假旅游可持续发展。三是加快实现由主要依靠传统旅游服务向主要依靠高价值旅游服务转变。大力推动产业业态创新，全力探索景区和接待服务设施直管、托管、代管和共建等模式，构建以平台为主体的现代化旅游产业生态圈，突破旅游需求制度性约束，形成支持多种旅游需求形态的制度体系，依据旅游消费形态，构建适应不同消费形态的旅游空间形态、产品形态和产业形态，放大旅游消费规模和旅游消费形态，推动形成大众旅游与高价值旅游新发展格局。加强对旅游人才的培养，深化产教融合，强化职业院校与旅游企业合作，开设相关专业课程、提供实习机会。加大科技投入，利用虚拟现实（VR）、增强现实（AR）技术提升游客体验感，整合旅游资源。打破区域限制，形成主题鲜明的旅游线路，推动旅游与其他产业的融合。鼓励旅游与农业、手工业等产业协同发展，丰富旅游产品的同时，提升旅游的附加值。

（二）强化融合发展

推进旅游产业与交通、农业、文化、体育、科技、大健康等产业融合发展，打造综合性旅游产品，提升旅游业附加值。推动旅游业与数字技术等新技术的融合，提升旅游业发展水平。

1. 推动文化和旅游融合发展

以文化和旅游融合为根本，深入推进旅游产业化，加快建设世界级旅游景区和一流旅游城市，深挖旅游与地方文化融合内涵，延伸旅游产业链，发展“文化+旅游”新产品新业态，推进文化和旅游产业融合发展典型示范，全面提升旅行综合价值，促进贵州旅游业高质量发展。一是推动文化与旅游“线上+线下”融合发展。推动线下资源与线上平台全面打通，以科技赋能活化文化资源，开发网络平台、App 等形式多样的线上平台，扩大受众范围，将文化资源与影视、VR 体验等相结合，实现文旅融合发展。二是推动贵阳贵安研学旅游常态化发展。全面推进旅游生活方式、学习方式和成长方式三位一体协调发展，率先将研学旅游纳入各层次教育体系，实施中小学生研学旅行计划，鼓励开展城市中小学生“下乡”与农村中小学生“进城”互动，放宽有关中小学生研学旅行出行范围、出行时间规定，推动青少年就地研学与远途研学相结合，构建高质量的研学旅游产业体系。三是丰富文化体验项目。增加和丰富文化体验项目，引导音乐节、艺术节、动漫节、演唱会、艺术展览、文旅展会等业态健康发展，丰富“音乐+旅游”“演出+旅游”“展览+旅游”“赛事+旅游”等业态，特别是传统文化表演、手工艺展示和互动体验等，通过丰富文化体验项目，提升文化旅游的吸引力。

2. 旅游产业与交通融合发展

重点探索贵阳环城高速旅游路线路旅融合，设计两条贵阳环城高速精品旅游路线。一是形成贵阳市区（甲秀楼、黔灵山公园）—开阳（南江大峡谷景区）—修文（贵阳森林野生动物园）—观山湖区朱昌镇（百花湖风景区）—清镇（红枫湖风景区）—花溪（天河潭风景区青岩古镇—花溪夜郎谷—花溪公园）—贵阳市区旅游线路。二是形成贵阳双龙（多彩贵州城红飘带）—花溪（青岩古镇、花溪公园、夜郎谷、大学城）—天河潭（天河潭旅游度假区）—湖潮（车田景区、月亮湖、平坝樱花林）—贵安（云漫湖景区）—金阳（观山湖公园）—白云（蓬莱仙界园）旅游线路。

3. 旅游产业与农业融合发展

把民宿、乡村旅游产品作为重要抓手，推动旅游产业与农业高质量融合发展。一是提升乡村民宿品质化发展。引进打造一批产品建设好、服务质量好、市场评价好、带动作用好、示范意义好的民宿，塑造贵州民宿区域品牌。突破民宿用地约束，在贵阳贵安率先推进农村集体建设用地使用权改革，明确盘活存量、优化结构，提升建设用地合理配置和集约高效利用效益，按照减量、集约、富民原则，探索制定点状供地等灵活供地新方式政策，使以民宿为代表的乡村旅游成为城乡一体化发展的重要路径，成为全省城乡共同富裕的典范。二是创新乡村旅游产品。深入发掘丰富多彩的山地民族文化村寨和山地农耕文化元素，因地制宜打造“乡村四时好风光”线路产品，着力推进旅游与茶叶、花卉、药材等种植业深度融合，开展“游购乡村”系列活动，实现乡村旅游接待游客人次和乡村旅游总收入提升。

4. 旅游产业与体育融合发展

围绕全国体育旅游示范区建设，借助“村 BA”“村超”超级流量，培育“跟着赛事去旅行”品牌项目，结合溶洞、湖泊、瀑布、峡谷等自然资源，打造一批具有影响力的体育旅游精品线路、赛事和基地，将户外玩法与目的地和景区资源深度结合，推进户外运动，以及攀岩、骑行、漂流、低空飞行、高桥蹦极等户外玩法，释放体旅融合强劲能量，促进贵阳贵安体育旅游人数快速增长、体育消费规模显著扩大。

5. 旅游产业与科技融合发展

旅游产业化发展以文化科技融合为方向，持续推动旅游业与互联网、大数据、人工智能等新技术的融合，推出高标准旅游景区、旅游线路、旅游目的地、旅游城市、旅游度假区、旅游基地、旅游综合体、旅游小镇、旅游乡村、旅游购物区、旅游休闲区、旅游风景道，为奋力打造世界级旅游目的地做贡献。

6. 旅游产业与大健康产业融合发展

充分利用贵阳贵安国际一流的避暑气候条件，推动文化旅游产业与大健康产业的融合发展。用好温泉资源，推进一批康养度假项目建设，做大做强贵阳贵安健康养生旅游。深挖中医药、民族医药和温泉养生文化，提升、建设一批温泉康疗中心、温泉度假地、温泉度假村，支持建设森林旅游和康养基地以及中医药、民族医药养生基地，发展基于互联网的远程医疗、健康体检、健康咨询等个性化健康管理服务。

（三）强化数字发展

推进旅游产业数字化，发挥贵阳贵安数据中心集群、算力产业优势，加大力度推进旅游场景化数字创新，抢占旅游行业大模型培育制高点，搭建数字文旅智慧平台，丰富智慧旅游产品，打造智慧旅游新空间。

1. 加大力度推进旅游场景化数字创新

加快推进贵阳贵安开放全面旅游应用场景，加强与盘古、混元等通用大模型合作，围绕旅游场景化创新，形成一批可复制推广的数字化转型方案。一是建设旅游行业大模型训练平台。为大模型一站式训练、推理、部署和运维提供支撑，打造一批行业通用产品，为全国企业提供服务。二是打造一批国家级和省域旅游业数据集。创建国家数据训练基地和国家数据标注基地，规范基础训练数据集，建设行业大模型训练语料库“数据仓”。

2. 搭建数字文旅智慧平台

依托贵州数字产业聚集优势，支持建设智慧旅游景区，依托“一码游贵州”等平台，实现文旅资源与广大游客的无缝对接，构建一个数字化、线上线下深度融合的智慧文旅产业生态。着力提升青岩古镇、黔灵山公园等景区的数字化水平，致力于将贵阳贵安智慧旅游打造成为优化游客体验、赋能产业发展、提升城市形象、提高行业治理水平的全省典范。

3. 丰富智慧旅游产品

支持贵阳贵安文博场馆、旅游景区、旅游度假区、旅游休闲街区、主题公园、夜间文化和旅游消费集聚区等，运用虚拟现实（VR）、增强现实（AR）、拓展现实（XR）、混合现实（MR）、元宇宙、裸眼3D、全息投影、数字光影、智能感知等技术和设备建设智慧旅游沉浸式体验新空间，发展新一代沉浸式体验型旅游产品。鼓励数字文创等智慧旅游产品出海，提升国际传播力和影响力。

（四）强化联动发展

坚持旅游产业与经济社会整体发展相统筹，利用旅游业的发展带动相关产业发展，提升产业融合水平。加强与周边地区的联动合作，打造区域旅游品牌，共享资源和客源，促进区域经济协调发展。

1. 以红色文化旅游精品线路联动发展

以长征国家文化公园建设为依托，以贵阳-遵义为中心，全面推进带状和线性旅游目的地建设。充分利用县县通高速优势，联合黔北黔东地区，设计贵阳—开阳—遵义—绥阳—务川—德江（思南）—沿河（酉阳、秀山）—松桃—铜仁碧江—新晃—镇远—余庆—瓮安—贵阳公路沿线旅游，着力打造黔北黔东红色文化之旅精品线路。

2. 以茶旅融合天文科普之旅精品线路联动发展

联合贵阳—遵义—湄潭—凤冈—思南—印江—江口—铜仁（梵净山）—石阡—镇远—剑河—台江—雷山（西江苗寨）—三都—荔波—独山—平塘（中国天眼）—罗甸—惠水—贵阳公路沿线地区，着力打造茶旅融合天文科普之旅精品线路。

3. 促进区域联动建设区域旅游品牌

一是与省内城市联动。贵阳贵安主动与遵义、安顺等周边城市形成联动，充分发挥山地自然景观旅游产品在山地旅游产品体系中的基础性作用，突出喀斯特山地中的地貌多样性、生物多样性和山水融合自然景观特性，创新观光游览产品，联合推出“黔中旅游圈”品牌，定期举办联合促销活动和旅游推介会，提升区域旅游的整体竞争力和吸引力，共同推进旅游业发展。二是与省外景区联动。探索与韶山、井冈山、延安等省外红色景区合作交流模式，共创、共建、共享红色研学旅行基地。

（五）强化市场发展

做强做特市场主体，提高旅游综合服务质量，以多元传播手段，不断扩大“爽爽贵阳”旅游品牌影响力，不断壮大旅游消费群体，以“壮主体，提质量、强品牌、扩群体”引领市场发展。

1. 做强做特市场主体

一是大力培育引进旅游龙头企业。积极引进大型旅游企业集团、大旅行社和国际知名饭店集团进驻贵阳贵安，做强做大贵阳贵安旅游企业集团、酒店集团、旅游服务商集团、旅游演艺集团，以及与旅游文化创意、OTA、旅游专列运营、旅游交通运营等相关的旅游企业。二是加快旅游产业投融资平台建设。有效应用资本市场，充分发挥旅游投资公司、旅游基金和债券功能，鼓励支持符合条件的旅游企业利用股票上市、项目融资、企业债券、产权置换等多种方式筹措发展资金，努力打造具有国际影响力的旅游综合集团企业。三是加快实施民营企业及中小企业培育工程。发挥财政激励与带动社会投资作用，扩大对民营企业及中小企业直接融资规模，提高对中小微企业培训质量。培育支持跨领域的大型旅游企业，加快发展大型连锁旅游购物商店和跨区域旅游汽车租赁公司。

2. 提高旅游综合服务质量

一是提升旅游服务特色水平。加大对旅游低效资产盘活力度，以建立世界级旅游目的地为契机，加快优化旅游住宿设施的空间布局、档次结构和功能结构，进一步促进高端酒店品牌化、度假酒店主题化、经济型酒店品牌连锁化、乡村客栈全面标准化、酒店服务个性化。二是高标准提升国际化水平。加快建立与国际接轨的接待服务体系、国际化城市公共服务体系、国际信息化服务网络体系。通过推行重点旅游酒店、旅游景区、旅游交通、旅行社以及金融、信息、咨询等相关行业的国际服务标准和国际质量认证，促进旅游经营管理、服务设施和服务技能与国际标准接轨。三是完善旅游服务质量评价体系，开展监测评估建设，建立完善以信用监管为基础的新型监管机制，依法认定失信主体并实施信用惩戒。建设文化和旅游领域诚信体系，健全信用承诺制度，推进信用品牌建设，优化信用消费环境，确保游客在旅行过程中的人身和财产安全。

3. 不断扩大“爽爽贵阳”旅游品牌影响力

一是构建完善国内营销机制。通过政府做形象、行业建渠道、企业卖产品、服务造口碑，构建立体化的营销机制，强化与旅游电子商务运营商、主要自媒体平台和移动通信运营商合作，建立全民参与旅游营销格局。利用大众影视作品的影响力，全面嵌入贵阳贵安旅游形象，促进拍摄地向旅游地转变。整合旅游、宣传、文化、新闻、传媒、出版等资源，以艺术形式凸显贵阳贵安旅游魅力，通过艺术巡展等方式传播“爽爽贵阳”旅游品牌形象。二是加大国际推广力度。面向免签、落地签、过境签等国家游客，做好贵阳贵安旅游交流推介活动，开发适宜的旅游产品，突出产品包装提升，抓好宣传营销、平台打造与国际性活动开展，完善旅游公共服务，利用全球流行自媒体平台全面宣传贵州旅游。

4. 不断壮大旅游消费群体

建立政府引导、企业主体、补贴激励的促进机制，为农民出游提供便利化服务，研究出台对老年人旅游的消费税收、生活补贴和医疗扶持等相关政策，培育壮大“银发族”旅游消费市场。

参考文献

《国务院关于支持贵州在新时代西部大开发上闯新路的意见》，2022 年 1 月 27 日。

中共贵州省委：《贵州省国民经济和社会发展第十四个五年规划和二〇三五年远景目标纲要》，2021 年 3 月 1 日。

《中共贵州省委、贵州省人民政府关于支持实施“强省会”五年行动若干政策措施的意见》，2021 年 5 月 11 日。

贵阳市文化和旅游局：《贵阳·贵安旅游市场规范化经营专项整治方案》，2021 年 7 月 30 日。

罗阳：《加快推动旅游产业化实现新突破》，《贵州日报》2023 年 6 月 14 日。

范周：《中国文化产业和旅游业发展报告：2022 年总结及 2023 年趋势》，《深圳大学学报》（人文社会科学版）2023 年第 2 期。

B.6

2021~2023年贵阳贵安数字经济推进“强省会”报告

余斌鑫*

摘　要： 近年来，贵阳贵安始终坚持以习近平新时代中国特色社会主义思想为指导，深入学习贯彻党的二十大精神，将数字经济作为推动“强省会”行动的重要引擎，加快构建以数字经济为引领的现代化产业体系。本文分析了2021~2023年贵阳贵安数字经济推进“强省会”成效，对三年来贵阳贵安数字政策出台、数字产业化、产业数字化、数字化治理、数字价值化进行了调查分析，并与广州、杭州、北京、南宁、重庆、昆明六大省会城市数字经济发展情况进行了对比分析，在此基础上，提出了贵阳贵安数字经济推进“强省会”面临的三大问题：一是数字经济核心产业结构有待优化；二是数字经济与实体经济融合有待提升；三是数字技术创新体系有待完善。并提出相应对策建议：一是优化数字经济核心产业结构，扩大数字产业规模；二是深化数字技术赋能，促进两化融合应用；三是构筑大数据核心技术创新体系，加大引才、育才、留才力度。

关键词： 贵阳贵安　数字经济　“强省会”

贵阳贵安作为全国首个大数据综合试验区的核心区，正以前所未有的力度推进数字经济发展，奋力实施“强省会”行动，紧抓历史机遇，将数字经济作为推动经济社会转型升级的关键力量，贵阳贵安通过优化政策环境、

* 余斌鑫，贵州省社会科学院区域经济研究所助理研究员，主要研究方向为中小企业数字化转型。

强化基础设施建设、培育数字市场主体、推动产业融合、构建数字政府、先行先试数据价值化等一系列举措，实现了数字经济从无到有、从小到大的跨越式发展。探索贵阳贵安数字经济推进“强省会”的经验和不足，对于全国数字经济发展具有重要借鉴意义。本报告对贵阳贵安数字经济推进“强省会”成效展开了多环节、全方位的调查研究，分析总结了贵阳贵安数字经济推进“强省会”面临的三大问题，并提出相应的对策建议。

一　贵阳贵安数字经济推进“强省会”成效

近年来，贵阳贵安坚决落实习近平总书记视察贵州重要讲话和对贵州、贵阳贵安工作重要指示批示精神，抢抓新国发〔2022〕2号文件重大机遇，持续巩固大数据发展优势，加速推动大数据、云计算、人工智能等新兴产业高质量发展和传统产业数字化转型升级，数字经济推进“强省会”取得新成效。

（一）强化数字经济发展统筹，构建数字经济发展工作体系

三年来，贵阳贵安在数字经济方面出台了一系列政策文件，从总体发展战略、具体行动方案、相关政策与优化措施等多个层面入手，为数字经济发展提供全方位支持和保障。《贵阳市“十四五”数字经济发展专项规划（2021—2025年）》明确贵阳贵安在“十四五”时期数字经济发展的总体思路、发展目标、重点任务和保障措施。《贵阳贵安关于加快建设数字经济发展创新区核心区的实施方案》《贵阳贵安数字基础设施建设三年攻坚行动计划（2023—2025年）》《贵阳贵安“一市长一示范”推进数字应用场景建设行动方案（2023—2025年）》就贵阳贵安建设数字产业体系、深化融合创新应用、培育数据要素市场、构筑多维创新体系、夯实数字基础设施等重点任务提出了具体行动计划，《贵安新区关于支持服务新经济（数字经济）市场主体实施包容审慎监管的工作意见（试行）》为数字经济市场主体创造公平开放宽松的发展环境。

（二）强化数字基础设施建设，筑牢数字经济高质量发展基石

从5G网络、大数据中心到云计算平台，数字基础设施不断升级优化，2023年数字基础设施建设投资规模同比增长23.7%，为数字经济的发展以及经济社会各领域智能化转型提供坚实支撑。

1.5G基站数量显著增加

2021年新建5G基站6231个、累计建成1.48万个，2022年新建7302个、累计建成2.21万个，2023年新建5539个、累计建成2.76万个，年均增长率为36.56%，实现各区（市、县）主城区及乡镇5G连续覆盖，重要交通枢纽、5A景区、三甲医院、高校等重点场所5G网络全覆盖。每万人拥有5G基站数达36个，高于全国和全省平均水平。根据《贵阳贵安数字基础设施建设三年攻坚行动计划（2023—2025年）》，到2024年，计划新建5G基站3000个；到2025年，计划新建5G基站2000个。贵阳贵安5G覆盖和质量将获得进一步巩固和提升。

2. 网络覆盖持续优化

通信光缆长度达29.5万公里，同比增长8.46%。贵阳·贵安国家级互联网骨干直联点带宽由2021年500G扩容至2023年700G，年均增长率为18.32%。新增直连西安、哈尔滨、洛阳、拉萨、银川、乌鲁木齐、兰州等11个城市，与北京、上海、深圳等38座城市直连；2021年互联网出省带宽2.8万G，2022年3.8万G，2023年4.53万G，年均增长率为27.2%。已实现贵安集群省内单向时延3毫秒、至成渝6毫秒、至粤港澳10毫秒、至长三角16毫秒、至京津冀18毫秒，大幅优于目标任务。

3. 数据中心规模不断扩大

智算实现从无到有、快速突破。2023年，在建及投入运行包括贵安华为（云上屯）数据中心、贵安美的云数据中心、中国电信贵州信息园、中国移动贵阳数据中心等在内的大型数据（智算）中心19个，年均增长1个，其中新建成3个，在建及签约待建9个，超大型数据中心17个。建成标准机架13.7万架，服务器承载规模达137万台，上电服务器81.1万台，

智算规模达到7.6万卡，国家大数据（贵州）综合试验区人工智能训练场落户大数据科创城，贵阳贵安综合算力水平和算力保障能力位居全国前列，已成为全国智算能力最强的地区之一。同时，数据中心建设注重绿色化发展，推广节能新技术和绿色新能源应用，华为云贵安数据中心和中国移动（贵阳）贵安数据中心的能源利用效率（PUE）均处于业界领先水平。华为云贵安数据中心采用直通风自然冷却技术，有效降低能耗；引入中温冷冻水系统和液冷技术，进一步提高能源利用效率；采用DCIM智能管理系统，降低运维成本。中国移动贵阳智算中心创新蒸发冷磁悬浮相变冷却空调技术、变频氟泵空调技术、增强型电源节能方案（ECO节能模式），PUE值、WUE值远低于国家绿色数据中心的标准要求。

（三）加速数字经济核心产业增长，打造千亿级产业集群

贵阳贵安全力打造三个千亿级产业集群，数字产业化呈现加速增长态势，对经济增长贡献显著。2021年、2022年、2023年软件和信息技术服务业收入分别为328.00亿元、648.80亿元、832.50亿元，年均增长率为59.32%，2023年电子信息制造业完成产值为340亿元（含军工），数字经济核心产业增加值增速远高于贵阳贵安地区生产总值增速。2023年，软件和信息技术服务业和电子信息制造业产值占全市GDP比重分别为16.15%和6.60%，对贵阳贵安地区生产总值增长贡献率分别为59.41%和24.96%。

1. 云服务产业不断扩大

“云服务”产业作为软件和信息技术服务业首位产业，表现尤为突出，2023年云服务收入达到617.52亿元，同比增长30.4%，占软件业务收入的74.2%。贵阳贵安致力打造千亿级投资规模云服务产业集聚区，拥有以贵安华为云数据中心、腾讯贵州大数据中心为首的多家国家级、省级数据中心，专注于云计算、大数据、人工智能等领域的技术研发与应用创新。其中，贵安华为云数据中心是华为云全球最大的数据中心，总用地面积1521亩，规划建设超过100万台服务器，服务范围辐射到重庆、广西、广东、云南、四川等周边省份和地区，累计引进华为生态伙伴44家。贵阳贵安软服业市场

主体达到6261户，新增规上软服企业46户、达到181户。34家软服企业入选省“专精特新”中小企业名单，其中，享链主权区块链联盟链服务平台成为国内首个达到卓越级的开放许可链平台，华为盘古大模型、科大讯飞星火大模型落地应用，中软国际大模型工厂签约落地，国家大数据（贵州）大数据综合试验区人工智能训练基地正式挂牌。贵阳贵安云服务产业还培育一批本土先进企业和代表性企业，朗玛信息的“朗玛39AI全科医生”大模型通过中央网信办备案，满帮网络货运等产值近100亿元，世纪恒通在创业板成功上市，贵州白山云成为中国第二大独立边缘云服务供应商。

2. 数据加工产业不断完善

依托数字经济发展创新区建设，贵阳贵安积极引进和培育数据加工领域的龙头企业和优质项目，推动产业集聚发展，通过设立软件开发创业投资基金、贵阳大数据科创城产业投资基金等方式，为数据加工企业提供资金扶持，培育一批在数据处理、分析、挖掘等方面具有较强的技术实力和市场竞争力的数据加工企业。其中，数据宝实现50余个政府部委厅局以及8个省级平台数据资源链接，完成1800余个数据商品的开发，打造302个数据应用场景解决方案，是中国市场数据商品类别最丰富的数据资产服务商之一。贵州科讯慧黔“西南区AI大数据资源分析处理研究项目”和“区块链+智慧妇幼项目”被评为“贵州省大数据‘百企引领’优秀产品和应用解决方案”，在计算机信息技术、大数据服务、智慧城市系统设计及集成等领域不断进行技术创新和产品研发。

3. 智能终端制造产业快速发展

贵阳贵安大力推动以多园区为核心的综合性智能终端制造产业集聚区建设。贵阳贵安正在加速推进苏贵产业园、贵安新区智能终端配套产业园、振华集团沙文工业园区、南明电子信息产业园以及5G物联网智能协同创新中心等一系列重点项目建设，旨在为智能终端制造产业提供坚实的基础和优越的发展环境。中国振华成为国内产品体系最全的重要电子元器件基地，航天电器、振华新云等企业入选中国电子元件行业“百强”名单，雅光电子、达沃斯光电等11户企业获评工信部“专精特新”小巨人企业称号，林泉电机、雅光电子、顺络迅达等5户企业荣获国家级绿色工厂，贵阳海信通过国家智能制造成熟度三级认证，航天电器、振华科技、振华风光3户企业成功上市。

4. 服务器与存储设备制造产业持续增长

贵阳贵安以贵州鲲鹏产业生态基地、浪潮产业园等重大项目为引领，积极引进存储、服务器代工企业落户，引入先进技术和高端人才，推进贵安综保区服务器生产基地用地规划及厂房建设，推动服务器终端制造项目快速落地与建设，致力于打造“半小时供需匹配”的国产服务器产业生态圈，提升本地服务器与存储设备的制造能力。贵州云上鲲鹏已实现服务器和PC机的规模化生产，填补贵阳贵安本地国产计算硬件“生产制造”的空白，2022年度产值已突破5亿元。贵阳浪潮服务器返修率保持在0.4%左右，远低于行业平均水平（2.4%），研发的浪潮天枢（ORS3000S）液冷服务器散热效率较传统服务器提升50%，PUE值可降至1.1，低于全国平均水平（1.5），2022年度产值突破25亿元。

（四）推动传统产业数字化转型升级，促进数字经济与实体经济深度融合

贵阳贵安持续深入实施“千企改造”工程和“万企融合”大赋能行动，推动传统产业全方位、全链条数字化转型升级，数实融合实现从面上铺开向行业做深做透转变。2022年、2023年分别建成融合示范项目384个、211个，累计建成595个，2023年大数据与实体经济融合水平发展指数达56.6，比2022年（55.2）提升1.4个点，高于全省平均水平（46.5）10.1个点。

1. 工业数字化进程加速

贵阳贵安深入实施“工业强市”战略，聚焦数实融合，持续以数字经济新引擎驱动实体经济转型升级。2022年、2023年全市两化融合水平发展指数分别是62.5、64.0，位居全省第一，略高于全国平均水平。2022年、2023年生产设备数字化率、关键工序数控化率、数字化研发设计工具普及率、数字化生产设备联网率分别为48.7%、53.8%、78.6%、44%和

48.7%、53.8%、78.6%、44%，位居全省第一。2021年，共实施重点工业企业内网改造50户，并验收通过工信部工业互联网创新发展工程“面向贵阳市特定区域的工业互联网平台试验测试及推广应用”项目（由贵州航天云网科技有限公司建设）。2022年，建成工业互联网标识解析二级节点（电子行业应用服务平台），标识注册量达1.52亿。贵州航天电子科技、中国振华集团云科电子等7家企业项目先后入选工信部试点示范和典型案例，中国振华、航天云网、航天电器等42家企业入选省工信厅工业互联网服务商资源池。2023年，振华电子、满帮等入选工信部“企业上云”典型案例，盘江民爆、航宇科技获工信部“2023年度智能制造示范工厂”称号，航天控制、航天计量测试获得工信部“2023年度智能制造优秀场景”称号。

2. 农业数字化稳步推进

贵阳贵安持续推动“大数据+农业”深度融合，围绕农业全产业链数字化转型目标，推进数字技术在种植、养殖、加工、物流、营销等产业链各环节广泛应用。规范设置农村电商服务站点380个，建成县级物流服务中心6个，解决电子商务进农村“最后一公里”问题。建设多个智慧农业示范试点项目，数字化肉鸡养殖云服务项目、食用菌种植与互联网融合运营管理平台等4个项目被评为省级融合标杆项目。2022年，实施农业融合示范项目35个，“一张图”整合全市农业农村数据资源，推进农业全产业链数字化和数字乡村建设，开展粮食生产数据信息化管理、蔬菜保供基地实时监控、农产品质量安全网格化监管、“大数据+订单农业”、冷链项目大数据智能采集系统、“一站式”动物防疫信息化管理、“活体抵押”金融信贷、土地承包经营权综合服务、农村产权综合服务等一批数字农业场景应用。以点带面推动数字化赋能乡村振兴，在息烽县开展国家数字乡村试点建设，在开阳县开展“黔农智慧乡村数字服务平台”试点。2023年，实施农业融合示范项目30个，“贵阳贵安农村革命数字化平台”获得ICT中国2023年度杰出创新应用，“东彩生态畜牧业数字经济运营管理平台”入选贵州省2023年第一批5G应用场景示范项目，同时被农业农村部认定为2023年度农业农村信息化示范基地，息烽县在全国117个数字乡村试点中排名第17位。

3. 服务业数字化蓬勃发展

贵阳贵安积极推动“大数据+服务业”深度融合，培育了一批大数据与金融、物流、旅游、商贸、教育、医疗等服务业相融合的应用场景，有效推进了数字赋能服务业提质增效。2021 年建成省级融合标杆项目 13 个，2022 年、2023 年分别实施服务业融合示范项目 92 个、61 个，大象慧云的“基于大数据的税务数字化平台”、电子商务云的“一码贵州·产业应用聚合开放示范项目”2 个项目获得工信部 2023 年大数据产业发展示范名单，南明区贵州首途智慧科技有限公司直播基地、修文县贵州首杨企业管理有限公司直播基地等 5 个项目获得省级认定的电子商务直播基地应用示范。2021 年、2022 年“一码游贵州”贵阳分平台访问量分别达到 2499.20 万人次、6680 万人次，全市 3A 级及以上景区全部实现“一码游贵州”线上预约，“一码贵州”入驻企业分别达到 3.7 万家、4.92 万家，实现交易额的大幅增长。此外，贵阳贵安在智慧物流和智慧仓储方面也取得重要进展，通过资源整合实现仓储物流费用综合降低 50%左右。满帮货运平台认证司机数量达到 700 万，业务覆盖 339 个城市，月在线交易运费超过 30 亿元，货车空驶率降低 30%以上。

（五）加强数字技术应用，推动社会治理由“治”向“智”转变

贵阳贵安通过推进数字新基建、产业数字化、数字产业化，全力推进数字技术应用，推动数据“存起来”“跑起来”“用起来”，不断提升社会治理数字化、智能化水平。

1. 政务服务数字化成效显著

贵阳贵安通过政府治理数字化提升公共服务效率、优化城市管理、增强产业竞争力、改善民生福祉。2021 年，在教育、就业、社保、医疗、交通、住房公积金、食品安全等领域打造了 30 个典型应用场景，建成生态云、数字税务、智慧城管、“码”上登记、筑翼行出租车服务平台、贵阳智慧停车、互联网医院平台、脸行贵阳等智慧应用，其中，“数字治税”应用平台率先在省内实现内外部数据集成及智能化运用，集成 42 个部门 23 万余户企业 8100 万条数据，加工涉税数据近 10 亿条。2023 年，进一步建立“一市

长一示范”场景统筹机制，升级打造170个数字应用场景，其中，以为老百姓搭建“一站式”综合服务为宗旨的“爽贵阳”智慧民生综合服务平台实现预约挂号、筑护理、家政服务等126项民生服务功能聚合。

2. 政务数据共享持续深化

2022年，建成贵阳贵安“数据专区”，实现政务数据资源管理集中化、接入规范化，初步形成省市政务数据一体化格局。截至2022年底，“数据专区”累计发布数据目录2663个，挂接数据资源1952个，发起数据共享申请1913次。截至2023年底，累计发布数据目录5935个，挂接数据资源4663个，发起数据共享申请2321次，累计交换数据2075.65万余次，使用7937.39万余次，为贵阳市房产管理系统、数智贵阳、智慧水务等应用提供了数据支撑。

3. 政务数据开放积极推进

自2020年3月贵州省政府数据开放平台上线以来，贵阳市积极推动市级政府数据通过省级平台开放，2021年、2022年、2023年分别面向社会免费开放数据集2789个、2534个、2751个，数据接口378个、358个、1113个，数据1471万、1747万、1693万条，2021年、2022年平台访问量分别达480万、909万次，数据下载量分别达145万、191万次，API分别调用5万、4.7万次。开放数据涵盖信用、交通、卫生、就业、金融等21个民生保障服务相关领域，支撑了房叮当、车来了、滙中标、智慧停车、甲秀新闻、易动体育等10余款便民惠民App应用。《2022中国地方政府数据开放平台报告》显示，贵阳连续5年处于全国领先水平，城市“数林匹克”累计分值排名第3，仅次于上海和深圳。

（六）促进数据要素流通价值化，树立数据价值化典范

2021年，贵州省政府对贵阳大数据交易所进行了优化提升，突出合规监管和基础服务功能，构建了“贵州省数据流通交易服务中心”+“贵阳大数据交易所有限责任公司”的组织架构体系。2022年，完成贵阳大数据交易所司法重整，发布全国首套数据交易规则体系，出台《数据要素安全可

信流通技术标准》。2023 年，印发《贵阳贵安推进数据要素市场化配置改革支持贵阳大数据交易所优化提升实施方案》，成为全国首个数据要素登记 OID 行业节点，率先探索数据产权登记，上线全国首个“数据产品交易价格计算器”，补全“报价—估价—议价”价格形成路径中的关键环节，探索数据资产入表工作，实现数据资产融资授信试点突破。截至 2023 年底，贵阳大数据交易所累计入驻数据商 750 家、数据中介 70 家，上架交易产品 1480 个，年交易额突破 20 亿元。

二　贵阳贵安数字经济发展水平与其他省会城市对比分析

贵阳贵安在数字经济发展方面取得了突出成就，但随着数字技术的不断发展和应用场景的不断拓展，城市间数字经济发展竞争也日益激烈，由于资源禀赋、经济基础、政策支持等方面差异，各城市数字经济发展战略和路径也有所不同，为进一步分析贵阳贵安数字经济发展方面的比较优势和不足，下面将就贵阳贵安和数字经济发展较为先进的省会城市杭州、广州、北京以及贵州省周边省份的省会城市南宁、重庆、昆明进行对比分析。

1. 数字经济规模

如表 1 所示，杭州、北京 2023 年数字经济增加值分别为 5675 亿、18766. 7 亿元，占当地 GDP 比重分别为 28. 3%、42. 9%，广州 2023 年数字经济核心产业增加值为 3946. 24 亿元，占 GDP 比重为 13%，重庆 2022 年数字经济核心产业增加值为 2240. 6 亿元，占 GDP 比重为 7. 7%。贵阳 2023 年数字经济核心产业增加值为 1173. 25 亿元，2022 年、2023 年数字经济规模占 GDP 比重分别突破 42%、50%。受限于经济基础的不足，贵阳贵安数字经济规模较其他省会城市仍有较大差距，数字经济核心产业增加值不及广州的 30%，仅是北京的 6%，但贵阳贵安在数字经济占 GDP 比重方面表现突出，以 50%高居榜首。

表1 部分省会城市数字经济规模

城市	年份	数字经济规模(亿元)
贵阳	2023	1173.25 （核心产业）
杭州	2023	5675
广州	2023	3946.24 （核心产业）
北京	2023	18766.7
重庆	2022	2240.6 （核心产业）

资料来源：贵阳市政府工作报告，杭州市统计局，《广州数字经济发展报告（2024）》，北京市公共数据开放平台（首都之窗），《重庆市互联网发展报告（2023）》。

2. 数字经济政策

贵阳贵安作为首个国家大数据（贵州）综合试验区核心区和全国一体化算力网络国家枢纽节点，享有国家层面的战略定位和政策扶持，这为贵阳市数字经济的发展提供了得天独厚的条件。重庆也是全国算力枢纽节点之一。北京作为全国政治经济中心，以建设成为全球数字经济标杆城市为目标。杭州梳理现行有效的13项数字经济相关政策，出台了《杭州市数字经济政策精华汇编》。广州、南宁、昆明分别出台了《2024年广州市数字经济工作要点》《数字南宁发展“十四五”规划》《昆明市数字经济发展三年行动计划（2022—2024年）》。相比之下，虽然各省会城市都有陆续出台政策支持保障数字经济发展，但贵阳贵安在政策层级、力度上更有优势。

3. 数字经济基础设施

近年来，各城市大力推进5G基站建设，积极建设数据中心。其中，贵阳、北京、杭州、重庆2023年每万人拥有5G基站数量为36.1个、34.7个、43.2个、31个，北京、广州、杭州数据中心布局较为完善，拥有多个大型和超大型数据中心，数量居全国前列。南宁中国—东盟人工智能计算中心投入试运行。重庆2023年投产2个超大型数据中心、11个大型数据中心。贵阳贵安落地19个数据中心，其中超大型数据中心17个，成为全球聚集超大型数据中心最多的地区之一，算力规模和保障能力位居全国前列。

4. 数字经济产业

如表 2 所示，广州、杭州、北京数字产业链较为完善，广州在软服业、超高清视频和新型显示产业等方面具有显著优势，代表企业：中软国际、华星光电；杭州在电子商务、云计算与大数据产业等领域具有显著优势，代表企业：阿里巴巴、阿里云；北京在新一代信息技术和人工智能产业领域具有显著优势，代表企业：龙芯中科、百度。南宁、重庆、昆明积极推进数字经济产业发展，南宁依托中国—东盟合作战略，重点发展人工智能、空间信息产业，代表企业：华为—南宁数字经济产业创新中心、中国—东盟信息港股份有限公司；重庆在智能网联新能源汽车产业领域具有显著优势，产业链较为完整，代表企业：长安汽车；昆明在智能终端制造和新型显示产业领域具有一定优势，代表企业：闻泰科技、云南锗业。贵阳贵安在大数据和云计算产业领域具有显著优势，形成较为完善的产业链，代表企业：航天云网、云上贵州。对比发现，贵阳贵安数字经济产业总体发展较先进城市不够丰富、均衡，但与周边省份城市重点产业形成差异化发展。

表 2　部分省会城市数字经济主导产业

城市	产业
贵阳	大数据、云计算产业
杭州	电子商务、云计算、大数据产业
广州	软服业、超高清视频、新型显示产业
北京	新一代信息技术、人工智能产业
重庆	智能网联新能源汽车产业
南宁	人工智能、空间信息产业
昆明	智能终端制造、新型显示产业

资料来源：作者根据相关资料整理自制。

总体而言，贵阳贵安在数字经济总量和市场规模上与先进城市仍存在较大差距，与周边城市也有一定差距，但增长势头迅猛。在政策环境和基础设施方面具有一定比较优势，但在数字经济产业多元化和融合发展方面有待提升，对外开放度和省际国际合作方面相对滞后，数字创新能力较为薄弱，增长潜能还有待进一步释放。

三　贵阳贵安数字经济推进“强省会”面临的三大问题

在政府及有关部门的大力推动和共同努力下，贵阳贵安在数字经济发展过程中取得了显著成就，成绩有目共睹。数字产业规模持续扩大，电子信息制造业和软件与信息技术服务业等核心产业展现出强劲的增长势头，为区域经济发展注入了新的活力。同时，数字经济与实体经济的融合应用不断深化，推动了传统产业数字化转型，提升了生产效率和产品质量。然而，从实地调研结果和相关科研机构分析报告来看，贵阳贵安数字经济发展仍面临以下三大难题。

（一）数字经济核心产业结构有待优化

数字经济两大核心产业彼此发展不均衡，2023 年电子信息制造业产值仅为软件信息技术服务业收入的 40.92%，后者近三年年均增长率为前者 9.28 倍。软件和信息技术服务业内部发展不均衡，贵阳贵安 2023 年软件和信息技术服务业收入超过七成来自云服务业，以基础软件、工业软件、嵌入式软件、应用软件等为主的信息技术应用创新产业，以数据采集、存储、处理、分析和交易等为主的数据要素流通产业以及信息安全产业等占比较少，与软件和信息技术服务业相配套的模拟验证、性能测试、安全等保、造价评估等配套服务产业也存在明显缺失。电子信息制造业内部发展不均衡，2023 年电子信息制造业产值近 1/3 为军工产值，不含军工产值为 244.76 亿元，同比增长 29.3%，占规上工业总产值比重仅为 9.2%；完成增加值 30.15 亿元，同比增长 15.4%，占规上增加值比重仅为 3.8%。尽管三年来贵阳贵安数字经济核心产业增长迅猛，但也不能忽视本身产业基数较小的现实，数字经济核心产业总体规模与全国先进城市有较大差距，仍有待发力追赶。

（二）数字经济与实体经济融合有待提升

根据新华三集团《城市数字化发展指数（2023）》，贵阳数字化发展指数平均得分71.5，在260个城市中排名第38位，接近新一线城市平均得分73.0，但与一线城市平均得分91.8仍有不小差距。传统产业数字化改造和升级仍处于探索阶段，发展相对滞后。首先，本地数字化转型解决方案服务商较少，需要引入外地服务商帮助实现数据全流程贯通，增加了转型成本。部分中小微企业信息化基础薄弱，自身盈利能力较差，面对高投入缓增利的现状，对数字化转型前景缺乏信心，数字化转型"不愿、不敢、不会"问题突出。其次，缺乏龙头企业引领带动转型，尽管2022年、2023年分别培育了348、211个融合示范项目，但相较于庞大的企业数量，这一数值仍然偏低。数字化转型政策引导力度不足，缺乏针对不同行业的精准转型政策，缺乏系统化、常态化的转型标杆推广示范机制，缺乏转型红利引导和政策兑现引导。

（三）数字技术创新体系有待完善

研发投入有待加大。最新统计数据显示，贵阳贵安地区2022年全社会研发投入为87.32亿元，占地区生产总值的1.68%，虽然在全国文明城市考核中"研发投入强度增长"指标由-0.04%提升到正增长0.13%，但距离一线城市和部分东部沿海城市仍有较大差距，如深圳2022年研发投入占GDP比例为5.81%，是贵阳贵安的3.43倍。人才储备有待增强。贵阳贵安在人工智能、大数据、云计算、物联网、区块链等数字技术关键领域国际领军人才、高端科研人才、技术创新人才储备不足，急缺既懂数字技术又懂产业发展的复合型人才，2023年引进培养大数据融合创新工程重点人才仅23人，难以满足产业高速高质量发展需求。创新成果转化机制有待完善。一方面，数字创新成果与市场实际需求之间对接不够紧密，导致数字技术市场转化率与前期投入成本不匹配；另一方面，创新成果转化的政策支持和服务体系不够完善，使得企业申请创新成果转化支持时面临诸多政策不便。

四 贵阳贵安数字经济推进“强省会”的对策建议

进一步贯彻落实国家关于数字经济发展战略部署，奋力在实施数字经济战略上抢新机，以“算力、赋能、产业”引领构建贵阳贵安经济社会发展新优势，高质量实现“强省会”行动目标和“数字活市”愿景。

（一）优化数字经济核心产业结构，扩大数字产业规模

推动产业多元化均衡发展，在巩固和发展软件与信息技术服务业和电子信息制造业原有优势行业的基础上，积极培育基础电子元器件制造产业、新型显示制造产业、基础软件产业、应用软件产业、数据安全关联产业以及以人工智能、区块链、云计算为核心的新兴数字产业，形成多元化、协同发展的数字产业现代化体系。加强与周边城市、周边省份以及粤港澳大湾区的合作，共同打造数字产业集群，通过区域协同提升产业规模和竞争力。扩大数字经济产业规模，加大对数字经济企业的扶持力度，通过税收优惠、资金补贴、政策扶持等方式吸引更多优质企业入驻贵阳贵安。培育并壮大一批本土“专精特新”数字经济领域企业做大做强，鼓励企业通过技术创新、市场拓展等方式提升竞争力，扩大市场份额。

（二）深化数字技术赋能，促进两化融合应用

加强传统产业数字化转型。聚焦磷化工、电子制造、建筑建材、食品加工、电力能源、医药医疗、轮胎制造等工业核心领域，产前、产中、产后等农业全环节，以及物流仓储、金融、商贸、文旅等服务业重点领域，一是出台针对性强、操作性强的数字化转型实施方案，加大财政、税收、金融等方面优惠政策力度，为企业转型提供信息指引、技术支持、资金补贴等全方位帮助。二是搭建省级数字化转型服务平台，积极对接粤港澳优秀服务商，汇聚各方资源为企业提供咨询、评估、设计、实施等一站式服务，降低企业转型成本。大力推广数字化转型成功案例，树立“大数据+工业”“大数据+农

业”“大数据+服务业”典型应用场景示范，积极宣传数字化手段提升传统产业生产效率和产品质量案例，增强企业决策层对数字化转型的信心和意愿，进一步促进数字经济与实体经济深度融合。

（三）构筑大数据核心技术创新体系，加大引才、育才、留才力度

利用贵阳作为省会城市的生态、地理、区位和政治优势，依托国家数字经济发展创新区和“东数西算”国家算力枢纽节点建设，构筑自立自强、不可替代的数字核心技术创新体系。重点培育支持本土大数据核心企业云上贵州、贵阳高新网用、数据宝、贵州图智、白山云、航天云网、朗玛信息、中国振华、振华新云等，发挥行业带头示范引领作用。大力促进大中小企业间、不同行业间以及产学研政间互通互融，推进“双创”平台生态繁荣，优化创新环境，推动创新资源开放、自由、平等流通，加强大中小企业间深度协同。完善数字经济人才培育体系，成立跨领域、跨学科、跨专业、跨部门、跨行业的省级数字经济发展研究院，联合高等院校、科研机构、政府部门、行业龙头，共建数字素养与技能提升培训基地，探索混合所有制办学模式。建立人才引进、应用、成长、反馈评价体系，做到才“有所用、有所获、有所依”，让中高端人才能够引得来、做得好、留得下。

参考文献

邹文博：《以数字经济助力强省会战略》，《经济研究导刊》2023年第10期。

许邵庭、曾书慧：《徐麟在贵阳市调研数字经济发展》，《当代贵州》2023年第17期。

向定杰：《“中国数谷”抢新机激活“数字生产力”》，《新华每日电讯》2022年2月28日。

钱丽：《坚持“数字活市”发力数字经济新赛道》，《贵阳日报》2024年1月28日。

B.7

2021~2023年贵阳贵安生态立市推进“强省会”报告

宋军卫*

摘　要： 贵阳市一直致力于践行习近平总书记关于“走出一条生态优先、绿色发展的新路”的指示精神和贵州省的大生态战略，在“强省会”的建设中提出了“生态强市”的战略方针。本报告总结了贵阳贵安2021~2023年在生态立市“强省会”行动实施过程中，在绿色机制构建、绿色环境保障、绿色家园建设、绿色经济发展、绿色文化培育等方面取得的成就和经验，结合与其他省会城市在生态战略实施成效的比较，分析了贵阳贵安生态立市战略面临的挑战和问题，在统筹生态文明建设、加快经济绿色转型、强化污染防治攻坚、夯实生态文化底蕴等方面提出了具体的政策建议。

关键词： 贵阳贵安　生态立市　绿色发展　“强省会”

为了深入贯彻习近平生态文明思想和习近平总书记视察贵州重要讲话精神，落实党中央、国务院，贵州省委、省政府的决策部署，2021年12月29日，贵阳市第十一次党代会作出深入实施“生态立市”战略部署，3年来，贵阳市聚焦“一城一战一整改”强生态，在绿色机制构建、绿色屏障巩固、绿色经济发展、绿色家园建设、绿色文化培育等方面取得显著成绩，全面提

* 宋军卫，贵州财经大学经济学院副教授，硕士生导师，博士，主要研究方向为生态系统文化价值评估。

升了贵阳贵安绿色发展底蕴，为“强省会”行动达成奠定坚实基础。2023年，贵阳市荣获“国家生态文明建设示范区”称号，成为贵州首个获得该项荣誉的地级市，也是全国第三个获得该荣誉的省会城市，全面总结分析贵阳贵安生态立市战略的成果和经验，对贯彻落实习近平总书记关于“要守住发展和生态两条底线，努力走出一条生态优先、绿色发展的新路”的指示精神，抓住新国发〔2022〕2号文的战略机遇，推进贵州国家生态文明试验区建设和大生态战略，将贵阳打造成为西南地区生态文明先行区示范区具有重要现实意义。

一　贵阳贵安“生态立市”的实践成效和经验

（一）强化统筹指导，绿色制度体系不断健全

贵阳贵安通过印发《贵阳贵安深入推进生态立市战略奋力在生态文明建设上出新绩的实施方案》等系列指导性文件，明确了“生态立市”的具体要求和目标，构建起从部署落地到成效监管全方位的生态立市战略体系。

1. 建立全面的生态保护制度体系

出台国内首部促进生态文明建设的地方性法规《贵阳市建设生态文明城市条例》，制定矿产资源开发利用管理制度、水资源管理制度、环评与排污许可衔接制度等重大生态制度，落实生态环境损害赔偿制度。建立绿色金融发展政策支撑体系，构建“一核一地一山”系统治理机制，健全湿地分级管理体系、地质灾害综合防治体系和矿山生态修复全过程监管长效机制，全面构建起生态保护制度体系。

2. 探索生态产品价值实现机制

启动GEP核算试点项目，探索生态系统生产总值（GEP）核算机制。出台《贵阳绿色绿经济增加值核算实施方案》，为生态产品价值核算提供技术支持和制度保障。创新森林碳汇价值实现机制，2021~2023年，在全省率先开展“森林碳票+生态修复”试点，累计发放碳票2张，涉及新造林面积

2445亩，交易91单，交易金额709.84万元。健全多元化生态补偿制度，自开展生态补偿以来，共收缴生态补偿金超过2.5亿元，用于流域污染治理。加快推进《贵阳市地表水环境质量生态补偿办法》编制，将全市107条河流以及其他环境敏感河流、饮用水源地支流全部纳入生态补偿考核范围；印发《贵阳市实施横向生态补偿机制推动森林覆盖率稳定提升工作方案（试行）》，交易总面积1248.7亩，金额193.29万元。

3. 健全现代环境治理体系

严格落实《贵阳贵安生态环境保护责任清单》，坚持河（湖）长制、林长制，2021~2023年各级河（湖）长、林长累计巡查16万余次；健全生态环境保护网格化管理机制，深化“三线一单”分区管控；加快生态环境“数治”体系建设，实现“污染监督一张网、环境管理一张图、生态环境一本账”，不断提升生态文明建设智能化水平。

4. 优化生态司法体系

完善生态环境检察公益诉讼制度，完善民事、行政、刑事案件“三合一”归口审理模式，加强重点领域环境资源审判。2023年在长坡岭国家森林公园成立全省首个国家级森林公园“司法保护基地”和“环境保护法庭巡回审理点”。持续开展打击环境违法行为专项行动，落实生态环境损害赔偿制度。2021~2023年累计立案查处案件565件，罚没案件金额5715.0362万元，生态损害赔偿索赔案件数10件，涉及金额2849.68万元（见表1）。

表1　2021~2023年贵阳贵安生态环境执法情况

年份	案件数(件)	案件金额(万元)	生态损害赔偿索赔案件数(件)	生态损害赔偿索赔金额(万元)
2021	251	3089.9492	2	101.28
2022	232	1959.22	3	644.76
2023	82	665.867	5	2103.64
合计	565	5715.0362	10	2849.68

资料来源：2021~2023年《中共贵阳市生态环境局委员会总结报告》。

5. 完善生态考核评价制度体系

出台《贵阳贵安“强省会”五年行动生态提升指挥部工作督办制度（试行）》和《贵阳贵安“强省会”五年行动生态提升指挥部工作调度机制（试行）》，实时跟进政策落地情况；结合国家、省下达的生态环境治理目标任务，合理设定约束性和预期性目标，将其纳入各级国民经济和社会发展规划，以及“十四五”相关专项规划。开展生态文明建设和生态环境治理年度目标考核，促进环境治理能力提升和生态环境质量改善。全面开展领导干部自然资源资产离任（任中）审计，推动责任到位，2021～2023 年离任审计率达到 100%。

（二）创新防治手段，生态绿色屏障更加牢固

贵阳贵安通过生态建设格局整体一盘棋的思想，从整体的生态空间规划、系统性生态修复、全面的污染防治方面有效提升了区域的生态底蕴。

1. 优化生态空间保护格局

聚焦区域协同发展、空间格局优化、生态文明建设等重点，统筹规划部署，塑造贵阳贵安“一核三心多组团”多中心、网络化、开放式的区域空间结构。根据“多规合一、协调发展和三条控制线不交叉不重叠”的目标要求，将贵阳贵安自然保护地优化为 22 个，总面积达 1040.58 平方公里，涵盖了全市自然生态系统最重要、生物多样性最丰富的区域。

2. 加大生态系统性修复力度

持续强化水土流失综合治理，2021～2023 年累计完成 359.68 平方公里水土流失治理任务；完成国家水土保持重点工程治理面积 60.31 平方公里（见表 2）。积极开展国土绿化活动，2021～2023 年累计完成营造林 53.42 万亩，2023 年全市森林管护面积 627.25 万亩，同比 2021 年增长 14.75%，森林覆盖率 55.38%，同比 2021 年增长 0.38 个百分点。因地制宜进行封山育林育草、人工造林（种草）等措施，有效改善石漠化区域生态环境。截至 2023 年，实现国土空间生态修复治理项目 275 个、面积 299.92 公顷。

表 2　2021~2023 年贵阳贵安水土流失治理情况

单位：平方公里

年份	水土流失治理项目	国家水土保持重点治理项目
2021	121.88	24.18
2022	125.37	20.13
2023	112.43	16.00
合计	359.68	60.31

资料来源：根据贵阳市水务局 2021~2023 年总结报告整理。

3. 持续推进污染防治攻坚

以城市精细化管理、生活垃圾治理、农村生活污水治理、“三磷”污染治理等领域为重点，深入推进蓝天、碧水、净土、固废治理及乡村环境整治五场攻坚战，有效改善了生态环境质量。

（1）扎实推进打好蓝天保卫战。全方位实施大气污染精细化管控，在全市建立 180 个大气微型监测站，率先将监测触角下延至乡镇街道。建成贵阳市大气监测分析管理系统，开展大气污染巡查，深入实施企业超低排放改造、移动污染源治理等专项整治。2021~2023 年，贵阳市空气质量优良率平均达到 99.47%，其中 2022 年达到 100%（见表 3），2023 年空气质量在全国 168 个重点城市排名第 10，在省会城市排名第 4。

（2）靶向治理打好碧水防护战。2021~2023 年，累计整治县级市黑臭水体 6 处，巩固城市黑臭水体治理成效 29 处，实现城市黑臭水体全面清零；完成全市 59 家“三磷”企业排查，有序推进全市 39 个废弃煤矿酸性废水治理；完成 193 个长江入河排污口分类、命名和编码，实施乌江入河排口“一口一档”并建立长效管理机制，累计完成超标入河排污口整治 8 个。2021~2023 年，贵阳市地表水国、省控断面水质达标率均为 100%，优良率分别为 96.43%、96.43%、100%。

（3）精准发力打好净土保卫战。严格建设用地土壤环境准入，规范并持续做好建设用地土壤污染状况调查报告评审工作。严防污染地块违法违规开发利用，实现疑似污染地块和污染地块执法检查全覆盖，有效降低土壤环境风险。2021~2023年重点建设用地安全利用率连续三年保持在100%；持续推进土壤污染源头防控工作，发布并动态更新《贵阳市土壤污染重点监管单位名录》，指导重点监管单位严格落实土壤污染隐患排查、自行监测和有害物质排放报告工作，并做好重点监管单位周边土壤监测工作。地下水国家考核点均达到考核要求。

（4）创新监管打好固废治理战。全面推进“无废城市”建设，持续提升固废处置能力，全市废弃电器电子产品处理能力由70万台（套）提升为550万台（套），医疗废物处理能力从0.9万吨/年提升至3.3万吨/年。建立医疗废物信息化追溯体系，覆盖全市3900多家医疗机构，实现废物产生、收集、处置等全过程可追溯；县级及以上城市建成区医疗废物无害化处置率100%。加强工业固体废弃物循环利用，大宗工业固废综合利用率65%，磷石膏综合利用率达79.4%；2021~2023年工业固废处置利用率达到100%。

（5）有序推进打好乡村环境整治战。以农村“五治”为抓手，统筹开展农村生活污水和农村黑臭水体治理，截至2023年，已有848个行政村开展了农村环境整治，农村生活污水治理达到国家现阶段治理要求的共计538个，建有日处理能力20吨以上农村生活污水处理设施422套，其中日处理能力100吨以上农村生活污水处理设施有39套。全市被纳入清单管理的农村黑臭水体共计53条（国家监管27条、省级监管26条），已全部清零。

表3　2021~2023年贵阳贵安环境质量情况

生态环境指标	2021年	2022年	2023年	平均值
空气质量优良率(%)	98.90	100	99.50	99.47
环境空气质量综合指数	2.9	2.53	2.69	2.71
声环境昼间达标率、夜间达标率(%)	100、91.30	100、93.5	100、93.5	100、92.77
国、省控断面水质达标率、优良率(%)	100、96.43	100、96.43	100、100	100,97.62
集中式饮用水水源地水质达标率(%)	100	100	100	100
重点建设用地安全利用率(%)	100	100	100	100

续表

生态环境指标	2021 年	2022 年	2023 年	平均值
工业固废处置利用率(%)	100	100	100	100
医疗废物无害化处置率(%)	100	100	100	100
重大及以上环境污染事故数(次)	0	0	0	0

资料来源：根据 2021~2023 年《中共贵阳市生态环境局委员会总结报告》及 2021~2023 年《贵阳市国民经济和社会发展统计公报》整理。

（三）升级产业结构，低碳绿色经济持续向好

贵阳贵安生态保护和绿色发展齐头并进，相互赋能，通过绿色转型降低污染排放，深挖生态优势向经济优势转变，大力发展第三产业，实现生态产业化和产业生态化的绿色发展之路。

1. 全力加速工业绿色转型

引进发展以新能源产业、电子信息制造业等为核心的产业集群，努力构建绿色制造体系。2021~2023 年，贵阳贵安规模以上“1+7+1”重点工业产业（“1”指在筑央企制造业；“7”指新能源汽车、磷化工产业、铝及铝加工、电子信息制造业、健康医药、生态特色食品、先进装备制造；“1”指软件信息技术服务业），平均增速分别达到了 8.03%、10.50%、44.73%。实施“千企改造”“万企融合”，对贵阳贵安传统特色磷化工、铝及铝加工项目进行绿色化、高端化升级改造。持续推进产业园区生态环境保护基础设施智能化、绿色化发展，小孟工业园成为西南地区首个国家生态工业园。截至 2023 年，贵阳贵安共有国家级绿色工厂 29 家、国家级绿色工业园区 5 家、国家级绿色设计产品 13 项、国家级绿色供应链管理企业 3 家，绿色经济占比提升至 49%，同比 2021 年（47%）增长 2 个百分点。

2. 大力推进生态农林产业系统发展

聚焦省会保供、农业科技、生态保护、农村改革“四个重点”，实施“一乡一业、一村一品、一产一企、一家一特、一人一技”工程，打造现代

山地特色生态农业。2021~2023 年建成高标准农田 39.88 亩，2023 年高标准农田面积占耕地面积的 46%，农林牧渔业总产值达到 350.61 亿元，同比 2021 年增长 4.1%。率先在全省开展化肥减量增效"三新"技术示范，2023 年主要农作物病虫害绿色防控技术覆盖率达 50.53%，科学施肥技术覆盖率达 94.46%以上，农膜回收率达 87.57%，秸秆综合利用率达 90.41%，畜禽粪污综合利用率稳定在 85%以上（见表 4）。全面推进贵州绿色产品整体品牌建设工程，全市入库省农业农村厅收录的本市农产品 191 个，农产品商标超过 2.25 万件，累计完成绿色食品认证 125 个、有机产品（食品）认证 83 个；"永乐艳红桃"等地理性标志产品认证 19 个。聚焦林下经济和林业特色产业，2023 年林下经济利用林地面积达 149.97 万亩，同比 2021 年增长 18.37%，林下经济全产业链产值达到 103.2 亿元。

表 4　2021~2023 年贵阳贵安农业绿色发展情况

单位：%

农业绿色发展指标	2021 年	2022 年	2023 年
农作物病虫害绿色防控技术覆盖率	42.03	50.53	50.53
农膜回收率	88.51	86.64	87.57
秸秆综合利用率	86	89.42	90.41
畜禽粪污综合利用率	89 以上	85 以上	85 以上

资料来源：根据 2021~2023 年《贵阳市农业农村局总结》整理。

3. 持续推动旅游业全域化发展

依托良好自然生态，持续擦亮"爽爽贵阳"城市名片，发展全域旅游。花溪区、乌当区已成功创建成为国家全域旅游示范区，贵阳市国家全域旅游示范区数量居全省第一。打造系列生态旅游品牌，成功将生态优势转化为经济优势。2023 年，贵阳市旅游总人数 14724.89 万人次，旅游总收入 1952.51 亿元，同比 2021 年增长 7.20%。

4. 继续发力大数据产业跳跃式发展

以"数字活市"为抓手大力推动人工智能、大数据、区块链、云计算等新兴数字产业发展，“一硬一软”产业持续发力，2023 年电子信息制造业总产值 340.7 亿元，同比增长 29.3%，软件和信息技术服务业收入达 832.6 亿元、同比 2021 年增长 231.28%。实施“万企融合”大赋能行动，2021~2023 年融合示范项目 877 个，大数据与实体经济融合水平发展指数达到 56.6，比 2021 年（52）提升 4.6 个点，高于全省平均水平（46.5）10.1 个点。2023 年数字经济增加值占 GDP 比重超过 50%，比 2021 年（41.9%）提升超过 8.1 个百分点。

5. 有序推进能源清洁低碳转型发展

按照“优总量、挖存量、调增量、活变量”总体思路，扎实推进能源结构调整，加速淘汰落后产能。2022 年关停所有在产、在建煤矿，煤炭消费比重降至 11.4% 以下，提前达到“‘十四五’末煤炭消费比重降低至 17%”的要求；天然气消费比重 11.9%，年均增长率 0.9 个百分点，达到“‘十四五’期间年均增长 0.76%”的要求。2023 年压减项目能耗 18 万吨标准煤，万元地区生产总值能耗降幅居全国前列。大力发展风能、太阳能、生物质能、水能等清洁能源项目，2021~2023 年先后有 20 个相关清洁能源项目建成或规划建设中。

6. 全面加强绿色金融支持体系建设

设立绿色金融专营机构或绿色金融事业部 17 个，2022 年贵安新区国家绿色金融改革创新实验区验收通过，居中西部第一名。截至 2023 年三季度，贵阳市绿色贷款余额 3223.8 亿元，比 2021 年增长 51.06%，较年初增加 487.8 亿元，高出同期各项贷款增速 11.3 个百分点，占全省绿色贷款余额的 47.9%。

（四）统筹城乡规划，绿色家园和谐宜居度全面提升

贵阳贵安持续通过城市园林化建设、绿色基础设施增量提质、美丽乡村建设等，打造良好生态宜居环境，为人民美好生活提供生态保障。

1. 山水林城持续添彩增绿

深入推进绿色和谐宜居城市建设，2021~2023 年，实施每年“新增绿

地100万平方米”工程。持续推进实施口袋公园体系、林荫路体系、慢行绿道体系建设，建成各类公园1037个（其中城区公园127个，公园面积5401.69公顷）；建成林荫路239.97公里，城市林荫路覆盖率71.48%；建成城市绿道336.50公里，服务半径覆盖率≥78.89%；全市公园绿地面积6730.43公顷，建成区绿地率41.26%，绿化覆盖率43.29%，人均公园绿地面积14.11平方米（均高于国家园林城市标准）。

2. 绿色基础设施不断完善

加快推进垃圾回收体系建设，制定《贵阳贵安城市居民生活垃圾分类投放和收运设施设置导则（试行）》《贵阳市城镇生活垃圾分类管理条例》，截至2023年，城区建有生活垃圾分类分拣中心36座，餐厨处理日能力超过1135吨，生活垃圾焚烧日处理能力达到4900吨，实现城区原生生活垃圾“零填埋”，城区生活垃圾无害化处理率保持100%。持续推进污水处理设施建设，2021~2023年先后有15个污水处理、再生水利用等相关项目建成或正在建设中。

3. 美丽乡村建设持续推进

截至2023年，农村生活污水治理（管控）率达59.95%，农村卫生厕所普及率达90%，设置垃圾投放点15000个、可回收物及有害垃圾村级收集点1281个、农村有机垃圾协同处置试点2个、乡镇收集站67个，实现农村生活垃圾收运处置体系30户以上自然村寨全覆盖。持续加强乡村绿化，大力发展森林康养旅居、森林体验、乡村旅游等生态优势业态，共建成森林康养基地12个；2021~2023年，获评省级森林乡镇22个、森林村寨54个、森林人家191户，省级景观优美森林村寨示范村7个。

（五）全民共建共享，生态文化建设走向繁荣

贵阳贵安通过绿色生态文化建设、多方位的绿色理念传播、多层次的绿色生活习惯培养，构建起全民共建共享的绿色氛围。

1. 宣教一体传播绿色理念

结合六五环境日、全国生态日、植树节等重要节点，充分利用电视、报

纸、网络、微信、微博、抖音等传播平台，线上线下结合广泛宣传生态文化，仅2023年就发布相关新闻稿件上千篇，宣传曝光量以百万计，扩大了传播覆盖面和影响力。不断强化生态科普基地建设，贵阳阿哈湖国家湿地公园入选首批国家林草科普基地，贵州景阳森林公园、省地质博物馆、花溪壹簇世界花园、息烽南山驿站等地入选贵州省省级自然教育基地，观山湖区生态文明展览馆成为全省首个生态文明宣传教育馆。在全国首次出版《贵阳市生态文明城市建设读本》，将生态文明思想教育、生态环境教育列入全市中小学课程；持续开展“美丽贵阳·山水林城”生态文明主题讲堂，开展“探寻绿色奥秘”等主题活动累计参加数百万人次。引导公众广泛参与生态保护活动，开展筑绿先锋志愿服务活动，组织和策划一系列公众参与的植树造林活动，建成义务植树基地14个，累计5.79万人次参与活动。

2.培育践行绿色生活方式

开展节约型机关、绿色家庭、绿色学校、绿色社区、绿色商场等绿色创建。2023年全市绿色学校比例超过70.57%、县级及以上党政机关全部建成节约型机关，绿色家庭95户，绿色餐厅62家，绿色酒店16家、绿色避暑度假精品酒店11家、绿色民宿30家、绿色商场5家。倡导绿色消费方式，完善绿色建筑和绿色建材政府采购需求标准，严格执行政府对节能环保产品的优先采购和强制采购制度；建立绿色消费激励约束机制，分别在增值税、消费税、企业所得税、车辆购置税、环境保护税等方面开展绿色消费补贴优惠，绿色采购占比超过89%。在绿色出行方面，2023年地铁日均客流量超过62万人次，规划公交线路共计393条，开通定制公交线路273条，投放共享电单车超过5万辆，实施《贵阳贵安推动“电动贵阳”建设实施方案（2022—2025年）》，全面开展“电动贵阳”建设各项工作，2023年新建充换电设施超过1500个，新能源、清洁能源公交车占比达100%，成功创建“国家公交都市建设示范城市”。

3.发挥绿色平台交流作用

积极配合办好生态文明贵阳国际论坛，已成功举办11届论坛，向全世界广泛传播习近平生态文明思想理念，搭建起与美国、德国等17个国家生态建设、低碳经济建设的交流平台，凝聚起"人与自然和谐共生、绿色发展"等多项生态文明共识，为推动全球生态文明建设和可持续发展建言献策。

二　我国主要省会城市生态环境比较分析

在全面推进生态文明建设的大背景下，各省会城市因地制宜探索如何实现"人与自然和谐共生的现代化"及经济生态协同绿色发展的道路，但不同省会城市的区域位置、自然禀赋、人口规模、产业结构等都存在一定差异，这种差异必然会影响战略的选择和途径的依赖，从而产生不同的实施效果。本节将比较不同省会城市生态环境在蓝天、碧水等主要指标情况上的差异和贵阳特征，讨论贵阳在生态强市战略下取得的成就及与其他省会城市的差距。

在空气质量方面，2023 年贵阳的空气优良率达到 99.50%，空气质量连续 7 年稳定达到国家二级标准，在全国 168 个重点城市中排第 11，在省会城市中列第 4。在 2022 年空气优良率达到 100%，与同为西南城市的昆明相同，但明显优于西安（52.05%）、郑州（60.82%），细颗粒污染物浓度方面在省会城市中排名第 5（21ug/m^3），远优于西安（51ug/m^3）、石家庄（46ug/m^3）、郑州（45ug/m^3），在空气质量方面在全国具有明显优势，对于废气排放及污染物控制有着显著成效（见表 5）。

在水质量方面，2023 年，贵阳贵安国、省控断面水质达标率、优良率均为 100%；县级及以上集中式饮用水水源地水质达标率 100%；2022 年污水集中处理率 99.18%，在 27 个省会城市中排名第 10，低于海口（100%）、郑州（100%）、太原（100%）等城市，但明显高于西宁（95.17%）、成都（95.40%）、哈尔滨（95.59%）。

在生活垃圾和固废处理方面，贵阳近年来虽然加大了垃圾回收体系建设及无废城市的创建，并取得一定成效，但生活垃圾无害处理率在 27 个省会城市中排名第 15（24.41%），处于中等偏下水平，明显低于长春（52.63%）、银川（50.06%）等城市；在一般工业固体废物综合利用率方面，排名第 22，处于下游水平，明显低于杭州、武汉等城市，有着较大的进步空间。

在城市绿地建设方面，从绿地面积上看，2022 年底在 27 个省会城市中排名第 20，看似比较落后，主要由于贵阳国土面积相对其他省会城市较小，在 27 个省会城市中排名第 20 位，明显小于石家庄、长沙等城市，但从建成区绿地覆盖率上看排名第 11 位（43.29%），虽然低于拉萨（45.99%）、合肥（45.96%）、太原（45.08%）等城市，但远高于长沙（29.54%）、哈尔滨（33.15%）。贵阳虽然局限于国土面积，但整体绿地覆盖率处于中等偏上水平，不过依旧存在上升的空间。

表 5 各省会城市基本情况比较（2022 年底）

城市	空气优良天数(天)	细颗粒物污染浓度（ug/m³）	污水集中处理率（%）	生活垃圾无害化处理率（%）	一般工业固体废物综合利用率(%)	绿地面积（公顷）	建成区绿地覆盖率（%）	区域环境噪声等效声级 dB（A）
石家庄	234	46	99.76	16.76	94.25	15851	41.33	52.6
太原	241	44	100	21.74	42.61	14378	45.08	50.0
呼和浩特	329	24	97.02	13.94	53.00	17048	43.77	52.4
沈阳	320	32	98.8	26.56	95.84	22968	41.96	54.9
长春	336	28	96.46	52.63	74.49	48149	43.70	53.7
哈尔滨	310	37	95.59	34.52	85.67	15750	33.15	52.5
南京	291	28	98.43	13.76	95.70	94583	45.00	53.9
杭州	304	30	97.68	24.12	99.47	53251	40.96	55.7
合肥	314	32	98.02	26.67	66.35	22497	45.96	58.5
福州	356	18	98.43	23.17	93.31	16434	43.10	56.6
南昌	313	30	96.30	23.79	96.64	15145	43.15	54.5
济南	239	37	99.23	9.31	96.36	30188	41.91	55.0
郑州	222	45	100	21.08	84.62	27644	39.34	54.2
武汉	294	35	97.40	35.11	97.14	37088	43.09	58.2
长沙	302	38	98.60	28.70	70.59	18648	29.54	53.9
广州	306	22	99.4	22.34	94.97	149169	44.20	56.1
南宁	353	26	99.8	19.84	94.76	16378	43.03	55.3
海口	332	13	100	32.26	88.89	8703	43.09	59.1
成都	282	39	95.4	36.68	94.32	40259	44.01	55.9
贵阳	365	21	99.18	24.41	65.26	15230	43.29	54.5

续表

城市	空气优良天数(天)	细颗粒物污染浓度(ug/m^3)	污水集中处理率(%)	生活垃圾无害化处理率(%)	一般工业固体废物综合利用率(%)	绿地面积(公顷)	建成区绿地覆盖率(%)	区域环境噪声等效声级 dB(A)
昆明	365	20	99.46	26.05	42.01	19560	43.40	51.7
拉萨	364	8	97.73	36.89	4.22	3963	45.99	51.5
西安	190	51	96.60	35.03	79.19	44199	43.94	54.4
兰州	301	33	96.71	29.84	96.89	9121	37.35	51.8
西宁	338	30	95.17	45.54	85.11	4672	40.39	50.6
银川	306	31	98.88	50.06	63.85	8115	41.79	52.7
乌鲁木齐	285	41	99.38	21.94	94.03	33807	39.73	54.0

资料来源：《2023年中国城市统计年鉴》和《中国统计年鉴》。

三　问题和挑战

（一）资源环境约束下的“强省会”行动目标任重道远

“强省会”行动要求贵阳到2025年，生产总值达到7000亿元以上，首位度达到27%以上。2023年，全市地区生产总值5154.75亿元，与目标值尚有较大差距。虽然2023年贵阳市第三产业比重持续增长，达到61%，但依然存在高新技术产业基础薄弱、现代服务业和制造业发展相对滞后、高端产业不足等问题，尤其是曾经长期依赖投资拉动经济增长路径已不可持续，而贵阳的主要支柱产业偏向于资源依赖型，快速发展面临着可能导致生态资源和能源大量损耗的挑战。如何将生态优势转换为经济优势，如何快速建立起低碳绿色的现代产业体系，如何提升与大数据、大生态、大旅游相关的优势产业在国内外的竞争力，在“双碳”目标的约束下如何实现生态和经济齐头并进、实现经济的高质量发展，都存在巨大的挑战。

（二）城市化快速发展对生态环境提出了新挑战

随着“强省会”行动的推进，城市化进程加速发展和人口的大量聚集对生态环境提出了更高的要求。一是对生态空间的挑战、由于贵阳地形复杂，人地矛盾的问题长期存在，快速的城市扩张对生态用地产生了巨大的压力，“多规合一”尚未完全实现，破碎化的利用方式影响了区域生态廊道的连续性和生态景观的完整性。二是对资源环境的挑战。快速的城市扩张必然导致对能源、物资、清洁水源等资源的需求增加，污染物总量和类别增长必然给整体生态环境和生态承载力带来巨大的压力，也给城市的固废、生活垃圾、生活污水处理等基础保障能力以及农村环境整治等带来新的挑战。三是对人民生态福祉满足程度的挑战。人口快速增长及人民对绿地和良好生态环境的需求不断上涨，与可用空间和资源有限导致的供给不均衡、不匹配之间的矛盾将会加剧。

（三）经济社会绿色转型速度有待提升

虽然贵阳绿色经济占比持续增长，但贵阳经济绿色转型依然缓慢，转型面临着重重困难。一是高端产业基础较弱，以新能源电池及材料、电子信息制造为代表的战略性新兴产业尚处于起步阶段、集群效应还未显现；二是能源结构调整相对缓慢，化石能源消费仍占据主导地位，风能、光伏、氢能等产业发展规模和速度相对滞后；三是磷煤化工、铝及铝加工等传统产业升级速度有待提升，综合利用率较低，高效的低碳循环利用产业链尚未形成；四是生态产品价值实现机制尚不完善，生态产品价值实现路径相对单一，碳汇、排污权交易及绿色金融支持体系需要进一步深化。

四　生态立市的对策建议

（一）做好顶层设计，统筹生态文明建设

各主要的省会城市都在持续推动生态文明体制机制创新，从顶层设计着

手，将生态建设纳入了各地的"十四五"规划当中，如浙江杭州市颁布《新时代美丽杭州建设实施纲要（2020—2035年）》及行动计划，在更大的时间尺度上，持续推进生态文明建设，江西南昌市同步实施流域水环境保护与整治、矿山环境修复、生态系统与生物多样性保护、土地整治与土壤改良等系统治理工程，形成了山地丘陵地区山水林田湖草系统保护修复模式，贵阳也提出了生态文明及生态环境等系列"十四五"规划，未来可以在此基础上进一步完善国土规划体系，将城镇一体化建设、绿色经济发展转型、"双碳"目标实现、乡村振兴战略实施、自然生态修复、全流域生态保护、污染防控攻坚、森林质量精准提升、生物多样性保护等一体考虑，整体布局；探索创新生态产品价值实现机制，如浙江省杭州市余杭区青山村通过建立水基金促进市场化多元化生态保护补偿、昆明市西山区引入社会资本整治废弃矿山实现生态产品价值，贵阳贵安在森林碳汇、生态补偿等方面迈出了创新步伐，可继续健全生态补偿机制，优化生态产品调查评价体系和价值核算体系，加大相应技术及标准的建设。创新跨流域生态补偿、公益林补偿、跨区域绿化补偿、跨地区碳交易、森林碳汇等补偿体系建设，扩大生态产品价值实现的路径和宽度。

（二）推动产业升级，加快经济绿色转型

各省会城市纷纷出台各类政策和规划，推动经济的绿色转型发展，聚焦产业生态化和生态产业化。一是以数字经济、绿色经济为引领，发挥数据要素集聚优势，加速提升数字赋能企业能力，无论是传统的数字经济强市杭州、广州还是迅速追赶合肥、南昌、南宁等城市，不仅有着明确的规划和目标，同时注重利用数据要素改造传统产业，强化区域联动，与相关企业和机构合作，共同推动产业发展。贵阳贵安未来应抓住机遇，加大数字经济与实体经济的融合力度，打造以新信息技术及应用产业、先进制造业产业等高端产业为主的产业集群；加快推进5G、工业互联网、超大规模数据中心等新型基础设施建设，利用好"东数西算"机遇，大力引进相关产业，打造全国算力平台。二是以乡村振兴战略实施为契机，加快推进农村一、二、三产

业融合发展，充分利用现代生态农业技术全面提升菜、果、茶、药、奶五大产业优势，实现农业生产数字化、减量化、循环化、绿色化；深挖“生态+文化”资源，大力发展森林康养、农业休闲、生态观光、自然教育，构建“生态农业+生态旅游”融合模式，充分实现生态产品价值，拓宽两山转化路径。三是加快落后产能绿色升级改造。利用数字技术和绿色工艺技术，改造提升磷化工、铝冶炼及加工、橡胶、医药、食品等传统制造业，加速产业“两化”融合发展；强化能耗“双控”倒逼企业转型升级，全面淘汰落后产能，加速绿色制造体系培育。四是大力发展绿色服务业，健全绿色发展市场机制和绿色金融支撑体系，完善生态、文化、数字、康养、旅游等要素多维度融合发展，优化全域旅游产品和服务体系，打造具有生态优势的旅游名城。

（三）强化污染防治攻坚，筑牢绿色生态底蕴

各省会城市在巩固拓展污染防治攻坚战成果的基础上，突出重点领域建设，在蓝天、碧水、净土、美丽城市和乡村等领域全面发力，如北京市从法律法规、产业政策、能源结构转型等方面不断完善大气环境治理体系，创造了特大城市大气污染治理的世界奇迹。成都市印发《成都市生态环境与健康管理试点工作实施方案》，制定环境健康风险管控“一图一清单”，开展大数据背景下生态环境因素的健康影响调查。贵阳市在未来持续加强大气、水、土、固废污染防治。严把环境准入关口，建立健全大气污染精准管控和预测预报体系，推动多污染物减排协同控制和综合整治。健全全流域生态环境管理机制，推进城镇污水治理、污水处理厂及排污管网一体化建设，推动农村饮用水、生活污水、黑臭水体“三水同治”，巩固提升饮用水安全保障水平。建立建设用地土壤环境管理长效机制，有序推进土壤环境监测网络建设，持续开展土壤污染源头防控。健全全市固体废物规范化管理体系，强化危险废物环境安全管控，推动生活垃圾分类回收体系建设，稳步推进“无废城市”建设。在农村人居环境整治方面，各省会城市也不断创新工作方式，例如海南省海口市建立农村生活污水治理捆绑互促工作机制，建立

“第三方+农户”运维管理机制，有效提升农村污水的治理效果。贵阳贵安可以继续以农村五治为抓手，持续推进化肥农药减量化使用，加强农药包装回收、废弃农膜回收利用，秸秆和畜禽粪便的综合利用，加快循环农业和农业废弃物资源化利用示范工程建设。在城市建设中见缝增绿，加快口袋公园建设，破解生态空间不足矛盾。

（四）夯实生态文化底蕴，推进绿色生活方式

各省会城市都在持续推进生态文化建设，鼓励全民参与生态文明建设。如重庆市持续开展生态文明进机关、进学校、进企业、进社区等生态文明宣传活动。创新“云”端联动，携手举办“美丽中国我是行动者——云上共赏，美丽川渝”六五环境日系列活动，在各中小学校开展环境保护专题教育教学，每学年不少于12课时。杭州市提出促进社会参与、激发社会活力、增进人民福祉，推动全市上下、各个层面和各界群众广泛参与生态文明建设、每年大力表彰在推动新时代生态文明建设中作出突出贡献的集体和个人。贵阳贵安应结合自身优势深挖生态文化底蕴，从贵阳的山水文化、传统的生态知识、丰富的民族文化等独具特色的资源中总结蕴含的绿色理念和智慧，形成具有贵阳特色的生态文化底蕴。丰富生态文化传播平台体系，以自然保护地体系为依托，选择具有代表性的森林公园、湿地公园、自然保护区、绿色修复矿山、特色村寨作为生态文化基地，继续加大对以贵阳生态科普馆为基础的生态科普基地建设的支持力度。建立党政机关—社会企业—家庭学校全方位生态文化宣贯和生态文明教育体系。充分发挥生态文明贵阳国际论坛平台作用，更广泛更深入传播习近平生态文明思想，加快学术成果交流推广，推动生态文明建设理论和实践创新。引导绿色生活方式，最大限度减少生活消费过程中对环境的污染、对生态的破坏；鼓励绿色出行、绿色建筑，持续推进节约型机关、绿色学校、绿色家庭、绿色社区等系列创建活动，最大限度吸引公众参与，在共建共享生态文明建设过程中，使生态文明思想内化于心、外化于行，转化为支持和参与生态文明建设的具体行动。

参考文献

习近平：《高举中国特色社会主义伟大旗帜 为全面建设社会主义现代化国家而团结奋斗》，《人民日报》2022 年 10 月 26 日。

谌贻琴：《高举伟大旗帜 牢记领袖嘱托 坚持以高质量发展统揽全局 奋力谱写多彩贵州现代化建设新篇章》，《贵州日报》2022 年 5 月 5 日。

《国务院关于支持贵州在新时代西部大开发上闯新路的意见》，《贵州日报》2022 年 1 月 27 日。

胡忠雄：《生态立市 工业强市 数字活市 人才兴市 奋力谱写新时代“强省会”新篇章》，《贵阳日报》2021 年 12 月 27 日。

张洪维、贺祝群、李柏山：《贵阳“生态立市”战略：动因、特征与前景》，《贵阳市委党校学报》2023 年第 2 期。

B.8
2021～2023年贵阳贵安人才兴市推进“强省会”报告

罗先菊*

摘　要： 人才是经济社会发展的第一资源。近年来，贵阳贵安把“坚定不移强人才”作为推动“强省会”行动的重要内容，深入实施人才兴市战略，完善党管人才工作机制，统筹开发各类人才队伍，加快人才发展平台建设等，人才工作取得了较大进展，人才队伍建设取得显著成效。但对标“强省会”行动的目标要求，仍面临着人才总量不大、人才结构不优、人才效能不高、人才支撑不足等问题。为此，在开启中国式现代化贵州实践新篇章上，贵阳贵安可从以下四个方面探寻人才兴市推进“强省会”的着力点：一是以人才发展体制机制改革强力推进“强省会”；二是以重点领域人才高效开发强力推进“强省会”；三是以人才发展平台的有效搭建强力推进“强省会”；四是以“筑人才·强省会”品牌塑造强力推进“强省会”。

关键词： 人才兴市　贵阳贵安　“强省会”

党的二十大报告强调：“教育、科技、人才是全面建设社会主义现代化国家的基础性、战略性支撑。必须坚持科技是第一生产力、人才是第一资源、创新是第一动力，深入实施科教兴国战略、人才强国战略、创新驱动发

---

* 罗先菊，贵州省社会科学院对外经济研究所副研究员，主要研究方向为产业经济、民族经济。

展战略，开辟发展新领域新赛道，不断塑造发展新动能新优势。”[①] 这是我们党结合时代发展主题、总结历史经验、分析国内外形势作出的重大判断。在推进“强省会”过程中，我们必须深入学习贯彻习近平总书记关于做好新时代人才工作的重要思想和习近平总书记视察贵州重要讲话精神，深刻领会人才引领创新驱动的深刻含义，坚定不移实施人才兴市战略，狠抓人才“引、育、用、留”，打造“筑才”品牌，努力把贵阳贵安打造成为人才向往之地、集聚之地，为“强省会”提供强有力的智力支撑。

一 贵阳贵安人才兴市推进“强省会”的实践逻辑

人才是引领发展的第一资源，人才资源是我国在激烈的国际竞争中的重要力量和显著优势。我国进入了全面建设社会主义现代化国家、向第二个百年奋斗目标进军的新征程，比历史上任何时期都更加渴求人才。以人才兴市推进“强省会”，蕴含着深刻的实践逻辑。在对人才兴市推进“强省会”的效果进行检视和优化路径进行分析前，有必要先厘清以人才兴市推进“强省会”的逻辑机理。

（一）以人才兴市推进“强省会”是遵循经济发展规律的必然要求

经济发展是一个螺旋式上升的过程，上升不是线性的，量积累到一定阶段，必须转向质的提升，我国经济发展也遵循着这一规律。党的十八大以来，以习近平同志为核心的党中央深入分析我国发展的新的历史条件和阶段、全面认识和把握我国现代化建设实践历程以及各国现代化建设一般规律，创造性提出我国经济已由高速增长阶段转向高质量发展阶段的重大论断，作出推动高质量发展的重大决策部署。为顺应新时代我国经济发展的新要求，贵州提出了要实施“强省会”行动，出台的《中共贵州省委 贵州省

① 习近平：《高举中国特色社会主义伟大旗帜 为全面建设社会主义现代化国家而团结奋斗——在中国共产党第二十次全国代表大会上的报告》，2022 年 10 月 16 日，https：//www. gov. cn/xinwen/2022-10/25/content_ 5721685. htm。

人民政府关于支持实施“强省会”五年行动若干政策措施的意见》《贵阳市实施“强省会”五年行动方案》明确要求，“全力支持贵阳加快实现‘六个新突破’[①]……在全省推进‘四新’‘四化’和高质量发展中作示范走前列。”而“强省会”行动系列目标的实现离不开人才的有力支撑。2021年12月，贵阳市第十一次党代会提出：“谱写‘强省会’新篇章必须坚持人才兴市。功以才成，业由才广。有了人才优势，就会聚集创新优势，就能培育产业优势，最终形成发展优势。”坚持人才兴市推进“强省会”，是基于对我国发展阶段、发展环境、发展条件变化作出的科学认识，是对新征程上中国经济发展新特征、新趋势的科学把握，是遵循经济规律、实现科学发展的理性思维。

（二）以人才兴市推进“强省会”是遵循新时代人才成长规律的必然要求

伴随我国进入高质量发展阶段，对人才的需求呈现出了一些新特征，对复合型、创新型人才需求越来越大。西部地区人才发展既有劳动力和高等教育资源区域分布差异的先天弱势，也存在人才培养后流失严重、结构不佳、效能发挥有限等后天不足。如何培养造就一批复合型、创新型人才，夯实地方经济社会发展的人才根基，成为摆在欠发达地区面前的大课题。贵州省提出的“强省会”行动，可以说为各行业从业人员成长成才提供了广阔的舞台。贵阳贵安坚持人才兴市推进“强省会”，除了人才的“引、育、留、用”能够为“强省会”提供人力支持外，“强省会”相应地也能够进一步优化人才成长环境，促进各类人才的进一步成长。例如，《中共贵州省委 贵州省人民政府关于支持实施“强省会”五年行动若干政策措施的意见》强调，支持贵阳贵安依托高铁站、市域快铁环线和城市骨干路网拓展城市空间、规划建设城市组团、做大城市规模，有利于提升城市承载空间，扩大人才储备；《贵阳贵安“强省会”五年行动科技创新实

① “六个新突破”是指在新型工业化、新型城镇化、贵阳贵安协同融合发展、扩大内需提振消费、高质量公共服务供给、集聚创新人才队伍上实现新突破。

施方案》强调，要加快推进大数据电子信息、先进装备制造、氢能产业、新材料产业、健康医药、乡村振兴等领域技术攻关和创新，激发各类人才的创新活力。总体而言，坚持人才兴市推进"强省会"，体现了地区经济发展与人才成长的良性互动，遵循了新时代人才成长规律。"强省会"行动，不仅让各类人才在"四新""四化"中得到历练，实现自身劳动素质技能的提升，而且促进了各种新业态、新模式不断涌现，让各类人才在"干中学"中迅速成长，促进了科技创新平台、产业创新平台、众创平台等平台涌现，让培育有自主创新能力的人才有了可以依托的载体。

（三）以人才兴市推进"强省会"是不断满足人民日益增长的美好生活需要的必然要求

党的二十大报告强调："江山就是人民，人民就是江山。我们要实现好、维护好、发展好最广大人民根本利益，紧紧抓住人民最关心最直接最现实的利益问题，坚持尽力而为、量力而行，深入群众、深入基层，采取更多惠民生、暖民心举措，着力解决好人民群众急难愁盼问题，健全基本公共服务体系，提高公共服务水平，增强均衡性和可及性，扎实推进共同富裕。"党的十八大以来，贵阳贵安深入践行以人民为中心的发展思想，坚持在发展中保障和改善民生，通过实施就业优先战略、完善分配制度，推动全市城乡居民人均可支配收入实现了稳步增长，而且着力解决人民群众"急难愁盼"问题，持续办好"十件民生实事"，在幼有所育、学有所教、劳有所得、病有所医、老有所养、住有所居、弱有所扶上取得了明显进展，但与人民日益增长的美好生活需要仍有较大差距。贵阳市第十一次党代会强调："坚定不移强民生，着力实现'强省会'的根本目的。"强民生，涉及优质产品供给、公共服务供给、社区和乡村有效治理等方面。坚持人才兴市推进"强省会"，不仅有利于聚集更多优秀人才投身到民生项目建设和民生服务工作中，而且有利于推出更多优质产品和服务，满足人们品质化、多元化和差异性需求。

二　贵阳贵安人才兴市推进“强省会”的实践成效

2021 年以来，贵阳贵安深入贯彻习近平总书记关于做好新时代人才工作的重要思想和习近平总书记视察贵州重要讲话精神，把“坚定不移强人才”作为推动“强省会”行动“八个强”的重要内容，深入实施人才兴市战略，大力实施人才引、育、用、留“四大工程”，奋力推进人才大汇聚，为“强省会”行动提供坚强人才支撑和智力支持。

（一）建立健全党管人才工作机制，党管人才工作格局不断完善

坚持党对人才工作的全面领导，这是做好人才工作的根本保证。近年来，贵阳贵安围绕“谁来管”“怎么管”“管什么”三个问题，从统筹协调、调度督办、考核评价、工作宣传、经费保障等方面，强化具体举措，推动各级各部门健全党管人才工作体系和推进机制，形成上下贯通、齐抓共管、统筹推进的工作局面，有效凝聚人才工作合力。一是强化统筹协调机制构建。坚持横向到边、纵向到底，在市区两级构建党委统一领导，组织部门牵头抓总，职能部门各司其职、密切配合，社会力量广泛参与的人才工作格局。二是强化调度督办机制构建。坚持“月调度、季监测、半年评估、年终考核”，及时研究解决存在的问题，督促目标任务落实。三是强化考核评价机制构建。制定年度人才工作要点、考核办法，明确 68 家单位 13 项共性目标和相关业务目标，以“强省会”行动主要目标和重点任务完成情况进行综合考核评价。四是强化工作宣传机制构建。聚焦典型事迹、政策服务、人才活动等，依托中央、省内外主流媒体，多渠道、多形式宣传推广人才工作好案例、好经验、好做法，进一步营造尊才、爱才、敬才、惜才的良好氛围。2023 年，累计发布新闻报道 1761 条，阅读量超 2011.8 万人次，其中，4 月 29 日，央视《新闻直播间》专题报道贵阳贵安引才活动情况，贵阳高新区人才工作创新案例获评《中国人才》杂志最佳案例。五是强化经费保障机制构建。完善人才资金预算、执行、考核评价制度，优化政策兑现机

制，对市区两级匹配的人才奖补资金，由市级财政统一先行兑付，到年底与区县结算，提高兑现效率。2023 年，全市各类人才经费预算共 8 亿元，累计拨付 5.48 亿元，其中，市级财政资金预算 2.44 亿元，拨付 1.44 亿元。

（二）统筹开发各类人才队伍，人才规模不断壮大

坚持人才引领发展的战略地位，是做好人才工作的重大战略。近年来，贵阳贵安强化各类人才统筹开发，人才规模不断壮大。截至 2023 年底，贵阳贵安人才资源总量突破 138 万人，比 2021 年增加了 19.82 万人（见表 1）；人才资源总量占全省的 21.15%，比 2021 年提升了 0.55 个百分点。从细分领域看，增速最快的是技能人才和农村实用人才，比全市人才平均增速分别高出 1.84 个百分点和 6.82 个百分点。

表 1　贵阳贵安人才规模情况

年份	人才资源总量	党政人才	企业经营管理人才	专业技术人才	技能人才	农村实用人才
2021 年(万人)	118.34	3.19	30.06	31.71	48.12	5.26
2023 年(万人)	138.16	3.6	34.3	36.7	57.06	6.5
增长率(%)	16.75	12.91	14.09	15.71	18.59	23.57

资料来源：中共贵阳市委组织部。

（三）加大重点领域人才开发力度，人才结构不断优化

为促进重点领域人才开发，贵阳贵安已出台《贵阳市“十四五”人才发展专项规划》《贵阳贵安大数据人才发展行动计划（2022—2025 年）》《贵阳市中高端制造业人才发展规划》《贵阳市“十四五”科技人才发展规划》《贵阳市“十四五”民政人才发展规划》《贵阳市“十四五”社会工作人才发展专项规划》《贵阳贵安制造业产业人才分类认定目录》《“贵阳贵安十佳农村实用人才”资助项目评选实施细则（试行）》等政策文件，用于指导和支持不同领域人才开发。三年来，贵阳贵安围绕“强省会”建设，重点领域人才开发取得了显著成效。2023 年，贵阳贵安引进各类高层次及急需紧缺人才 3112 人，新增制造业人才 2.32 万人、新增大数据人才 2.54 万人、新增农村实用人

才1.4万人①。

总体来看，通过强化重点领域人才开发，贵阳贵安人才年龄、学历、职称等结构得到了进一步优化。例如，2023年贵阳贵安35岁及以下人才资源总量为50.03万人，占全市人才资源总量比重为36.21%，比2021年增加1.29个百分点（见图1）；大学本科及以上人才资源总量为72.31万人，占全市人才资源总量比重为52.34%，比2021年增加了5.53个百分点（见图2）；高级工人才资源总量为16.48万人，占全市技能人才的28.88%，比2021年增加了6.85个百分点。

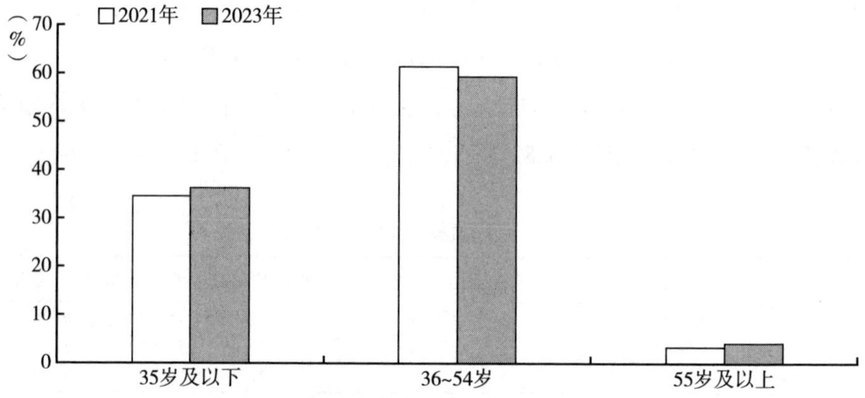

图1　贵阳贵安人才资源年龄结构占比

资料来源：中共贵阳市委组织部。

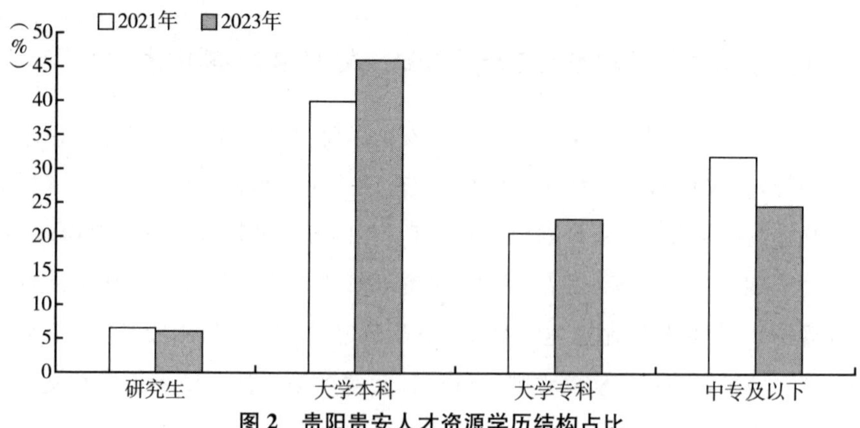

图2　贵阳贵安人才资源学历结构占比

资料来源：中共贵阳市委组织部。

① 资料来源：中共贵阳市委组织部。

（四）加快人才发展平台建设，人才承载能力不断加强

近年来，贵阳贵安不断强化人才载体建设，积极搭建人才集聚平台，全方位、多层次推进人才平台建设工作做优做强。一是坚持以用为本。累计支持建设各级重点实验室、工程研究中心、技能大师工作室等创新创业平台498个，贵州绿色产业技术研究院、乌江实验室、中南大学国家成果转化（贵安）中心相继成立。二是积极推进人才运行平台建设。总体按照“一网三库一中心多平台”规划分期实施，一期主要建设大数据中心系统、人才地图系统，实现人才数据精准化、人才流动数字化，二期搭建基础服务平台、政策找人系统、人才项目智能供需匹配系统等内容。已完成服务器环境搭建、系统框架功能开发，获取公安人口信息和119.41万家用人单位信息，并持续打通各类数据接口、推进数据整合，努力实现人才工作“驾驶舱”“指挥舱”功能。三是建强人力资源服务产业园平台。已制定《贵阳贵安支持中国贵阳人力资源服务产业园高质量发展的若干措施》，重点从提升服务管理水平、支持创新发展、促进产业联动、支持促进就业四个方面，发挥人力资源园区服务企业、服务产业、服务就业、集聚人才作用。“一园三区”入驻机构87家，2023年提供就业岗位65.09万个，提供人力资源服务180余万人次，营业收入45.04亿元，同比增长12.8%，纳税总额8750.59万元，同比增长45.7%。

（五）聚焦人才“引育用留”四大工程，打造“筑人才·强省会”品牌

近年来，贵阳贵安坚持党管人才原则，牢固树立人才是第一资源的理念，实施“引育用留”四大工程，靶向引才、多元育才、科学用才、倾心留才，为“强省会”提供有力支撑。一是实施引才工程。深入实施“百千万人才引进计划”“黔归人才计划”等引才项目，依托人博会、数博会、赴外引才等引才活动，发挥各类平台聚才作用，构建完善高层次人才、产业人才、青年人才招引体系。二是实施育才工程。紧扣贵阳贵安产业发展需求，

持续推进各类创新型青年人才培养计划、开展"技能贵阳"行动、推动企业技术工人"全员持证"行动和职业院校学生"双证书"行动、举办甲秀工匠技能大赛等。三是实施用才工程。围绕鼓励科研人员兼职创新、科研成果转化，修订《贵阳市科技创新促进条例》，持续完善激励科研人员成果转化、科研平台资源共享机制。仅2023年，到高新技术企业就职科研人员就达6201名，向科技型企业发放"科技创新券"达2453.5万元，企业和高校、科研机构开展产学研合作进一步推进。四是实施留才工程。深入落实党委联系服务专家制度，强化政策宣讲、招聘活动、上门服务等"倾心"留才。高层次人才子女入学、高层次人才及其直系亲属绿色通道就医、为专家提供体检服务等服务事项得到了进一步优化。同时，瞄准在黔高校毕业生、省外高校黔籍毕业生两大群体，通过贵阳人才网、"筑人才"App精准匹配推送，累计提供岗位19.91万个，新增留（来）筑高校毕业生12.07万人，其中在黔高校毕业生留筑就业9.28万人，省外高校毕业生来筑就业2.78万人等。

（六）聚焦"卡、钱、户、房、岗"五大要素，加快政策优化升级

贵阳市已出台贵阳贵安筑才卡分类认定办法和认定目录，分高层次人才（A—D）、产业人才（A—C）、青年人才，三大类8个层次发放筑才卡，将"贵阳人才服务绿卡"更名为"筑才卡"，彰显城市人才工作品牌。对从有学历、有职称的高层次人才，到学历、职称不高但专业强、对产业发展贡献大的产业人才，再到高校毕业生等青年群体进行全覆盖。2023年，贵阳贵安新发放高层次人才筑才卡438张、青年人才筑才卡19.4万张。同时，强化人才经费支撑。2023年，全市各类人才经费预算共8亿元，累计拨付5.48亿元，其用途包括人才引进、人才培养经费、人才平台建设、支持人才创新、人才服务、人才工作保障等方面。由图3可见，市级人才财政经费投入主要在人才服务、人才引进、支持人才创新3个大类，占比超过80%。此外，抢抓贵阳作为户籍业务"网上办"全省唯一试点城市的契机，实现了72项高频户籍业务通过手机、电脑端"一网通办"，"三最"户籍政策（落户政策最宽松、落户流程最方便、落户时限最快捷）得到有效落实。

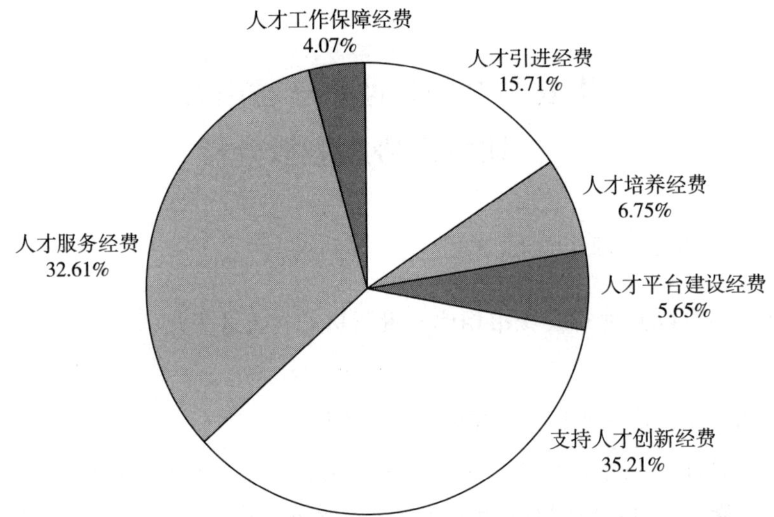

图 3　贵阳贵安市级人才财政经费投入占比

资料来源：中共贵阳市委组织部。

2023 年，贵阳贵安新增常住人口 21 万人，常住人口总数达到 652 万人。在“房”的方面，累计筹集人才租赁住房项目 109 个、3.24 万套（间），已投入运营项目 67 个、1.7 万套（间），出租 1.37 万套（间），还筹集市场可优惠购买房源 1.1 万套，可租房源 3.5 万套。仅 2023 年，贵阳贵安就为毕业 3 年内的高校毕业生拨付租房补贴金额 160 余万元。在“岗”方面，通过联动行业部门、包保单位、市区两级，主动联系服务企业，鼓励引导各类用人主体释放岗位，持续稳定机关事业单位招录招聘规模。2023 年累计征集就业岗位 38.58 万个，剔除月薪低于 3000 元、有工作经历要求和其他低端岗位，适合高校毕业生的岗位共计 18.48 万个，其中，政府类岗位 1.48 万个，企业类岗位 17 万个。从产业分布情况看，三产是扩大就业的主阵地；从岗位薪酬看，岗位薪资多集中在 3000～5000 元/月，平均薪酬 4215.29 元/月；从学历要求看，六成以上岗位要求为大专学历；从职位类别分布看，销售、客服、技术支持类需求最大；从专业需求分布看，管理学、工学占比最高。

三　贵阳贵安与全国其他省会城市人才发展的比较优势及短板分析

（一）人才发展的比较优势

通过与全国其他省会城市相比，贵阳贵安在人才发展方面具有以下比较优势。

1. 人口规模快速增长，人才集聚效益明显

2023 年末，贵阳常住人口为 640. 3 万人，比上年增加 18. 3 万人，增长 2. 9%，人口增量超过郑州（17. 2 万人）、杭州（14. 6 万人）及成都（13. 5 万人）等城市，位居全国第三，仅次于哈尔滨的 27. 1 万人、合肥的 21. 9 万人。与人口规模相近（500 万~900 万人）的其他 4 个省会城市比较，2023 年末，昆明常住人口 868 万人，比上年增加 8 万人；福州 846. 90 万人，增加 1. 9 万人；南昌 656. 82 万人，增加 3. 02 万人；南宁 894. 08 万人，增加 4. 88 万人。无论增量还是增速，贵阳都远超同类城市（见表 2）。

2. 人口首位度快速提升，对经济增长的支撑促进作用日益强劲

2023 年末，贵阳人口首位度为 16. 57%，比上年提升了 0. 44 个百分点，人口首位度增速位居全国第二，仅次于哈尔滨的 1. 26 个百分点。

表 2　2022 年、2023 年全国省会城市人口发展情况

城市	常住人口规模(万人)		人口首位度(%)	
	2022 年	2023 年	2022 年	2023 年
石家庄	1123. 4	1123. 35	15. 14	15. 19
太原	543. 5	—	15. 61	—
呼和浩特	355. 1	360. 41	14. 79	15. 04
沈阳	914. 7	920. 4	21. 79	22. 01
长春	909	910. 19	38. 72	38. 91
哈尔滨	961. 4	988. 5	31. 02	32. 28
南京	949. 1	954. 7	11. 15	11. 20

续表

城市	常住人口规模(万人)		人口首位度(%)	
	2022 年	2023 年	2022 年	2023 年
杭州	1237.6	1252.2	18.82	18.90
合肥	963.4	985.3	15.72	16.10
福州	845	846.9	20.18	20.25
南昌	653.8	656.82	14.44	14.55
济南	933.6	943.7	9.19	9.32
郑州	1283.6	1300.8	13.00	13.25
武汉	1373.9	1377.4	23.51	23.59
长沙	1042.1	1051.3	15.78	16.01
广州	1873.4	1882.7	14.80	14.82
南宁	889.2	894.08	17.62	17.79
海口	293.97	300.16	28.62	28.78
成都	2126.8	2140.3	25.40	25.58
贵阳	**622**	**640.3**	**16.13**	**16.57**
昆明	860	868	18.33	18.57
拉萨	88	86.8	24.18	23.78
西安	1299.6	1307.8	32.85	33.09
兰州	441.5	442.51	17.72	17.95
西宁	248	248.1	41.68	41.77
银川	289.7	290.81	39.79	39.89
乌鲁木齐	410	408.48	15.85	15.72

资料来源：各地区统计年鉴和统计公报。

（二）人才发展的短板

虽说贵阳市人口规模快速增长、人口首位度快速提升，但与其他省会城市相比尚面临以下问题。

1. 人才总量不足，人口首位度和人才首位度与经济首位度尚存差距

2023 年，贵阳人口首位度为 16.57%，比人口规模相近的福州、昆明、南宁分别低 3.68 个百分点、2.0 个百分点和 1.22 个百分点。贵阳人口首位度与经济首位度尚存 8.08 个百分点差距，比昆明、福州、南宁分别高出 0.46 个百分点、4.54 个百分点和 5.76 个百分点（见图 4）。人才首位度也面临类似问题。2023 年，重庆、成都、南宁、长沙、南昌的人才总量分别为 630 万人、622 万人、330 万人、315 万人、161.9 万人，分别是贵阳贵安的 4.56 倍、4.5 倍、2.39 倍、2.28 倍、1.17 倍。贵阳市人才首位度仅为 21.15%，分别比成都、南宁、长沙、南昌低 7.48 个百分点、15.33 个百分点、8.38 个百分点、3.07 个百分点，而且南宁、长沙、南昌的人才首位度高出其经济首位度（见图 5）。贵阳的人才首位度则与经济首位度尚存 3.07 个百分点的差距，“强省会”行动的智力支撑不足。

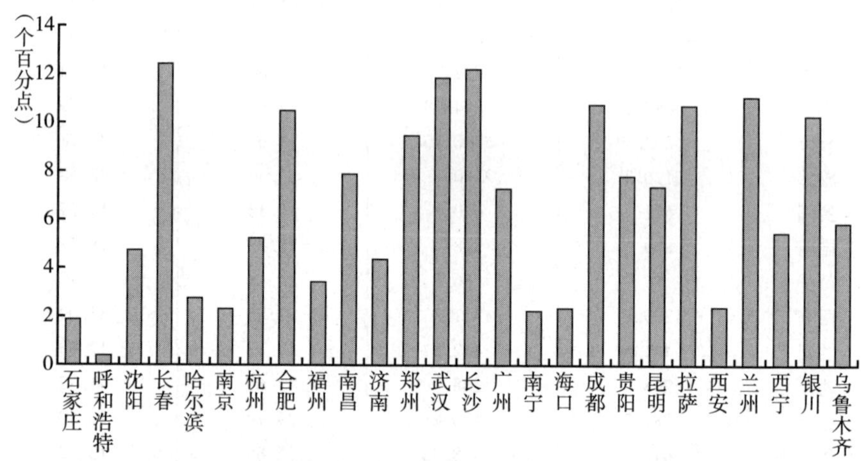

图 4　2023 年贵阳与全国其他省会城市人口首位度与经济首位度的差距

资料来源：国家统计局和各地区统计公报。

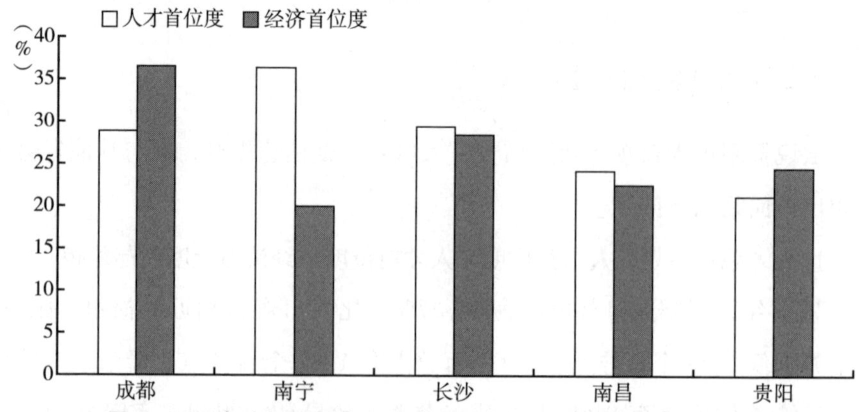

图 5　2023 年贵阳及周边省会城市人才首位度和经济首位度比较

资料来源：中共贵阳市委组织部及各地区国民经济和社会发展统计公报。

2. 人口受教育程度较低，人才结构有待进一步优化

根据第七次人口普查数据，贵阳市 15 岁以上人口平均受教育年限为 10. 76 年，每 10 万人中拥有大学文化程度者为 23440 人，在全国省会城市中排名较后（见图 6）。同时，高学历人才、高级专业技术人才、高技能人才、科技人才、青年高级人才等高层次人才占比也较低。这三年，贵阳贵安新增人才主要集中在大学专科和本科学历层次。截至 2023 年底，贵阳贵安研究生学历层次人才虽然比 2021 年增加了 0. 71 万人，但占全市人才资源总量比重有所下降，下降 0. 42 个百分点；高级职称人才虽然比 2021 年增加了 1 万人，但占全市不同职称人才比重也有所下降，下降了 0. 91 个百分点；高级技术人才更是无论是数量还是占比均有所下降，数量减少了 0. 52 万人，占比下降了 2. 48 个百分点。科技人才和青年高级人才所占比重也比较低。R&D 人员虽然有较大幅度增长，但较其他省会城市仍有较大差距，在创新型城市指标测评体系中，每万名就业人员中研发人员占比仍是明显短板指标；青年人才占比虽然有所提升，但青年高级人才数量较少。

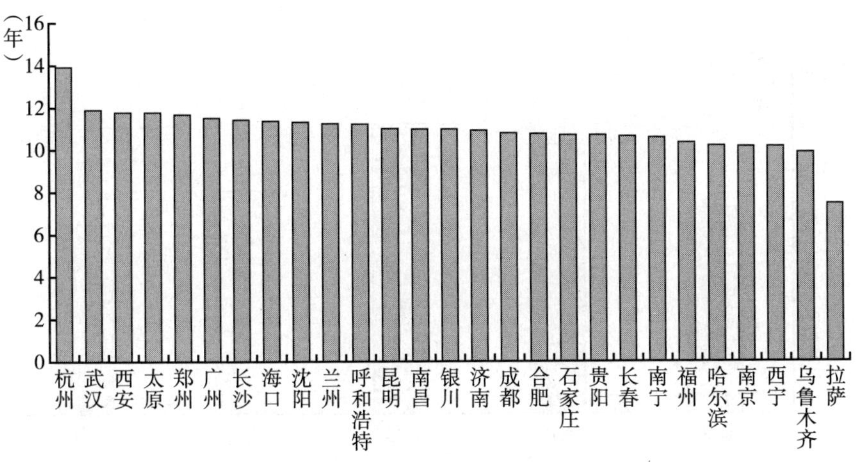

图 6　贵阳与全国其他省会城市人口平均受教育年限情况

资料来源：第七次全国人口普查数据。

3. 人才供需不平衡，人才效能有待提升

这三年，虽然贵阳贵安采取统筹各类人才开发、强化重点领域人才开发的举措，有力推动各类人才稳步增长，但人才供需不平衡问题尚未得到根本性解决，“多岗空缺”与“一岗难求”并存的就业结构性矛盾日趋突出。一方面，伴随“强省会”的有力推进，贵阳贵安电子信息制造、先进装备制造、新能源汽车产业、健康医药、生态特色食品产业等新兴产业以及商贸流通、文化旅游业等呈现快速发展态势，对各类人才的需求度明显提升。不少企业面临“用工难”问题，尤其是高层次技术技能人才、复合型人才缺口更大，可谓是“一才难求”。另一方面，大量毕业生又难以找到合适的工作，可谓是“一岗难求”。约70%的毕业生首选党政机关、事业单位、国有企业等“体制内”单位就业，但企业类岗位占96.16%，机关事业单位岗位占比较少。这种现象既制约了企业的发展，也影响了人才的成长。此外，人才效能有所提升也与周边省会城市相比尚存较大差距。2023年，贵阳市每万人授权专利为79.02件，虽然比2021年增加了50.91件，但仅是重庆的92.02%、成都的69.72%、长沙的65.68%、南昌的84.7%（见图7）。

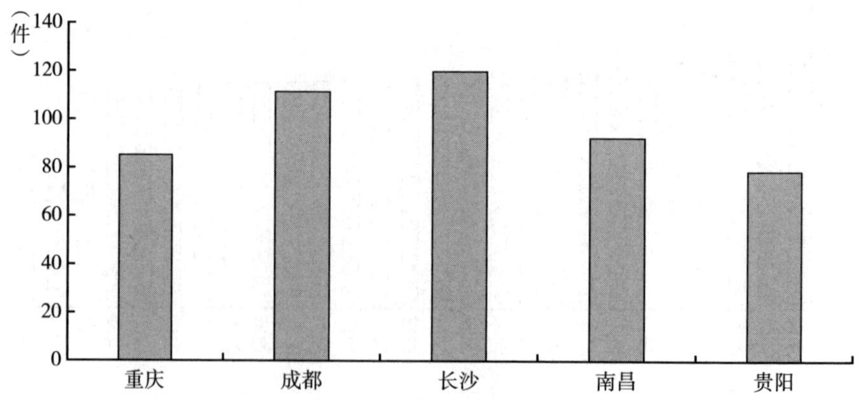

图7　2023年贵阳及周边城市每万人授权专利情况

资料来源：各地区国民经济和社会发展统计公报。

四　贵阳贵安人才兴市推进“强省会”的建议

中国式现代化是创新驱动的现代化，是高质量发展的现代化，也是人才引领、人才支撑的现代化。在开启中国式现代化贵州实践新篇章上，必须加快建立健全人才机制，持续加大重点领域人才开发、搭建人才平台、“筑人才・强省会”品牌塑造，建设区域人才集聚高地，以人才高质量发展夯实“强省会”的智力支撑。

（一）以人才发展体制机制改革强力推进“强省会”

党的二十大报告强调：“着力破解深层次体制机制障碍，不断彰显中国特色社会主义制度优势，不断增强社会主义现代化建设的动力和活力，把我国制度优势更好转化为国家治理效能。”人才发展体制机制改革是全面深化改革的重要组成部分，是党的建设制度改革的重要内容。应围绕人才总量不足、结构不优等突出问题，进一步深化人才发展体制机制，全面激发各类人才创新活力。首先，用好用活人才，建立更为灵活的人才管理机制。充分发挥用人主体在人才培养、引进、使用中的积极作用，进一步推动人才管理部门简政放权，根据需要和实际向用人主体充分授权。用人主体则应建立有效的自我约束和外部监督机制，增强服务意识和保障能力，确保下放的权限接得住、用得好。其次，进一步推进人才评价机制改革，更好地发挥人才评价“指挥棒”作用。根据不同职业、不同岗位、不同层次人才特点和职责，坚持共通性与特殊性、水平业绩与发展潜力、定性与定量评价相结合，分类建立健全涵盖品德、知识、能力、业绩和贡献等要素，科学合理、各有侧重的人才评价标准。如对于企业人才可探索将人才年薪、个税缴纳额度、企业（行业）认可、重大赛事获奖情况等纳入人才评价指标；对符合条件的非公有制领域专业技术人才、高层次人才，可通过“一事一议”等方式直接申报相应级别职称。再次，健全人才顺畅流动机制。打破户籍、地域、身份、学历、人事关系等制约，促进人才资源合理流动、有效配置。最后，完善人才激励扶持机制。强化人才贡献待遇激励和创新创业激励，构建充分体现知识、技术等创新要素价值的收益分配机制，让事业激励人才，让人才成就事业。

（二）以重点领域人才高效开发强力推进“强省会”

面对新一轮科技革命和产业革命的重大机遇，各国都在寻找科技创新的突破口，人才成为寻求突破口的关键。应围绕“四新”主攻“四化”主战略，聚焦大数据、先进装备制造、新能源汽车、健康医药、生态特色食品、文化旅游等产业和教育、医疗卫生、科技等重点领域广纳英才，提升各类人才对产业发展的支撑能力，加快形成产业人才竞争力，汇聚“强省会”的智力支撑。首先，加大新型工业化人才开发力度。坚持市场化导向、产业化目标，紧盯七大重点产业，加大高技能人才、高层次人才培养力度，分行业加快建立一批企业技术中心、工程实验室、博士创新工作站，吸引培养一批制造业基础人才、研发人才、经营管理人才。其次，加大新型城镇化人才开发力度。围绕构建贵阳贵安在黔中城市群中的龙头地位，打造贵阳—贵安—安顺都市圈的新型城镇化空间格局，加快培养引进一批基础设施建设领域和城镇化治理领域人才队伍。再次，加大现代服务业人才开发力度。围绕现代服务业创新发展十大工程，分类制订重点服务产业人才开发专项计划，引导产业发展。如文化旅游业领域加大对导游人员、乡村旅游从业人员、文创产品研发人才、旅游商品研发人才、非遗传承人等从业人员培训力度，造就一支懂技术、善经营、会管理的人才队伍；商贸领域要加大报关员、业务员、外语人才、单证人员等人才引进和培育力度，培育一批通晓国际经济运行规则和法律法规、具有国际市场开拓能力的复合型人才队伍；培养引进一批研发设计服务、创业孵化服务、技术转移服务、检验检测认证服务、知识产权服务等方面的专业人才；等等。最后，加大都市农业产业人才开发力度。围绕现代都市农业发展，聚焦高标准农业种植养殖基地、农产品物流园、农贸市场建设及乡镇休闲旅游产业发展，加快引进一批都市农产品品种开发、育苗培育、疾（疫）病防控、加工处理、保鲜贮运等关键技术研究人才。

（三）以人才发展平台的有效搭建强力推进“强省会”

人才平台是有效集聚人才的重要载体。加强人才平台建设，是推动引才聚才的关键举措。贵阳贵安在以人才兴市推进“强省会”过程中，要积极为各类人才搭建干事创业的平台，让广大优秀人才干事有平台、奋斗有擂台、人生有舞台。首先，加强创新创业平台建设。依托在筑高校、科研院所、创新型企业，引进培育一批科技型领军人才和创新团队，加强青年科技人才培养使用，壮大技术经理人队伍，在重点攻关领域推行“揭榜挂帅”“赛马”等制度；鼓励各类高校、科研机构和企业加强博士工作站、重点实验室、技术创新中心建设。其次，加快打造人才服务平台。积极搭建人才引进、人才交流以及校企合作三大服务平台，做优人才集团和人才园区，打造全国一流人力资源服务企业和人力资源服务产业集群。最后，加快打造人才信息平台。依托市城市运行管理中心，整合用人主体和人才资源数据，加快建设跨部门、跨层级、跨领域数据交换的人才数据中心。

（四）以“筑人才·强省会”品牌塑造强力推进“强省会”

品牌发展是一项系统性工程。深入实施人才“引、育、留、用”四大工程，塑造“筑人才·强省会”品牌，推动人才大汇聚，让各类人才创造活力竞相迸发、聪明才智充分涌流。首先，要进一步优化政策引才。对待急需紧缺的特殊人才，要有特殊政策，不要求全责备，不要论资排辈，不要都用一把尺子衡量，让有真才实学的人才英雄有用武之地。聚焦大学生，开展在黔高校毕业生贵阳贵安就业创业行动，到各高校送岗位、送政策、送服务，提升在黔高校毕业生“留筑”比例，让更多优秀青年人才落户贵阳、扎根贵阳、建设贵阳。其次，完善机制育才。聚合各方力量、各类资源、各种要素，实现企业育才、高校育才和党政机关育才的良性互动，最大限度挖掘和开发现有人才潜能。再次，突出精准用才。“聚天下英才而用之”关键在“用”，核心在“用”。用好人才，一方面要立足专业特长，科学安排岗位，精准匹配职能，使其才华得到释放，潜能得到激发，实现“人尽其才，才尽其用，用有所成”，实现人才与发展同频共振、相促相成。另一方面，要建立以信任为基础的人才使用机制，允许失败、宽容失败，鼓励科技领军人才挂帅出征。最后，强化服务留才。依托“筑人才”App、“人才之家”等线上线下平台，为人才提供“一站式”服务，定期开展专家国情研修、休假疗养等，加快完善各类基础设施和服务配套，全面营造拴心留人优质环境。

参考文献

习近平：《深入实施新时代人才强国战略 加快建设世界重要人才中心和创新高地》，《求是》2021 年第 24 期。

刘毓芸、程宇玮：《重点产业政策与人才需求——来自企业招聘面试的微观证据》，《管理世界》2020 年第 6 期。

倪好：《新时代西部地区高质量发展的人才支撑策略》，《宏观经济管理》2020 年第 8 期。

孙锐：《构建人才引领驱动高质量发展战略新布局》，《人民论坛·学术前沿》2023 年第 21 期。

杨云霞：《为科技强国提供坚实人才支撑》，《人民论坛》2024 年第 5 期。

王永贵、孙豪、武优勐：《中国品牌建设的现状、逻辑与政策——探讨消费升级之路》，《北京行政学院学报》2023 年第 5 期。

尹虹潘、宋晶晶：《行政干预对省会首位度的影响效应——基于全国 25 个省份面板数据的实证分析》，《开发研究》2023 年第 5 期。

孙锐、孙彦玲：《构建面向高质量发展的人才工作体系：问题与对策》，《科学学与科学技术管理》2021 年第 2 期。

B.9

2021~2023年贵阳贵安对外开放推进“强省会”报告

陈 涛 寻 雯*

摘 要： 报告分析了贵阳贵安推进“强省会”的重要意义，对贵阳贵安对外开放推进“强省会”的典型做法及成效进行了分析总结，认为贵阳贵安对外开放推进“强省会”的典型做法是推动贵阳贵安成为全省对外开放主窗口、全省对外开放型经济主通道、全省产业对外开放主平台、“三外”高质量发展主阵地、对外开放改革主战场、数字贸易主力军。通过数据对比发现，贵阳贵安在全国省会城市中进出口贸易首位度居前列，在此基础上，进一步分析了贵阳贵安对外开放推进“强省会”存在对外开放程度待深入、外贸主体培育待加强，以及扩大外经、外贸、外资规模等问题与挑战。在此基础上，提出了加快贵阳贵安对外开放推进“强省会”的对策措施。

关键词： 贵阳贵安 “强省会” 对外开放

实施“强省会”五年行动，是贯彻落实习近平总书记视察贵州重要讲话精神的重大举措。2021年，中共贵州省委、贵州省人民政府印发了《关于支持实施“强省会”五年行动若干政策措施的意见》（黔党发〔2021〕13号），要求通过实施“强省会”行动，全力支持贵阳贵安加快在全省推进“四新”“四化”和高质量发展中作示范走前列。加快发展贵

* 陈涛，贵州师范大学经济与管理学院副教授、博士、硕士生导师，主要研究方向为数字经济、区域经济、创新管理、茶产业；寻雯，贵州师范大学经济与管理学院硕士研究生。

阳贵安开放型经济，是促进产业转型升级、更好融入新发展格局、实现高质量发展的必然要求，全力推动贵阳贵安开放型经济高质量发展，加快打造内陆开放型经济新高地先行区是“强省会”行动的重要内容。贯彻落实省委、省政府“强省会”行动决策部署，贵阳贵安积极布局参与西部陆海新通道建设，主动融入粤港澳大湾区发展，加快沿着“一带一路”走出去，以开放促改革、促发展。积极推动贵阳贵安成为全省对外开放主窗口、全省对外开放型经济主通道、全省产业对外开放主平台、“三外”高质量发展主阵地、对外开放改革主战场、数字贸易主力军，不断探索创新贵阳贵安开放型经济发展的新模式、新业态，努力走出一条有别于沿海、不同于沿边，独具特色、差异化发展的内陆开放型经济新路，推动构建贵阳贵安加快形成更大范围、更宽领域、更高层次的开放格局，为“强省会”注入强劲动能。

一　贵阳贵安对外开放推进“强省会”的重要意义

实施“强省会”行动，是贯彻落实习近平总书记视察贵州重要讲话精神的重大举措，是推动全省高质量发展的战略抉择、是新格局下参与高水平合作竞争的主动选择。全力推进对外开放有利于贵阳贵安加快打造首位度高的省会城市、影响力大的中心城市，有利于推进贵阳贵安在全省围绕“四新”主攻“四化”高质量发展中作示范走前列。

（一）贵阳贵安对外开放助力省会经济实力跃升

贵阳贵安对外开放是推动省会经济实力跃升的关键因素，高水平对外开放，以外循环为贵阳贵安带来经济增长新动力，为省会经济的长远发展奠定坚实基础。通过积极引进外资、扩大进出口贸易、加强与国际市场联系，贵阳贵安为贵州省带来外汇收入、促进本地企业国际化发展、引导参与国际竞争，提高产品质量和服务水平，增强省会经济实力，在全球市场中占据更有利的位置。

（二）贵阳贵安对外开放推动省会产业结构优化升级

贵阳贵安对外开放对推动产业结构优化与升级起到了至关重要的作用。在国际市场不断变化和全球产业链重组的大背景下，贵阳贵安需要积极对接国际产业发展，通过引进先进技术和管理经验，加速传统产业转型升级。在高新技术产业领域，对外开放为贵阳贵安带来了与国际接轨的机遇，有利于促进新一代信息技术、人工智能、新能源等战略性新兴产业发展，提升省会经济的科技含量和附加值，为贵州“强省会”战略注入活力。

（三）贵阳贵安对外开放带动全省区域均衡发展

贵阳贵安对外开放有利于促进省内区域均衡发展。作为省会城市，贵阳贵安通过对外开放吸引大量资源和要素集聚，资源和要素在省会城市得到优化配置后，通过产业链、供应链联动效应，辐射带动周边地区发展，提供接入国际市场机会，促进全省区域均衡发展。

（四）贵阳贵安对外开放增强省会城市影响力

高水平对外开放显著提升贵阳贵安国际化水平和影响力。国际企业、机构和人才涌入，有利于贵阳贵安成为西南地区乃至全国的重要国际交往中心，这不仅为贵阳贵安带来更广阔国际视野和更多创新资源，也促进文化交流与教育合作，使贵阳贵安在全国甚至全球舞台上的声音更加响亮。国际化水平的提升进一步巩固贵阳贵安作为贵州省会城市的地位，为“强省会”战略实施提供更有力支持。

二　贵阳贵安对外开放推进“强省会”做法与成效

推动贵阳贵安成为全省对外开放主窗口、全省对外开放型经济主通道、全省产业对外开放主平台、“三外”高质量发展主阵地、对外开放改革主战场、数字贸易主力军，全面推进贵阳贵安对外开放高质量发展。

（一）推进贵阳贵安成为全省对外开放主窗口

抢抓国家“一带一路”倡议、西部陆海新通道、贵州建设内陆开放型经济试验区升级版及“强省会”行动等重大战略机遇，着力增强对外开放活力创新发展，全面提升对外开放水平。

1. 依托一类航空口岸推进贵阳贵安成为对外开放“主窗口”

依托全省唯一的国家级一类航空口岸，全面推进国际邮政互换局和保税物流中心（B 型）、国际快件中心、国际货运中心、海关综合监管中心等 5 个开放功能平台发展，全面建设进境水果、肉类、冰鲜水产、种子种苗 4 个指定监管场所，形成完备的“1+4+5”口岸体系，为全省实现高水平对外开放提供强有力支撑。

2. 依托大型会展活动推进贵阳贵安成为对外开放“主窗口”

依托中国国际大数据产业博览会、生态文明贵阳国际论坛、中国（贵州）国际酒类博览会、中国—东盟教育交流周、国际山地旅游暨户外运动大会等平台，持续增加贵阳贵安知名度和影响力，努力将“中国（贵阳）夏季会展名城”品牌推向世界，通过特色展贸，打造贵阳贵安成为贵州永不落幕的进博会首选地。

（二）推进贵阳贵安成为全省对外开放型经济主通道

依托西部陆海新通道重要节点城市、国家物流枢纽承载城市，贵阳陆港型、生产服务型国家物流枢纽和国家骨干冷链物流基地，大力推进贵阳贵安口岸枢纽通道建设，不断扩大贵阳贵安货运总量。

1. 夯实贵阳龙洞堡机场区域枢纽功能

创建空港型国家物流枢纽，稳固贵阳龙洞堡国际机场作为全省航空枢纽的中心地位。截至 2023 年，打造区域航空枢纽和客货集散地实现国际国内航线 204 条，开通国际货运航线旅客吞吐量为 1946. 9 万人次、货邮吞吐量 9. 14 万吨，分别列全国及周边省会城市机场第 24 位及第 4 位。

2. 加快贵阳国际陆港建设

加强贵阳都拉营国际陆海通物流港等铁路海关监管作业场所与沿海、沿边和沿江口岸之间的协作，增强枢纽集散能力，推动更多国际班列开行。2023 年，实现出口货物在贵阳国际陆港“一次申报、一次查验、一次放行”，贵阳国际陆港完成集装箱到发 20515 大柜。

3. 稳步提升铁路运输能力

发挥全国十大高铁枢纽城市功能，高质量开行黔粤班列、西部陆海新通道班列、中欧班列等，稳步构建国内国际紧密衔接、物流要素高效集聚、运作服务规模化的物流大通道。截至 2023 年，已累计开行中欧（中亚）班列 26 列、运输标准集装箱 2858 箱，贵阳国际陆港集装箱周转量达 2 万大柜，依托西部陆海新通道，开行西部陆海新通道班列 20 列、运输标准集装箱 1062 箱。

4. 稳步推进公路运输

依托贵遵复线、花安、贵黔、夏蓉等“一横一环十二射”高速路网，成功开行贵阳—越南等地公路卡班，开通“贵安—凭祥—越南”的进出口开放通道，推动贵州本地蔬菜、水果和机械制造等产品出口，同时将越南、柬埔寨、泰国等国家的特色产品引入西南地区，加强与东南亚等国际市场的贸易往来。

（三）推进贵阳贵安成为全省产业对外开放主平台

明确贵阳综保区口岸枢纽型综合保税区、贵安综保区产业基地型综合保税区发展定位，以国家级开放创新平台为主抓手，市场化组建运营管理公司，做大做强开发区重点开放型产业，加快构建开放创新平台联动发展的新格局。

1. 推进综保区建设，助推省会城市成为产业对外开放“桥头堡”

推动综保区成为对外开放平台，扩大省会对外开放，促进产业转型。一是推进贵阳综保区国家进口贸易促进示范区建设，差异化发展电子信息制造、先进装备制造、进境粮油及食品加工等重点产业，积极申建粮食、木材、汽车等海关指定监管场地。二是推进贵安综保区建设产业基地，积极推进与长江三角洲经济区、粤港澳大湾区产业园合作，紧紧围绕全国算力保障基地，新能源汽车、电池及材料生产基地和全国重要的产业备份基地，培育产业集群。三是推进贵安综保区建设加工贸易梯度转移重点承接地，2023年依托“贸易+加工”的新模式，引入柬埔寨蔡进兴大米进口贸易和20万吨保税加工项目，推动优米购“跨境电商1210保税展示+极速配送”模式顺利落地，构建物流配送平台系统，破解与eBay等跨境电商平台物流瓶颈。

2. 推进经开区建设，助推省会城市外贸转型升级

推进贵阳经开区、白云经开区、乌当经开区深入实施主战略，围绕“二主一特”发展产业，推动开发区开放型经济实现“总量翻番、结构优化、质量提升”。2023年，贵阳、贵安两个综保区预计完成外贸进出口271.5亿元，其中贵阳综保区预计完成163.7亿元、同比增长30%，贵安综保区预计完成107.8亿元、同比增长21%，贵阳综保区全国排名从第72位提升至第57位、贵安综保区从第104位提升至第28位。贵阳经开区、白云经开区、乌当经开区获全省开放型经济示范经开区称号。“1+5”平台外贸进出口额占比提升至67%。大数据、航空航天、新能源、新材料等产业逐渐聚链成群。

（四）推进贵阳贵安成为“三外”高质量发展主阵地

推动贵阳贵安以国家与全省重大战略为牵引，进一步优化贸易结构、壮大市场主体、做优特色产业、深化交流合作、拓展海外市场、培育新增亮点，打造外贸、外资、外经高质量发展升级版。

1. 推进贵阳贵安成为外贸主阵地

积极推进传统货物贸易，强化培育推动跨境电商成为贵阳贵安稳定外贸增长、促进转型升级的新引擎。发挥贵阳贵安加工贸易梯度转移承接的核心区域作用。一是推进贵阳贵安成为全省货物贸易主阵地。拓展重点国家市场、挖掘重点产业潜力、提升重点产品增量，加快培育壮大以磷化工、铝加工、电子信息等为核心的外向型产业，扩大机械装备、机电产品、绿色低碳

化工产品、新能源汽车、航空航天零部件、智能手机、集成电路、特色农产品等产品出口。积极打造全省红酒、水果、冰鲜进口集散基地和二手车、茶叶、辣椒制品出口基地等“三进三出”基地。2023 年，贵阳贵安货物贸易进出口 579.6 亿元，占全省进出口额的 76.3%，其中贵阳市完成外贸进出口额 471.66 亿元，贵安新区完成外贸进出口额 107.94 亿元，2023 年贵阳贵安共与 171 个国家和地区经贸往来。二是强化贵阳贵安外贸新业态培育。深化跨境电商综合试验区建设，推动中国（贵阳）跨境电商公服平台正式运营，建设 EWE 保税仓、拼多多西南仓配中心等跨境进口保税仓，2023 年，贵阳贵安跨境电商交易额完成 56.8 亿元。已注册跨境电商企业 34 家，贵阳宁波跨境电商服务联盟成立，打造一批传统企业触“电”出海典型企业。三是推进贵阳贵安发展加工贸易。积极承接东部沿海地区加工贸易转移，加快研发设计中心、物流分拨中心、检测维修中心、销售服务中心等“保税+”平台建设，积极探索“大湾区总部+贵州基地”“大湾区研发+贵州制造”模式等，积极承接储能电池芯片封装测试、SMT 贴片等加工贸易产业转移。2023 年，贵阳贵安加工贸易同比增长 11.6%。

2. 推进贵阳贵安成为外资主阵地

抓实完善招商引资工作机制，进一步用好“招商易”平台，夯实招商基础，优化营商环境，深耕“贵人服务”品牌，加强与各方沟通交流，着力引进大项目、好项目、新项目。一是建立完善招商引资机制。建立外商招引外资推进机制，建好“重大项目直通车”专班协调、政企沟通圆桌会议、“服务管家”等机制，推动与银行、基金等金融机构建立“重点三外企业共享”机制，建立贵阳贵安外资招引项目库及对应目标外商需求库并动态调整。二是积极开展交流活动。优化鼓励利用外资政策措施，积极开展“走出去”“引进来”双向经贸交流活动，带动产品、技术、服务进出口，促进外贸、外资、外经联动发展。2023 年，通过抓实“贵州香港投资贸易活动周”等境外招商活动，贵阳贵安新设 86 家外资企业，投资总额 13.4 亿美元。

3. 推进贵阳贵安成为外经主阵地

推动国际合作与对外承包工程，出台政策支持企业开展境外投资、承接对外承包工程及国际技术服务外包业务等。一是大力推动国际合作。出台税费减免和财政支持政策，引导行业龙头企业延伸产业链条，拓展“贵阳品牌”国际市场空间。围绕化工、装备制造、智能制造等重点领域与共建“一带一路”国家和地区开展国际产能合作。二是推动对外承包工程。发挥贵阳贵安在道路桥梁、水利水电、光伏、风电等领域的勘探设计和工程项目等方面优势，支持中国电建集团贵州工程有限公司、中铁五局、贵阳铝镁设计院等企业，深耕东盟、非洲、中东等传统市场，积极开拓拉美、澳新等新兴市场，承接更多境外工程项目。2023 年，在全球 30 个国家和地区开展对外承包工程，完成营业额 56504.47 万美元。

（五）推进贵阳贵安成为对外开放改革主战场

聚焦贸易便利化改革和投资便利化改革，强化提升服务市场主体水平，编制外贸企业服务卡，聚焦打造“贵人服务”品牌，推进贵阳贵安成为对外开放改革主战场。

1. 推动贵阳贵安贸易便利化改革

围绕退税、人才、监管、服务等多方面，通过提高退税效率，开通绿色通道，提升外贸服务水平，探索“沙盒监管”模式等，多举措推动贵州在多领域开放发展。一是提高退税效率。支持和指导企业申请海关 AEO 认证企业。正常出口退（免）税申报业务平均办理时限低于 6 个工作日，实现出口退税申报无纸化、网上办、迅速批、快退税，利用国际贸易“单一窗口”申报业务应用率达 100%。二是开通“一对一”绿色通道，为机电产品、绿色低碳化工产品、特色农产品等重点出口产品办理退税服务。设立外籍高层次人才绿色服务窗口，建立“一对一”服务模式。探索更加便利的贸易监管制度，扩大金融、科技、医疗、贸易和数字经济等领域开放。三是提升服务外贸水平。编制外贸企业服务卡，开通外贸服务热线，创新实施“预检验+分送集报”模式，聚焦打造“贵人服务”品牌，全面推进“园区事园区办”，提供融资、物流、订单、退税等一站式服务。推动省属、市属高校与重点外向型企业搭建合作平台，招引培育外贸、服贸、跨境电商等领域人才。四是探索实施“沙盒监管”模式。推动跨境电商、外贸综合服务、海外仓等实施“沙盒监管”模式，探索实施搭乘贵阳国际货运班列进口货物境内段运费不计入报关完税价格政策，在满足必要条件下，争取实行6小时内放行的便利措施。

2. 推动贵阳贵安投资便利化改革

优化贵阳贵安营商环境，提升投资便利化水平，全面提高服务外资质量。一是不断深化改革。深入实施外商投资准入前国民待遇加负面清单制度，全面落实“非禁即入”。争取将更多产业纳入《鼓励外商投资产业目录》。建立容缺承诺审批制度，在省级开发区试点开展企业投资项目承诺制改革。二是提升服务外资水平。发挥外资服务管家制度和服务外资企业工作专班作用，健全外资项目跟踪和重点外资企业服务机制。推行外国人办理企业注册、税务服务、签证服务、外国专家服务等涉外一站式政务服务模式，提供法律、海关、涉外金融等特色中介服务。

（六）推进贵阳贵安成为数字贸易主力军

通过推进贵阳贵安以发展数字经济为引领的服务贸易，推进服务贸易创新发展试点建设，积极推进中国服务外包示范城市建设，全面推进贵阳贵安成为数字贸易主力军。

1. 推进贵阳贵安创新发展以数字经济为引领的服务贸易

坚定不移实施“数字活市”战略，紧扣“算力、赋能、产业”三个关键，着力促进国家间、区域间在数据领域交流合作，为“中国数谷”赋能，助力数字经济成为贵阳贵安高质量发展强力引擎。一是加快推进贵阳贵安“国际数字服务贸易港”与“国际服务贸易数据港”连片、融合、错位发展，推动贵安新区加快创建国家级数字服务出口基地，打造数字经济国际合作示范区。二是建设“数字丝绸之路”跨境数据存储和服务中心，进一步推动“前店后厂”产业布局，完善大数据产业生态，打造高水平数字服务产业链、供应链。三是探索构建制造业数字贸易新场景，创新货物在途、在仓、交易、交付等数字化动态追踪管理模式。四是支持贵阳综保区探索开展

“数据海关”服务试点，大力引进一批数字化企业，打造全省首个数字贸易产业园。

2.深入推进全面深化服务贸易创新发展试点建设

探索放宽特定服务领域自然人移动模式下的服务贸易市场准入限制措施，争取“审核发放外国高端人才确认函”权限下放，发挥“科技入黔”主阵地作用，大力推动科技人才、科技企业、科技项目、科研院所入黔，探索建设离岸孵化创新基地。深化省级数字服务出口基地建设，打造“贵”字号数字服务出口公共品牌。培育一批服务贸易特色基地和特色企业。

3.积极推进中国服务外包示范城市建设

鼓励发展大数据、云计算、软件研发、人工智能等信息技术服务外包，支持承接智能工厂、智慧农业、智慧城市、数字政府、远程医疗、网络教育等服务外包业务，扩大离岸服务外包规模。深入实施“万企融合”行动，培育一批信息技术外包和制造业融合发展示范企业。2023 年，白山云、华为云引领作用持续增强，一轶科技、高登世德、航天云网等一批服务外包企业加速发展，世纪恒通在深交所成功上市。

三　主要省会城市对外开放“首位度”比较分析

进出口贸易额与实际利用外资直接反映了省会城市参与全球经济活动的深度与广度，是评估省会城市对外开放程度的两个核心经济指标。省会城市在保持进出口贸易额稳定增长同时，有效提升实际利用外资水平和质量，不仅促进区域经济快速增长，也增强区域国际市场竞争力，为区域实现可持续发展奠定坚实基础。

（一）省会城市对外贸易首位度对比

进出口贸易额是衡量一个地区对外开放水平和国际市场竞争力的关键指标。高进出口贸易额意味着该地区的产品和服务在国际市场上具有较高的认可度和竞争力，能够有效利用全球资源，促进产业升级和技术进步。通过进

口引进国外先进设备、技术和原材料，满足国内生产和消费需求，提升整体经济效率和人民生活水平。因此，持续增长的进出口贸易额是省会城市对外开放水平的直观体现。

2017 年以来，湖南、甘肃、江苏、浙江、湖北、河南、山东、福建、贵州、江西、河北、山西、云南、广西、黑龙江等省（自治区），明确提出“强省会”战略，提升省会城市首位度，做强都市圈，推动全省区域协调发展。其中，贵州、山西、福建、江西、广西、河北、湖南 7 省（自治区）在 2020 年提出“强省会”战略。根据中国统计年鉴分省年度数据、省会城市年度统计年鉴数据，汇总省级与省会城市进出口数据如表 1 所示。

表 1　2023 年省会城市对外贸易首位度对比

位次	省份	省会城市	全省进出口贸易总额(亿元)	省会城市进出口贸易总额(亿元)	省会城市进出口贸易首位度(%)
1	安徽	合肥	8053.95	8052.20	99.98
2	陕西	西安	4051.26	3597.59	88.80
3	青海	西宁	48.58	38.83	79.93
4	山西	太原	1692.60	1349.71	79.74
5	四川	成都	9583.20	7489.80	78.16
6	**贵州**	**贵阳**	**759.70**	**579.39**	**76.27**
7	吉林	长春	1676.41	1225.92	73.13
8	河南	郑州	8108.16	5522.30	68.11
9	宁夏	银川	206.29	130.20	63.11
10	湖北	武汉	6452.17	3606.20	55.89
11	云南	昆明	2588.89	1346.90	52.03
12	湖南	长沙	6196.59	2811.51	45.37
13	海南	海口	2317.82	790.10	34.09
14	甘肃	兰州	493.56	117.40	23.79
15	河北	石家庄	5819.91	1237.10	21.26
16	新疆	乌鲁木齐	3568.27	700.12	19.62
17	江西	南昌	5719.93	1112.90	19.46
18	辽宁	沈阳	7670.93	1469.30	19.15
19	广西	南宁	6934.46	1259.06	18.16
20	福建	福州	19771.21	3435.30	17.38
21	黑龙江	哈尔滨	2982.47	495.32	16.61

续表

位次	省份	省会城市	全省进出口贸易总额(亿元)	省会城市进出口贸易总额(亿元)	省会城市进出口贸易首位度(%)
22	浙江	杭州	49058.74	8030.00	16.37
23	广东	广州	83099.49	10914.28	13.13
24	江苏	南京	52533.36	5659.90	10.77
25	内蒙古	呼和浩特	1965.08	194.40	9.89
26	山东	济南	32673.44	2161.00	6.61

资料来源：2023 年国家统计局和各省会城市统计年报，其中，出口额采用境内货源地出口总额（亿元）、进口额采用境内目的地进口总额（千美元），汇率换算按照国家统计年鉴进出口美元金额与《贵阳统计年鉴 2023》贵州进出口人民币金额换算。

从总体上看，西部地区省会城市进出口贸易首位度普遍较高，发达地区省会城市进出口贸易首位度普遍较低，充分说明西部地区进出口贸易更集中在省会城市，发达地区进出口贸易在全省更均衡分布，具体到城市，省会城市进出口贸易首位度，贵阳处于全国第 6，比同期提出“强省会”战略的省会城市福州、南昌、南宁、石家庄、长沙对外贸易首位度高，从对外贸易首位度看，说明在对外开放推进“强省会”方面，贵阳贵安“强省会”战略走在前列。

（二）省会城市利用外资首位度对比

实际利用外资不仅反映了外资对该地区投资环境的认可程度，也是推动当地经济发展、技术进步和产业升级的重要动力。外资的引入带来了资金、技术、管理经验和市场渠道，促进本土企业与国际接轨，增强国际竞争力。外资项目创造更多就业机会，提升劳动力技能，促进经济结构优化升级。因此，实际利用外资的规模和质量，是衡量一个城市对外开放水平的重要标尺。

根据省级统计年鉴数据、省会城市年度统计年鉴数据，汇总省级与省会城市实际利用外资数据如表 2 所示。

表 2　2023 年省会城市实际利用外资首位度

位次	省份	省会城市	全省实际利用外资(亿美元)	省会城市实际利用外资(亿美元)	省会城市实际利用外资首位度(%)
1	青海	西宁	0. 22	0. 22	99. 91
2	内蒙古	呼和浩特	8. 36	8. 35	99. 91
3	安徽	合肥	20. 8	20. 65	99. 30
4	湖北	武汉	27. 3	27. 05	99. 08
5	甘肃	兰州	1. 4	1. 03	73. 69
6	云南	昆明	8. 5	5. 49	64. 59
7	海南	海口	32. 6	20. 30	62. 27
8	湖南	长沙	14. 4	8. 77	60. 90
9	吉林	长春	5. 5	3. 33	60. 55
10	浙江	杭州	202. 3	88. 30	43. 65
11	**贵州**	**贵阳**	**5. 0**	**1. 82**	**36. 40**
12	辽宁	沈阳	33. 8	12. 10	35. 80
13	河南	郑州	7. 5	2. 40	32. 00
14	广西	南宁	12. 2	3. 81	31. 26
15	广东	广州	228. 6	68. 64	30. 03
16	福建	福州	43. 1	9. 20	21. 35
17	江苏	南京	253. 4	49. 40	19. 49
18	河北	石家庄	17. 5	3. 20	18. 29
19	黑龙江	哈尔滨	2. 6	0. 44	16. 82
20	江西	南昌	12. 8	2. 00	15. 63
21	山东	济南	175. 3	24. 80	14. 15
22	陕西	西安	14. 7	1. 78	12. 11
23	宁夏	银川	4. 1	0. 45	10. 88
24	四川	成都	34. 9	3. 25	9. 32
25	山西	太原	12. 8	0. 40	3. 14
26	新疆	乌鲁木齐	6. 8	0. 09	1. 29

说明：数据不包括北京、上海、天津、重庆、西藏。

资料来源：根据 2023 年各省份统计发展公报整理。

2023 年实际利用外资总额上，贵阳在全国 26 个省会城市中排名第 19。而省会城市实际利用外资首位度，贵阳排名全国第 11，在全国处于中间偏前位置，低于同期提出“强省会”战略的省会城市长沙。而实际利用外资约占全省的 36%，比重并不低，从利用外资首位度看，贵阳贵安对外开放推进“强省会”也是明显的。

（三）省会城市进出口贸易绝对值和增速对比

同样整理 2023 年省会城市对外贸易绝对值对比数据如下，如表 3 所示，2023 年进出口总额上，贵阳在全国 26 个省会城市中排位 21，在增速上排位全国第 14。经过筛选比较还可发现，在西部成都、西安、昆明、南宁、贵阳、乌鲁木齐、呼和浩特、兰州、银川、西宁 10 个省会城市进出口贸易绝对值增速中，贵阳排在第 4 位。总体反映出贵阳虽然进出口首位度较高，但进出口总额绝对值不高，与其他省会城市相比位次偏后，增速即便在西部省会城市中也是中等水平，做大贵阳进出口贸易是重要挑战。

表 3　2023 年省会城市进出口贸易绝对值对比

2023 年进出口总额			2023 年比 2022 年增长		
位次	省会城市	进出口总额(亿元)	位次	省会城市	增长率(%)
1	广州	10914.28	1	乌鲁木齐	36.32
2	杭州	8030.00	2	海口	30.46
3	成都	7489.80	3	哈尔滨	28.00
4	南京	5659.90	4	西宁	19.81
5	郑州	5522.30	5	长春	11.00
6	武汉	3606.20	6	呼和浩特	6.00
7	西安	3597.59	7	杭州	6.15
8	合肥	3588.13	8	沈阳	4.46
9	福州	3435.30	9	武汉	2.10
10	长沙	2811.51	10	石家庄	0.16
11	济南	2161.00	11	广州	-0.31
12	沈阳	1469.30	12	合肥	-0.63
13	太原	1349.71	13	济南	-2.17
14	昆明	1346.90	**14**	**贵阳**	**-2.35**
15	南宁	1259.06	15	福州	-6.06
16	石家庄	1237.10	16	太原	-8.00
17	长春	1225.92	17	郑州	-9.02
18	南昌	1112.90	18	南京	-10.05
19	海口	790.10	19	成都	-10.26

续表

2023 年进出口总额			2023 年比 2022 年增长		
位次	省会城市	进出口总额(亿元)	位次	省会城市	增长率(%)
20	乌鲁木齐	700.12	20	长沙	-15.16
21	**贵阳**	**579.39**	21	南宁	-16.62
22	哈尔滨	495.32	22	银川	-16.86
23	呼和浩特	194.40	23	南昌	-17.29
24	银川	130.20	24	西安	-19.59
25	兰州	117.40	25	兰州	-30.45
26	西宁	38.83	26	昆明	-32.57

说明：数据不包括北京、上海、天津、重庆、西藏。

资料来源：根据 2023 年各省、市统计发展公报整理。

总结而言，从上述省会城市进出口额首位度及其绝对值比较、实际利用外资首位度及其绝对值来看，可以发现，贵阳贵安在全省的对外开放中扮演重要角色，但全国范围内仍有提升空间。第一，贵阳贵安进出口贸易额在全省的高占比，充分说明了贵阳贵安在推动全省对外开放、促进经济交流方面的重要地位，体现了“强省会”战略在对外开放方面的显著成效。第二，贵阳贵安实际利用外资在全省占比达到36.4%，表明贵阳贵安在推动全省对外开放、吸引外资方面发挥着举足轻重的作用，为全省的经济发展注入了动力。第三，从全国范围来看，贵阳贵安的进出口贸易额绝对值与实际利用外资的绝对值排名较低，反映了贵阳贵安需要不断优化贸易结构，提高产品附加值，加大对外开放力度，增强对外资吸引力，提升城市对外开放竞争力。

四 贵阳贵安对外开放推进“强省会”问题与挑战

虽然贵阳贵安对外开放推进“强省会”取得明显成效，但结合贵阳贵安对外开放实际情况，以及全国省会城市对外开放首位度对比分析，发现贵阳贵安对外开放推进“强省会”仍然存在对外开放力度待加大、外贸主体能力待加强，以及外经、外贸、外资规模待增大等问题与挑战。

（一）贵阳贵安对外开放力度待加大

贵阳贵安还存在对外开放程度待深入、对外贸易和投资体制待完善、省会国际化人才储备待加强，区域协作水平待提高等问题，贵阳贵安需以制度型开放为重点，进一步加大对外开放力度，提升省会城市吸引力。

1. 对外开放程度待深入

一是开放型制度创新需要进一步加强，缺乏吸引海外资源能力。二是省会城市主要依赖传统的出口模式，在国际市场上知名度和影响力有限。三是金融服务、法律咨询等领域的专业水平和服务质量待提升，贸易金融供应链缺乏，限制了“黔贸贷”业务规模拓展。

2. 对外贸易和投资体制待完善

外贸业务涉及海关、税务、金融、市场监管、公安、工信等职能部门，协调机制还需完善。企业对外投资机制和盈利模式还不成熟，对海外市场缺乏足够了解和把握，在海外市场信息高度不对称情况下，企业外贸交易难度加大。

3. 省会国际化人才储备待加强

省会在国际化人才储备方面还存在明显不足。主要表现在高端人才缺乏，由于缺乏足够国际化人才支持，省会在对外经贸合作、外资引进等方面面临诸多挑战。

4. 区域协作开放水平待提高

省会与周边省份之间的经济协作程度不高，区域之间在产业布局和发展方向上缺乏有效协调机制，导致资源配置不均衡等问题。省会推动省内开放型经济合作水平待提高。外贸主体缺乏合作动力，企业之间合作少，合作方式单一，缺乏跨界或跨行业合作，限制了产业开放发展。

（二）贵阳贵安外贸主体能力待加强

贵阳贵安还存在企业品牌在国际市场上影响力不大、部分传统企业在外贸上尚未开展业务、外贸企业拓展新业务形态普遍不足、“专精特新”外贸企业培育力度不足等问题，需要加快培养外贸主体国际市场竞争能力。

1. 外贸企业在海外品牌影响力普遍不大

贵阳贵安重点外贸企业在品牌推广和市场营销方面的投入相对有限、品牌知名度和美誉度不高，对海外市场研究不够深入，难以准确把握消费者需求和市场动态。

2. 部分传统企业需要在外贸上实现基础性突破

贵阳贵安一些传统优势企业主体外贸参与度不强，对国际市场了解不足，缺乏外贸人才和经验，缺乏开拓海外市场的动力和能力。

3. 外贸企业拓展跨境电商业务普遍不足

跨境电商业务规模相对较小，参与企业数量有限，海外仓建设滞后，数量不足且分布不均衡，影响了物流配送效率和客户体验，难以满足不同国家和地区消费者的个性化需求。

4. “专精特新”外贸企业培育力度不足

在资金投入、技术创新等方面对“专精特新”企业的扶持力度不够，企业发展受到一定限制，缺乏完善的创新创业生态体系，制约“专精特新”企业对外发展。

（三）贵阳贵安“三外”规模待增大

贵阳贵安还存在对外贸易总体规模待增大、外资投资贵阳贵安总体规模不大、对外投资与合作总量规模待提高等问题，贵阳贵安需要在“三外”规模上进一步发力。

1. 外贸总体规模待增大

一是传统商品外贸规模待增大。2023 年，从周边省份来看，广西优势产品同比增速均在 30%以上，云南优势产品出口分别列全国第 2 和第 8 位，贵阳贵安出口同比增长 15%，与周边城市相比，出口产品规模待增大。二是贸易新业态动能还不强。2023 年，贵阳市跨境电商占全市进出口总值的 4.35%。仅有少量跨境电商企业通过虾皮等平台拓展东南亚市场业务，存在货量少、散等问题。三是多元化的国际市场待开拓。与贵阳贵安货物贸易往来排名前 4 的国家和地区分别是：中国香港、印度尼西亚、中国台湾、印度，货物贸易伙伴集中度较高，广阔境外市场待开拓。

2. 外资总体规模待提高

一是省会城市吸引外资能力待加强。贵阳贵安 2023 年吸引外资 2.21 亿美元，整体数额不大。二是投资结构待调整。外商企业重点在资源和原材料，以及在文体娱乐商业服务行业投资，对省会制造业和外贸进出口贡献度不大。

3. 外经总体规模待增大、结构待优化

2023 年，贵阳贵安非金融类直接投资仅有 11 家企业，且所有直接投资和对外承包工程集中于央企和省属国企，对外投资民企占比明显不足。

五　贵阳贵安对外开放推进“强省会”对策建议

全力推动贵阳贵安自由贸易区先行区建设，推动制度型开放，持续壮大开放型产业规模，用好国家级、国际化各类平台，大力发展外贸新业态新模式，加大省会外贸主体培育力度，以省会城市高水平对外开放，示范带动全省对外开放。

（一）全力推进贵阳贵安自由贸易区先行区建设

鼓励贵阳贵安根据全省发展需要，对照高水平国际自贸区标准，在更广领域、更深层次为全省对外开放探索经验，吸收先行自贸试验区制度创新成果，形成西部自由贸易新亮点。

1. 推进贵阳贵安自由贸易区先行区产业合理布局

依托贵阳贵安空港陆港联动发展区位优势，加强物流枢纽建设，不断提升贵阳贵安产业开放水平。各区（市、县）围绕产业重点发展方向，瞄准国内外市场和消费需求，深挖资源禀赋和产业发展潜力，找准主导产业，确保主导产业产值占比始终保持在 40%以上。依托大数据科创城，全力打造数字产业聚集区、数字场景应用示范区。加大贵阳贵安开放力度，允许和鼓励外资设立商业企业、金融机构，丰富贵州省对外开放型产业布局。

2. 进一步推进贵阳贵安外来投资自由化便利化

健全外商投资服务保障机制，切实保障外商投资企业依法公平参与政府采购、招投标、标准制定等事项。推行以负面清单管理为核心的外商投资管理制度，聚焦“1+7+1”重点产业，支持采取“平台+园区”“机构+企业”的共享开放合作发展模式，探索建设国别产业合作园区。

3. 进一步推进贵阳贵安对外贸易自由化便利化

主动对接进出口企业，落实跨境电商海外仓货物出口退（免）税政策，积极申报设立跨境电子商务综合试验区，搭建跨境电商发展平台，推动对外贸易进出口稳步增长。

4. 进一步提升贵阳贵安对外投资合作水平

完善对外投资管理，提升非金融类境外投资的便利化水平。建设企业“走出去”窗口和综合服务平台，引导企业参与东南亚及对共建“一带一路”国家开展对外投资，与全省产业衔接、产能互补、协同发展。

（二）持续聚焦贵阳贵安打造全省内陆开放型经济新高地先行区

持续聚焦贵阳贵安建设完善开放型特色产业体系，持续壮大开放型产业规模，用好各类平台，积极开拓 RCEP、“一带一路”市场，大力发展转口贸易、离岸贸易、跨境电商等外贸新业态新模式，持续聚集打造内陆开放型经济新高地先行区。

1. 持续聚焦贵阳贵安建设完善开放型特色产业体系

夯实开放型产业基础，加快转型升级，依托东数西算工程，促进数字经济创新发展，健全因地制宜发展新质生产力机制，构建具有贵阳贵安特色的现代化产业体系。一是做大做强传统优势产业。筑牢贵阳贵安在磷化工等方面的优势，大力发展高端磷肥、精细磷化工等，大力发展电子信息制造产业，发挥绿色生态优势，提高重要农产品标准化、规模化、品牌化水平，加快推进特色食品、中药材等精深加工产业发展。二是加快转型升级。着力在关键核心技术、新动能培育方面补齐短板，提升产业基础能力和产业链水

平。积极参与国家重点实验室体系重组，支持有实力的大型企业、科研平台（院士工作站、博士后流动站）强化科研创新和成果转化，加快推动传统产业转型升级，因地制宜发展新质生产力。三是推动数字经济创新发展。抓住“东数西算”工程战略机遇，加快推进国家大数据综合试验区和贵阳大数据科创城建设，打造具有比较优势的数字产业集群。积极参与“数字丝绸之路”，加快探索“大数据+服务贸易”新业态新模式，积极争取在数字人民币、数字服务出口领域获国家级试点示范，做强“贵”字号数字贸易品牌。

2. 持续聚焦贵阳贵安综合物流枢纽建设

加快打造全省功能最完善、西南地区有重要影响力的航空口岸。强化对外铁路通道建设，提升贵阳国际陆港运营水平。强化对外公路通道建设，构建贵阳—东南亚的公路跨境物流体系，打造干支相通的内河航道体系，推动黔中航运中心建设。强化货运枢纽能力建设，采用“口岸+保税+航空+班列+卡班”联动模式，推动“公铁空水”高效联动。

3. 持续聚焦贵阳贵安开放平台建设

一是做优产业平台。坚持“三大产业集群”产业定位，围绕重点产业，实现差异化、错位化、集群化发展，做强做大“国字号”开放平台。二是做优活动平台。创新方式办好各类大会活动，更加突出活动的国际化、项目化、市场化，推动活动影响力持续向招商吸引力转化。三是做优实体平台。不断深化“东部总部+贵州基地”“东部研发+贵州制造”“东部企业+贵州资源”“东部市场+贵州产品”等合作模式，加强产业导入和项目招引，全力打造贵阳贵安对外开放协作平台。

（三）加大贵阳贵安外贸主体培育力度

加大贵阳贵安外贸企业培育力度、加强外贸人才队伍梯队建设，不断提升省会城市外贸竞争能力，助力贵阳贵安对外贸易高质量可持续发展。

1. 加大贵阳贵安外贸龙头企业培育力度

聚焦优势产业进行培育，在多领域打造不同类型外贸龙头企业，提升企业数字化能力，增强生产与市场能力，健全协调沟通机制与金融机构信息共享机制等服务机制。一是聚焦优势产业培育外贸龙头企业。加快在大数据电子信息、新能源电池及材料、酱香白酒、现代化工、工程机械、商贸物流等领域培育一批外贸龙头企业。聚焦生产型外贸企业、外贸代理企业、服务贸易企业、跨境电商等骨干外贸企业，力争培育一批50亿元、百亿级龙头企业。二是提升企业数字化能力。鼓励外贸企业应用数字化技术手段开展智能化、个性化生产，建立客户订单数据库，实现订单精细化运营，全面提高生产智能化水平，全面提升市场反应、开拓能力。三是健全服务龙头外贸企业工作机制。健全重点外贸企业“直通车”制度，建好“重大项目直通车”专班协调、政企沟通圆桌会议、“服务管家”等机制，推动与银行、基金等金融机构建立“重点三外企业共享”机制，及时解决企业困难，进一步优化外贸主体发展环境。

2. 加大贵阳贵安中小企业培育力度

加强出口能力建设，培育“小巨人”企业，提升出口产品本地化比例，培育服务贸易创新型企业，加快跨境电商主体的引进培育，推动外贸新模式探索发展。一是加强中小企业出口能力建设。加大政策支持力度，支持电子元器件、基础部件、新材料、健康医药等领域中小企业走“专精特新”路线，培育一批出口竞争力强的“小巨人”企业。二是提升出口产品本地化比例。引导和鼓励流通型出口龙头企业与本地制造业企业深度对接，提高采购本地出口产品比重。三是培育服务贸易产业创新型企业。用好贵阳中国服务外包示范城市等试点示范政策支持，加快发展以华为云、白山云等离岸外包为主的服务贸易，带动催生一批服务贸易产业创新型企业。四是加快引进和培育一批跨境电商主体，推动“跨境电商+海外仓”模式发展。建设完善中国（贵阳、遵义）跨境电子商务综合试验区“六体系、两平台”，深化安顺跨境电商零售进口试点，推进保税跨境贸易电子商务、跨境贸易电子商务等跨境电商新模式发展。

3. 加强外贸人才队伍梯队建设

推动省属、市属高校与重点外向型企业搭建合作平台，招引培育外贸、服贸、跨境电商等领域人才。支持省内相关普通高校、职业院校加强国际贸易相关学科专业建设，加强对报关、跟单、物流、营销等外贸领域实用型人才培养。积极组织内外贸企业开展与外贸技能相关的脱产、脱岗培训，进一步扩大外贸人才专业队伍。

（四）发挥省会综合能力推进全省对外开放

贵阳贵安应进一步通过发挥省会统筹市场与资源能力、发挥省会对外开放主通道作用、发挥省会对外开放主平台作用，推进全省经济高质量开放发展。

1. 发挥省会统筹市场与资源能力

利用省会开放平台推动产业升级与贸易，发挥省会在区域合作中的引领作用，促进各地市与省会交流合作，构建产业共同体，提升全省经济开放水平。一是强化省会的市场集聚与资源配置功能。充分利用省会市场优势，集聚资金、技术、人才等各类资源，通过优化市场环境，吸引更多企业投资，联动各地区形成全省统一商品市场和要素市场，促进全省商品和服务流通。二是利用省会平台推动全省产业升级与贸易，推动全省产业升级，增强国际竞争力。三是发挥省会在区域合作中的引领作用。利用省会影响力，推动各地市与省会之间合作与交流，鼓励地区与省会城市探索构建产业共同体，形成紧密合作关系，实现资源共享和优势互补，提升全省经济实力和开放水平。

2. 发挥省会对外开放主通道作用

发挥铁路、公路、航空、水路主通道作用，建密铁路网，优化公路互通体系，增加航线航班，推进通航设施和港口建设，带动全省经济在开放格局下发展。一是发挥铁路主通道作用。以西部陆海新通道和沪昆通道为骨架，以贵阳贵安为主通道，建密贯通全省高速铁路和普速铁路网，不断完善铁路网络布局。二是发挥公路主通道作用。以高速公路和国省道为骨架，深度推进公路对接协同铁路、民航、水运等运输方式，优化完善互通交通体系。三是发挥航空主通道作用。以贵阳枢纽航空为基点，连接支线机场，有序推进通用机场建设，形成枢干支联动发展的机场格局，增加重要境外客货运航线航班，不断扩大全省境外客流物流量。四是发挥水路主通道作用。加快推进乌江沙沱、红水河龙滩枢纽 1000 吨级通航设施项目，推进沿线港口建设。

3. 发挥省会对外开放主平台作用

一是发挥省会对外开放口岸平台作用。推进贵州各地内陆国际物流枢纽和口岸高地建设，以高水平对外开放“桥头堡”，推进全省经济开放发展。二是发挥省会展会主平台作用。高水平办好重大开放活动。充分发挥省会辐射带动作用，通过展会形成与省会产业上下游协同效应，促进各地区之间文化交流与合作，增强全省凝聚力和向心力，推进全省均衡发展。

参考文献

周玉龙、杨一诺：《“强省会”行动：历史、逻辑与成效》，《城市问题》2024 年第 3 期。

胡荣涛：《加快打造国际一流航空货运枢纽服务内陆开放新高地建设》，《党政干部论坛》2024 年第 2 期。

李增翔：《奋力推进“强省会”行动舞好全省高质量发展的“龙头”》，《发展》2024 年第 2 期。

白明：《建设更高水平内陆开放型经济试验区》，《当代贵州》2024 年第 11 期。

曾鹏：《打造内陆开放型经济新高地》，《当代贵州》2023 年第 35 期。

专题报告

B.10
中国省会城市经济发展比较研究

彭绪庶　张 笑*

摘　要： 省会城市是区域经济发展的重要引擎。近年来，我国多个省份先后实施“强省会”行动，激发省会城市优势，做大做强省会城市。本文概述了经济总量持续增长、发展水平稳步上升、虹吸效应明显等省会城市经济发展的总体特征。从宏观经济、经济结构、城镇化水平三个方面具体比较了我国27个省会城市的经济发展状况，在此基础上提出省会城市经济发展存在省域内各市发展不均衡，出现“一市独大”现象，省会城市间发展出现分化态势、区域间不均衡等突出问题。针对现有问题提出了“强省会”与“多中心”并举，省域内各城市差异化发展，构建区域协调发展新机制，注重地区特性，以区域发展战略助力省会城市发展等相应的政策建议。

关键词： 省会城市　城市经济　都市经济　“强省会”行动

---

* 彭绪庶，中国社会科学院数量经济与技术经济研究所信息化与网络经济研究室主任、研究员、博士生导师，主要研究方向为数字技术创新与创新政策、数字经济；张笑，中国社会科学院大学数量经济与技术经济系博士研究生，主要研究方向为数字技术创新与创新政策。

我国已经由高速发展阶段转入高质量发展阶段，经济发展的空间结构发生深刻变化，中心城市和城市群正在成为承载发展要素的主要空间形式。2019年中央经济工作会议指出："要增强中心城市辐射带动力，形成高质量发展的重要助推力"，显示了中心城市对周边城市发展的示范、引领和带动作用。中心城市具有良好的资源环境承载条件和经济发展基础，在吸引人才、资金、技术等方面具有优势，各类要素向中心城市集聚的趋势较为明显，通过聚集各类要素，充分发挥经济的规模效应，同时对周边城市产生溢出效应，辐射带动周边地区的经济发展。在我国区域经济发展过程中，省域经济占据重要地位，省会城市是省域经济乃至区域经济发展的中心，以省会城市为中心城市形成的经济网络，对省内人力、物力和财力等资源有较强的虹吸作用，能自发吸引更多的资源不断流入，加强资源集聚效应，促使周边要素进一步自主地向省会城市加速流动，提高经济效益和资源利用的充分性。我国区域发展总体战略的推进很大程度上是通过大城市和城市群来实现的，省会城市经济的发展不仅关系城镇格局的优化，还有利于解决城镇化过程中的就业、住房等民生问题，以点带面，促进区域经济协调发展。从发展情况来看，省会城市发展优势不断增强，动力极化趋势明显，杭州、南京、武汉、郑州、成都、西安等省会城市发展势头较好，形成了推动高质量发展的区域增长极。

为深入落实创新驱动发展战略，促进区域高质量发展，安徽、陕西、湖北、四川等省份相继出台一系列行政措施，通过调整行政区划、撤县设区、人才引进等多种政策来提高省会城市竞争力，做强省会城市。2021年，河北、江苏、山东、江西、广西、海南、黑龙江等省份陆续发布"十四五"规划纲要并将"强省会"行动纳入其中，主张集中资源优先发展省会，旨在通过加大对省会城市的支持力度，彰显省会担当，增强省会功能，强化省会城市对全省经济和创新的带动和辐射作用。"强省会"行动已成为多个省份的共同选择，成为助力经济发展的"空间推进器"。

一　省会城市经济发展总体概况

省会城市是各地区的龙头城市，是支撑省域经济高质量发展的增长极和动力源。经过多年发展，省会城市经济总量保持持续增长态势，是全国经济的重要贡献者；发展水平稳步提高，是区域发展的重要引擎；城市吸引力较强，城镇化水平较高，汇聚大量人才，是创新要素的重要聚集地。

（一）经济总量持续增长，是区域经济发展的重要支撑

省会城市是区域经济发展的重要支撑。“十三五”以来，我国省会城市经济发展迅速，地区生产总值总量增加显著，2016~2023 年间，我国 27 个省份[①]省会城市地区生产总值总量持续增加，年均增长率 7.64%，总体实现较快增长。从区域经济贡献份额来看，2023 年，省会城市地区生产总值总量占全国的 21.61%，比 2016 年略有降低，但是，2016~2023 年间，省会城市地区生产总值总量占全国的比重连年稳定在 21%以上，是全国 GDP 的重要贡献者（见图 1）。

图 1　2016~2023 年省会城市地区生产总值总量变化

资料来源：国家统计局。

① 不包含北京、天津、上海、重庆和港澳台地区。

省会城市经济实力大多处于本省领先地位。以省会城市地区生产总值占本省比重来衡量省会城市地区生产总值首位度的变化，总体来看，我国中西部地区省会城市首位度普遍较高，沿海地区省会城市的首位度则相对较低。2016 年，地区生产总值首位度超过 30%的城市有 11 个，这些城市大多位于中西部，其中，占比超过 35%的有银川（58.16%）、长春（57.41%）、西宁（55.27%）、哈尔滨（51.30%）、成都（36.73%）、拉萨（36.23%）、武汉（35.72%），地区生产总值首位度在 20%~30%的省会城市有 14 个，地区生产总值首位度小于 20%的只有 2 个；2023 年，10 个省会城市地区生产总值首位度超过 30%，其中，占比超过 35%的有长春（51.75%）、银川（50.53%）、西宁（47.41%）、南昌（39.36%）、成都（36.71%）、武汉（35.86%）、西安（35.55%）、拉萨（34.89%），地区生产总值首位度在 20%~30%的省会城市有 13 个，地区生产总值首位度小于 20%的有 4 个城市，虽然部分城市地区生产总值首位度有所下降，但是南京、杭州、福州、济南、海口、合肥、郑州等城市的地区生产总值首位度有所增加，如合肥上升 3.09 个百分点，济南上升 2.74 个百分点。2016~2023 年，27 个省会城市地区生产总值首位度平均值均高于 25%，整体水平较高（见表 1）。

表 1　2016 和 2023 年省会城市地区生产总值首位度变化

单位：%

所处区域	地区	2016 年	2023 年	所处区域	地区	2016 年	2023 年
西部	呼和浩特	23.01	15.44	东部	石家庄	20.82	17.14
	南宁	22.98	20.11		南京	13.58	13.59
	成都	36.73	36.71		杭州	23.94	24.30
	贵阳	26.78	24.65		福州	20.93	23.79
	昆明	26.27	26.20		济南	11.12	13.86
	拉萨	36.23	34.89		广州	23.79	22.37
	西安	32.85	35.55		海口	30.75	31.23
	兰州	32.78	29.39	中部	太原	24.74	21.69
	西宁	55.27	47.41		合肥	23.85	26.94
	银川	58.16	50.53		南昌	23.68	39.36
	乌鲁木齐	25.53	21.79		郑州	20.16	23.03
东北	沈阳	27.20	26.89		武汉	35.72	35.86
	长春	57.41	51.75		长沙	30.33	28.66
	哈尔滨	51.30	35.11				

资料来源：国家统计局。

（二）发展水平稳步上升，是区域经济发展的重要引擎

省会城市经济发展水平稳步提升，主要经济指标稳中向好，居民生活水平持续改善。2016～2023 年，27 个省会城市人均地区生产总值持续增长，2022 年，27 个省会城市人均地区生产总值约为 11.28 万元，高出全国水平 2 万多元，比 2016 年增长了 32.27%①；27 个城市城镇居民人均可支配收入的均值为 5.3 万元，农村居民人均可支配收入的均值为 2.5 万元，相比 2016 年分别增长 45.78%和 61.41%，均超过全国水平②。

从实体经济主体来看，省会城市拥有较为完善的基础设施，聚集全省多数经济资源，吸引大量企业在此投资建厂、开展业务。2016～2022 年，27 个省会城市规模以上工业企业数量保持在 4.5 万家以上，企业利润总额均超过 1 万亿元，占全国的比例分别为 12%以上和 15%以上（见图 2），省会城市已成为吸引企业聚集、促进区域经济增长的重要引擎。

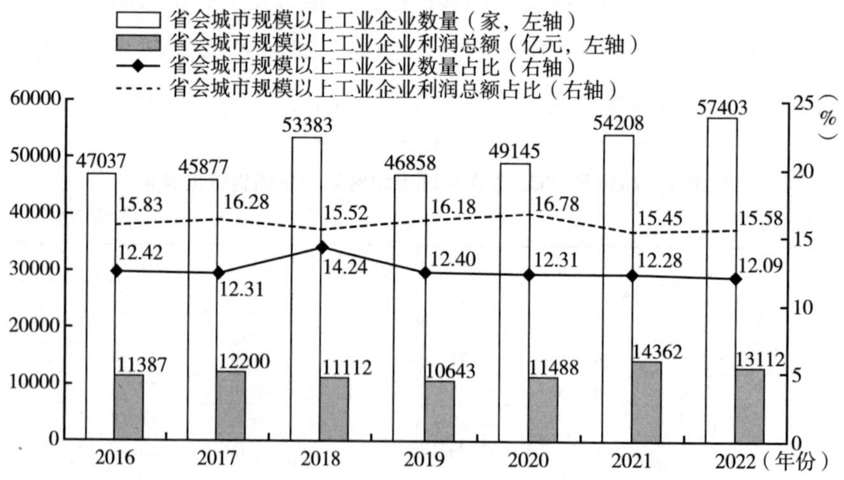

图 2　2016～2022 年省会城市规模以上工业企业数据

资料来源：《中国城市统计年鉴》。

---

① 根据 27 个省会城市地区生产总值和常住人口数计算得到，资料来源各省份统计年鉴。

② 资料来源：各省份统计年鉴。

（三）虹吸效应明显，是区域创新要素的重要聚集地

常住人口数量是衡量城市经济发展活力和人才吸引力的重要指标，省会城市作为我国城镇化建设的重要一环，相比其他地级市拥有独特的行政优势和资源优势，是吸纳人口流入的主力军。2016~2023 年，省会城市常住人口总人数持续增长，常住人口城镇化率持续提升。2023 年，省会城市常住人口总数超过 2.3 亿人，与 2016 年相比增加了 4500 多万人，增幅达到 24.04%，占全国总人口的比重由 2016 年的 13.69%上升至 16.78%（见图 3）。

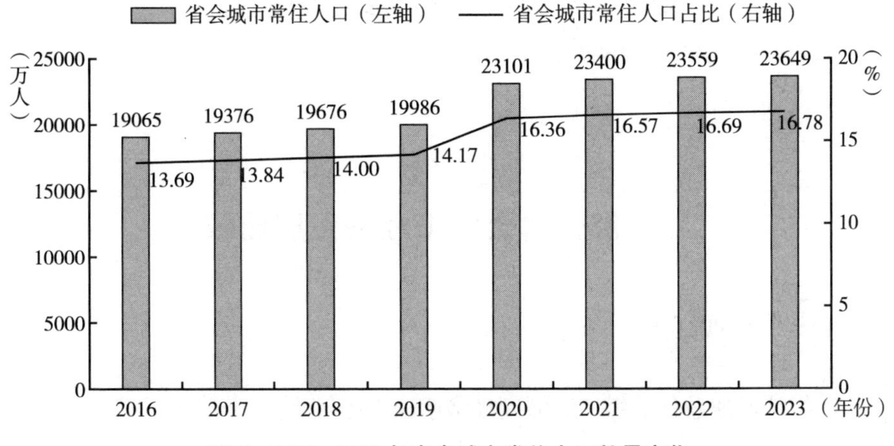

图 3　2016~2023 年省会城市常住人口数量变化

资料来源：各省份统计年鉴。

创新的产生需要人才、资金等创新要素，而省会城市往往是创新要素的聚集地。人口向省会城市的大量聚集容易产生集聚效应，促进产业的发展和就业水平的提升，促进知识的溢出。此外，高校、科研院所、创新型企业大多位于省会城市，进一步提升了城市的创新能力和创新水平。从专利授权量来看，2016~2022 年，省会城市专利授权总量由 38.06 万项增加到 107.00 万项，占全国专利授权量比例由 21.70%提升至 24.75%，省会城市已成为创新活动的主阵地（见图 4）。

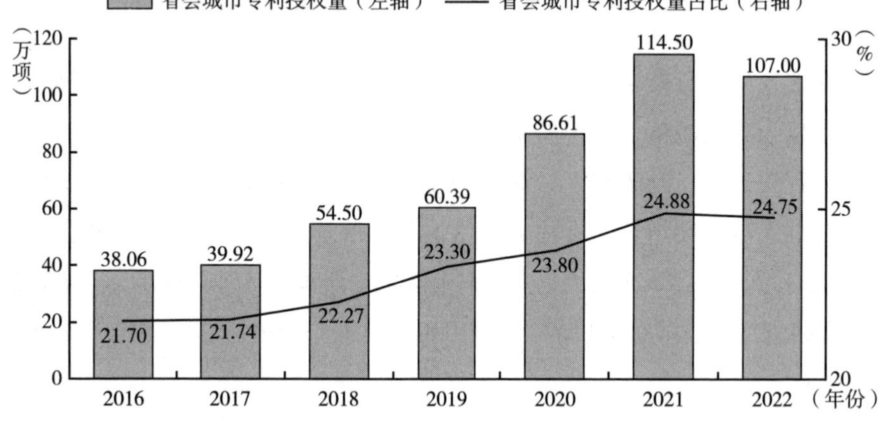

图4　2016~2022年省会城市专利授权量变化

资料来源：历年《中国城市统计年鉴》。

二　部分省会城市经济发展比较

（一）宏观经济

1. 经济增速总体放缓，区域间经济增速差距较大

2016~2023年，各城市地区生产总值同比增长率呈现不同程度的波动，总体来看，多数省会城市经济增速放缓。2023年，26个省会城市地区生产总值实现不同程度的增长，而长春市地区生产总值较上一年有所下降；从增长率来看，2023年同比增长率较上年多为减少，石家庄、西安增长率高于上一年。横向来看，2016~2023年，在27个省会城市中，福州、合肥、拉萨、济南、西安、太原、海口、昆明、成都、杭州、乌鲁木齐等11个城市年均增长率高于全国水平（7.77%），经济实现较快增长，其中，福州的年均增长率最高（11.08%），哈尔滨的年均增长率最低（-1.28%），两者之间相差12.36个百分点，区域间经济增速差距较大（见图5）。

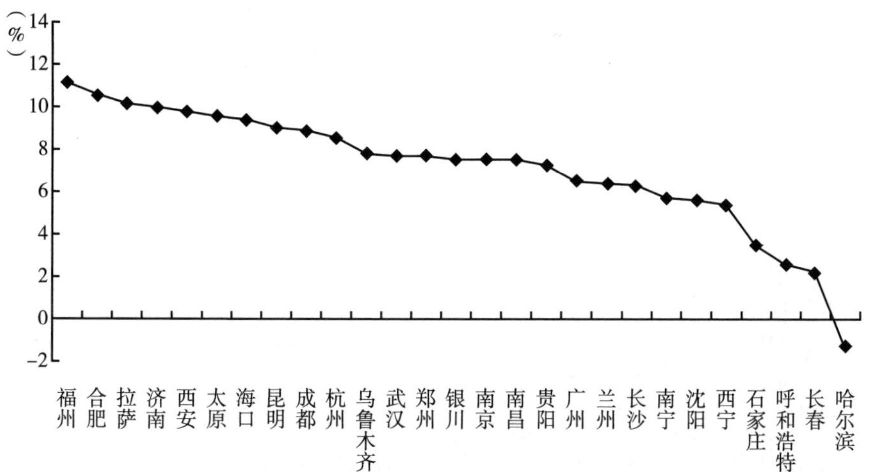

图 5　2016~2023 年 27 个省会城市地区生产总值年均增长率

资料来源：根据国家统计局数据计算所得。

2. 经济规模总体上升，地区间经济总量呈现梯度差异

2016~2023 年，省会城市地区生产总值总量不断增长。2016 年，地区生产总值超过 1 万亿的城市有广州、成都、武汉、杭州、南京 5 个城市，而到了 2023 年，地区生产总值超过 1 万亿的城市增加到 11 个，大多位于东部地区，分别是广州、成都、杭州、武汉、南京、长沙、郑州、福州、济南、合肥、西安，这些城市所在的省份，也刚好是 GPD 排名靠前的省份，是典型的“强省份+强省会”组合，省会强提升了省份的综合竞争力，而省份强也支撑着省会城市的发展。此外，2023 年，地区生产总值位于 5000 亿~10000 亿城市有 9 个，位于 5000 亿以下城市有 7 个，不同区间城市经济总量差距较大，如排名最前的两个城市广州和成都之间的地区生产总值总量相差 8000 多亿，而位于大于 10000 亿区间最后一位的西安和位于 5000 亿~10000 亿第一位的沈阳，两者地区生产总值总量相差 3700 多亿。分区域来看，2023 年，位于东部、中部、西部、东北地区的省会城市经济总量分别占 27 个省会城市经济总量的 38.75%、27.51%、25.99%、7.76%，地区间的经济总量呈现明显的梯度差异。从增量来看，

2016~2022 年，地区生产总值增量排名前十的城市分别是广州、成都、杭州、武汉、南京、福州、合肥、济南、西安、郑州，经济发展水平高的城市，发展劲头也强（见图 6）。

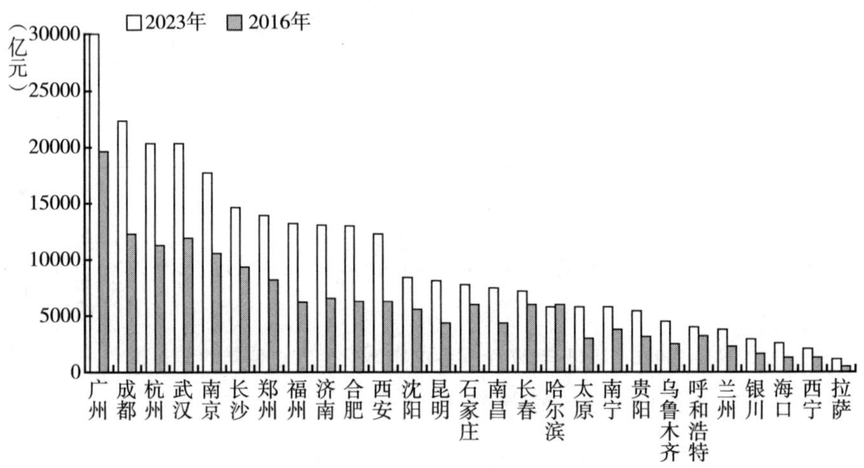

图 6　2016 和 2023 年 27 个省会城市地区生产总值对比情况

资料来源：国家统计局。

省会城市经济实力的增长，与“强省会”行动的实施密不可分。如安徽是较早开始实施“强省会”行动的省份，与省会城市合肥是典型的“弱省份+弱省会”组合，2011 年的“巢湖三分”，增加了合肥市的城市面积和人口数量，不仅扩大了合肥的城市发展空间，还优化了马鞍山、芜湖等周边城市的空间布局，合肥城市圈初具雏形，提高了合肥的辐射带动能力，加速了要素、资源向省会的聚集，经济迅速发展，经济总量持续增加，2016~2023 年地区生产总值年均增长率达到 10.57%，位于省会城市第三，带动安徽省地区生产总值从 2016 年的第 13 位上升至 2022 年的第 10 位，增幅达到 71.22%；山东和济南是“强省份+弱省会”的组合，山东省经济规模常年位于全国前三，其省会城市济南的地区生产总值总量虽然位于省会城市前列，但是由于省内其他各市经济发展强势，济南在省内的经济地位并不明显，地区生产总值首位度仅在 10%左右，2017 年，山东省提出要“充分发挥省会优势，将省会建设摆在突出位置，举全省之力推进省会战略”，济南市经济保持稳定增长，经济总量于2020年突破万亿大关，2016~2023年，地区生产总值年均增长率为10.03%，在27个省会城市中名列前茅。

3. 经济水平稳步提高，区域经济发展不均衡

2016~2023年，省会城市按常住人口计算的人均生产总值水平稳步提高。2023年，18个城市人均生产总值超过全国水平（约8.9万元），南京、广州、杭州、福州、武汉、拉萨、长沙、济南、合肥、南昌等15个城市人均生产总值超过10万元，与2016年比较，大多实现不同程度的增长。按2023年人民币兑美元平均汇率计算，有24个城市人均生产总值超过1万美元，其中，南京、广州、杭州、福州、武汉5个城市超过2万美元。分区域来看，东部地区城市经济发展水平最高，广州、南京、杭州的人均生产总值在2016~2023年一直位于省会城市中的前三位，济南、福州虽略有波动，但一直位于前十位的水平，2023年，南京、广州、杭州、福州、济南的人均生产总值分别位于第1位、第2位、第3位、第4位和第8位，表明东部地区省会城市的经济实力强劲；中部地区省会城市发展较为均衡，2016~2023年，中部6城市人均生产总值基本位于前10的位置，合肥的人均生产总值增幅最大，为56.39%，接下来是太原的50.67%，同时，太原的人均生产总值排名也是本地区变动最大的，从2016年的第17位上升至2023年的第14位；西部地区一些省会城市异军突起，如成都、乌鲁木齐、呼和浩特等的人均生产总值位于前15的位置，经济水平提升迅速；东北地区城市发展较为缓慢，2016~2023年，长春和哈尔滨人均生产总值变动不大，沈阳的人均生产总值呈现持续增长趋势，增幅为25.78%（见图7）。2016~2023年，绝大多数省份与该省省会的人均GDP差距都略有缩小。在全部27个城市中，省会与全省人均生产总值差距扩大的有合肥、福州、济南、拉萨4个城市，其中，合肥的差距最大，2023年超过5万元，差距下降的有23个，这说明，大部分省份的经济发展较为均衡，经济资源并没有全部向省会城市集中。

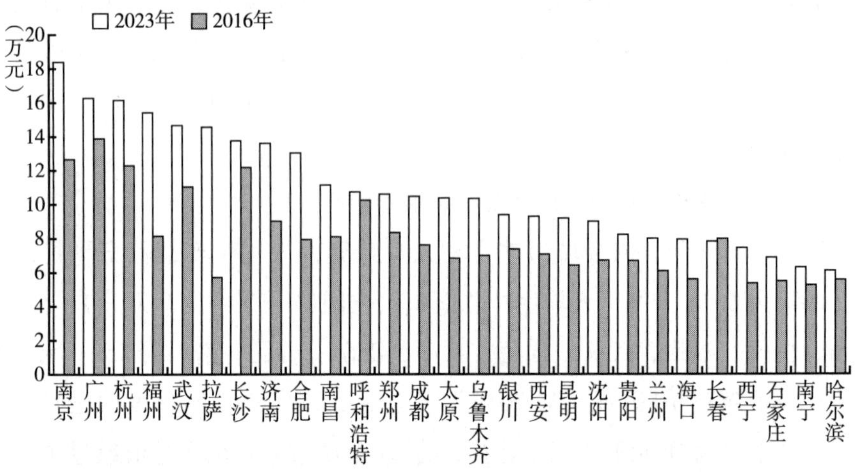

图7　2016年和2023年27个省会城市人均生产总值对比情况

资料来源：国家统计局。

省会城市财政收入呈现"东高西低"的总体特征。2016~2023年，一般公共预算收入超过1000亿元的省会城市从6个增加为8个，且多为东部经济发达地区省会城市或中西部省会城市。东部地区经济发达，人口持续流入，经济效益和财政收入水平高。2023年，东部7个城市一般公共预算收入总量最多，其中，杭州、广州、南京、济南等城市均超过1000亿元，与2016年相比，2023年一般公共预算收入最高的杭州，增幅超过80%，一般公共预算收入占本省的比重超过30%；年均增长率最快的海口，一般公共预算收入占本省比重接近25%，同时，区域内差异较大，收入最高的杭州与最低的拉萨之间相差2500多亿元；2023年，中部地区超过1000亿元的城市有郑州、武汉、长沙，其中，武汉、长沙一般公共预算收入占全省的比重较高，分别为21.37%和36.51%，此外，区域间发展差距较大，武汉作为中部地区一般公共预算收入最高的城市，具体数额是收入较低的太原、南昌的3倍多；西部地区和东北地区经济发展较弱、人口流出，一般公共预算收入相对较低，超过1000亿元的仅有成都一座城市，该区域省会城市往往集政治、经济、文化、交通等多个中心于一身，集聚效应和虹吸效应明显，

2023 年，成都、拉萨、西宁、银川、长春的一般公共预算收入占全省比重超过 30%（见图 8）。

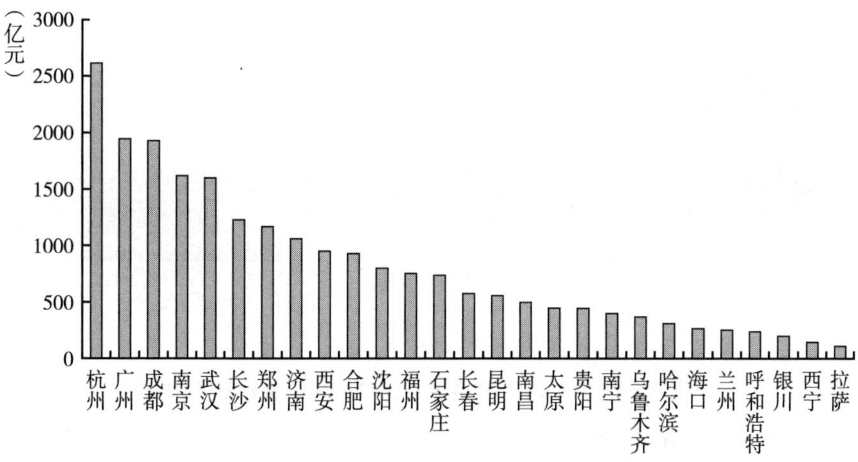

图 8　2023 年 27 个省会城市一般公共预算收入

资料来源：《中国统计年鉴》。

从人均财政收入来看，依旧呈现“东高西低”的分布特点。东部地区、中部地区的财政状况差异较小，东部地区的人均财力更高，这与东部地区更发达的经济水平相适应，而西部、东北地区之间的差异较小。2022 年，以常住人口计算的人均财政收入超过 1 万元的城市有杭州、拉萨、南京、长沙、武汉、济南 6 个城市，其中有 3 个位于东部（见图 9）。东部地区的人均财政收入为 1.16 万元，中部地区为 0.96 万元，西部地区为 0.65 万元，东北地区为 0.51 万元。与 2016 年相比，东部地区上升 21.16%，中部地区上升 0.58%，而西部地区和东北地区分别下降 8.26% 和 3.09%，东部地区显示出更高的人均财力增长，与西部、东北地区的人均财力差距进一步扩大，地区间财力不均衡和经济发展不平衡现象仍然突出。

2023 年，13 个省会城市城镇常住居民人均可支配收入超过全国水平（51821 元），18 个省会城市农村常住居民人均可支配收入超过全国水平（21691 元）（见图 10），城乡收入水平稳步提高，与 2016 年相比实现不同

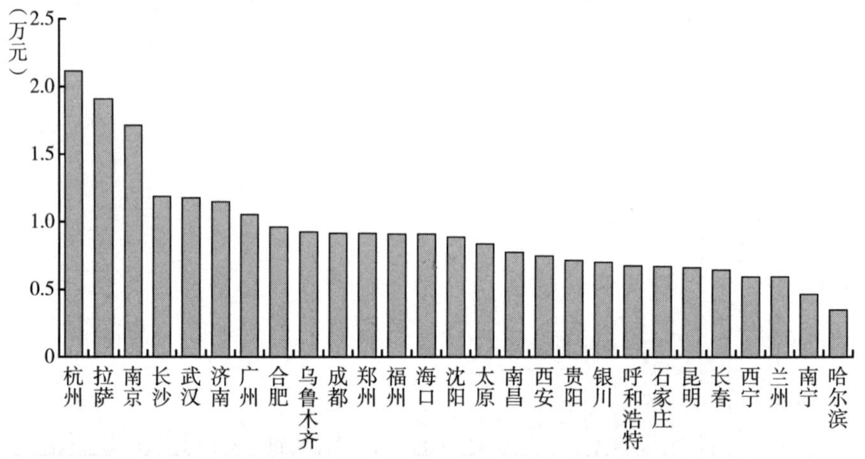

图 9　2022 年 27 个省会城市人均一般公共预算收入

资料来源：《中国统计年鉴》。

程度的增长。从增速来看，省会城市农村人均可支配收入年均增速高于城镇人均可支配收入年均增速，城乡差距进一步缩小。东部地区经济发展良好，居民富裕程度高，杭州、广州、南京等的城乡人均可支配收入均位于前列，且与其他城市存在较大差距，其中，南京城镇居民可支配收入增长速度最快，年均增长率 7.38%，增幅达到 53.32%，广州农村人均可支配收入增长速度最快，年均增长率 9.16%，增幅达到 69.22%；西部地区省会城市中，拉萨城乡居民可支配收入增长速度最快，城镇人均可支配收入年均增长率 9.84%，增幅达到 75.59%，农村人均可支配收入年均增长率 12.13%，增幅达到 98.77%；中部地区省会城市中，合肥城镇居民可支配收入增长速度最快，年均增长率 8.29%，增幅达到 61.26%，南昌农村人均可支配收入增长速度最快，年均增长率 10.40%，增幅达到 81.04%；东北地区长春的城镇居民可支配收入增长速度最快，年均增长率 5.67%，增幅达到 39.23%，沈阳农村人均可支配收入增长速度最快，年均增长率 7.63%，增幅达到 55.41%。

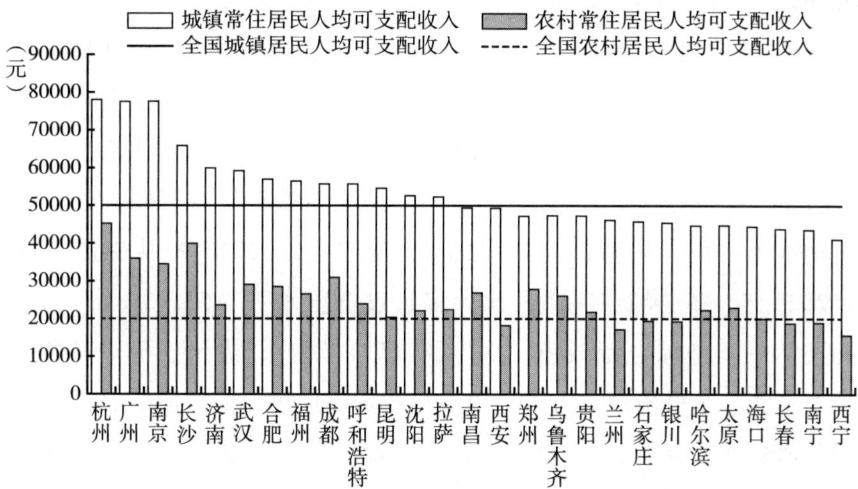

图 10　2023 年 27 个省会城市城乡常住居民可支配收入

资料来源：国家统计局、各市统计公报。

（二）经济结构

1. 产业结构不断优化，存在地区差异

产业结构变动是一个不断趋于高级化的进程，党的十八大以来，我国经济发展步入新阶段，经济结构战略性调整和转型升级加快推进，产业结构不断升级优化。2016~2023 年，省会城市第三产业占比持续提高，绝大多数城市呈现“三二一”的产业格局，如广州、杭州的三、二产业占比接近 7∶3，南京的三、二产业占比接近 6∶4；合肥、长春实现“二三一”向“三二一”的转变；南昌、银川还处于“二三一”阶段，但第二产业与第三产业之间的差距正逐渐缩小。具体地，从第一产业占比来看，2023 年，省会城市占比大多较低，一产占比超过全国水平（7.40%）的城市有石家庄（7.86%）、南宁（11.54%）、长春（8.17%）、哈尔滨（12.24%），由于东北地区土壤条件适合农业耕种，哈尔滨、长春两个城市的第一产业比重相对较高，其中，哈尔滨在省会城市中一产占比最高；从二产占比来看，2023 年，二产占比超过全国水平（39.76%）的城市有太原

（44.26%）、南昌（48.38%）、郑州（40.01%）、长沙（40.03%）、银川（49.76%）、长春（39.96%）6个城市，主要分布在中部，这些城市多处于工业化中期后半阶段和工业化后期前半阶段，第二产业占比较低的城市有两类，一类是工业化基础良好，拥有门类齐全的现代工业体系，如广州（27.42%）、哈尔滨（23.41%），另一类是工业基础相对薄弱，处于工业化中期前半阶段，如海口（19.02%）、南宁（22.67%）；从三产占比来看，2023年，省会城市三产占比大多超过全国水平（53.93%），也可分为两类，一类是综合型城市，如广州（71.47%）、杭州（68.19%），具备信息资源、金融资源、人才资源、科技资源优势，商贸服务、金融服务等现代服务业发达，已经形成了现代化城市产业体系，一类是旅游型城市，如海口（76.30%），旅游资源丰富，随着经济的发展，在缺乏工业资源的基础上选择优先发展服务业，服务业快速发展，逐步成为城市经济的支柱产业（见表2）。

表2　2016和2023年省会城市产业结构变化

单位：%

所处区域	地区	一产占比		二产占比		三产占比	
		2023年	2016年	2023年	2016年	2023年	2016年
东部	石家庄	7.86	8.11	32.87	45.45	59.26	46.44
	南京	1.87	2.40	35.90	39.20	62.24	58.39
	杭州	1.85	2.69	29.97	36.42	68.19	60.89
	福州	5.55	7.94	37.84	41.80	56.61	50.26
	济南	3.50	4.85	34.76	36.24	61.75	58.90
	广州	1.10	1.22	27.42	29.42	71.47	69.35
	海口	4.64	5.08	19.02	18.57	76.30	76.35
中部	太原	0.86	1.31	44.26	36.12	54.87	62.57
	合肥	3.15	4.31	36.59	50.70	60.26	44.99
	南昌	3.46	4.17	48.38	52.98	48.17	42.85
	郑州	1.44	1.95	40.01	46.46	58.56	51.59
	武汉	2.52	3.28	35.60	43.88	61.88	52.84
	长沙	3.23	3.92	40.03	47.81	56.74	48.26

续表

所处区域	地区	一产占比		二产占比		三产占比	
		2023 年	2016 年	2023 年	2016 年	2023 年	2016 年
西部	呼和浩特	4.84	3.58	34.73	27.87	60.47	68.56
	南宁	11.54	10.82	22.67	38.54	65.81	50.65
	成都	2.82	3.90	30.76	42.99	66.41	53.11
	贵阳	4.10	4.80	35.30	39.10	60.50	56.00
	昆明	4.34	4.66	32.00	38.61	63.67	56.73
	拉萨	3.61	3.55	38.90	38.31	57.49	58.12
	西安	2.82	3.71	35.45	35.12	61.73	61.17
	兰州	1.94	2.67	34.42	34.90	63.64	62.44
	西宁	3.83	3.14	37.59	47.72	58.58	49.14
	银川	3.63	3.62	49.76	51.04	46.61	45.34
	乌鲁木齐	0.80	1.14	29.10	28.63	70.10	70.22
东北	沈阳	4.35	4.88	37.49	39.11	58.15	56.01
	长春	8.17	5.47	39.96	49.27	51.86	45.26
	哈尔滨	12.24	11.33	23.41	31.09	64.35	57.59

资料来源：《中国统计年鉴》。

2. 进出口贸易总量增加，外向型经济发展向好

2023 年，省会城市货物进出口总额达到 69089 亿元，占全国进出口总额的 16.55%。东部地区作为传统外贸重地，依旧发挥着“挑大梁”作用，2023 年，东部地区省会城市进出口总额占 27 个省会城市总额的 46.89%，其中，出口 20173 亿元，进口 12055 亿元，贸易顺差 8118 亿元，广州的进出口总额超过 1 万亿元，远超其他省会城市，杭州、福州的进口额和出口额均超过 1000 亿元，广州受益于外贸产业强大供给能力，对外贸易经济最为发达，出口额和进口额分别占东部地区省会城市出口总额和进口总额的 32.23%和 36.60%；中西部省会城市外贸经济快速发展，不断涌现新增长点，2023 年，中部地区和西部地区省会城市进出口总额分别占 27 个省会城市总额的 26.04%和 22.45%，其中，郑州、成都进出口总额超过 5000 亿元，

分别占中部地区和西部地区省会城市进出口总额的30.69%和48.29%，合肥、武汉、福州、西安进出口总额位于3000亿~5000亿元，均位于省会城市前十的位置，中西部多个城市已成为对外贸易的新高地；东北地区进出口总额增长较为缓慢，且主要以进口为主，2016~2023年，东北地区三个省会城市的进出口总额年均增长率为7.23%，2023年，沈阳、长春进出口总额超过1000亿元（见图11）。

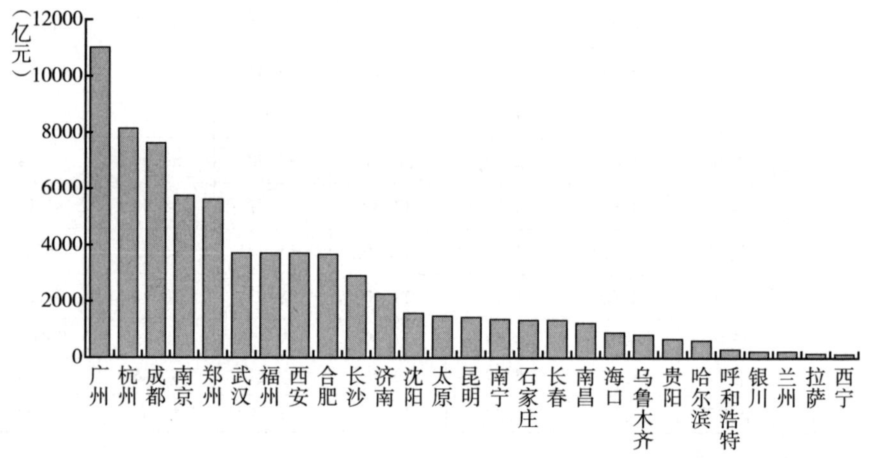

图11　2023年27个省会城市货物进出口总额

资料来源：《中国统计年鉴》。

（三）城镇化水平

省会城市是我国城镇化体系的重要一环，也是城镇化过程中人口流入的主要方向。2023年，27个省会城市城镇化率均高于全国水平（65.22%），18个城市城镇化率超过80%，其中，乌鲁木齐的城镇化率达到97%（见图12）。相比2016年，各省会城市城镇化率均有不同程度地提高，已实现高度城镇化的城市，如广州，近几年城镇化率增长缓慢，处于快速城镇化阶段的城市，如长春，城镇化率增长较快。

从具体的常住人口数量来看，省会城市人口变动呈现明显的地区差异，总体呈现"东高西低、南多北少"的格局。2023年，省会城市常住

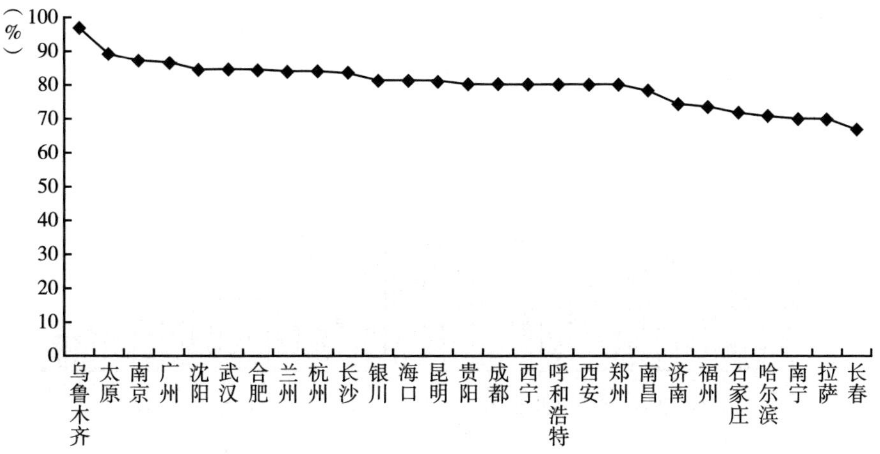

图12　2023年27个省会城市常住人口城镇化率

资料来源：各省会城市统计公报。

人口数量大于年末户籍人口数量，人口以流入为主，主要的人口流入城市有杭州、郑州、武汉、长沙、广州、成都等，人口流动不再一味追求“北上广深”等一线城市，而是开始更多地选择去往中西部地区的“新一线”或二线城市。27个省会城市中，有8个城市常住人口超过1000万，与2016年相比增加了3个，成都是唯一一个常住人口超过2000万大关的省会城市，比2016年增加了548.54万人，增量最大；12个城市常住人口在500万~1000万，这类城市与地区生产总值位于5000亿~10000亿元的城市重合；而低于500万人口的城市主要在西部地区（见图13）。与2016年相比，常住人口同比增速超过30%的有杭州（36.29%）、济南（30.47%）、郑州（33.77%）、长沙（37.51%）、广州（34.06%）、海口（33.80%）、成都（34.46%）、贵阳（36.32%）、西安（48.07%）、银川（32.72%）。分区域来看，各区域常住人口总量在扩大，但是东部地区和东北地区省会城市常住人口比重出现下降，中西部地区常住人口比重有所提高，中西部地区人口流入增多，省会城市是重要的人口聚集区。

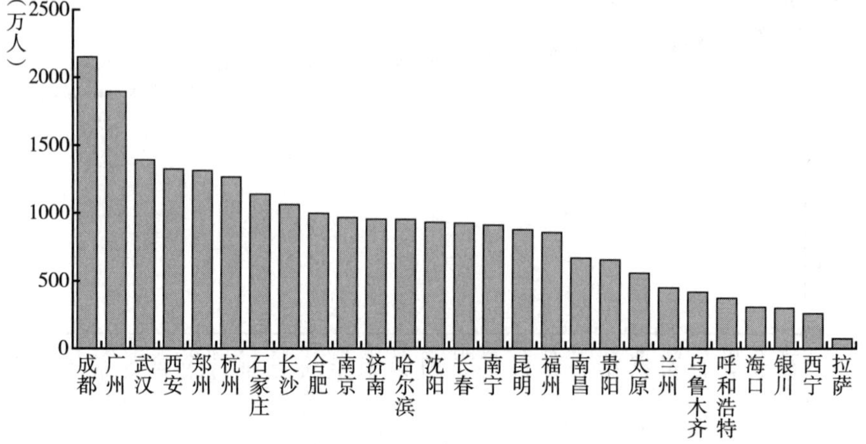

图 13　2023 年 27 个省会城市常住人口数量

资料来源：各省会城市统计公报。

三　省会城市经济发展存在的问题

（一）省域内各市发展不均衡，出现“一市独大”现象

“一市独大”现象通常指在某个省份或地区内，省会或某个大城市的经济规模和发展水平远远超过其他地区，形成一种经济集中度过高的局面。省会城市相比于省内其他城市，具有一定的发展优势：一是资源配置差异，省会城市作为行政、经济和文化中心，通常拥有更完善的基础设施、更高效的公共服务和更优质的教育资源，这些优势资源吸引人才、资金、企业等从周边地区向省会城市单向流动，导致资源配置在空间上的失衡；二是经济集聚，经济活动倾向于在市场较大、配套服务较完善的地方集中，省会城市的市场规模和服务能力往往远超周边地区，使得资本、技术和人才等生产要素向省会城市聚集，从而形成强大的经济增长点；三是政策倾斜，政府为了推动经济发展，往往会为省会城市提供更多的政策支持，如税收优惠、土地供应便利、财政补贴等，这些政策倾斜使得省会城市的投资环境更加优越，进

一步吸引外部资本和高端产业落户。省会城市的快速发展对省内其他城市的人才、资金、技术等资源产生虹吸效应，使得资源快速向省会城市集中，周边城市原有的人才、资金等资源大幅度流失，造成资源分布的扭曲，既不利于省会城市自身的转型升级，也不利于周边城市发展，加剧区域发展的不平衡。

省份的经济发展水平和省会城市首位度呈现明显的负相关关系，即省会首位度越高，该省份的经济发展水平越低。在 27 个省份中，省会首位度最高的银川、长春、西宁，其所在的省份 GDP 并不高（见图 14），这说明，这类省会城市在本省具有绝对的经济优势，但并没有对周边城市和全省经济的发展起到明显的带动作用，相反还拉大了其与其他城市的差距，加剧了省域内各市发展的不平衡。

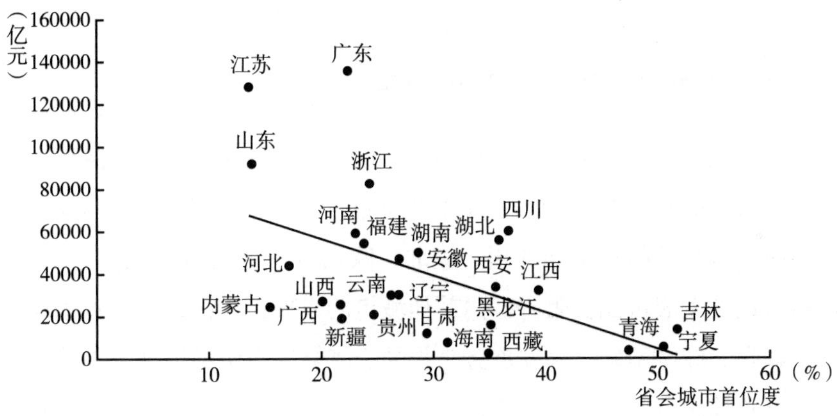

图 14　2023 年省份 GDP 与省会城市首位度的关系

资料来源：国家统计局。

（二）省会城市间发展出现分化态势，区域间不均衡现象突出

我国省会城市发展呈现分化态势。分区域来看，东部地区省会城市的整体经济发展水平高，实力强劲，吸引大量人才、资本、产业资源，如杭州、南京、广州等强势城市，地区生产总值、财政收入、人才流入量、城镇化水

平等都位于前列，是省会城市发展中的第一梯队；中西部地区一些省会城市如成都、长沙、武汉等发展迅速，各项经济指标位于省会城市前列，但其余城市发展较为靠后，区域发展不均衡；东北地区省会城市发展进入衰退阶段，哈尔滨、长春、沈阳的地区生产总值和常住人口排名均有所下降，哈尔滨人口数量甚至出现负增长，表明东北地区的省会城市吸引力在下降。分南北来看，省会城市发展呈现“南强北弱”的分化格局，2023 年，地区生产总值排名前 10 的省会城市中，有 8 个是南方城市，仅有 2 个是北方城市，与 2016 年相比，南方城市的排位维持不变或偶有上升，而北方城市如长春、沈阳、哈尔滨等排位下降，表明南方城市比北方城市的发展更为稳固。

四　政策建议

（一）“强省会”与“多中心”并举

因地制宜，“强省会”与“多中心”并举，增强省会等中心城市与省内其他中小城市的互联互通，形成大中城市带动中小城市协同发展的城市圈。对于中西部有条件的省份如四川、湖北、陕西等，省会城市在本省 GDP 首位度高，过度发展可能会阻碍省内其他城市的发展，因此，要有意识地选取承载力较强、经济基础好、发展势头强劲、能够支撑带动区域发展的潜力城市，培育省域副中心城市，构建梯级增长动力源，对省会城市无暇顾及的区域起到辐射引领带动作用，避免“一市独大”，推动省域协调发展。对于中西部的经济弱省份来说，如青海、甘肃等，经济体量不大，发展水平不高，如果一味地实施“强省会”行动，在政策推动力和集聚吸引力的双重作用下，各种要素和资源持续不断地往省会城市汇聚，进一步拉大省内不同城市间的差距，无法实现带动所在省域经济发展的目的，甚至出现两极分化的情况，不利于整体经济发展水平的提升。对于这类城市，一方面，要适当继续实施“强省会”行动，减少束缚省会大城市的各种制度性壁垒，扫清阻碍各类资源在城市之间的流动障碍，在进行资源分配时适当突出重点，积极制定各类优惠政策，突出省会在省域发展中的龙头功能，增强省域吸引力，扭转人口流失局面，鼓励省会城市做大做强，增“强省会”城市规模和集聚能力，进而激发省会城市对省内其他城市的溢出效应；另一方面，按照地区特色，将一部分发展资源分配到所在省内其他城市，给予其他城市更多发展机会，实现省域经济相对均衡发展。对于东部经济强省来说，如山东、江苏等，省会城市首位度不高，省内经济强市众多，仍有打造“强省会”的空间，要区分好省会与经济强市之间的功能定位，进一步加强省会城市与其他城市的联系，充分发挥省会城市的省会功能和其他城市的经济功能，带动省域综合竞争力进一步提升。

（二）省域内各城市差异化发展，构建区域协调发展新机制

充分结合各个城市的地域特征与资源禀赋，找到城市特色，发挥自身优势，差异化发展。加强省级层面的顶层设计，明确各城市战略功能定位，科学规划，合理化产业布局，构建大中小协同、上下游协作的城市群产业共同体，保障中小城市的发展潜力，增强省会城市和省内其他中小城市的协调，引导不同城市走各具特色的差异化高质量发展道路，形成优势互补、分工明确、竞争有序的区域产业链，提升产业链韧性。此外，依托省会城市，强化政府间协商、规划协调、政策协同、社会参与等合作机制创新，完善跨市域基础设施与公共服务建设，打破城市群一体化壁垒，促进人口和经济要素有序集聚和流动，激活各方市场主体的积极性，构建区域协调发展的新机制，推动省会城市、中心城市、其他中心城市协调发展，实现省域内一体化市场建设，促进城市之间优势互补联动发展，形成推动全省发展的强大合力。

（三）注重地区特性，以区域发展战略助力省会城市发展

“十四五”规划和2035年远景目标纲要指出，要深入实施区域协调发展战略，“以中心城市和城市群等经济发展优势区域为重点，增强经济和人口承载能力，带动全国经济效率整体提升”。因此，应响应国家区域发展战略，立足地区特性，以区域发展战略助力省会城市发展：建设好长江经济带

重要节点的省会城市，长江经济带东部地段的杭州、南京、合肥是长三角城市群一体化的重要支撑，中部地段的南昌、武汉、长沙是中部地区崛起战略的重要支撑点，西部地段的成都、昆明、贵阳是西部开发的战略支撑点，应根据相应的战略要求，制定发展规划；对于南昌、南宁等带动作用不强的南方城市，要围绕当地比较优势合理引入和布局产业，提升发展质量和效率，而对于郑州、西安等占据经济优势的北方城市，要加大支持力度，打造北方地区新的经济中心城市；对于西宁、拉萨等发展相对滞后、生态承载力较弱的西部地区，要注重生态保护，充分考虑当地资源环境承载力，促进当地经济健康有序发展。

参考文献

习近平：《推动形成优势互补高质量发展的区域经济布局》，《奋斗》2019 年第 24 期。

张航、丁任重：《实施“强省会”行动的现实基础及其可能取向》，《改革》2020 年第 8 期。

徐琴：《省域发展的空间逻辑——兼论“强省会”行动的地方实践》，《现代经济探讨》2020 年第 6 期。

宋迎昌：《我国省会城市分化发展态势与区域影响》，《人民论坛》2021 年第 28 期。

孙承平、叶振宇、周麟：《城市规模、“强省会”行动与区域协调发展》，《治理现代化研究》2023 年第 2 期。

B.11
我国主要省会城市工业“强省会”行动比较研究

贺 俊*

摘 要： 以工业促发展是实现强省会目标的关键战略，典型省份的工业强省会举措能够为其他省份提供重要借鉴。本文从规模、首位度等维度梳理了我国主要省会城市的基本情况，比较归纳了贵阳的差异化特征。在此基础上，本文总结了主要省会城市工业强省会战略经验，即以行政区面积扩大工业发展空间、以招商引才推动工业转型升级、以国家级战略平台搭建强化工业发展动能、以城市群建设促进省会与周边城市优势互补。最后，根据贵阳发展的阶段特征和区域特质对现有战略经验进行可行性拆解，本文提出搭建创新平台强化科技支撑、把握产业转移机遇加快招商引才、借助数字产业打造工业数字化发展高地等建议。

关键词： 工业强省会　创新平台　产业转移　工业数字化

自2021年贵州、江西、山西等7个省份宣布实施“强省会”战略以来，强省会战略已成为各省份汇聚要素、提升产业竞争力、带动全省经济发展的共同选择。工业是技术创新最活跃、辐射带动力最强的产业部门，是推动省会城市经济增长和现代化建设的核心力量，促进工业增长也成为各省份强省会的重点内容。安徽、河南等较早实施强省会战略的省份，都成功通过工业发展实现了省会的经济增长和首位度提升等强省会目标。分析相关省会

---

* 贺俊，中国社会科学院中小企业研究中心主任，研究员，主要研究方向为技术创新和产业政策。

城市的招商引才、产业政策等主要做法和成功经验，能够为贵阳的工业强省会战略有效推进提供参考。也应注意到，已在其他省份证明有效的工业强省会举措能否在贵阳起到良效，受到我国经济阶段性特征，以及贵阳要素禀赋、产业基础等因素的影响。本章在分析我国主要省会城市基本情况差异的基础上，总结“强省会”战略实施成功地区的工业强省会重点举措，并将相关举措依据贵阳特征进行拆解，为贵阳工业强省会战略提供借鉴。

一　我国主要省会城市基本情况比较

不同省会城市在实施工业强省会战略时存在较大的初始条件差异，这种差异不仅影响可行战略的种类与数量，也影响各类战略的实施效果。在诸多初始条件中，除了城市工业基础之外，城市面积、经济规模和人口规模等因素尤其重要。城市面积是经济和产业的载体，也决定了城市工业发展和招商引才的空间上限。经济规模是省会要素禀赋、产业基础、营商环境、区位特征等因素的综合反映，也是强省会各类举措实施力度的核心支撑。人才是工业发展和经济增长的关键因素，人口规模也是衡量城市发展动能的重要指标。在我国劳动力绝对规模下降以及较多产业出现产能过剩的背景下，省会由人口规模支撑的劳动力规模在吸引资本、推动产业发展方面的作用大幅提升。本节将围绕城市面积、经济规模、人口规模和工业基础，结合省会首位度比较省会基本情况差异和贵阳特征。

（一）省会规模

从省会面积来看，至 2023 年底贵阳面积 8034 平方公里，在 27 个省会城市中排名第 20 位，与同期提出强省会战略的省会相比，明显小于石家庄（14464 平方公里，下同）、长沙（11819）等城市，但相对南昌（7402）、太原（6909）等地略有优势。虽然排名偏后，但与贵阳面积相近的武汉（8569）、郑州（7446）等城市已通过工业强省会战略实现城市的快速发展。

从经济规模来看，2023 年贵阳市 GDP 为 5155 亿元，排在全国 27 个省会城市的第20位。早期成功实施强省会战略的成都、郑州、合肥等省会城市的GDP都已迈过万亿元门槛（分别2.21万亿元、1.36万亿元、1.27万亿元），同在2021年提出实施强省会战略的7个省会城市中，长沙、福州、南昌超过万亿元（分别为1.43万亿元、1.29万亿元、1.27万亿元），石家庄、太原、南宁都超过5000万元（分别为7534万元、5574万元、5469万元），相比之下贵阳经济规模最小。

从人口规模来看，2023年贵阳常住人口640.3万，排在27个省会城市的第19位。成都、郑州的常住人口规模分别达到两千万级和千万级，进入超大城市阵营。在2021年提出强省会战略的7个省会城市中，石家庄和长沙也已成为超大城市，剩余5个城市均为特大城市，仅有太原人口规模与贵阳相近，为545.4万。

从工业规模来看，2023年贵阳二产增加值1805亿元，在27个省会城市中排第18位。在较早实施强省会战略的城市中，成都、郑州等二产增加值均已超过5000亿元（分别6371亿元、5373亿元），合肥也达到4642亿元。而在2021年实施强省会战略的7个城市中，长沙、福州的工业基础雄厚，二产增加值分别达到5366亿元、4675亿元；南昌、太原、石家庄位居各省会城市中游，分别为3341亿元、2342亿元、2309亿元；7个城市中只有南宁二产增加值低于贵阳，为1195亿元。

（二）省会首位度

从经济首位度看，2023年贵阳排在27个省会城市的第16位。早期成功实施强省会的城市中，经济首位度差异较大。成都和武汉的经济首位度都超过35%，排名第5和第6位；合肥的首位度约为27%，排名第13位；郑州的首位度仅为23%，排名第19位。2021年提出强省会的7个城市首位度也有较大差异。南昌首位度较高，为39.4%；南宁和石家庄首位度较低，分别为20.1%、17.1%；贵阳与其余3个城市的首位度相差不大，位于21%~29%。

从人口首位度看，2023年贵阳排在27个省会城市的15位。与经济首位度相似，发展水平和实施强省会时间接近的城市中，人口首位度也呈现较大的离散性。成都、合肥、郑州的人口首位度分别排名 7、16 和 25 位，而 2021 年实施强省会的 7 个城市排名分布在 8~25 位。另外，省会城市的经济首位度均超过人口首位度，贵阳也符合此特征，经济首位度超出人口首位度 8.08 个百分点，居差异程度排名的第 11 位。

从工业首位度看，2023 年贵阳二产增加值首位度 24.7%，在 27 个省会城市中排名 13 位。成都、合肥、郑州的首位度分别为 29.9%、24.6%、24.2%，分别排在 7、14、16 位，差异较大。在 2021 年启动强省会的 7 城中，长沙二产增加值首位度（28.5%，第 9 位）高于贵阳，南昌（24.4%，第 15 位）与贵阳接近，其余城市二产增加值首位度均偏低，分别为福州（19.5%，第 18 位）、太原（17.6%，第 19 位）、石家庄（14.1%，第 23 位）、南宁（13.4%，第 24 位）（见表 1）。

表 1　2023 年各省会城市基本情况比较

城市	类别	面积（平方公里）	GDP（亿元）	经济首位度（%）	常住人口（万人）	人口首位度（%）	二产增加值（亿元）	二产增加值首位度（%）
石家庄	超大	14464	7534	17.14	1123.4	15.19	2309	14.05
太原	特大	6909	5574	21.69	545.4	15.74	2342	17.57
呼和浩特	大	17224	3802	15.44	360.4	15.04	1338	11.43
沈阳	特大	12948	8122	26.89	920.4	22.01	2953	25.17
长春	特大	20593	7002	51.75	910.2	38.91	2617	57.08
哈尔滨	特大	53100	5576	35.11	939.5	30.68	1294	30.15
南京	特大	6587	17421	13.59	954.7	11.20	5929	10.42
杭州	超大	16853	20059	24.30	1252.2	18.90	5667	16.69
合肥	特大	11445	12674	26.94	985.3	16.10	4642	24.60
福州	特大	11968	12928	23.79	846.9	20.25	4675	19.51
南昌	特大	7402	12674	39.36	656.8	14.55	3341	24.38
济南	特大	10244	12757	13.86	943.7	9.32	4312	11.98
郑州	超大	7446	13618	23.03	1300.8	13.25	5373	24.23
武汉	超大	8569	20012	35.86	1377.4	23.59	6801	33.64
长沙	超大	11819	14332	28.66	1051.3	16.01	5366	28.51
广州	超大	7434	30356	22.37	1882.7	14.82	7776	14.28
南宁	特大	22112	5469	20.11	894.1	17.79	1195	13.39

续表

城市	类别	面积（平方公里）	GDP（亿元）	经济首位度（%）	常住人口（万人）	人口首位度（%）	二产增加值（亿元）	二产增加值首位度（%）
海口	大	3146	2358	31.23	300.2	28.78	433	29.89
成都	超大	14335	22075	36.71	2140.3	25.58	6371	29.90
贵阳	特大	8034	5155	24.65	640.3	16.57	1805	24.69
昆明	特大	21473	7865	26.20	868	18.57	2282	22.25
拉萨		29518	835	34.89	57.8	15.84	329	37.26
西安	超大	10752	12011	35.55	1307.8	33.09	4147	25.81
兰州	大	13100	3487	29.39	442.5	17.95	1121	27.47
西宁		7660	1801	47.41	248.1	41.77	693	42.97
银川		9025	2686	50.53	290.8	39.89	1303	52.39
乌鲁木齐	大	14216	4168	21.79	408.5	15.72	1147	14.88

资料来源：作者根据公开资料整理。

二　工业强省会主要战略举措

对成功通过工业发展实现强省会目标的省会城市的主要战略举措进行梳理，可将工业强省会战略举措分为四类：以行政区面积扩大工业发展空间、以招商引才推动工业转型升级、以国家级战略平台搭建强化工业发展动能、以城市群建设促进省会与周边城市优势互补。其中，前三类举措聚焦省会城市的经济增长和能级提升，而第四类举措强调省会作为地区增长极的带动作用，以及区域互促互补的发展格局构建。

（一）以行政区面积扩大工业发展空间

城市空间是产业发展和经济增长的载体，也是工业强省会战略的关键影响因素。随着我国城市化建设不断推进，较多大型城市遭遇空间瓶颈，不得不进行产业外迁和人口疏解。在此背景下，由城市空间所决定的发展潜力对工业强省会战略的作用更加突出。早期成功实施工业强省会战略的省会城市，普遍通过调整省会城市的行政区划来拓宽发展空间、增强省会工业和经济实力。从实践来看，其方式可分为外向延伸型和内部整合型两类。

外向延伸是指省会城市吸纳相邻城市的部分或全部辖区，由此增加区划面积和人口规模，把被“吞并”城市的基础设施、公共服务、产业基础等既有成果据为己有，并为优化省会的空间布局创造条件。以安徽省为例，2011 年合肥成功吸纳庐江县、居巢区（后调整为县级巢湖市），不但使合肥市的工业发展空间得到了显著拓展，为各类工业项目的落地提供了更丰富的选择，也使远离长江的合肥成功跻身“皖江城市带”，优化了合肥发展的区位条件。相似的，郑州加速推进郑东新区建设，济南市合并莱芜市，成都市代管简阳市，西安市代管西咸新区，长春市代管公主岭市等行政区划调整举措，均体现了外延扩张对优化资源配置、提升发展效能，从而增强省会城市工业发展潜力的战略思维。受安徽、河南等省份成功实践的启发，江西、贵州、广西等中西部省份也在“十四五”规划中明确提出通过优化行政区划拓展省会城市的发展空间。

内部整合是指省会城市将其原有的县级行政区（包括县级市）升级为市辖区，一是扩大省会的市区面积，提升市区的经济和人口首位度；二是有助于省会统筹资源、优化资源配置，推动城市快速发展；三是充分发挥市辖区相对于县级行政区的建制优势，提升原县级行政区的产业增长动能。以南昌市为例，通过改设新建县为新建区，实现了中心城区与近郊县融合发展，满足了南昌城市空间扩展的需求，也增强了南昌的综合实力和工业承载力。类似地，长沙市将望城县升级为望城区，南宁市将武鸣县改为武鸣区，成都市将新津县升级为新津区，均有效提升了省会城市的综合承载力和发展能级。

（二）以招商引才推动工业转型升级

工业繁荣是省会崛起的重要支撑，而工业蓬勃发展依赖于生产要素的集聚和高效利用。在各地全面推进强省会战略的背景下，省会城市间的要素竞争尤为激烈，在资本和人才两大核心领域更是呈白热化态势，各省会竞相出台优惠政策，争抢优质投资和高端人才。

吸引优质投资是省会促进工业产业发展的重要手段。通过招商，省会城市一是能够扩大工业规模、引进先进技术、提升管理经验、拓展产品市场，二是通过引入新兴产业和未来产业，优化城市产业结构，三是以高端产业为载体汇聚创新要素、培育高端人才，为省会构建长期增长引擎。以合肥为例，2008 年，合肥引进国内显示行业的领军企业京东方，极大推动了合肥显示行业的发展。2012 年，合肥又成功引进内存领域的龙头企业长鑫存储，进一步夯实了电子信息产业的基石。2020 年，随着蔚来等智能电动汽车头部企业在产业园落户，合肥的新能源汽车产业走上了高质量发展的快车道。合肥通过多次成功地招商引资，不仅实现了产业结构转型和增长动力强化，也通过头部企业的牵引作用有效促进了产业链上下游的协同发展，推动了合肥工业的整体转型和升级。在招商引资的推动下，合肥的经济首位度由 2010 年的 21.86%提升至 2023 年的 26.94%，经济总量在全国省会城市中的排名也从 2010 年的第 15 位跃升至 2023 年的第 10 位。相似的，郑州通过吸引富士康等全球知名企业入驻，引进了先进工业技术和管理经验，为郑州的工业发展注入了强大动力。

人才是工业高质量发展的核心驱动力，其重要性在我国劳动规模下降的背景下愈加凸显。各省会城市为塑造“人才红利”，强化工业的要素支撑，竞相出台人才新政，构建完善的人才引进、培养和使用体系，展开了激烈的人才争夺战。一是加大高端人才引进力度，通过提供引进资金、购房租房优惠、荣誉称号等方式打造产业人才高地，并将招商与引才相结合，加快推动高端产业发展。例如，西安、成都、武汉、杭州、南京、郑州、合肥等省会城市均将“双招双引”工作作为人才政策的重点。二是积极吸纳低技能劳动者，通过放宽落户标准、推动公共服务均等化等措施扩大省会城市人口规模，增强城市的人口聚集效应。三是通过完善公共服务设施，提升教育、医疗、文化等公共服务水平，不断提升城市的宜居性、优化创新创业环境，将引才、留才和用才相结合。例如合肥、济南等省会城市均将优化城市生活环境等举措作为工业强省会战略的重点。

（三）以国家级战略平台搭建强化工业发展动能

国家级战略平台是对承担各类国家重大战略任务的区域功能平台的统称，由中央批准设立，具备较高的行政级别和特定先行先试权限，能够承担国家特定重大战略任务，服务于国家战略目标。各省会城市都通过积极创设国家级战略平台，争取中央优惠政策支持，吸引资源聚集，强化省会发展动能。省会城市创设的国家级战略平台主要分为三类：综合平台、创新平台和开放平台。

综合平台以国家级新区和国家中心城市为代表。国家级新区是由国务院批准设立，承担着国家重大发展和改革开放等战略任务的综合功能区，不仅拥有较高的行政级别和特定的先行先试权限，还能够聚集大量的优质资源和创新要素，成为推动省会产业升级、促进区域协调发展的重要引擎。截至2023年，已有12个省会城市获批国家级新区，分别为广州、成都、西安、福州、兰州、贵阳、长沙、南京、昆明、哈尔滨、长春和南昌。国家中心城市是居于国家战略要津、肩负国家使命、引领区域发展、参与国际竞争、代表国家形象的现代化大都市，在国家经济布局中具有重要的战略作用。已有广州、成都、武汉、郑州和西安等5个省会城市获批国家中心城市。

创新平台以国家自主创新示范区和综合性国家科学中心为主要代表。其中综合性国家科学中心是指经国务院批准，在推进自主创新和高技术产业发展方面先行先试、探索经验、示范引领的区域，在推动创新驱动发展、加快转变经济发展方式等方面发挥着重要的引领、辐射和带动作用。截至2022年底，已有15个省会城市获批国家自主创新示范区，分别为武汉、南京、长沙、成都、西安、杭州、广州、郑州、济南、沈阳、福州、合肥、兰州、乌鲁木齐和南昌。综合性国家科学中心依托先进的国家重大科技基础设施群建设，支持重大技术研发和前沿性研究，是国家科技领域竞争的重要平台，也是国家创新体系建设的基础平台，代表着国家参与全球科技竞争与合作的核心力量。我国省会城市中，仅有合肥和广州设立了综合性国家科学中心。

开放平台以自由贸易试验区为主要代表，指依托先进的国家重大科技基础设施群建设，支持重大技术研发和前沿性研究，由中央设立的区域性自由贸易园区，被赋予了“开放升级”和“体制改革”的双重功能。在“开放升级”方面，自由贸易试验区通过实施高水平对外开放，推动贸易和投资自由化便利化，吸引全球优质资源要素聚集，提升我国在全球经济体中的影响力，为我国企业“走出去”提供有力支撑。在“体制改革”方面，通过制度创新，试验区内形成了与国际接轨的市场规则体系，有效促进了政府职能转变，提升了政府服务效率。此外，试验区还积极探索金融、产业、人才等领域的创新政策，为全国的全面深化改革提供了宝贵经验和借鉴。截至2022年底，我国共批准21个自贸试验区，其中除了4个布局在直辖市外，其余17个自贸试验区均将省会纳入片区，使省会成为省内率先对接国际高标准经贸规则的区域，具体包括广州、成都、西安、武汉、郑州、扬州、沈阳、南京、昆明、哈尔滨、海口、济南、南宁、石家庄、长沙、合肥和杭州。

（四）以城市群建设促进省会与周边城市优势互补

强省会战略不仅要加快省会发展，更要通过城市群建设，将省会打造为区域增长极。一方面，带动全省各城市协同发展是省会的责任和强省会战略的应有之义；另一方面，与周边城市实现产业互补、经济互促，也是实现工业强省会目标的重要渠道和省会进入产业高端化阶段的必然选择。省会通过融入和带动所在都市圈，可有效提升要素调配能力、扩大需求市场规模，并向周边城市疏解对要素成本敏感的产业链环节，通过周边城市发展为省会的产业高端化发展提供配套，最终实现省会与周边城市的优势互补和协同增长。从实践经验来看，随着省会经济发展水平提高和产业转型升级推进，省会和周边城市之间的产业协同性普遍上升。例如，在我国经济起步较早的东南地区，已明显呈现强省会效应弱化、省会首位度下降、城市间发展差距缩小的现象。基于城市群协同发展目标和强省会战略的阶段性规律，较多经济发展水平较高的省会在实施强省会战略时，主动谋划了建设副中心城市和城市群的战略举措，通过优化产业空间布局、基础设施互联互通等举措，以加快省会与周边城市的互促发展。

在优化产业布局方面，经济和工业发展水平较高的省会城市常汇聚研发、设计、金融、贸易、咨询等生产性服务业，而生产、加工等制造环节则主要布局在外围城市。这种产业分工格局使省会城市扮演总部经济、管理与研发中心的角色，而外围城市则专注于生产加工及仓储运输等功能。较多省会城市通过这种空间布局，发挥省会和周边城市的比较优势，构建合理的产业链分工体系，实现省会城市与外围地区错位发展，形成协同互补的空间格局。例如，武汉市积极加强省会城市与周边地区的产业联动协同，通过构建总部研发在中心、制造配套在周边、错位发展、梯度布局的城市圈产业分工体系，有效带动了周边城市的产业发展。

在基础设施互联互通方面，国际机场、航运港口、铁路枢纽等传统基础设施，以及5G基站、数据中心等新型基础设施大多集中在省会城市。省会主导推进的基础设施区域一体化，是促进要素流动、降低生产成本、提升资源配置效率的关键举措，对加速产业布局一体化与建设大市场体系具有重要意义。例如，济南积极推动省会经济圈基础设施的互联互通，通过实施“瓶颈路”畅通工程，不断完善轨道交通、公路、航空、水运等各种交通方式联通的基础设施网络体系。同时，济南市在公共服务领域也加大了资源共享力度，通过开放教育、医疗、法律服务等高端资源，实现社保“一卡通”、公交优惠等公共服务一体化，加快了省会经济圈的资源共享。

三　基于贵阳特征的工业强省会战略举措拆解

虽然上文将工业强省会的主要战略举措进行了梳理和总结，但各类举措能否顺利推进以及取得良好成效，也取决于我国经济阶段特征和省会城市独特条件。就贵阳而言，实施工业强省会战略相对较晚，部分早期通用和有效的强省会战略举措难以发挥作用，而贵阳独特的自然和产业等条件也塑造了独特的工业强省会战略优势。

（一）实施受限的工业强省会战略举措

1. 行政区规模扩大的可行性下降

合肥、郑州等省会城市的崛起，普遍利用行政区划调整迅速实现省会规模扩大和首位度提升。然而，由于过多城市盲目采取行政区规模扩大措施，且我国超大、特大规模城市数量不断增加，该战略的可行性正大幅下降。2022年，国家发改委明确提出慎重从严把握撤县（市）改区、稳慎优化城市市辖区规模结构的要求，并特别强调了严控省会城市规模扩张。2022年12月中共中央、国务院印发的《扩大内需战略规划纲要（2022-2035年）》明确指出，省会城市不宜继续过度扩张。这是对过去城市发展模式的深刻反思，也是对未来发展路径的重新定位。2023年底《人民日报》刊发的《加快转变超大特大城市发展方式》一文进一步指出，大城市的发展不应仅追求规模的扩大和边界的拓展，而应更加注重产业结构的优化、就业问题的解决以及城市内部的精细化管理。这意味着，虽然贵阳在“十四五”规划中提出了有序推进撤县（市）设市辖区的战略构想，但该战略推进的可行性已大幅下降。

2. 创新资源和人力资本积累不足制约招商引才

城市在招商引才方面的竞争力除了受政策优惠的影响，也同城市创新资源、人力资本、产业链配套等因素紧密相关。而近年随着各地普遍加快布局新兴产业和未来产业，城市创新平台、创新资源在招商引才中的作用进一步上升。例如，在郑州引入富士康的过程中，除了政府大力支持，郑州丰富的劳动力资源和较高的交通枢纽地位也是成功招商的重要原因；在合肥引入京东方、蔚来等企业的过程中，中国科学技术大学提供的强大创新和人才支撑发挥了重要作用。而贵阳劳动力规模相对偏低，顶尖研究型大学等创新载体的数量较少，削弱了对高端产业和人才的吸引力。

3. 大规模基础设施建设面临资金约束

基础设施建设能够提高省会城市经济效率、促进城市融入区域经济网络，但受财政能力制约，大规模基础设施建设通常与房地产市场上行阶段紧密相连，通过土地出让收入为基建提供资金支撑。近几年，我国房地产市场面临下行压力，部分地区政府债务高企，进一步限制了城市基建能力。就贵阳而言，一方面压力是基建资金受限，2022 年贵阳市共计成交 188 宗商、住类土地，总面积 742.99 万平方米，同比下降 12.86%。2023 年上半年，贵阳固定资产投资（不含农户）总额同比下降 8.4%，房地产开发投资同比下降 28.1%，基础设施投资同比下降 22.7%。另一方面，贵阳的地势特征也增加了基础设施建设成本。贵阳山地和高原地形广泛分布，基础设施建设的难度大、周期长，而高原地区的气候多变和生态环境脆弱特征，以及岩溶地貌等地质基础也增加了基建工程的难度和成本，使贵阳在短期内难以通过大规模基建来构建强化区域交通枢纽地位和促进产业经济发展。

（二）独特优势带来的工业强省会机遇

1. 气温和水资源优势构建数据中心优势

贵阳因独特的气候条件和丰富的水资源，在构建数字基础设施方面具有得天独厚的优势。贵阳夏季平均气温约 25℃，冬季平均气温约 9℃，较低的夏季气温和较小的全年温差降低了服务器的能耗和维护成本。同时，贵阳丰富的水资源进一步强化了数据中心的能源成本和运营成本优势，为数据中心和大数据等相关产业的发展提供了良好的环境条件。自 2013 年起，贵州积极抢抓新一轮科技革命和产业变革的机遇，依托丰富的水电资源和稳定的地质结构，大力发展大数据产业。贵阳作为省会城市，通过与中关村等重要科技园区合作，打造了“中关村贵阳科技园”，为大数据产业的快速发展奠定了坚实基础。在大数据产业的发展过程中，贵阳取得了一系列重要成果，例如举办全球首个以大数据为主题的博览会，率先设立全国第一家大数据交易所，率先建设全国首个国家大数据综合试验区，为大数据产业的创新和发展提供了重要平台。随着大数据产业的快速发展，阿里巴巴、腾讯、苹果、京东等百家知名企业的数据库相继落户贵阳，提升了贵阳在大数据产业领域的地位和影响力。如今，贵阳市已成为全国乃至全球范围内的大数据产业重要基地，被誉为“中国数谷”。

2. 数字经济发展为传统产业转型提供创新支持

数字产业的快速发展为贵阳传统产业的转型升级提供了有力支撑。基于贵阳构建的大数据、云计算、人工智能等产业基础，贵阳传统产业数字化转型显著加快。一方面，数字产业的快速发展降低了数据的收集、存储、挖掘等成本，促进传统产业利用大数据把握市场需求、优化产品设计和生产流程、提高生产效率和产品质量。另一方面，数字产业人才的汇聚也加快了围绕新兴产业和传统产业的商业模式创新探索，加快新模式涌现和产业融合。同时，贵阳也通过搭建数字平台、建设数字园区等方式，为传统产业数字化转型提供保障。例如，2022 年集中开工的贵阳大数据科创城投资 12 亿元，规划了包括多边超算基地在内的多项重点项目，已吸引 409 家企业注册，实现年营业收入 69. 04 亿元，缴纳税款 7. 92 亿元；华为云数字经济创新中心已赋能 150 家企业数字化转型，协助 54 家本地企业开展鲲鹏国产化适配。

3. 城镇化率偏低构建要素汇聚潜力

我国城镇化进程如火如荼，全国常住人口城镇化率已迈过 65%的重要关口。然而，贵州的城镇化率仍偏低，2022 年贵州是全国仅有的四个城镇化率低于 55%的省份之一。偏低的城镇化率是贵阳省会首位度偏低的原因，但也为未来的要素汇聚构建了发展空间。从 2002 年至 2023 年，贵阳持续吸引人口流入，常住人口从 346. 3 万跃升至 640. 3 万，增幅超 80%，尤其是 2023 年贵阳人口增长 18. 3 万，增量位列全国第三，既彰显了贵阳的人口集聚效应和产业发展成效，也为工业强省会战略提供了强大支撑。在国家大力推动西部地区高质量发展的背景下，贵阳可进一步发挥省会城市的引领作用，优化城市规划建设，完善城市服务功能，吸引人才和产业集聚，实现城市化和工业化的相互促进、产业和人才的相互吸引，打造宜居宜业宜游的现代化都市。

四　主要省会城市工业强省会战略提供的借鉴

（一）搭建创新平台提升科技支撑能力

虽然贵阳通过促进数字产业发展强化了科技创新能力、优化了产业结构，但贵阳创新载体数量相对较少，依然是工业强省会战略的制约因素。江苏、河南等地近年吸引大学和研究机构落地的实践，可为贵阳提供借鉴。以江苏为例，江苏 78 所本科高校近半坐数落在省会南京，苏南市县的大学资源匮乏。但近年来，10 余所知名高校布局苏南各市甚至县城，例如 2019 年南京航空航天大学的溧阳天目湖校区启用，2022 年西交利物浦大学太仓校区启用，2023 年 9 月河海大学金坛校区正式招生。除引进大学外，2007 年，苏州工业园区成功引进世界著名的冷泉港实验室首个海外分支机构——冷泉港亚洲会议中心，在生命科学研究领域迈出国际创新合作的坚实步伐。后续，园区搭建起包括牛津大学高等研究院（苏州）、蒙纳士科学技术研究院等在内的 20 多个国际合作创新平台。相似地，郑州中原科技城建设“一流大学郑州研究院”起步区，总占地面积达 8400 亩，总投资额将达到 960 亿元，已有 14 所一流高校表达合作意愿，其中武汉大学、上海交通大学、北京理工大学等已明确设立郑州研究院。贵阳可协调省市两级力量，通过加大政府支持，佐以充足的土地资源、领先的数据中心、独特的自然风光等优势，吸引顶尖高校和科研院所在贵阳建立研究机构，引进高水平科研团队和人才，推动产学研深度融合，积极申报国家自主创新示范区等国家级创新平台，强化工业高质量发展的创新支撑。

（二）把握产业转移机遇加快招商引才

产业转移正成为推进新型工业化、优化重大生产力布局、促进区域协调发展、维护产业链供应链稳定安全的重要举措，跨省产业转移对接活动也如火如荼。对于包括贵阳在内的中西部地区而言，积极把握产业转移对接机遇，有助于承接东部地区的资金、技术、人才，加快产业转型升级，加快工业强省会战略的推进。例如，兰州为承接产业转移，以园区建设为抓手，规划目标区域和重点产业，提升各类产业园区服务专业化水平，建立投资客商信息库和招商项目信息库，强化了城市承接产业转移的竞争力。贵阳可充分发挥丰富资源、低廉要素成本等优势，集中力量优化产业园区的选址、建设和服务水平，加大力度优化城市营商环境，充分发挥数字产业对传统产业的赋能作用，吸引东部优质企业和高端人才在贵阳落地发展。

（三）借助数字产业打造工业数字化发展高地

贵阳是十大国家级数据中心集群之一，已累计引进数据中心项目 20 余个，算力规模位居全国前列。在海量数据的远距离传输依然受到高时延、高成本制约，全国数字技术人才缺乏的背景下，数字产业发展能为当地工业的数字化转型和 AI、大数据等新兴产业发展提供独特优势。例如，杭州通过鼓励阿里巴巴等头部数字经济企业建设犀牛智造等智能制造典范，设立之江实验室、湖畔实验室等省级重点实验室、支持“城市大脑”等新兴数字产业项目，成为传统工业数字化转型和新兴产业发展的新高地。就贵阳而言，数据中心优势明显，可进一步吸引国内外数字科技领军企业在贵阳布局，加快培育本土 AI、大数据等数字科技企业，以顶尖企业为引领完善计算产业生态链；以数字产业为依托，实施产业数字化转型专项行动，加大企业上云、上平台的资金补贴，为数字化转型设备的采购使用提供支持；设立数字技术扩散机构，为传统产业提供专业和公益的数字技术培训；加强对数字化转型专项人才的培育，形成积极推进新兴产业试错探索的创新氛围，打造工业数字化高地。

参考文献

习近平：《国家中长期经济社会发展战略若干重大问题》，《求是》2020 年 11 月。

孙承平、叶振宇、周麟：《城市规模、“强省会”行动与区域协调发展》，《治理现代化研究》2023 年第 2 期。

杨国才：《省际竞争视域下“强省会”行动的逻辑生成、路径选择与分异趋向》，《湖北社会科学》2023 第 11 期。

张航、丁任重：《实施“强省会”行动的现实基础及其可能取向》，《改革》2020 年

第 8 期。

徐琴：《省域发展的空间逻辑——兼论“强省会”战略的地方实践》，《现代经济探讨》2020 年第 6 期。

蔡之兵：《中国区域战略体系的类型划分与融合机制研究》，《云南社会科学》2023 年第 2 期。

B.12
我国主要省会城市数字经济“强省会”行动比较研究

张宙材　彭绪庶*

摘　要：　在数字经济快速发展的背景之下，越来越多的省份结合自身特点纷纷制定了数字经济“强省会”行动计划。本文从数字经济核心产业增加值及其增长率、数字经济核心产业增加值增长率与GDP增长率对比两个维度概述了我国主要省会城市的数字经济发展情况。对东、中、西部代表性城市的数字经济发展战略进行了比较分析，从中总结出其成功经验与启示，分析了主要省会城市数字经济强省会面临的一系列共同挑战。有针对性地提出贵阳发展数字经济强省会战略要注重培养龙头企业、培育和发展新兴产业、建立完善的创新体系、增强国际合作等建议。

关键词：　数字经济　都市经济　核心产业　“强省会”行动

中国正处于工业化的后期阶段，传统的工业化和城镇化动力正在逐渐减弱。为了实现中国特色的现代化目标，需要积极培育新的经济增长动能。在这一背景下，数字经济作为新动能的核心，已经成为国家及各省（区、市）发展的重点，我国区域发展总体战略的推进很大程度上是通过大城市和城市群来实现的。相较于非省会城市，省会城市一般更具规模经济效益，能自发吸引更多的资源流入，进而得到更快的发展，而市场调节下的大城市的合理

* 张宙材，中国社会科学院大学博士研究生，主要研究方向为数字技术创新与创新政策；彭绪庶，中国社会科学院数量经济与技术经济研究所信息化与网络经济研究室主任、研究员、博士生导师，主要研究方向为数字技术创新与创新政策、数字经济。

发展也更有利于提高经济效益和促进资源的合理利用。因此，在这方面省会城市在发展数字经济方面具备更好的条件。数字技术具有渗透性、替代性和协同性的三大技术—经济特征。数字技术能够嵌入各种类型的生产活动和技术类型中，覆盖全产业链的各个环节、提高企业生产和管理效率，进而提升各部门要素投入的协同应用、改善资源配置效率、促进产业结构转型。数字经济强省会战略优化了经济结构布局、增强科技创新动能、推动产业的转型升级。

一　主要省会城市的数字经济发展情况

（一）主要城市数字经济核心产业增加值及其增长率

由于数字经济发展的测度缺乏权威的定义和统一的统计标准，无法准确地判断我国数字经济发展的实际情况与存在的问题，因此本文将以数字经济核心产业增加值为标准来比较各城市的数字经济发展水平。数字经济核心产业增加值的增长说明了数字经济对经济增长的贡献和影响，也反映了数字经济在推动经济结构升级、提高劳动生产率和经济效率、促进就业和收入增长等方面的重要作用。本文通过对主要城市的数字经济核心产业增加值的分析，总体上梳理这些地区数字经济核心产业的体量、占当地当年 GDP 的比重，再进一步同当年 GDP 的增长速度做比较，从而得出数字经济强省会的意义。

（二）主要城市数字经济核心产业增加值情况分析

通过对杭州、广州、北京、济南、南昌、合肥、贵阳、南宁、重庆地区的数字经济核心产业增加值的比较，可以看出各城市的数字经济核心产业增加值呈现不同的增长趋势和规模。首先，北京的数字经济核心产业增加值在 2020~2023 年保持了持续的增长，占 GDP 的比重也相对较高，这可能与北京作为首都、数字经济核心产业雄厚有关。其次，广州和杭州的数字经济核心产业增加值也处于相对较高的水平，尤其是杭州的数字经济始终保持高速的增长率，并且杭州的数字经济核心产业增加值从省会城市的角度来看其占比非常高，数字经济核心产业增加值增长率从 2019 年的 15.1%至 2023 年的 8.5%，显示出其在数字经济领域的迅猛发展。其他城市如重庆、济南、合肥数字经济核心产业增加值也都突破千亿元门槛，且其增长率也处于较高的水平（见表 1）。这说明这些地区虽然在数字经济发展起步方面较晚，但随着对数字经济的投入和重视程度的加大，数字经济对经济社会的贡献越来越大。贵阳、南宁和南昌的数字经济核心产业增加值还处于较低水平，但贵阳的数字经济核心产业增加值占贵州省的比重高于 90%；南宁和南昌结合自己的优势不断加强在数字经济方面的投入，其数字经济发展速度将越来越快。

表 1　近年部分省会城市数字经济与 GDP 发展情况比较

城市	指标	2019 年	2020 年	2021 年	2022 年	2023 年
杭州	数字经济核心产业增加值(亿元)	3795	4290	4905	5076	5675
	数字经济核心产业增加值增速(%)	15.1	13.3	11.5	2.3	8.5
	GDP 规模(亿元)	15418	16206	18247	18753	20060
	GDP 增速(%)	6.8	3.9	8.5	1.5	5.6
	数字经济核心产业增加值占 GDP 比重(%)	24.61	26.47	26.88	27.07	28.29
广州	数字经济核心产业增加值(亿元)		3037	3561	3633	3946
	数字经济核心产业增加值增速(%)			17	2	8.6
	GDP 规模(亿元)		25069	28225	28839	30355
	GDP 增速(%)			12	2	5.5
	数字经济核心产业增加值占 GDP 比重(%)		12.11	12.62	12.60	13.00
北京	数字经济核心产业增加值(亿元)		8918.1	9263.5	9958.3	11034
	数字经济核心产业增加值增速(%)		16.4	3.9	7.5	10.8
	GDP 规模(亿元)		36102	40269	41610	43760
	GDP 增速(%)		1.4	14.2	1.2	5.5
	数字经济核心产业增加值占 GDP 比重(%)		24.70	23.00	23.93	25.21
济南	数字经济核心产业增加值(亿元)			1829	2120	2534
	数字经济核心产业增加值增速(%)				15.91	19.53
	GDP 规模(亿元)			11432	12027	12757
	GDP 增速(%)				5.2	6.6
	数字经济核心产业增加值占 GDP 比重(%)			16.00	17.63	19.86

续表

城市	指标	2019 年	2020 年	2021 年	2022 年	2023 年
南昌	数字经济核心产业增加值(亿元)				574	600
	数字经济核心产业增加值增速(%)					4.5
	GDP 规模(亿元)				7203	7324
	GDP 增速(%)					4
	数字经济核心产业增加值占 GDP 比重(%)				8	8.2
合肥	数字经济核心产业增加值(亿元)		904	1141	1201	
	数字经济核心产业增加值增速(%)			26	5.26	
	GDP 规模(亿元)		10005	11412	12013	
	GDP 增速(%)			14	5.2	5.8
	数字经济核心产业增加值占 GDP 比重(%)		9.04	10	10	
贵阳	数字经济核心产业增加值(亿元)①			368	692.09	832.55
	数字经济核心产业增加值增速(%)				87.6	20.6
	GDP 规模(亿元)	4039.6	4315.66	4674.76	4921.17	5154.75
	GDP 增速(%)	7.4	5.0	6.6	2.0	6.0
	数字经济核心产业增加值占 GDP 比重(%)			7.9	14	16.2
南宁	数字经济核心产业增加值(亿元)			281②		382②
	数字经济核心产业增加值增速(%)					
	GDP 规模(亿元)			5120	5218	5469
	GDP 增速(%)			8.3	1.9	4.8
	数字经济核心产业增加值占 GDP 比重(%)			5.5②		7②
重庆	数字经济核心产业增加值(亿元)		1825	2036	2240.6	2416
	数字经济核心产业增加值增速(%)			11.6	10	7.9
	GDP 规模(亿元)	23605	25041	28077	29129	30145
	GDP 增速(%)		6.08	12.12	3.75	3.49
	数字经济核心产业增加值占 GDP 比重(%)		7.29	7.25	7.69	8.01

说明1：贵阳市数字经济核心产业增加值用“软件和信息服务业收入”代替；

2：南宁市数字经济核心产业增加值按其“十四五”规划中的规划数据计算得出。

资料来源：以上主要城市资料来源于城市统计年鉴、政府公报等。

综上所述，不同城市的数字经济核心产业增加值增长情况受多种因素影响，包括城市的经济发展水平、产业结构、政策支持以及市场需求等。未来，随着数字化和网络化的深入发展，各城市需要进一步优化产业结构，提高创新能力，以保持数字经济的健康、稳定和持续发展。

（三）数字经济核心产业增加值增长率与GDP增长率对比

从杭州、北京、广州、济南、南昌、合肥、贵阳、南宁和重庆地区的数字经济核心产业增加值增长率和当年各自的GDP增长率的比较中，我们可以观察到一个明显的趋势：数字经济核心产业的增速普遍高于各地区的GDP增长率。在济南和贵阳，这一差距尤为显著，表明这些地区在数字经济发展上取得了显著成效，其增长速度是GDP增长速度的数倍。济南的数字经济发展得益于政府的积极政策支持和企业的响应，政府推出了一系列扶持政策，吸引企业投资建设数据中心，推动数据资源的整合和开放共享，积极建设大数据中心和云计算基地。这些措施不仅促进了当地数字经济的发展，也为传统产业的转型升级提供了新的动力。贵阳则凭借其天然的地形、环境、资源以及数字经济先发优势，不断提高数字经济在其经济与社会发展过程中的贡献份额。这一策略有效地推动了数字技术与边境贸易的融合，为当地经济注入了新的活力。杭州作为中国数字经济的重要发源地之一，在电子商务、互联网金融、云计算等领域具有明显优势。政府积极推动“互联网+”行动计划，支持企业数字化转型，为数字经济发展创造了良好的生态环境。北京作为国家政治、文化中心，在数字经济的发展上具有得天独厚的优势。北京聚集了大量的科研机构和高等院校，为数字经济发展提供了强大的科研支撑。同时，政府出台多项政策支持创新创业，吸引了大量的高科技企业和人才。重庆的数字经济发展特色是多元化和均衡化，重庆政府注重发展智能终端、云计算、大数据等产业，同时推动数字技术在农业、制造业等传统行业的应用。这种全面发展的策略使得重庆的数字经济在不同领域都取得了显著成效。

综合分析杭州、北京、广州、济南、南昌、合肥、贵阳、南宁和重庆等地区的数据，明显看出数字经济核心产业的增长势头强劲，远超各自的GDP增速。这一趋势不仅揭示了数字经济在推动当代经济发展中的核心地位，也凸显了它在促进传统产业转型升级方面的重要作用。随着信息技术的不断革新和政府政策的有力支持，数字经济正成为经济创新和发展的新引擎。未来，随着5G、人工智能、大数据等新技术的广泛应用，数字经济将深入推动社会生产力的变革，为经济增长注入更多活力。因此，可以预见，数字经济将继续作为引领经济持续健康发展的关键力量，拓展更广阔的发展空间。

二　主要省会城市数字经济发展战略比较分析

（一）东部代表性城市数字经济发展战略分析

1. 杭州市数字经济发展战略分析

杭州市将数字经济作为城市发展的龙头项目，致力于塑造成全国乃至全球的数字经济标杆，规划到2025年，杭州市在数字经济的核心领域积累5.2万项有效发明专利，培养6000家高质量的国家高新技术企业，数字经济企业总营业收入突破2万亿元大关，确保数字经济核心产业增加值达到7000亿元。同时，软件和信息服务产业的营业收入目标定为1.5万亿元；电子商务方面，网络零售销售额预期为1.2万亿元，跨境电子商务出口额将达到960亿元，数字贸易总额超过1940亿元，物联网产业则向4000亿元的规模迈进。此外，杭州市计划将互联网普及率提升至95%，并大幅增加数据中心服务器数量至60万台，以及5G基站至5万个；人工智能产业规模有望超过2500亿元，云计算与大数据产业规模突破5000亿元，视觉智能产业规模挑战4000亿元，智能计算产业规模超过1000亿元，集成电路相关产业的发展力图达到800亿元规模。

杭州市的数字经济发展战略以成为全国乃至全球的数字经济标杆为宏伟目标，涵盖了一系列具体的发展指标和计划。杭州市的战略旨在通过积累有效发明专利、培养数量众多的国家级高新技术企业、实现数字经济企业突破性的营业收入和核心产业增加值等，全面推动核心数字领域的发展。杭州尤其强调电子商务、软件和信息服务产业以及物联网产业的快速增长，力争在这些领域达到行业领先水平。通过这些举措，杭州致力于塑造一个更加智能化、数字化的城市环境，从而提升城市的整体竞争力和生活质量。

2. 北京市数字经济发展战略分析

北京市致力于塑造中国的数字经济典范，并在全球范围内树立起一个数字经济发展的“北京标准”。北京市正在加快步伐，旨在建设成为一个全球认可的数字经济引领城市。到 2025 年，北京计划完成以数据驱动的高质量发展模式，充分挖掘数据资源的潜能，显著增强数字企业的集聚效应和产业集群的影响力。目标是形成完整的数字产业链条，实现数字技术在各个领域的广泛应用，为经济社会发展提供全方位支持。

北京作为国家政治文化中心，拥有大量的数据资源和信息资产，在数字经济发展战略方面的规划非常全面、政府对数字经济发展的支持力度大，再加上高等学府和研究机构密集，北京着眼于打造一个高质量的全球数字经济标杆，致力于在全球范围内树立起一个领先的品牌形象。北京市数字经济发展战略的核心在于利用数据资源推动高质量发展，同时加速城市的数字智能化转型。北京计划通过创建六大发展高地来实现这一目标，包括城市数字智能化转型示范高地、国际数据要素配置枢纽高地、新兴数字产业孵化引领高地、全球数字技术创新策源高地、数字治理中国方案服务高地以及数字经济对外合作开放高地。这些高地不仅将推进城市管理和服务的智能化，还促进了新数字技术和业态的发展，加快数据资源的国际化流通，并为数字治理提供先进的中国模式。北京旨在通过这些举措，建立起一个全面的数字生态系统，优化经济结构，提升城市的国际影响力和竞争力。

3. 广州市数字经济发展战略分析

广州尤其重视制造业的数字化改造，致力于成为智能制造的领军城市，广州的目标是成为数产融合的全球典范城市，并跻身具有全球影响力的数字经济引领型城市之列。广州市规划到 2025 年数字经济核心产业的增加值将占到地区生产总值的 15%，规模以上工业企业完成数字化转型的数量达到 6000 家，数字经济领域的高新技术企业数量达到 7000 家。为实现这些目标，广州正在系统构建包括琶洲核心区（含广州大学城）、金融城片区、鱼珠片区在内的广州人工智能与数字经济试验区，推动“一江两岸三片区”的互补发展，并争取成为国家级的人工智能与数字经济集群发展的示范区。此外，广州还依托珠江沿岸的高端产业园区和全市范围内的数字化园区、链主企业和智能化工厂，采用“链长制”策略，以产业互联网为路径提升产业数字化水平，增强产业质量和效率。广州专注于在数字经济领域推动科技创新，发展核心产业、现代服务业和智能制造，加速产业数字化和数字基础设施建设，促进数字贸易的发展。这一系列的举措旨在形成全市数字产业和相关产业的协同发展格局，带动整个上下游产业链的数字化转型，巩固广州在产业链、供应链上的优势，打造高质量的数字经济承载空间。

广州位于中国南部的经济中心，拥有强大的制造业基础。广州的数字经济战略旨在通过数据的赋能作用显著扩展产业链的互联互通规模，在推进其数字经济发展战略重点方面广州强调对制造业的数字化改造，致力于成为全国乃至全球的智能制造领军城市。该战略的一个核心焦点是提升产业链各环节的互联互通和数字化水平，以促进更高效、更智能的生产和服务模式的发展。此外，广州还依托珠江沿岸的高端产业园区和全市范围的数字化园区、平台及龙头企业，采用“链长制”策略，以产业互联网为路径提升产业数字化水平，增强产业质量和效率。通过这些举措，广州不仅旨在加强数字产业的内部协同发展，而且希望能带动整个上下游产业链的数字化转型，巩固其在供应链、产业链上的优势，打造一个更加智能、互联的数字经济发展新格局。

4. 济南市数字经济发展战略分析

济南正在全力推进其数字经济战略，目标是到2025年在数字化发展水平上跻身全国前列。目标主要包括：（1）将数字经济核心产业的市场规模推至8000亿元；（2）使数字经济的总规模占到全市GDP的52%，成为国内数字产业化的核心区、产业数字化转型的示范区，以及城市数字化建设的引领区；（3）创建国家级工业互联网示范区，确保工业互联网的发展水平处于全国领先地位；（4）推动制造业数字化水平的显著提升，使数字工厂（车间）的数量和工业企业关键业务环节的全面数字化率进入国内第一梯队；（5）保持智慧城市建设的国内领先地位，成为黄河流域的信息枢纽中心城市和中国的智慧名城；（6）建设国家级互联网骨干直联点，并成为国家双千兆示范城市。

济南数字经济发展战略设定了清晰的数字经济发展目标，覆盖了数字产业化和产业数字化转型的范畴，充分体现出了济南市作为山东省省会打造区域协同发展的目标。济南市力争到 2025 年在数字化发展水平上跻身全国前列，同时还要确保在智能化、网络化和信息化的城市发展中走在前列。与其他一线或新一线城市相比，济南需要不断努力提高其在国内外的影响力，从而获得更大的支持和社会各界的广泛参与。

（二）中部代表性城市数字经济发展战略分析

1. 南昌市数字经济发展战略分析

南昌市正积极推动其数字经济战略，以期到 2025 年显著提升全市数字经济的规模和发展水平，主要目标是将核心产业的增加值提高至占 GDP 的 10%以上，实现数字产业的高质量发展。南昌市致力于提高数字技术与实体经济的融合程度，使重点产业如虚拟现实和移动智能终端等跻身全国前列。南昌还计划不断完善创新体系、治理架构和服务体系，建设智能高效的数字基础设施，充分挖掘数据要素的价值，力争成为全国领先的数字经济强市。为实现这些目标，南昌市围绕打造江西省的数字经济创新引领区，构建和优化“一核三基地多点（1+3+N）”的产业发展布局。这意味着南昌将在实体空间和网络空间中创新多维集聚发展模式，发挥各县（区）、各产业园区的特色和优势，建设多个数字经济特色产业集聚区。

南昌市在其数字经济发展战略中，明确提出将提高核心产业的增加值作为主要目标，并强调了数字技术与实体经济融合的重要性。南昌致力于推动虚拟现实、移动智能终端等前沿产业的发展，以此作为数字经济增长的突破口。为了支持这一发展策略，南昌还应加大数字基础设施的建设力度，包括但不限于网络升级、数据中心和云计算服务等项目。同时，南昌也不断加强其创新体系构建和治理架构完善，通过引进人才等政策在新一轮技术和产业革命中占据领先地位，进一步巩固其作为江西省乃至区域数字经济强市的地位。

2. 合肥市数字经济发展战略分析

合肥正致力于按照“1136”战略构建“数字合肥”框架，目标是成为“数字中国”的领先城市，这一宏伟蓝图将通过发展“城市大脑”作为数字化转型的核心抓手来实施。合肥市将沿着数字经济、数字政府和数字社会三大主线，在数字基础设施建设、数字驱动创新、数字技术赋能产业、数字化智能治理、数字服务惠及民众以及数字资源的协同共享六个关键领域集中发力。合肥加快了“城市大脑”的建设步伐，实行市级与县级一体化规划、建设及运营，全面提升市级数据基础的支撑能力。县级市区将基于“市级大脑”的数据和应用标准，以及安全规范，进行整体联动、分工合作和扩展应用，从而加固基础设施和智慧中枢的支撑力量。此外，合肥市还计划统筹经济、政务和民生等多个领域的应用，以实现一个大脑的综合赋能、一张网络的城市治理、一卡/一码的全域通用和一套端口的全方位服务。这些措施旨在提高城市治理体系和治理能力的现代化水平，增强数字城市的影响力、竞争力和吸引力。到 2025 年，合肥的目标是成为国内领先的“数字中国”城市，城市数字化转型成果显著，拥有全方位感知、普遍存在融合和安全可靠的数字基础设施体系，数字化治理效率显著提升，数字化公共服务能力更高，以满足人民日益增长的需求，打造具有国内比较优势的数字经济高地。

合肥市数字经济发展战略以遵循“1136”战略蓝图构筑“数字合肥”建设为核心，将“城市大脑”开发作为数字化转型的关键驱动力。“城市大脑”作为一种集成大数据、云计算和人工智能等先进技术的平台，旨在优化城市管理与服务，提升治理效率。合肥的发展重点着眼于数字基础设施的完善，包括宽带网络扩展、大数据中心建设以及创新平台的搭建。同时，合肥正在建立包括政策支持、资金投入和人才培养在内的全方位的创新生态系统。基于其他城市的创新能力持续提升的挑战和竞争压力的提升，合肥数字经济先锋的地位尚需时日来提升。

（三）西部代表性城市数字经济发展战略分析

1. 贵阳数字经济发展战略分析

近年来，贵阳市在数字经济发展方面取得了显著的成就，数字经济对本地经济与社会整体发展过程中的影响越来越大。在“一组、一区、一集群”的战略框架下，贵阳市数字经济发展在我国乃至全世界的影响力不断增强。贵阳积极运用大数据技术，深度驱动实体经济的转型升级，实现大数据与实体经济的深度融合。贵阳以“数智贵阳”为城市数字底座，全力推进政务服务全流程数字化，实现更智能高效地治理。贵阳正逐步成为政府数据、金融结算数据、公共安全数据等重要数据要素的集散地，并初步建成全国一流的数据要素流通体系。

此外，贵阳还注重加强数字基础设施建设，无论是5G基站还是互联网出省宽带建设规模都快速扩大，与其他省会和重要城市的网络直联电路数量也在不断增加，为数字经济提供坚实的基础设施支持。在数据安全保障方面，贵阳将加强关键信息系统的安全接入和防护，开展常态化的网络安全攻防演练，并提供集约化的大数据安全防护服务，确保数据安全，建立完善的大数据安全防护体系。贵阳市的数字经济发展战略覆盖了从基础设施建设到产业生态构建、从技术创新到市场机制优化、再到数据安全保护的全链条。

2. 南宁市数字经济发展战略分析

南宁市的数字经济发展战略旨在实现全方位的数字化转型，构建起一个全面的生态体系。这一战略的核心目标是以现代信息网络为基础，推动城市各个领域的数字化、网络化和智能化升级，打造出一个“六新三高”的数字化城市。（1）南宁将致力于建设国内先进的数字基础架构。物联网技术将在城市中广泛应用，光纤网络的覆盖将实现城乡一体化，达到100%的累积通达率。（2）5G网络的部署将在城区范围内实现全覆盖。先进的新型网络应用设施将大大提升城市发展的整体能力，为居民和企业提供更快速、更稳定的网络服务。（3）南宁将努力提升政府服务的效能和质量。部门之间的高效协同作业、政府决策的科学化、政务服务的精准化和社会治理的人性化都将提升至新的水平。计划到2025年，南宁市数字经济核心产业的增加值将占到地区生产总值的8%，产业要素将全面集聚，数字经济与实体经济的融合创新将深入推进。

南宁市的数字经济发展战略涵盖了数字基础架构建设、5G网络部署、政务服务改革、数字经济发展和公共服务创新等多个方面。同时，南宁市充分利用作为连接中国和东南亚的重要通道、依托与东盟国家的地缘关系，推动区域数字经济发展合作、跨境电子商务和数字服务贸易。南宁市数字经济发展战略重点包括加强数字基础架构的建设，如推动数据中心和云计算平台的发展，快速部署5G网络以提高网络覆盖率和质量，以及提升政务服务的效率和质量，通过数字化手段改善民众和企业的办事体验。由于存在数字经济相关资金和技术积累方面的差距、城乡之间的差距、基础设施建设方面的差距等短板，因此南宁需要进一步吸引外部资源，平衡城乡差异以及完善基础设施建设。

3. 重庆市数字经济发展战略分析

在重庆市数字经济发展战略中，重庆市旨在建成一个国内领先且具有全球影响力的数字经济创新发展高地，其中数字经济将作为推动重庆成为“智造重镇”和“智慧名城”的核心动力。在新型基础设施建设方面，重庆作为全国一体化算力网络的国家枢纽节点，为数字经济发展奠定了坚实基础。重庆市重点行业在数字化、网络化和智能化水平上有了显著提升，进一步推动了重庆市产业结构的优化升级。在数字化治理效能方面，政府管理、城市治理和民生服务等领域的数字化服务效能显著增强，数据资源的开发利用水平在全国范围内处于领先地位。此外，重庆还大幅度提高了数字经济的开放度，探索建设南向、北向、西向的国际互联网数据专用通道，并在重大开放平台的建设上取得突破，显著提升了城市的开放型发展水平。这些举措不仅增强了重庆在国内外的竞争力，也为市民和企业创造了更多的机遇和便利。

重庆市拥有强大的工业体系，也是我国算力枢纽城市。重庆市在推进其数字经济发展战略中，将大数据智能化作为发展的领跑者目标，并专注于打造一个具有国际影响力的数字经济发展高地。重庆市特别强调提高开放型经济的发展水平，以增强在全球范围内的竞争力。为了实现这一战略目标，重庆大力投资于新型基础设施建设，包括数据中心、5G 网络和物联网等，同时积极推动数字产业化和产业数字化，以促进传统产业的转型升级和新兴产业的快速成长。此外，重庆还致力于提升数字化治理的效能，通过采用数字技术优化政府管理和服务，提高公共资源的利用效率。这些举措旨在全方位提升重庆的数字经济发展水平，但重庆市仍需吸引和培养更多的高端人才来支撑数字经济的长远发展。

三　主要省会城市数字经济发展战略的优势及挑战分析

（一）东部代表性城市数字经济发展战略特点分析

我国东部地区由于经济基础较为雄厚，这些城市在数字经济的发展上拥有显著的先发优势。北京、广州、杭州等东部代表性城市数字经济发展战略的定位相对较高且各自制定了详尽的数字经济发展目标，涵盖了提高核心产业的增值能力、扩大市场容量以及增加企业数量等多个方面。一方面，东部城市处于经济发展的前沿地带，拥有较为完善的基础设施和较高的国际化水平，地理位置相对优越，交通便利，与国内外其他主要城市的联系紧密，为数字经济的国内外拓展提供了便利条件。另一方面，东部城市通常拥有成熟的工业基础和发达的服务业，并且东部地区高校林立，研究机构众多，吸引了大量的高技能人才和创新型人才，众多的金融机构和投资机构为数字经济领域内的创新创业活动提供了充足的融资渠道和资金支持。

东部代表性城市的数字经济发展存在着如竞争压力、技术创新难度、安全与隐私、产教融合、产业结构调整等方面的挑战。一方面，随着全国各地对数字经济的重视，多个城市都在积极布局和投资，这种趋势导致了城市间的竞争日益激烈；技术创新是一个充满挑战的过程，它需要大量的研发投入、优秀的科研人才和具有前瞻性的企业管理，如何在确保信息安全的同时，允许数据自由流动并发挥其价值，是一个需要解决的难题。另一方面，要实现产业界与教育界的深度融合，促进将理论成果转化为实际应用，如何搭建平台和机制以促进校企合作和知识转移，是这些城市需要面对的挑战；对于传统产业的数字化改造，需要巨额的投资和对业务流程的重新设计，这可能会遇到来自企业甚至整个行业的阻力。

（二）中部代表性城市数字经济发展战略特点分析

南昌和合肥作为中部地区数字经济发展战略的代表，在数字经济核心产业规模、数字技术与实体经济融合、创新体系和治理架构建设、特色产业集聚区建设等方面具有共同的规划。南昌和合肥在优势方面主要体现在地理位置、政策支持、人才资源以及产业基础四个方面。首先，两座城市均位于中国中部地区的核心位置，具有很强的区域影响力和辐射能力，这一地理优势有助于南昌和合肥成为区域性的数字经济中心。同时，南昌和合肥都得到了政府在资金和政策上的大力扶持，这种支持不仅为数字经济发展营造了有利的政策环境，还提供了必要的经济条件。其次，在人才资源方面，南昌和合肥通过建立合作机制与高等教育机构，吸引并培养了大量专业人才，为数字产业的持续创新和发展提供了智力保障；同时，南昌和合肥均以科技园区和产业园区为平台，培育了一批具有核心竞争力的高新技术企业，这些企业在数字化转型和创新应用方面发挥了重要作用。南昌与合肥在挑战方面主要涉及技术创新、国内外竞争、数据安全与经济结构调整等方面。持续推动技术创新并保持技术进步的速度成为南昌和合肥发展数字经济的关键任务，面对日益激烈的国内外竞争环境，南昌和合肥需要努力提升其数字经济的竞争力，这不仅包括增强本地企业的竞争能力，还涉及提升城市整体品牌影响力。同时，如何确保数据的安全存储、传输和处理，保障用户隐私不被侵犯，是两城市必须解决的问题；南昌和合肥需要找到新旧动能转换的平衡点，促进传统产业与新兴数字技术的深度融合，同时避免因过快转型导致的经济社会问题。

（三）西部代表性城市数字经济发展战略特点分析

贵阳、南宁和重庆都强调了基础设施对数字经济发展的重要性，都在积极推动数据中心的建设、加快5G网络的部署，并推广物联网技术的应用。贵阳、南宁和重庆都在努力实现从传统城市向智慧城市的转型，均致力于通过数字化转型提高政府服务的质量和效率。优势方面，贵阳、南宁和重庆在数字经济发展战略的推进中展现出一系列共性特征，尤其在区位优势、政策支持、经济开放度以及基础设施建设方面表现突出。首先，三座城市均处于战略要地，其地理位置为它们在西部大开发中发挥枢纽作用提供了得天独厚的条件。其次，贵阳、南宁和重庆都是国家重点发展的城市，享受着国家赋予的资金扶持和政策倾斜，这些优惠政策为三市的数字经济发展提供了有利的外部条件和动力。再次，贵阳利用其作为国家大数据综合试验区的优势推动与国家间的技术交流与合作，重庆致力于塑造开放型经济的新高地，而南宁则依托区位优势积极开展对外经贸交流，三者都在积极构建更为广阔的国际合作平台，以提升自身的国际竞争力。最后，这三个城市在数据中心的建设、5G网络的布局以及物联网技术的应用等方面积极推进，为数字经济发展奠定了坚实的基础。

在挑战方面，贵阳、南宁和重庆在技术和资本积累、城乡差异、人才需求、国际合作和竞争压力等方面面临着共同的挑战。在技术和资本积累差距方面，这三座城市都在努力弥补与东部城市在数字经济相关技术和资本方面的差距。城乡差异方面，贵阳、南宁和重庆均面临着缩小城乡数字鸿沟的任务，力求实现城乡在数字化发展上的均衡。在人才需求方面，这三座城市都在积极构建人才培养和吸引机制，旨在为数字经济提供稳定的人才支撑。面对国际合作及竞争压力，南宁、贵阳和重庆正在不断提升自身的国际竞争力，同时积极参与国际合作，以应对来自国内外的竞争和挑战。

四　成功经验和启示

（一）主要省会城市数字经济强省会战略成功经验总结

1. 制定明确的发展目标和计划

无论是杭州的电子商务、软件和信息服务产业以及物联网产业的发展，还是北京的六大发展高地建设，抑或广州的制造业数字化改造，他们都设定了明确且具体的目标，并制定了详细的实施计划。这些城市都意识到了制定明确的发展目标和计划对于推动产业升级和经济发展的重要性。因此，他们不仅设定了短期和长期目标，还制定了具体的实施步骤和时间表，以确保各项工作能够按计划进行。此外，他们还注重与相关企业和机构的合作，共同推动产业发展。

2. 推动产业升级和转型

推动产业升级和转型已成为各城市发展的核心战略，合肥、南昌、南宁、贵阳等地通过利用数字技术，不仅对传统产业如制造业、农业进行深度改造，还积极拥抱新兴产业，比如虚拟现实、移动智能终端等前沿科技。这些地区实施的数字经济强省会战略，旨在构建以数据为关键生产要素的现代化经济体系，通过数字化转型，促进产业结构优化，并提高区域竞争力。

3. 建立数字生态体系

城市数字经济战略的发展需要整合政府、企业、科研机构及社会各类资源，构建一个涵盖生产、管理、服务等多个方面的数字化环境。这包括推广云计算、大数据、人工智能等技术的应用，实现数据的开放共享和跨界融合，以及扩大网络基础设施的覆盖范围和提升质量。通过这种全面的数字化、网络化和智能化升级，可以促进产业转型升级，提高经济运行效率，增强城市的创新能力和竞争力，为市民提供更高质量的生活服务，推动可持续发展。

4. 大力培养人才

为了支持数字经济的发展，北京、广州等城市实施的强省会战略中，大力培养人才是关键举措。这些城市通过建立与顶尖高校和研究机构的合作机制，开展针对性的教育项目和培训课程，旨在培养精通数字技术的专业人才。同时，他们也制定优惠政策，吸引海内外高层次人才，包括提供创业资金支持、税收减免、住房补贴等激励措施。此外，还推动产学研相结合，鼓励企业参与人才培养过程，确保教育内容与行业需求紧密对接，为数字经济的持续发展提供坚实的人才基础。

5. 加强国际合作与开放

为了提升全球竞争力，各城市积极拓展对外开放的经济体系，强调开放型经济的发展。通过优化外贸环境、减少贸易壁垒、促进跨境电子商务等方式鼓励本地企业走出去，同时吸引国外投资和技术。此外，这些城市还通过签订国际合作协议、参与跨国项目、主办国际论坛和展会等多种形式，加强与其他国家和地区的交流合作，促进知识、技术和人才的国际流动，共同推动全球经济一体化进程。

（二）数字经济强省会面临的挑战

无论是东部的杭州、北京、广州、济南，中部的南昌、合肥，还是西部的贵阳、南宁、重庆，各城市都在积极布局数字经济，追求成为该领域的强市。然而，在这一过程中，它们都面临着一系列共同的挑战，这些挑战主要包括以下几点。

1. 技术创新难度方面的挑战

技术创新是数字经济发展的核心驱动力。为了保持竞争优势，各城市需要持续进行技术研发，并承担相应的风险与成本。这不仅涉及大量的资金投入，还需要构建一个高效的创新体系，吸引高端人才，并通过政策激励和市场机制来支持技术创新和应用。

2. 竞争压力方面的挑战

随着全国各地对数字经济的重视程度不断提升，城市间的竞争愈加激烈。每个城市都在努力打造自己的数字经济增长点，以吸引投资和人才。同时，在全球化的背景下，国际合作与竞争并行，要求各城市在国际化视野下规划自身的发展策略。

3. 安全与隐私问题挑战

数据是数字经济的核心资产。随着数据量的激增和数据流通的加速，如何确保数据的安全和保护个人隐私成为亟待解决的问题。各城市需要建立严格的数据治理规范和隐私保护措施，同时利用先进的技术手段来防范安全风险。

4. 产教融合方面的挑战

实现产业界与教育界的深度融合对于培养符合数字经济需求的人才至关重要。各城市需要搭建平台，促进校企合作，加强实践教学和技能培训，使教育内容与产业发展同步，从而为数字经济发展提供源源不断的人才支持。

5. 产业结构调整方面的挑战

传统产业的数字化改造是实现产业升级的关键步骤。这要求企业对业务流程进行重新设计，并引入新的数字技术。这一过程不仅需要巨额的投资，还可能遭遇来自企业内部和行业的阻力。因此，政府和企业需要制定明智的策略，平衡好转型过程中的各种利益关系，确保经济的平稳过渡。

（三）主要城市数字经济强省会战略对贵阳的启示与相关建议

1. 注重培育龙头企业

龙头企业在产业链中具有很强的引领作用，贵阳可以通过这种模式推动传统产业特别是具有地方特色的产业进行数字化改造，通过整合资源，利用大数据、云计算等技术提升产业链各环节的互联互通，不仅可以提高产品质量和服务效率，还能促进产业的转型升级。同时，这种转型有助于优化产业结构，为贵阳的经济发展注入新的动力。

2. 培育和发展新兴产业

贵阳应重点培育和发展具有远大前景的新兴产业，如人工智能、大数据和云计算等高科技领域，政府可以提供政策支持和优惠措施，吸引国内外高科技企业在贵阳设立研发中心和生产基地，同时加强与当地高校和研究机构的合作，促进科技成果转化。通过这些措施，贵阳不仅能够提升自身的科技创新能力，还能为经济转型升级奠定坚实基础。

3. 建立完善的创新体系

政府、企业、高校和研究机构之间的紧密合作，共同推进技术研发和创新活动对促进贵阳的创新驱动发展具有重要的意义。同时，贵阳应加大对人才的培养和吸引力度，特别是在数字技术领域，通过高等教育、职业培训和引进海内外高端人才等方式，为数字经济的发展提供坚实的人力资源支持，这样的人才策略将有助于提升贵阳在数字时代的竞争力和创新能力。

4. 增强国际合作

贵阳应加强国际合作，采取措施鼓励外资进入，特别是在数字技术和数字服务领域。政府可以通过制定优惠政策、改善投资环境、简化审批流程等方式，吸引外国企业和投资者。同时，贵阳应积极参与国际交流与合作项目，通过引入国际先进技术和管理经验，推动本地产业的技术创新和升级，以开放的姿态促进经济的全面发展。

参考文献

张学良、林永然：《都市圈建设：新时代区域协调发展的战略选择》，《改革》2019年第2期。

王小鲁：《中国城市化路径与城市规模的经济学分析》，《经济研究》2010年第10期。

蔡跃洲、牛新星：《中国数字经济增加值规模测算及结构分析》，《中国社会科学》2021年第11期。

田秀娟、李睿：《数字技术赋能实体经济转型发展——基于熊彼特内生增长理论的分析框架》，《管理世界》2022年第5期。

巫景飞、汪晓月：《基于最新统计分类标准的数字经济发展水平测度》，《统计与决策》2022年第3期。

B.13
我国主要省会城市生态文明“强省会”行动比较研究

亢楠楠*

摘　要： 在人与自然和谐共生的生态文明范式下促进经济社会发展全面绿色转型，既是中国式现代化的内在要求，也是推动省会城市在全国“强省会”行动中出圈破阵的重要指向。本文首先梳理了以生态文明思维赋能“强省会”行动的出场逻辑，进一步对全国主要省会城市在战略部署、生态经济发展、生态宜居打造等生态文明指标方面的进展进行横向比较。在此过程中，识别出生态文明“强省会”行动过程中可能给省会城市带来的环境承载压力、公众福祉提升以及生态治理能力等多方挑战。为顺应省际竞争趋势和高质量发展规律，本文提出未来省会城市应在生态文明体制机制创新、绿色低碳经济、环境共保共治、多要素保障支撑等方面提质增效的对策建议。

关键词： 生态文明　“强省会”　绿色发展　生态环境

党的十八大以来，我国生态环境质量持续稳定向好，与人民生活福祉密切相关的空气、水资源等质量明显提升。伴随绿色低碳产业转型升级，经济发展的“含金量”和“含绿量”不断增加。《新时代的中国绿色发展》白皮书显示，自 2012 年以来，我国以年均 3%的能源消费增速支撑了年均 6.6%的经济增长。“美丽中国”建设迈出的重大步伐与“两山”转化的成功实践为生态文明赋能“强省会”行动提供了实践逻辑上的可行性。梳理

* 亢楠楠，中国社会科学院生态文明研究所副研究员，主要研究方向为生态经济。

生态文明思维赋能“强省会”行动的逻辑，横向比较全国主要省会城市的生态文明指标，提出未来省会城市生态文明提质增效的对策建议，为推动生态文明赋能“强省会”发展提供坚实基础。

一 生态文明“强省会”行动的生成逻辑

近年来，“美丽中国”建设迈出的重大步伐与“两山”转化的成功实践为生态文明赋能“强省会”行动提供了实践逻辑上的可行性。

（一）加快推动新质生产力需要省会城市的率先突破

坚持绿色发展是发展观的一场深刻革命，也是生态文明建设的必然要求。2023 年 7 月以来，习近平总书记创造性提出“新质生产力”这一重大概念，并在中共中央政治局第十一次集体学习时进一步强调，绿色发展是高质量发展的底色，新质生产力本身就是绿色生产力。新质生产力是生产力要素全新质态的生产力，其中“新”代表了新技术、新模式、新产业、新领域与新动能，“质”代表着物质、质量、本质和品质。未来很长一段时间内，加快形成新质生产力、积极发展战略性新兴产业，是聚集优质生产要素、助力区域在激烈的市场竞争中获得优势的关键，也是实现城市高水平科技自立自强，抢占未来发展制高点、构筑城市竞争新优势的突破口和支撑点。

相应地，省会城市作为全省经济占比最高、创新能力与生产要素配置能力最强、产业基础最高的首位城市，是都市圈建设、城市群一体化和区域城市体系的主导者，最有希望率先抓住新一轮科技革命和产业变革机遇，改造提升传统生产力，进而引领带动一个省级行政区域向高端化、智能化、绿色化方向发展，最终实现区域经济传统生产力向新质生产力的跃迁。从这个角度来讲，生态文明“强省会”行动是要素新优势、产业新形态、发展新路径、竞争新优势的集成，代表着全省经济更创新、更高阶、更可持续的生产力发展方向。

（二）生态环境治理体系和治理能力现代化需要省会城市的引领带动

省会生态环境治理现代化将会推动省域生态环境治理效能的显著提升。根据党的二十大报告中关于中国式现代化的相关论述，“坚持和完善生态文明制度体系，促进人与自然和谐共生”“推动绿色发展、促进人与自然和谐共生”是生态环境治理的改革方向。“生态环境治理体系和治理能力现代化”可以看作是这两个方向的重要突破口，可为生态环境质量改善提供强有力的政策工具。生态环境治理现代化，需要更加完善的生态文明制度体系、更加健全的环境治理体系，强调要形成与治理任务和治理需求相匹配的治理能力。

“强省会”行动的实施，将牵引并加速省会城市生态环境治理体系和治理能力现代化的进程。一方面，生态环境治理体系现代化强调制度成熟定型，形成与任务需求相适配的治理能力。我国生态环境保护及治理效能更多的还是依赖行政手段，生态环境治理能力提升与否主要取决于以管制政策为主的治理框架。自 2010 年以来，部分省份更加强化了提升省内中心城市首位度的政策导向，这种以行政手段提升首位度的做法，使得省会城市更容易享受到赋权政策。例如，2022 年，为支持长沙市发展，湖南省出台一批赋权政策，规定在法律法规允许的范围内，将长沙市高质量发展所需的省级审批权限应放尽放，分类分批次授权。另一方面，生态环境治理体系现代化要求积极参与全球环境与气候治理。随着省会城市能级的提升，政府、企业、居民等都会自觉把应对气候变化作为共同的社会责任，政府也有条件把“减碳降碳”纳入生态文明建设总体布局，企业有能力优化能源生产和使用结构，居民也会更加自觉地实现生活方式的绿色转型。

（三）新型城镇化生态环境约束的突破急需省会城市的模式总结

充分发挥中心城市和城市群的引领带动作用，已成为国家层面推进新型城镇化和区域协调发展的政策取向。我国发展的空间结构正在发生深刻变化，中心城市和城市群正在成为承载发展要素的主要空间结构形式。近年来，许多省份提出的“强省会”行动，就是对中国城镇化空间形态演化规律认识与运用的理性回归。

生态文明的发展思路是对工业文明不可持续的反思，生态文明范式下的新型城镇化过程中不可回避的一个重大现实问题，就是城镇规模持续扩大下的资源环境承载能力的硬约束。对于城市发展而言，生态环境是一种稀缺资源，两者之间存在高水平耦合的密切关系。随着生态经济理念向更多领域渗透，在新型城镇化空间实践中，省会城市也必然要承担相应的生态经济责任。近年来，各地城市群不断转型升级，它们的共同特点就是新型城镇经济的生态化统筹在土地、交通、能源、产业等配置方面打破了区域行政制约，形成了“一个中心、多个辐射点”的群落架构。正因如此，优化市域空间布局、促进新型城镇化发展亟须省会城市成为“示范阵地”。

二　我国主要省会城市生态文明“强省会”行动的对比分析

参考部分省份提出的生态文明建设指标体系，本节将从战略部署、生态经济发展以及生态宜居打造等指标出发，对全国主要省份城市的生态文明“强省会”举措进行横向比较分析。

（一）战略部署比较

从各省区的政策发布情况来看，仅有湖南省、贵州省、甘肃省等8个省份在“强省会”行动部署政策中明确提出要加大省会城市的生态环境保护与建设力度。其中，湖南省、福建省、贵州省、广西壮族自治区等政策部署方向更加明确，可操作性更强，而其他省份则更多地偏向于一个任务框架和预期目标。从主要抓手来看，湖南省、山东省、贵州省、福建省等地都列出了具体任务。例如，湖南省、山东省将减污降碳、改善生态环境质量作为重要任务，贵州省、福建省着力推动绿色经济发展，云南省明确提出建立生态“强省会”的协调工作机制（见表1）。

表1　部分省份“强省会”行动中与生态文明有关的决策部署

省会城市	有关政策部署
湖南省长沙市	市委、市政府印发的《关于贯彻落实强省会战略的行动方案(2022—2026年)》中明确,长沙将重点推进绿色低碳专项行动,开展“双碳”试点示范,建立生态监测网络,开展国家国土绿化试点示范,深入打好蓝天、碧水、净土保卫战,深化市容环境常态化精细化管理
甘肃省兰州市	《共同实施强省会行动,加快推动兰州市高质量发展框架协议》中指出,要把强生态作为攻坚推进强省会战略的基础,突出兰西城市群生态建设,系统构建强省会生态空间格局
福建省福州市	《关于支持福州实施强省会战略的若干意见》要求做好绿色经济大文章,提升城市功能品质,支持福州海洋生态保护修复项目建设,推动建设国家级清洁能源制氢基地
山东省济南市	省委、省政府印发《山东省建设绿色低碳高质量发展先行区三年行动计划(2023—2025年)》,明确将实施济南“强省会”行动
贵州省贵阳市	省委、省政府出台《关于支持实施“强省会”五年行动若干政策措施的意见》提出全力支持贵阳打造生态性强的功能城市。贵阳贵安“强生态”指挥部推动单位地区生产总值能耗下降、提高绿色经济占地区生产总值比重两项主要目标,并争取贵州省生态环保基金、推进“一城一战一整改”两项重点任务落地
广西壮族自治区南宁市	《广西新型城镇化规划(2021—2035年)》明确提出,深入实施强首府战略。自治区生态环境厅、市政府《关于深入推动生态环保服务强首府战略的若干意见》提出以生态环保服务、生态环保基础设施建设、生态环保能力建设等生态红利赋能强首府战略
云南省昆明市	昆明市人民政府与云南省生态环境厅建立“强省会”行动协调推进工作机制
江西省南昌市	出台《关于深入实施强省会战略推动南昌高质量跨越式发展的若干政策措施》

资料来源：作者根据相关资料整理自制。

(二)生态经济比较

生态经济指标反映着当地清洁高效生产方式的可持续发展经济模式,通过绿色、低碳、循环和高效的经济发展指标进行衡量。在本文中,选取了第三产业增加值占比、万元地区生产总值能耗、R&D经费占比、单位GDP耗电量四项指标进行比较。图1展示了除港澳台地区外我国省会城市(含首府、直辖市，下同）的第三产业增加值占比情况。2023年，除呼和浩特市、南昌市、重庆市、拉萨市、银川市外，其余省会城市（直辖市）的服务业增加值占GDP的比重均超过全国平均水平（54.6%）。其中，贵阳市处于中上水平，达到61.0%。

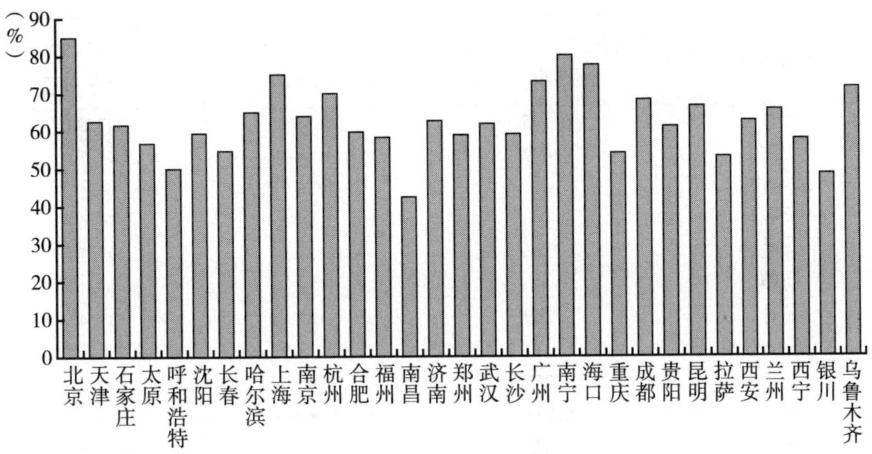

图1　2023年全国31个省会城市第三产业增加值占GDP比重

资料来源：由2023年各省会（直辖市）国民经济和社会发展统计公报整理得到。

表2中展示了2022年31个省会城市的其他生态经济发展指标比较情况。从万元地区生产总值能耗指数来看，全国各地区的能源综合利用效率存在较大差异。可查阅的数据当中，经济发达、产业结构轻型化的东部地区的万元地区生产总值能耗相对较低，武汉市、北京市、郑州市三地的能耗指数均在0.20吨标准煤/万元以下。长沙市的万元地区生产总值能耗最高，为0.610吨标准煤/万元，其次是呼和浩特市、天津市，分别为0.526吨标准煤/万元、0.497吨标准煤/万元。全国R&D经费支出占GDP比重为2.64%，反映出我国对研发创新的持续投入和重视，但与发达国家和地区3%的平均水平还存在一定差距。从投入强度看，仅有9个省份的投入比例超过了3%，其中仅北京超过5%，另有10个省份低于2%。作为现代经济发展的基础，电力行业数据也可清晰展示地区经济稳步发展及经济结构转型

升级情况。单位 GDP 耗电量指标中，武汉最低，为 250.00 千瓦时/万元。西宁最高，其次为银川、乌鲁木齐，分别达到 3225.10 千瓦时/万元、2609.60 千瓦时/万元、1165.08 千瓦时/万元。

表 2　2022 年全国省会城市生态经济发展情况

省会城市	万元地区生产总值能耗（吨标准煤/万元）	R&D 经费支出占 GDP 比重(%)	单位 GDP 耗电量（千瓦时/万元）
北京	0.175	6.83	307.80
天津	0.497	3.49	648.12
石家庄	—	1.16	—
太原	—	2.14	556.69
呼和浩特	0.526	1.34	993.79
沈阳	—	1.27	—
长春	0.269	1.82	433.42
哈尔滨	—	2.79	508.92
上海	0.262	4.40	390.89
南京	0.278	3.82	428.94
杭州	0.225	3.75	473.52
合肥	0.250	3.91	443.69
福州	—	2.08	457.40
南昌	—	1.94	426.90
济南	—	2.55	415.50
郑州	0.186	2.67	482.26
武汉	0.140	—	250.00
长沙	0.610	2.19	370.00
广州	0.223	3.43	387.95
南宁	0.304	0.98	629.97
海口	0.320	1.40	—
重庆	0.332		481.99
成都	—	3.52	425.34
贵阳	—	2.09	—
昆明	—	1.77	520.00
拉萨	—		706.82
西安	0.268	4.82	462.37
兰州	—	2.55	969.30
西宁	—	1.49	3225.10
银川	—	1.19	2609.60
乌鲁木齐	—	—	1165.08

资料来源：由 2023 年各省会城市统计年鉴整理得到，部分地区数据空缺。

（三）生态宜居比较

生态宜居的着眼点和落脚点在于提升城市居民的生活品质，是指一个城市构建环境友好的自然环境和绿色低碳的人居生活模式。构建生态宜居的指标主要从生态空间塑造、废物处理等方面进行。从人均公园绿地面积来看，广州市、银川市、贵阳市等 8 个城市超过全国所有城市的平均数值（15.29 平方米）。其中，贵阳市居第三位，达到 17.95 平方米。北京市、拉萨市、长沙市等建成区绿化覆盖率处于省会城市中的高位，分别达到了 47.05%、43.28% 和 42.22%；贵阳市居第六位，达到 41.27%。从生活垃圾无害化处理来看，焚烧作为填埋的有效替代方式，具有无害化程度高、减碳、节约占地、可提供发电及供热额外盈利等多种优势。2022 年，全国城市生活垃圾无害化焚烧处理能力占比为 72.63%。列出的省会城市中，仅有福州市、呼和浩特市和郑州三地实现了垃圾焚烧的百分化处理，长春市、北京市、兰州市、贵阳市等八地的生活垃圾无害化焚烧处理能力相对较低，仅在 60%以下（见表 3）。

表 3　2022 年全国省会城市生态宜居情况比较

省会城市	人均公园绿地面积（平方米）	建成区绿地率（%）	生活垃圾无害化焚烧处理能力占比（%）
北京	16.63	47.05	54.50
天津	9.98	35.49	93.10
石家庄	15.35	37.77	76.70
太原	12.95	39.94	90.57
呼和浩特	17.26	40.91	100.00
沈阳	14.26	40.08	84.70
长春	14.17	40.70	52.99
哈尔滨	10.37	29.88	89.12
上海	9.28	36.86	62.10
南京	16.02	40.82	81.50
杭州	12.7	37.61	90.25
合肥	14.92	40.30	60.98
福州	14.83	40.08	100.00
南昌	13.18	40.20	93.48

续表

省会城市	人均公园绿地面积（平方米）	建成区绿地率（%）	生活垃圾无害化焚烧处理能力占比（%）
济南	12.94	37.46	57.50
郑州	14.62	34.83	100
武汉	15.17	40.05	83.52
长沙	13.15	42.22	60.00
广州	23.66	38.81	67.41
南宁	12.15	31.76	76.10
海口	12.02	40.33	84.00
重庆	17.63	41.33	67.10
成都	11.36	37.85	57.00
贵阳	17.95	41.27	55.45
昆明	12.45	40.30	95.00
拉萨	14.78	43.28	—
西安	12.02	39.46	56.45
兰州	8.72	33.08	54.99
西宁	13.08	40.13	—
银川	18.43	41.39	58.82
乌鲁木齐	13.17	36.60	66.35

资料来源：由 2022 年各省会城市建设状况公报整理得到，部分地区数据空缺。

综上可以看出，生态文明理念已在全国各地省份进入自信和自觉阶段，环境保护也逐渐成为共识。但由于视角与方法的不同，各地区下发的“生态文明”促进省会发展的战略文件标准、方法与目标不尽相同。仅有很少省会城市从宏观、系统的角度为生态文明“强省会”建设和改革指明方向、作出具体规划。加之本底条件、基础不同，各区域生态文明理念的树立和战略执行仍存在差异。部分省会城市产业结构偏重、能源结构偏重的挑战依然严峻，需要予以长效解决。

三 生态文明“强省会”行动过程中面临的主要挑战

毫无争议地，“强省会”行动能够推进人与自然和谐共生的现代化进程。因为省会城市能级的提升，政府将更有财力持续投资于生态环境保护基础性工程的建设与完善，解决省会城市多年以来的生态环境“欠账”。然而，也要意识到，伴随城市规模的不断扩大、影响力逐渐攀升，经济集聚给省会城市带来的资源环境压力也将处于高位。“强省会”行动提出的统筹城乡发展、经济增长、民生改善和减污降碳的多重任务交织，在此背景下，如何通过要素集聚实现拉动省会城市经济高速增长的目标，又能改善省会城市的生态环境，进而促进当地经济、社会、自然的协调发展，便显得尤为重要。因此，要以生态文明促进“强省会”行动的实施，应对好以下挑战。

（一）污染刚性增量与环境有限容量的矛盾短期内不会消失

作为各省份经济社会发展的首位城市，省会城市同时具有人口分布稠密、资源消耗巨大的特征，空间承载、能源消耗、生态环境等硬约束趋紧的难题日益突出。“双碳”目标下，就要求省会城市要主动破解这一难题。然而，短期来看，随着省会城市经济继续增长，资源环境供需矛盾将进一步凸显，水资源和能源供给、城市污水和固体废物处理、自然生态保护等压力仍然不小。罗爽等对主要省会城市水资源生态足迹分析发现，我国将近 2/3 的省会城市处于水资源生态赤字状态①。我国大部分城市也处于从“高碳型”能源结构向“低碳化”过渡的阶段。以贵州省为例，贵州能源消费过度依赖煤炭，煤炭在能源消费结构中长期居主导地位。2022 年，贵州省工业能源消费占能源消费总量的 45.6%，工业单位增加值能耗是第三产业的 1.5 倍，六大高耗能行业能源消耗占 75.4%。运输结构偏公路，公路货运量占 92.5%。伴随经济发展，贵州省能源需求也将保持刚性增长，保供压力及“降碳”压力都将处于高位。

除上述生态旧疾外，省会城市还将面临所有“强省会”行动推进过程

---

① 罗爽、张兴奇、许有鹏：《中国主要省会城市水资源生态足迹与适宜承载人口规模》，《水土保持通报》2023 年第 3 期。

中出现的新问题。大量的要素资源和人口要素过快地向省会城市集中，尽管能够极大地促进省会城市的发展，但也不可避免带来环境风险的上升。近年来，大量人口向省会城市集聚的趋势日益加剧。据统计，2023 年，合肥、贵阳、杭州、南京、长春、石家庄、兰州等大部分省会城市人口数量均表现出正增长趋势。然而，频繁的人类活动加剧了土地利用的剧烈变化与生态系统服务功能退化等问题。徐乙文等对福州中心城区“三生用地”的土地利用变化规律研究分析发现，2000~2015 年研究区域生态用地和生产用地面积减少，生态系统服务价值总量降低了 27.3%①。城镇发展与生态空间矛盾依旧存在，城区周边生态廊道被侵蚀现象时有发生。因此，对于实施“强省会”行动的城市来说，防范生态环境风险的任务也将更加艰巨。

（二）省际经济竞争战略加剧使得生态问题易被忽视

实践过程中，地方政府推动“强省会”行动带有强烈的经济主导色彩。当谈论省会城市发展程度时，“首位度”经常被作为关键词出现。短时间内，“强省会”行动的推进仍将以 GDP 或者其他经济指标作为各省会城市竞相发展的直接驱动力。人与自然和谐共生作为中国式现代化的重要特征，丰富并拓展了中国式现代化的内涵与外延，为实现中华民族永续发展提供了解决方案。生态文明也不是一个狭义的环保问题，其背后实质是发展范式的深刻转变，是一种新的文明形态。因此，未来的经济高质量增长体系一定是绿色经济发展的比拼，生态文明评价也一定会是“强省会”的重要评价标准之一。

在此背景下，“强省会”行动可能会引起省会城市间的 GDP 竞争，加剧生产倾向，而忽略生态维度。于是，省会城市便竞相发展短期内经济带动效应大的产业。例如，已有多个省会城市明确将汽车产业列为支柱产业。还有一些省会城市在招商引资过程中，过度重视短期经济效益高的大

① 徐乙文、戴文远、黄万里：《福州中心城区生态服务价值与景观生态风险时空变化及相关性分析》，《生态科学》2021 年第 4 期。

企业。一些 GDP 产出较高但对生态环境造成较大压力的产业，仍是中西部部分城市承接产业转移时的考虑对象。而那些有前景、前瞻性的科技创新类项目，虽有望以后产生巨大的估计价值，但短期内难以产生经济效益，则受到较大影响。甚至有些地区试图通过行政区划调整来增强省会城市实力，然而合并的地区往往发展相对滞后，以至于在人均指标方面并不及合并前。

（三）生态环境持续改善和公共福祉提升的难度增加

总体来说，我国各地的生态治理成效整体呈现良好的发展态势。然而，就生态环境品质、生态环境治理水平和治理能力而言，部分省会城市同国际上发达城市甚至是同等发展水平的城市相比，仍存在一定差距。这也远未达到人与自然和谐共生、“美丽中国”的建设要求。深究之，结构性问题突出仍是我国省会城市生态文明建设过程中面临的突出挑战。例如，包括大部分省会城市在内的超大特大城市产业结构仍然偏重，能源结构偏煤，单位 GDP 能源消耗强度较高。在交通结构方面，机动车保有量大，对于城市大气环境污染的贡献占比居高不下。与国际先进水平相比，省会城市中心城区公共交通分担率还相差较多。因此，若要通过生态文明建设走出一条“强省会”的竞争发展道路，势必面临更加严峻的“高质量发展与高水平保护”的平衡关系。

随着省会城市逐渐做大做强，尤其是人口和企业数量的增加，城市人居环境质量和公共福祉提升压力增大。大量经验证据表明，兼顾公平与效率的城市绿色空间格局，是提升人居环境、改善民生福祉的重要途径。虽然有着政策、信息、技术等“软”要素的加持，但是面对快速蔓延的人口和经济体量，省会城市内部配套的居民生活空间很容易受到挤压。这就需对省会城市生态、生产、生活“三生”空间布局的合理确定提出更高要求。习近平总书记在上海考察时指出，“无论是城市规划还是城市建设，无论是新城区建设还是老城区改造，都要坚持以人民为中心，聚焦人民群众的需求，合理安排生产、生活、生态空间，走内涵式、集约型、绿色化的高质量发展路子，努力创造宜业、宜居、宜乐、宜游的良好环境，让人民有更多获得感，为人民创造更加幸福的美好生活”。因此，在生态系统存量规划背景下，对实施“强省会”行动的省会城市，尤其是城市的高密度中心城区来说，解决城市绿地供需矛盾、优化城市绿地空间分布格局、探讨高效服务模式仍是一个需要解决的重要难题。

（四）新形势下的生态环境治理体系面临更大改革挑战

“强省会”行动是应对人口流动新趋势、推动大城市治理现代化的新探索。尽管我国已在城市生态保护领域取得令人瞩目的成绩，但与任务需求适配的生态环境治理能力在各地表现仍然参差不齐。作为生态环境治理体系和治理能力变革的重要方向，科技创新和现代信息技术手段的发展直接关系着生态文明促进“强省会”的工作成效。这是因为，环境科技研发的速度和质量决定着是否能以更低成本、更高效率解决现有生态环境问题和应对好潜在新问题。从另一角度来说，智能化、数字化的时代特征也为省会城市的生态环境治理带来了新的机遇和挑战。

从上文中对于部分省会城市的生态环境制度、生态城市治理成效等的比较来看，在中央顶层设计下，各地方政府都制定实施了数项涉及生态文明建设和环境保护的配套改革方案，并开始注重运用统筹协调的方法提升生态环境质量。在城市生态环境治理方面，许多地方逐渐探索出不少有益经验，并形成了大量可在全国范围推广的成功案例。

此外，以管制为主的治理框架，也使得城市的生态环境治理能力获得较大提升。但值得注意的是，我国省会城市的生态环境治理能力仍存在明显不足，突出短板仍然较多。例如，生态环境保护仍然更多地依靠行政手段，经济手段运用不足；面向“双碳”目标的城市生命周期管理还有待完善，城市生态环境治理系统化、精细化、智能化水平仍不够高，社会政策与环境保护的协调程度有待加强，覆盖全社会的绿色生活习惯和生态环境保护意识仍然有待提升等。

四 生态文明“强省会”行动提质增效的对策建议

（一）以生态文明体制机制创新重塑“强省会”经济发展思维

高效顺畅的体制机制和良性运行机制是加强生态文明“强省会”行动的重要保障。首先，省会城市要改变“强省会”就是要改变以“全省经济发展高地”为目标的心态。应主动融入对接“强省会”行动与生态文明建设，坚持保护与发展两手抓，自觉自强和主动融入相结合，以实事求是、因地制宜的差异化发展原则，创新适宜本地的生态文明制度。其次，厘清“党委、政府、企业、公众”的职责定位，充分发挥政府机制、市场机制、社会机制的作用。围绕生态“强省会”行动部署的重大任务、重大工程，各部门明确责任分工、细化战略目标和任务措施，编制本地区生态文明“强省会”行动实施方案或重点区域、重点领域实施方案。按照“巩固→深化→创新”逐渐深入的准则，坚持完善现有生态文明制度政策，发挥“存量”政策的实力；切实创新制度政策，培育“增量”政策的新动力；密切关注省会城市生态环境问题新变化，突出“变量”政策的新功力。最后，积极探索生态系统服务总值（GEP）核算、绿色金融环境政策等生态文明制度创新在省会城市的推广。大力推广以生态环境为导向的开发模式（Eco-environment-oriented Development，EOD），引导和激励各类市场主体主动参与到省会城市的生态环境保护事业当中来。完善创新生态补偿机制，实现政府转移支付、区域间横向补偿和市场交易的相互补充，最大限度实现资源管理优化与生态资源价值增值。

（二）以低碳循环经济体系积极培育“强省会”绿色发展新动能

第一，绿色制造业始终是生态文明建设的主战场，也是各地实施生态文明“强省会”行动的重要抓手。省会城市以“双碳”目标为引领，调整制造业产业结构和能源结构，深入推进“生产绿色化”省会城市。打造绿色

工厂、绿色园区、绿色低碳供应链、绿色产品，构建起绿色低碳的产业体系和清洁高效的能源体系，推动制造业向绿色转型发展。第二，构建和完善以市场为导向的绿色技术创新体系和制度安排，激活绿色技术创新新动能，提高绿色成果转化和产业化水平。加快政策、资金、资本、技术等向绿色制造业的倾斜速度，不断提升绿色技术水平，为省会城市经济的高质量发展进一步赋能。第三，聚焦“双碳”目标，打造资源循环型社会，推进“生活绿色化”省会城市建设。在省会城市建设循环经济大数据中心，结合大数据等新一代信息技术，打造循环经济产业环保信息共享和监督平台，减少信息不对称带来的负面效应，实现政府、企业、社会组织和公众环境信息的共享与互动。重视新媒体的舆论引导作用，宣传普及“3R”理念和循环经济知识；开展区域性低碳消费意愿及行为调查，多举措营造绿色消费良好氛围。

（三）以生态环境共保共治完善“强省会”现代治理体系

省会与其他城市“共享一片天”，因此以生态文明“强省会”应注重在全省范围内打造多层次、网络化、功能符合的生态空间格局，开展生态共建、环境共治。同时，创新省会城市与其他城市的生态环境治理体系也是新型城镇化建设的重要探索实践，这有助于促进产业、人口及各类生产要素的合理流动和高效集聚，是形成优势互补、全省高质量发展的应有之义。首先，集聚合力，创新省会城市与其他城市的生态环境治理协作机制。推进生态环境保护协同立法、开展跨区域联合环境执法的法治协作；制定污染物排放和风险管控统一的规范标准；探索建立公园城市规划、指标评价、价值转化等体系；健全跨地区的环境权益交易机制。其次，强化地区协作推进，构建协同治理能力。共建生态环境一体化监测网络，建设生态环境遥感监管平台和业务系统，提升生态环境监管信息化水平。最后，联合建立区域间生态系统保护和修复工程体系，建立健全横向生态保护补偿机制，最终实现省会城市与其他地区生态环境的整体保护、系统修复和综合治理。

（四）以多要素支撑完善生态文明“强省会”保障体系

第一，以优化的城市空间格局为生态文明“强省会”提供空间载体。坚持人口与资源环境承载力相均衡、生态经济社会效益“三统一”的原则，系统布局省会城市的国土空间开发，科学布局“三生”空间，保障省会城市重要生态宜居功能。第二，集聚高精尖紧缺人才，完善生态文明人才队伍体系。加强领导干部人才队伍建设，完善考核评价体系，建立符合生态文明体系的考核评价办法。加大具有全国、世界影响力的生态环保专家的培养队伍，鼓励省会城市高校、科研院所实施高层次领军人才和青年拔尖人才计划，加强高层次科技创新人才培养。第三，充分发挥科技创新的“乘数效应”和“累积效应”，以绿色科技创新提升省会城市的经济能级和综合实力，增强省会城市的支柱作用和引领作用，进而辐射带动全省区域协同均衡发展。第四，紧盯生态保护修复等重点领域和关键环节，强化财政资金保障。加大生态文明建设财政投入力度，鼓励省级财政支出向省会城市的节能环保、循环经济、生态修复等方面倾斜；创新环保资金投入方式，扩大对省会城市的财政补贴领域；畅通融资渠道，缓解省会城市环保资金支出压力；发展绿色金融，以市场化方式设立绿色产业基金，支持绿色信贷、绿色证券、绿色发展基金等政策工具服务于生态文明“强省会”行动。

参考文献

许恒兵：《新质生产力：科学内涵、战略考量与理论贡献》，《南京社会科学》2024年第3期。

杨国才：《省际竞争视域下“强省会”战略的逻辑生成、路径选择与分异趋向》，《湖北社会科学》2023年第11期。

王红帅、董战峰：《生态环境治理体系和治理能力现代化：内涵特征、推进思路和关键任务》，《改革》2023年第12期。

郇庆治：《环境政治学视角下的国家生态环境治理现代化》，《社会科学辑刊》2021

年第1期。

张航、丁任重：《实施“强省会”战略的现实基础及其可能取向》，《改革》2020年第8期。

马雪松、柏然：《优化行政区划设置视域下的“强省会”建设：功能预期、实践形态与效能转化》，《云南社会科学》2023年第3期。

李恩平：《绿色城镇化的逻辑、内涵与特征辨析》，《城市与环境研究》2023年第4期。

邹亚锋、王淇、张倩等：《西部省会城市新型城镇化与生态文明协调发展状况研究》，《世界地理研究》2023年第12期。

肖华斌、何心雨、王玥：《城市绿地与居民健康福祉相关性研究进展——基于生态系统服务供需匹配视角》，《生态学报》2021年第12期。

李敬、李军、朱于珂：《新型城镇化试点政策对人口流动的影响》，《中国人口科学》2023年第3期。

案例报告

B.14
浙江省杭州市“强省会”经验研究

方　翌*

摘　要：　在中国城市化进程加速的背景下，“强省会”战略成为许多省份推动区域经济发展的重要选择。作为浙江省的省会城市，杭州市凭借其独特的地理位置、丰富的资源禀赋和持续的创新精神，在“强省会”建设中取得了显著成就，不仅在经济总量、产业结构、科技创新等方面实现了跨越式发展，还在社会治理、城市规划和生态环境保护等方面积累了宝贵经验。通过深入研究杭州发展路径、政策措施和创新实践，可以为其他地区提供可复制、可推广的经验和做法；对杭州“强省会”的研究有助于深入理解城市发展的内在机制和规律，为推动区域经济高质量发展提供理论指导和实践支撑。

关键词：　“强省会”　区域发展　杭州

* 方翌，贵州省社会科学院社会研究所助理研究员，主要研究方向为经济法学、犯罪学、社会治理。

杭州，凭借自身深厚的文化底蕴和卓越的创新活力，近年来逐渐崭露头角，成为中国城市发展的重要亮点。从历史上看，杭州作为浙江省的经济、文化中心，一直以来在区域发展中扮演着关键角色。而在新时代的背景下，杭州不仅继承了传统的优势，还紧紧把握住数字经济、科技创新等时代机遇，实现了跨越式发展，为“强省会”战略提供了可行的范本，也为中国其他城市的转型升级提供了宝贵经验。

一　杭州“强省会”概述

杭州并没有明确地提出“强省会”战略。然而，从杭州的城市发展历程来看，是一个持续调整推动经济增长、优化经济结构、加强对外开放、促进城乡区域发展、推动科技创新和数字化转型、实现共同富裕和改善民生的过程。在这个过程中，杭州不仅取得了显著的经济发展和社会进步，还形成了鲜明的城市特色和竞争优势，成为近年来中国发展最为快速和宜居宜业宜游的城市之一。

杭州自古以来便是经济文化繁荣之地。改革开放以来，特别是进入新世纪以来，杭州紧抓发展机遇，依托“八八战略”的引领，以互联网、大数据等新技术为驱动，不断推进产业转型升级和城市功能完善，逐步确立了在全国的重要地位。过去十年来，杭州经济保持稳健增长，总体实力在高水平基础上持续提升。地区生产总值从2014年的9206亿元，到2015年突破万亿元，2019年超过1.5万亿元。2023年，杭州已经成功进入“两万亿俱乐部”，成为我国GDP超过2万亿元的九个城市之一[①]（不含港澳台地区）。经济总量逐年增长（见图1），2023年在全国排名中前移一位，排第8位。

杭州市常住人口超过1200万人，人均GDP突破2万美元，达到中等发达国家水平。近年来，杭州以宜居宜业宜游的良好环境吸引人才集聚，常住人口呈逐年增长的趋势。从2014年末的889.2万人增加至2023年末的1252.2万

① 截至2024年一季度，全国GDP超过2万亿元的城市（不含港澳台地区）有：上海、北京、深圳、广州、重庆、苏州、成都、杭州、武汉。

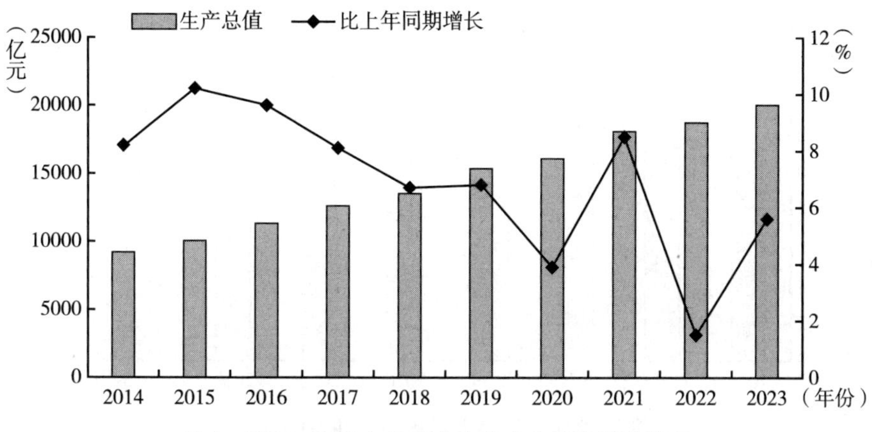

图 1　2014~2023 年杭州全市生产总值及增速情况

资料来源：2014~2023 年杭州统计年鉴。

人，增加 363 万人，增长 40.8%，也成为全国 10 个超级大城市之一（见表 1）。全市人均 GDP 从 2016 年的 11.15 万元提升至 2023 年的 16.21 万元，增幅达到 45.4%，进一步巩固了其在全国经济格局中的重要地位（见图 2）。

表 1　2023 年末杭州各区、县（市）人口情况

地　区	常住人口(万人)	城镇化率(%)
杭州市	1252.2	84.2
上城区	139.0	100.0
拱墅区	118.8	100.0
西湖区	117.1	97.5
滨江区	54.3	100.0
萧山区	214.0	81.3
余杭区	140.5	74.6
临平区	112.7	89.2
钱塘区	80.2	88.7
富阳区	85.7	72.4
临安区	65.2	61.2
桐庐县	45.9	71.5
淳安县	32.1	52.3
建德市	44.3	54.3
西湖风景名胜区	2.4	100.0

资料来源：杭州市统计局。

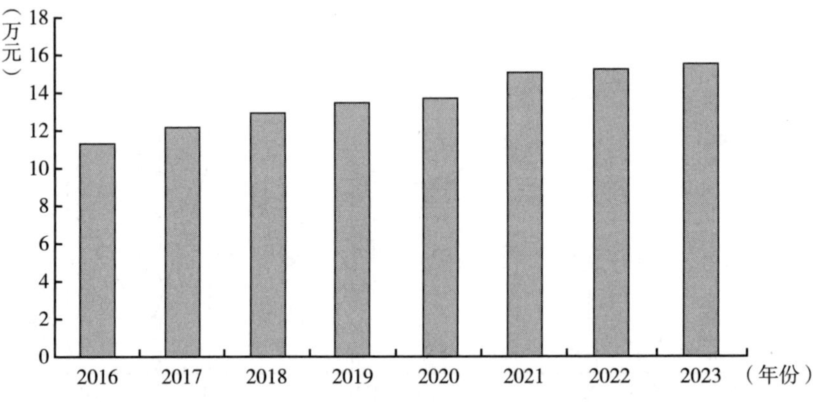

图 2　2016~2023 年杭州市人均 GDP 情况

资料来源：历年《杭州统计年鉴》。

杭州市城乡居民人均可支配收入持续稳定增长，展现出城乡经济协调发展的良好态势。2016~2023 年，城镇居民可支配收入从 52185 元增至 80587 元，增长 54.4%；农村居民可支配收入从 27908 元增至 48180 元，增幅 72.6%，增速显著快于城镇，城乡收入 比从 1.87 下降至 1.67，城乡差距进一步缩小。这一增长得益于杭州经济高质量发展，乡村振兴战略的全面推进和就业创业环境的不断优化（见图 3）。

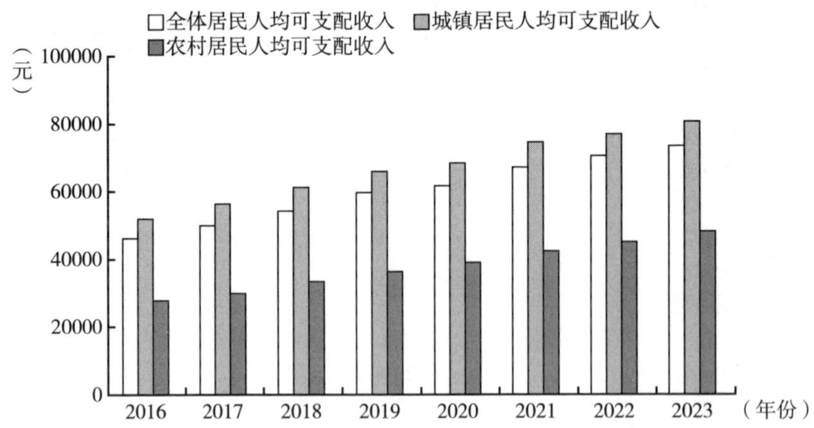

图 3　2016~2023 年杭州市全体居民、城镇居民、农村居民人均可支配收入情况

资料来源：历年《杭州统计年鉴》。

二 杭州“强省会”的优势与特色

探究杭州成为“强省会”的缘由，我们不难发现，其得天独厚的地理位置优势、源远流长的历史文化底蕴以及坚实雄厚的产业基础，共同铸就了这座城市的繁荣发展。地理位置赋予了杭州与外界便捷沟通的天然通道，让其能够在区域乃至全国的经济格局中占据重要地位；历史文化则如同一座丰富的宝藏，为杭州注入了深厚的人文内涵和独特的城市气质；雄厚的产业基础则是杭州经济持续腾飞的强大动力，推动着城市不断向前迈进。

（一）地理位置优越，经济腹地广阔

杭州市位于长江三角洲南沿和钱塘江流域，是长三角南翼的重要中心城市和东南部交通枢纽，拥有得天独厚的地理位置优势。其东临东海，南接福建，西与安徽相连，北与江苏毗邻，是连接长三角与珠三角的重要节点。杭州所在的沪宁杭工业基地是全国最强的综合性工业基地之一，涵盖纺织、电器、机械、交通运输设备制造等多个行业，在新材料、生物工程、机电一体化等高新技术产业方面也具有一定基础，乡镇工业发展迅速，城镇化程度较高。杭州位于苏浙沪交界的关键位置，形成了一个独具特色的区域经济圈。丰富的腹地资源和广阔的市场前景，为杭州带来了宝贵的发展机遇和广阔的合作空间。

（二）历史文化悠久，人文底蕴深厚

杭州是一座历史文化悠久、人文底蕴深厚的城市，始建于秦代，已有2200多年的历史。自元朝起成为省会，至今已有700多年。其中，吴越和南宋曾以杭州为都，持续了220多年。杭州拥有众多的历史遗迹和文化景点。西湖、灵隐寺、雷峰塔等名胜古迹享誉中外，不仅吸引了大量国内外游客，也为杭州市的文化旅游产业发展提供了得天独厚的资源。同时，杭州还是中国著名的丝绸之府、茶叶之乡。杭州历代人才荟萃，巨匠迭起，诗人辈

出，在浙江乃至整个国家的文化和历史舞台上占据着举足轻重的地位。杭州丰富的历史文化底蕴为杭州市的经济社会发展注入了独特的人文魅力。

（三）产业基础雄厚，创新氛围浓厚

杭州拥有雄厚的产业基础，尤其在数字经济、电子商务、互联网科技等领域处于全国领先地位。作为阿里巴巴等科技巨头的总部所在地，杭州不仅吸引了大量创新型企业和人才，还构建了完善的产业链条，形成了独特的创新生态。与此同时，杭州注重推动产业升级和技术创新，政府积极支持高新技术企业和初创公司，创新氛围浓厚。众多创客空间和孵化器的建立，为创新型企业提供了广阔的发展平台。这些因素共同促进了杭州的科技创新和产业发展，成为创新驱动发展的典范城市。

三　杭州“强省会”建设的主要做法

杭州积极响应国家发展战略，以坚定的决心和有力的行动投入“强省会”建设之中。杭州的“强省会”建设并非一蹴而就，而是在科学规划、精准施策、持续发力的基础上，逐步实现了城市发展的跨越与突破。通过一系列创新性的做法和持之以恒的努力，杭州在经济、科技、文化、生态等多个领域取得了显著的成效。

（一）坚持创新驱动发展战略，打造数字经济高地

在“强省会”战略的推动下，杭州市将创新驱动发展作为核心战略，致力于建设数字经济高地，推动城市经济的转型升级。通过加强研发投入、优化创新生态、培育创新主体等多方面的举措，杭州逐步提升了自身的创新能力和竞争力，成为数字经济的重要基地。

杭州市政府制定了一系列支持创新的政策措施。通过加大对研发的财政投入和资金支持，推动企业在技术研发和产品创新方面实现突破，杭州已经形成了较为完备的创新扶持体系。例如，针对初创企业，政府提供了资金支

持、税收减免等优惠政策；对于高科技企业，出台了创新研发奖补政策，激励企业加大研发投入、提升自主创新能力。这些政策的实施，不仅激发了本地企业的创新潜力，也吸引了大量外部投资，推动了杭州市科技产业的快速发展。

1. 数字基础设施的建设与数字经济应用的快速发展

作为数字经济发展的基础，杭州市在数字基础设施方面进行了大规模的布局和建设。杭州率先推进5G网络的覆盖，基本实现了全市范围内的5G信号覆盖，为高效的互联网连接和数据传输提供了技术保障。此外，杭州市还大力建设数据中心，搭建了高速、稳定、安全的信息通信网络，确保数字经济能够在可靠的基础设施上快速发展。

随着大数据、云计算、人工智能等数字技术的快速发展，杭州不仅推动了相关技术的应用，也催生了大量创新的应用场景。在电子商务领域，杭州拥有全球知名的电商平台，成为全球电商产业的重要枢纽，推动了相关产业的深度融合。特别是在物流和支付领域，杭州市不断推进智能化建设，提升了供应链效率和金融服务的普惠性。在互联网金融领域，杭州借助领先的金融科技企业，推进了大数据分析、区块链技术等的应用，有效提升了金融服务效率，为中小企业和个人提供更加普惠的金融服务。

2. 数字化转型推动传统产业升级

数字经济的蓬勃发展不仅催生了新的产业形态，同时也加速了传统产业的数字化转型。杭州市在推动传统产业升级方面取得了显著成效。农业领域通过数字化手段实现精准种植和智能监控，大大提升了农业生产的效率和效益。利用“互联网+农业”的模式，杭州的农业实现了产销对接，农产品通过电商平台进入更广阔的市场，增加了附加值并提高了市场竞争力。

服务业方面，数字技术对服务模式的创新起到了至关重要的作用。例如，杭州的在线教育、远程医疗、智慧旅游等新兴业态在数字化背景下得到了迅速发展。这些行业不仅提高了服务质量，也优化了资源配置，推动了经济结构的优化升级。特别是在教育和医疗领域，杭州充分利用互联网和人工智能技术，推动了个性化、智能化的服务模式，极大提高了服务的可及性和精准度。

3. 吸引数字经济领域人才，增强创新驱动力

数字经济的快速发展离不开高端人才的支持。杭州市积极通过政策支持和良好的创新环境吸引数字经济领域的高层次人才和创新团队。市政府出台了《杭州市高层次人才分类认定办法》，通过分类认定人才类别并提供购房补贴、租房补贴、子女入学优惠等一系列优惠政策，吸引了大量高技术、高素质的人才加入杭州的数字经济创新生态。

此外，杭州市也注重对本地人才的培养。杭州的高校和职业院校根据数字经济的发展趋势，积极开设相关专业，培养大数据、人工智能、区块链等技术领域的专业人才。通过与企业合作，杭州的高校还建立了多样化的人才培养模式，推动校企合作和人才的实践应用，为数字经济的发展提供源源不断的智力支持。

4. 数字经济的制度保障与规范发展

为了保证数字经济的可持续发展，杭州市加强了制度保障，推动数字经济的健康发展。政府通过建立和完善相关法律法规体系，制定了与数字经济相关的政策，规范了市场秩序，强化了知识产权保护和数据安全管理。杭州市尤其注重数字化平台的监管，通过合理的政策导向，支持创新企业的发展，同时防范数字经济快速发展过程中可能出现的风险和挑战。

在知识产权保护方面，杭州市加大了对技术创新的保护力度，建立了更加完善的知识产权服务体系，保障创新成果的合法性和市场竞争力。此外，杭州市还致力于推动数字经济的市场化进程，鼓励企业在公平竞争的环境下通过技术创新提升竞争力，进一步推动数字经济的繁荣发展。

（二）深化改革开放，提升城市国际化水平

杭州市在“强省会”战略引领下，不断深化改革开放，通过一系列积极的措施，着力提升城市的国际化水平。改革和开放不仅促进了杭州经济的持续增长，也使城市在国际舞台上占据了更加重要的位置。特别是在体制机制改革和外向型经济发展方面，杭州的多项创新举措逐渐显现出强大的推动力。

1. 深化体制改革，提升行政效能

为了应对全球化竞争的挑战，杭州市在行政体制和政府职能改革方面做出了大力推动。市政府通过优化行政审批制度，进一步简化审批流程，减少行政干预，提高行政效率，降低企业经营成本。政府还通过加强“放管服”改革，推动“互联网+政务服务”模式，利用大数据和云计算等信息技术手段，让企业和居民享受更加便捷、高效的公共服务。这些改革措施有效激发了市场主体的活力，提升了杭州的营商环境，吸引了更多国内外企业的投资与合作。

此外，杭州市还在政策创新方面不断探索。通过建立灵活的政策框架，政府能够及时应对国际经济环境变化，实施更加精准的产业扶持政策。例如，杭州积极推动开放型经济发展，建立了多个自贸区和高新技术产业园区，吸引了大量外资企业入驻。这些改革举措不仅推动了杭州产业的多元化发展，也让杭州在国际化进程中展现出了强大的吸引力和竞争力。

2. 推动开放合作，增强全球连接

杭州的国际化进程还体现在其对外开放的多维度合作上。市政府通过加强与国际城市和企业的合作，推动杭州与世界经济的深度融合。在“一带一路”倡议下，杭州积极推动区域经济一体化和跨国公司合作，为全球产业链和供应链的合作提供了更多的可能性。通过开展多层次的国际交流与合作，不仅提升了杭州的国际影响力，也为外资企业提供了更多的发展机会，进一步促进了杭州国际化战略的实施。

在全球化背景下，杭州还大力推动国际人才的引进，提升城市的人才竞争力。通过优化人才引进政策，杭州市为全球高层次人才提供了更加宽松的政策环境，吸引了大量海内外优秀人才。杭州市政府出台了多项人才支持政策，包括人才住房、医疗保障、子女教育等方面的配套措施，确保外国人才和高技术人才能够在杭州安心工作和生活。这些政策不仅增强了杭州的国际化水平，还促进了杭州成为国际创新和科技中心的重要枢纽。

3. 提升城市品牌形象，扩大国际影响

随着国际化步伐的加快，杭州市在提升城市品牌形象方面取得了显著进展。杭州市政府通过举办各类国际化的文化、科技、教育等领域的交流活动，展示了杭州作为一个历史文化名城与现代科技创新中心的双重魅力。通过如 G20 峰会等国际会议的成功举办，杭州进一步树立了作为国际化大都市的形象，吸引了全球媒体和观光游客的关注。这些活动不仅提升了杭州的国际影响力，也为城市未来的发展注入了新的动力。

在提升城市国际化水平的过程中，杭州市还注重文化交流与合作。作为中国的“丝绸之路”文化发源地之一，杭州积极通过文化产业的开放与交流，提升其在全球的文化软实力。通过与世界各地城市和文化机构的深度合作，杭州的文化资源和创新力量得以更好地传播到世界各地，为城市国际化打下了坚实的文化基础。这些举措使杭州在全球文化交流和全球治理体系中扮演了更加重要的角色，进一步增强了城市的国际话语权。

4. 完善国际化基础设施，优化城市服务

在提升城市国际化水平的过程中，杭州市注重提升城市的国际化基础设施建设。交通方面，杭州通过推进高铁、地铁、机场等交通枢纽的建设，提升了与全球其他城市的连通性，促进了人流、物流、资金流的高效流动。同时，杭州还加快了智慧城市建设步伐，提升了城市信息化和数字化水平。通过大数据、人工智能等技术的应用，杭州有效提升了城市管理和服务的智能化、精细化水平，确保城市能够为国内外居民和企业提供更加高效便捷的服务。

此外，杭州市还通过完善国际化的商业和生活配套设施，提升了其对外来人口和外资企业的吸引力。高标准的国际化住宅区、教育和医疗机构为外籍人士和国际企业员工提供了优质的生活条件，促进了城市的多元化发展。这些措施不仅提升了杭州的城市竞争力，也为外资企业的长期发展和人才的安居乐业提供了保障，为杭州市迈向全球化和现代化奠定了更加坚实的基础。

（三）注重生态环境保护与城市建设协调发展

杭州市在推动经济社会发展的同时，始终坚持生态优先的原则，注重生态环境保护与城市建设的协调发展。通过科学规划、政策引导和绿色创新，杭州市实现了城市发展与生态环境的双赢，构建了绿色低碳的城市发展模式。

1. 绿色城市规划，推动可持续发展

杭州市通过科学的城市规划，将生态环境保护纳入城市发展的核心战略。市政府在制定城市发展蓝图时，充分考虑环境承载力和资源利用效率，强调人与自然和谐共生的理念。在城市扩展过程中，严格执行生态红线保护制度，确保重要生态功能区、湿地、山体和水源地得到有效保护。绿色城市规划为杭州市提供了可持续发展的基础保障，使得城市化进程与生态环境协调推进。

2. 绿色建筑与节能减排，助力低碳城市

杭州市积极推动绿色建筑的普及与发展，倡导节能减排技术的应用。新建建筑项目普遍采用节能环保材料，设计上充分考虑自然采光、通风和节水等要素，提升建筑的能源利用效率。同时，杭州市加强旧城改造，推动既有建筑的绿色改造，提升城市整体能源利用水平。通过这些举措，杭州市有效降低了城市建设过程中的碳排放，推动了低碳城市的发展目标。

3. 优化公共交通系统，减轻环境负担

为了缓解城市交通压力，减少交通拥堵对环境的负面影响，杭州市大力优化公共交通系统的建设。通过增加地铁线路、提升公交服务质量以及推动智能交通系统的应用，杭州市大幅度提升了公共交通的覆盖率和便捷性。此外，杭州市还积极推广绿色出行方式，如共享单车、电动汽车等，鼓励市民选择低碳环保的交通工具，从源头上减少了交通带来的污染和碳排放。

4. 加强生态修复与绿化建设，提升城市环境质量

杭州市注重生态修复工程，全面开展城市水系、山地、公园等生态修复项目，恢复自然生态功能。特别是在河流治理方面，杭州市采取了生态河道修复与污水处理相结合的方式，既提升了水体水质，又增添了生态景观，改善了市民的生活环境。同时，杭州市持续加大绿化力度，通过增植绿地、屋顶绿化等手段，提升城市绿化覆盖率，营造了更加宜居的城市环境。

5. 推动产业绿色转型，促进经济绿色发展

杭州市通过推动产业结构优化升级，促进产业绿色转型，实现经济发展与环境保护的双赢。市政府出台了一系列政策，鼓励企业采用清洁生产技术，推动绿色制造业和循环经济的发展。同时，杭州市加大对绿色产业的扶持力度，通过金融、税收等措施，鼓励企业在节能环保、清洁能源等领域进行创新，推动绿色产业成为经济发展的重要支柱。

6. 强化环境监管，确保生态环境保护成效

杭州市通过强化生态环境监管，确保各项生态保护措施落实到位。市政府加强对污染源的监控和治理，对工业排放、汽车尾气等污染源进行严格监管，同时加大对环境违法行为的处罚力度。此外，杭州市还积极引导市民参与环境保护，开展环保宣传教育，提高市民的环保意识，形成全社会共同保护生态环境的良好氛围。

（四）强化社会治理创新，提升公共服务水平

杭州在推进“强省会”战略过程中，积极创新社会治理模式，不断提升公共服务水平。通过智能化、精细化的治理手段，优化服务质量，提升社会安全感和群众满意度，推动城市治理能力现代化，促进社会和谐稳定。

1. 在数字化治理方面，杭州展现出了强大的创新能力

杭州从2016年开始探索城市大脑赋能城市治理现代化，通过大数据、云计算和人工智能等技术手段，实现城市管理的精细化和智能化。围绕群众的“急难愁盼”解决城市治理中的堵点、痛点和难点问题。如依据城市大脑提供的数据分析来决定错峰限行措施的实施时间；通过城市大脑支撑的“亲清在线”平台，采用“申报零材料、审批零人工、兑现实时到账”的在线兑付模式发放过年红包等。城市大脑已建成完整的数据资源管理体系和中枢系统，整合大量数据，实现了公共数据平台的不断夯实，其在数字政府、数字经济、数字社会和数字法治等综合应用上形成了众多特色场景并取得显著效果。在体制机制创新上，建立了“领导小组+指挥部+总架构师+云栖工程院+大脑研究院+产业协同创新基地”的组织构造，形成“系统指挥、合

力执行、政企联动”的制度体系。

2. 提升公共服务水平为社会治理的重点

公共服务水平的提升也是杭州社会治理的重点，涵盖教育、医疗、住房、社保、养老等多个领域。一是提升教育水平。优化学前教育布局，增加优质学前教育资源供给，推进产业园区嵌入式幼儿园建设试点。推进新名校集团化，全面推进城乡义务教育共同体建设，推进跨区域跨层级的名校集团化办学，鼓励市属优质高中与县（市）高中组建紧密型教育集团。二是优化医疗服务。科学布局高水平医院，建立市域大健康统筹联动管理机制，在特定区块谋划新（改）建国际医院或三级甲等规模综合性医院，建设国家癌症中心早筛早诊早治南方基地。探索建立城市医院集团，依托市属医院和区、县（市）级医院成立市、区县（市）一体的医院集团，全面提升医共体发展水平和乡镇医院（社区卫生服务中心）服务能级，探索市级医院医生到基层参与家庭医生签约服务等新模式。三是加强住房保障。加快推进老旧小区“拆改结合”试点，适时制定出台相关指导意见，允许改造区块适当调整部分技术标准，“拆改结合”增加的面积优先补充周边公共服务配套。探索多元化土地出让模式，实行差异化购房政策，开展“职住平衡”试点，研究制定部分区域的差异化购房措施。此外，在民生实事、老旧小区改造、生态环保等方面，杭州也有相应的保障措施，例如做好生活垃圾分类、主城区高层住宅二次供水设施改造等财政资金保障；出台老旧小区综合改造提升工作实施方案及专项资金管理办法；统筹整合相关政策资金，向重点项目倾斜等。同时，杭州还注重提升公共服务数字化水平，提升成果智享多跨场景重大改革等，以不断提升公共服务的质量和效率。

四　杭州“强省会”模式探讨

“强省会”模式作为一种推动区域发展的重要策略，旨在通过集中资源、优化政策，提升省会城市的综合实力和辐射带动能力，从而引领整个省份的高质量发展。杭州通过实施"强省会"战略，推动经济、社会、文化多维度发展，探索出了一条独具特色的省会城市发展路径。

（一）政府引导和市场驱动的相互作用

政府引导和市场驱动是推动经济发展和社会进步的两个重要力量，两者相互作用、相互促进。杭州市政府通过制定和实施产业政策，明确市场发展的方向和目标，引导市场资源向重点产业和领域聚集。例如，杭州市政府大力发展数字经济、文化创意、旅游等产业，通过提供政策支持、资金扶持、人才引进和培养等措施，引导市场主体加大对这些产业的投入，推动相关产业升级和转型。同时，市场也积极响应政府政策，通过投资、研发、生产等方式推动政策目标的实现。

1. 政府引导在资源配置中起到了关键性作用

通过制定规划、分配资源、优化公共服务等方式，政府促进了资源的有效配置和高效利用。而市场通过价格机制、竞争机制等方式，引导资源向更高效、更优质的领域流动，提高了资源配置的效率。

2. 高度重视创新驱动和产业升级

杭州市政府高度重视创新驱动和产业升级，通过出台一系列政策措施，支持企业加大研发投入、加强技术创新、推动产业升级。例如，杭州市政府设立了科技创新专项资金，支持企业开展科技研发和创新项目。此外，杭州市政府还加强与高校、科研机构的合作，推动产学研合作，促进科技成果转化。与此同时，市场也通过技术创新和产业升级，为政府提供了更多的经济增长点和税收来源。

3. 保障市场公平竞争与健康发展

杭州市政府通过加强市场监管、维护市场秩序、打击违法违规行为、保护消费者权益等方式，保障了市场的公平竞争与健康发展。同时，市场也通过自身的力量，促进了市场的规范化和自律化。这种相互影响使得杭州市的市场环境更加公平、透明和有序。

4. 引导市场资源向城市发展重点区域和项目聚集

杭州市政府通过城市规划和建设，引导市场资源向城市发展的重点区域和项目聚集。例如，杭州市政府大力推进钱江新城、奥体博览城、城西科创大走廊等重点区域的建设和打造，通过提供基础设施、公共服务等支持，引导市场主体加大对这些区域的投资和开发。

（二）区域协同发展和城市群建设

区域协同发展和城市群建设是杭州“强省会”战略的重要内容之一。杭州作为长三角城市群的重要中心城市之一，积极加强与周边城市的合作交流，打破行政壁垒，推动资源的优化配置和高效利用，展现出杭州强大的引领和推动作用。

1. 推动长三角一体化

杭州市积极落实长三角一体化发展战略，加强与长三角其他城市在产业、交通、创新等方面的合作与协同发展。通过推进高水平“人、产、城”融合、重点平台建设、传统交通和智慧交通联动以及人文城市内涵提升等措施，杭州在长三角一体化中走出了一条城市建设、城市更新、城市生活的示范模式。

2. 打造杭州都市圈

杭州都市圈是长三角五大都市圈之一，也是全国首个都市圈经济转型升级的综合改革试点。杭州都市圈包含浙江省的杭州、湖州、嘉兴、绍兴、衢州和安徽省的黄山市六市（其中安徽省宣城作为观察员城市）。[①] 在经济、交通、生态等方面取得了一定成果，在推动区域一体化发展、提升城市能级、加强产业协作、增加经济辐射带动等方面具有重要意义。杭州都市圈明

① 根据澎湃新闻 2024 年 4 月 26 日的报道，黄山市发改委长三角一体化发展办公室（融入杭州都市圈办公室）回复网友称，目前国家层面对都市圈空间面积有严格限制，基本范围是 1 小时通勤圈，因此杭州都市圈最新规划范围包括杭州、绍兴、嘉兴、湖州四市，总面积 2.2 万平方公里，黄山市与浙江省衢州市未列入其中，但仍作为杭州都市圈协调办公室成员单位开展相关工作。

确了“成为全球数字经济创新高地、亚太国际门户重要枢纽、全国绿色智慧幸福样本和长三角南翼核心增长极”的发展目标。将“具有全球影响力和竞争力的现代化大都市圈”作为总体定位，以促进环杭州二绕同城化发展。

3. 加强区域规划统筹

杭州市政府制定全面的区域发展规划，明确各区域的功能定位和发展重点。例如，将主城区打造为商业、金融和文化中心，萧山、余杭等区定位为先进制造业和高新技术产业基地，临安、富阳等区域则侧重于生态保护和旅游发展。同时，推进多规合一，实现城市总体规划、土地利用规划、产业发展规划等内容的有机衔接，提高规划的科学性和权威性。

4. 优化行政区划

为了拓展杭州的城市发展空间、优化资源配置、推动战略升级，杭州市从2001年3月到2021年4月，分别对萧山市、余杭市、富阳市、临安市进行撤县设区；对杭州市的行政区划也进行了相应的调整。2021年，杭州市进行了行政区划调整，撤销了上城区、江干区，设立新的上城区；撤销下城区、拱墅区，设立新的拱墅区；撤销余杭区，设立新的余杭区和临平区；设立钱塘区。杭州市行政区划调整后，杭州下辖10个区，2个县，1个代管县级市。① 表2所示为2001~2014年杭州市行政区划调整情况。

表2　2001~2014年杭州市行政区划调整情况

城市	撤县设区情况
杭州	2001年萧山市改为杭州市萧山区;余杭市改为杭州市余杭区
	2014年富阳市改为杭州市富阳区
	2017年临安市改为杭州市临安区

① 2021年4月，杭州市行政区划调整后，杭州下辖10个区、2个县、1个代管县级市分别是：拱墅区、西湖区、上城区、滨江区、萧山区、余杭区、临平区、钱塘区、富阳区、临安区、桐庐县、淳安县、建德市。

5. 推进城乡协调发展

通过推进乡村振兴联合体、新型帮共体、产销共同体“三体”建设，激发乡村内生发展动力。加强农村基础设施和公共服务建设，缩小城乡公共服务差距。推动优质教育、医疗等资源向农村延伸。例如，余杭区第三人民医院与其他镇街建立健康共富联盟，萧山区发布教育高质量发展行动方案等等。

6. 推动产业协同发展

杭州市鼓励各区之间开展产学研合作，共同攻克关键技术，提升产业核心竞争力。促进产业转移和承接，引导主城区的部分产业向周边区域有序转移，同时周边区域积极承接产业转移，形成合理的产业分工格局。加强产业链的整合与延伸，推动上下游企业在区域内聚集，形成完整的产业链条，提高区域产业的整体效益。

（三）政策体系和制度机制创新

在政策体系和制度机制创新方面，杭州市全面落实《中共中央国务院关于支持浙江高质量发展建设共同富裕示范区的意见》《浙江高质量发展建设共同富裕示范区实施方案（2021—2025 年）》等相关政策，并结合自身实际制定了一系列具体的行动计划和政策措施，以确保“强省会”战略的有效实施。同时，2024 年杭州落实“315”科技创新体系建设工作的 2024 年工作计划等各项工作。

1. 推进科技创新

杭州市积极落实科技创新新型举国体制，全力增强创新策源力、技术供给力和成果转化力。出台、迭代、升级了一系列覆盖人才、产业、金融、平台等方面的政策举措，形成覆盖科技创新全过程的政策体系，不断强化创新发展政策供给。积极对接国家基础研究重大布局，强化关键核心技术攻关，强化人才、技术、资本等创新要素集聚。牵头和参与国家实验室等重大创新平台载体建设。

2. 培育创新主体

持续强化企业梯队培育体系，聚焦专精特新中小企业，在上市培训、金融服务、人才支撑、用地保障等方面加大支持力度。全力打造小微企业公共服务体系，形成"创新券、活动券"等小微企业公共财政补助政策体系，不断强化民营经济创新创业主体地位。

3. 完善金融体系

围绕企业"初创—产业化—上市"的全生命周期，建立健全创新创业引导基金体系。针对智能物联、生物医药等产业链，打造创新基金集群，释放国有资本杠杆撬动潜力。成立科技支行和文创支行，设立中小企业转贷引导基金，支持科技企业利用资本市场做大做强；创新融资担保服务，首创相关融资闭环模式。

4. 创新"生态"环境

以"放管服"改革为统领，推动营商环境市场化、法治化、国际化水平持续提升。在全国率先实现多部门多项企业办事凭营业执照"一照通办"，涉企年报"多报合一"全覆盖，首创"亲清在线"新型政商关系数字平台。国家级孵化器、国家级众创空间建设成效显著。

5. 发挥人才优势

先后制定一系列重大人才政策，深入实施重点人才计划，打造全球人才高峰。确定"杭州人才日"，建设城西科创大走廊人才地先行区，创新发布"杭州人才码"，上线"杭帮彩"人才服务机制，为人才提供精准精细的全周期服务。

五　总结与展望

在未来的发展中，杭州应紧紧抓住机遇，不断改革创新，以更加开放的姿态和更加务实的举措，推动"强省会"战略的深入实施。同时，杭州的成功经验也将为其他城市的发展提供有益的借鉴和启示。然而，要实现这些目标并非一蹴而就，需要长期的坚持和持续的努力。政府、企业、社会组织和广大市民都应积极参与到城市的发展中来，形成强大的合力。只有这样，杭州才能在激烈的城市竞争中立于不败之地，实现从“强省会”到“更强省会”的跨越。

随着全球化和信息化趋势的加速发展以及中国经济社会的深刻变革，杭州将继续发挥其独特的优势和作用，坚定信心，勇于创新，积极应对挑战，不断提升自身的综合竞争力，为中国乃至全球的发展贡献更多的智慧和力量。

参考文献

孙承平、叶振宇、周麟：《城市规模、“强省会”战略与区域协调发展》，《治理现代化研究》2023年第2期。

张航、丁任重：《实施“强省会”战略的现实基础及其可能取向》，《改革》2020年第8期。

杨国才：《地方政府竞争背景下“强省会”战略研究综述》，《社会科学动态》2023年第7期。

王俊杰、徐淑云、周怡：《区域经济发展中的虹吸效应与囚徒困境——以中部六省为例》，《当代财经》2024年第8期。

陈志建、张立、张庆娟：《“强省会”战略下长江经济带低碳经济和产业选择》，《华东交通大学学报》2024年第2期。

程必定：《中国式现代化背景下省会城市发展新论》，《区域经济评论》2024年第1期。

刘耀彬、胡伟辉、骆康等：《省会城市数字经济发展的影响——溢出还是虹吸》，《科技进步与对策》2023年第15期。

B.15

山东省济南市“强省会”经验研究

吴 帆 颜 强*

摘 要： 山东省济南市是中国北方重要的省会城市，有着深厚的文化底蕴和工业建设基础，为进一步推进中国式现代化，实现经济高质量发展，近年来济南市积极推进“强省会”行动。济南市推行区域协调发展战略和新型城镇化战略，构建协调发展格局，构筑高质量发展空间动力系统和发展增长极，培育和发展工业、科技、文化、金融等优势产业，提升省会城市功能和高质量发展首位度，以实现“强省会”高质量发展目标。本文梳理济南“强省会”行动的实施背景、举措、成果、经验及启示，对济南近年来“强省会”行动实施的情况进行分析，研究表明：“强省会”行动必须得到相关部门的重视和支持，实现区域协调合作发展，具备开拓创新的精神、以人为本，聚合各方力量高质量推动“强省会”行动的深入实施，促进经济社会进一步发展。

关键词： “强省会”行动 协调合作 文化融合 山东济南

山东省济南市作为中国北方地区副省级城市和特大城市的典型代表，近年来推行“强省会”行动，取得了卓有成效的进步。截至 2023 年，济南市行政区划共 10 区 2 县，总面积 10244.45 平方千米，全市常住人口为 943.7 万人，城镇化率 75.3%，城镇化水平高于全国平均水平。在习近平新时代中国特色社会主义思想的指导下，2013~2023 年过去十年中，济南

---

* 吴帆，贵州省社会科学院历史研究所研究实习员，主要研究方向为区域经济与文化；颜强，贵州省社会科学院科研处学科建设科科长，主要研究方向为区域经济。

市 GDP 由 2013 年的 0.58 万亿元，提高到 2023 年的 1.28 万亿元，十年间其 GDP 增长 0.7 万亿元，平稳增长，保持了良好态势，顺利迈入“万亿俱乐部”，位居北方省份前列，是我国北方地区“强省会”行动实施的模范城市之一。

进入新时期，济南在市委、市政府的正确领导下，实施区域协调发展战略、新型城镇化战略，发挥济南区位优势，加快提升省会城市综合承载力，进一步提升辐射带动力，以济南都市圈为依托，构建省会城市协调发展格局，构筑高质量发展的可持续动力系统，发挥济南在山东半岛城市群龙头作用，打造高质量发展增长极，进一步带动济南和胶东经济圈特色化一体化发展，做强“济南都市圈”，推动济南市在“强省会”的道路上保持稳步前行。下文分析山东省济南市“强省会”的建设基础、建设举措和建设成效，并总结其经验启示，以期借鉴济南“强省会”建设的有利经验。

一　山东省济南市“强省会”行动建设背景

进入全面深化改革新时期，我国政府针对城市建设发展推行新战略，近年来积极推动各大城市群、都市圈实现高质量发展。政策制度是开展事业的基础，制定高效合理的政策制度，对后续发展起到“纲举目张”的作用。2019 年，国家发展和改革委员会印发了《关于培育发展现代化都市圈的指导意见》，提出到 2022 年都市圈同城化取得明显进展，到 2035 年现代化都市圈格局更加成熟，形成以长三角、珠三角为代表的具有全球影响力的都市圈，如今我国处于从同城化到全球化都市圈的建设阶段，我国各大省会城市纷纷抓住机遇提高城市群格局。

（一）国家及省市相关政策布局规划

山东省高度重视济南“强省会”和“济南都市圈”建设。2020 年，山东省委十一届十二次全会提出实施“强省会”行动的建议；2021 年，山东省人民政府工作报告首次明确提出“强省会”行动，提出要提升“一群两

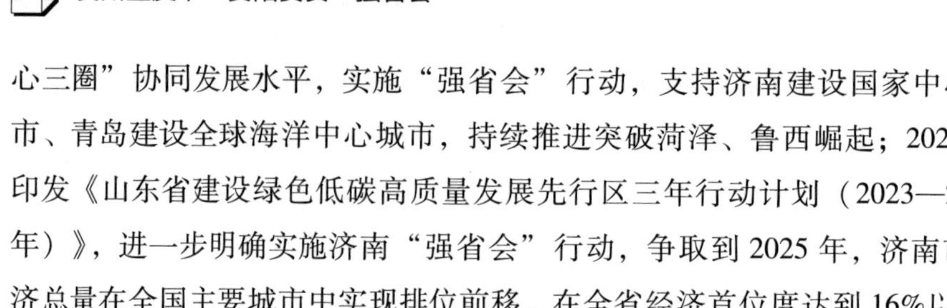

心三圈"协同发展水平，实施"强省会"行动，支持济南建设国家中心城市、青岛建设全球海洋中心城市，持续推进突破菏泽、鲁西崛起；2023年印发《山东省建设绿色低碳高质量发展先行区三年行动计划（2023—2025年）》，进一步明确实施济南"强省会"行动，争取到2025年，济南市经济总量在全国主要城市中实现排位前移，在全省经济首位度达到16%以上；山东省位于平原地区，各城市间交通顺畅，更利于建设城际联系，形成大型都市圈，其中"济南都市圈"要以实施"强省会"行动为牵引，由点及面，实现山东城市群进一步发展。

近年来，济南抢抓机遇、拼搏进取，经济发展持续在全省处于领跑地位，主要经济指标增幅始终走在前列，济南市于2020年成功迈入"万亿俱乐部"，城市高质量发展的规模效应、集聚效应进一步凸显。《中共济南市委关于制定济南市国民经济和社会发展第十四个五年规划和二〇三五年远景目标的建议》，吹响了新时代现代化"强省会"建设冲锋号，提出的"七个新跨越""十个新突破"，是济南"十四五"时期发展的目标要求和关键抓手，也是济南实现高质量发展、提升城市综合实力的显著标志。济南市2023年制定的《济南市人民政府工作规则》，明确提出要"锚定'勇当排头兵、建设强省会'，正确履行政府职能，推动高质量发展，奋力开创'强新优富美高'新时代社会主义现代化强省会新局面"的总体工作要求和相应的奋斗目标。从中央到地方全方位的政策与制度支持，为济南"强省会"建设奠定稳定发展的基础，在政策指引下，将更好地朝着既定目标前行。济南市统计局数据显示，2023年济南市地区生产总值为12757.4亿元，较2022年增长了6.1%，经济发展势头呈良好态势。济南市将以"项目深化年"为总牵引，重点抓好十二个方面的工作，努力在山东绿色低碳高质量发展先行区建设中当好引领示范，不断开创"强新优富美高"新时代中国特色社会主义现代化"强省会"建设新局面（见表1）。

（二）山东省济南市产业经济背景

济南是山东省省会，是全省政治和文化中心，是我国扩大开放创新发展的战略要地，在区域发展布局中举足轻重。山东省是中国北方老工业省份，拥有全部41个工业大类，工业基础好，同时作为沿海省份海陆交通便利，经贸基础好，具有较好的区位经济优势，在良好的经济发展环境下，省会济南市近年来工业增速势头强劲，2013~2023年，济南市地区生产总值稳步上升，于2020年突破万亿元，2023年规模以上工业增加值同比增长12.4%，高于全国的工业增加值7.8个百分点，创历史新高，位居全国GDP万亿级城市前列。在济南市的重点行业中，装备制造业增加值同比增长30.6%，为济南经济发展奠定了新型工业化基础。

表1　2013~2023年济南市地区生产情况统计

年份	济南市地区生产总值(亿元)	济南市工业生产总值(亿元)	济南市人均生产总值(元)
2013	5765.76	1764.60	68343
2014	6330.51	1861.37	74028
2015	6738.01	1924.96	77815
2016	7274.94	1966.07	82820
2017	7933.87	2062.26	89285
2018	8678.64	2100.16	96682
2019	9443.37	2167.87	104180
2020	10140.91	2382.27	110681
2021	11413.51	2706.06	122873
2022	12027.46	2869.00	128287
2023	12757.40	3224.76	135505

资料来源：《济南市统计年鉴》《全国第四次经济普查》数据。

（三）山东省济南市教育文化背景

历史上齐鲁大地文化底蕴深厚，人才辈出，素有“孔孟之乡”美誉，尊师重教风气浓厚。“十三五”期间，济南市积极落实教育支出“两个只增不减”，财政教育投入保障体系更趋完善，全市一般公共预算教育支出累计633.34亿元，年均增长12.45%。而在“十四五”规划中，济南市政府仍然高度重视对教育的投入和管理，在满足教育支出预算的基础上加大推进高等教育与科技结合力度，大力推动科技园、数字经济产业园的建设。另外在《中国教育现代化 2035》总体框架下，济南市针对教育方面紧紧围绕“建设现代化教育强市”的战略目标，启动驻济高校“1 校 1 方案+N 个重点项目”市校融合发展战略工程，锻造教育现代化的“济南品牌”。济南科教人才基础雄厚，高等教育水平较高。拥有各类高等院校 52 所，其中本科层次高校有 26 所，占驻济高校数量的一半，其中有 1 所“双一流”高校山东大学，教育资源总体集中，本地生源占比大，济南“留得住”大部分高校毕业生，以 2022 年为例，山东省高校应届毕业生有 79. 5 万人，其中 24. 46%的毕业生选择继续留在济南生活、工作和学习，而青岛则吸引了 22. 15%的毕业生，济南的人才虹吸效应逐渐超越省内的青岛，在相关人才优惠政策的有效施行下，近年来吸引了更多优秀青年人才。而到了 2023 年，山东大学应届毕业生则有约 30%留在济南市发展，人才集聚效应进一步凸显。

除此之外，济南市历史文化底蕴深厚，在山东省内拥有极高的文化吸引力，作为全省的政治和文化中心城市，政策的执行力度和文化的内在影响程度都为济南建设“强省会”奠定了基础。

二　山东省济南市“强省会”建设举措与成效

济南市提出“强省会”现代化建设的战略体系“16243”，即 1 个战略定位——“勇当排头兵、建设强省会”；6 个战略目标——“强、新、优、富、美、高”；2 个战略抓手——“贯彻落实党的二十大精神的 267 项重点任务和动态完善的经济社会重点建设项目”；4 句工作方法——“突出重点、讲求细节、压实责任、形成闭环”；3 个“不”作风保障——“不打糊涂仗、不搞花架子、不当太平官”。其中 6 个战略目标则是注重量的积累和质的提升，全方位增强经济实力、内生动力和城市竞争力；通过创新驱动、深化改革、扩大开放来解决好动力和活力问题，形成新的发展方式和模式；解决城市发展不均衡不充分问题，提升综合承载力，塑优空间形态，实现城市精明增长、内涵式发展；让现代化建设成果更多更公平惠及全体市民，推动共同富裕取得更为明显的实质性进展；加快发展方式绿色转型，推动形成节约资源和保护环境的空间格局、产业结构、生产方式、生活方式；实现高质量发展与高水平安全良性互动。在济南市高质量规划下，济南市“强省会”建设取得了多方位的成效。

（一）创新驱动发展，布局济南“强省会”创新平台

“强省会”需要多方力量驱动，离不开可持续发展的创新动力，建设创新平台，以地区中心城市集群为依托构建大中小城市协调发展格局。山东省助力济南市一体推动济南新旧动能转换起步区建设，集中优势资源打造现代化高质量发展示范区，重点关注绿色低碳转型、主导产业培育、基础设施配套等方面，努力将济南建设成为既有人文关怀，也有先进科技的综合型省会城市。济南市在新时期积极推进济南做大做强信息技术、生物医药、先进材料等支柱产业，建设成为黄河下游的中心城市，加强国际沟通联系合作，打通东北亚地区与共建“一带一路”国家合作渠道，进一步将济南融入国家大战略，通江达海，打破地理局限，拓宽视野，打造创新平台，激发持续发展动力。金融商务也是推动经济发展的重要力量，济南市积极构建新的经济发展格局，让国内市场和国际市场联动起来发展金融产业。在“十四五”时期，济南从商务工作的新定位出发，看得更远、更宽，让大商务、大开放、大流通都能派上用场。在为国家战略服务的同时，济南也更加注重国内国际两个市场、两种资源的利用，加强区域之间的合作，打造新时代参与国内国际竞争的新优势。使得国内国外市场能更好地连接起来，产业也能更好地融合，创新也能互相促进。济南积极打造国际消费中心城市，加速融入国内大循环，提升对外开放水平，优化商务环境，提高治理能力。同时，推出一系列金融扶持政策，帮助金融机构、私募股权投资企业、地方金融组织、金融中介服务机构等发展壮大，支持企业上市挂牌、直接融资，推动金融科技、金融创新、科创金融等发展，吸引更多金融人才来济南。

济南市本地区 2023 年生产总值增长 6%左右，完成一般公共预算收入 1060. 8 亿元、增长 6%，税收占比 75. 22%、列全省第 1 位。积极开展招商

引资"九大行动"，成功举办承办中德（欧）中小企业合作交流大会、第三届儒商大会、中国企业论坛等重大会议活动。济南市近年来消费市场热度不断上升，举办了500多场"泉城购"等活动，发放了2.22亿元的消费券，带动消费超过180亿元。还引进了102家商业品牌首店，槐荫区的凤凰街成为全国夜间经济示范街，济南市莱芜区也成为全国首批县域商业"领跑县"。预计全年社会消费品零售总额增长6.5%左右。外贸企业数量也在稳定增长，全年新增超过1500家有进出口实绩的企业，预计完成进出口总额2189亿元，成功创建了国家对外文化贸易基地。

（二）区域协同发展，推进济南城市圈实现高质量发展

山东省推动省会济南、胶东、鲁南经济圈特色化一体化发展，实现济南都市圈联动发展，做强济南经济圈。济南市优化整合产业、科教、文旅、生态资源，加快邻近城市同城化发展，推进沿海城市一体化发展。进一步推动协作，健全跨区域合作发展新机制，推进设施共联、人才共用、产业共兴、市场共建、开放共赢、生态共保、社会共治。促进济南、青岛中心城市联动发展，协同带动淄博、烟台、潍坊相向发展，打造山东半岛高质量发展轴带。培育济青科创智造廊带、沿黄文化旅游生态廊带、鲁南物流能源廊带、运河文化经济廊带。启动新一轮突破菏泽、鲁西崛起行动。高标准建设国家级功能区和省级新区，鼓励跨市域联动发展，支持建设济（南）临（沂）经济协作区，支持莱西—莱阳、滕州—邹城、钢城—新泰等毗邻县域打造一体化发展先行区。

打造通江达海新通道、现代产业大走廊，增进沿黄地区间的互动交流。全力推进黄河流域生态保护和高质量发展战略，搭建沿黄城市群战略合作平台，增进与中原、关中等城市群的协同发展，尝试"共建园区"等创新跨区域产业合作模式，构建沿黄达海大通道、现代产业大走廊。充分利用黄河流域的"出海口"和开放门户优势，加深沿海港口与沿黄内陆港的合作，优化黄河流域海关关际协同机制，创新"陆海联动、海铁直运"的物流监管方式，打造黄河流域大宗商品进出海的主力通道、陆海联动的转换枢纽。

依托黄河流域自贸试验区联盟，加速推进社会信用体系、行政审批服务、知识产权保护、物流运输服务的一体化进程。全方位、多层次地深化区域合作，主动融入京津冀协同发展，积极对接长三角的产业和创新梯次转移布局，借助新旧动能转换的深化，扩大与粤港澳大湾区的经贸合作。完善鲁港、鲁澳、鲁台的合作机制，办好鲁台经贸洽谈会，推进海峡两岸新旧动能转换产业合作区的建设，深化在“一带一路”建设、金融、贸易、文旅、科技创新等领域的交流合作。

（三）人才引领发展，培育“强省会”高质量人才队伍

济南市有关部门研究制定了多项人才发展支持政策，旨在以更加全面、细致、周到的支持和服务，广纳海内外英才，助力济南实现人才强市的宏伟目标。据统计，全市人才资源总量突破281万人，2023年新增青年人才超过16万人，居山东省首位，济南连续两年获评“中国年度最佳引才城市”。在人才住房方面，政策不仅为高层次人才提供了优惠的购房政策，还设立了人才公寓，确保人才在济南有舒适的居住环境；在子女教育方面，政策提供了优先入学、优质教育资源的保障，让人才在济南无后顾之忧；在创新创业方面，政策提供了资金扶持、项目对接、技术转移等全方位服务，让人才在济南能够充分发挥自己的才能和创造力。打造一个更加优良的发展环境，让人才在济南能够安心工作、舒心生活。此外，济南市委还专门针对高校毕业生就业创业出台了《济南市支持高校毕业生就业创业政策（40条）》，支持高校毕业生自主创业，提供了创业资金、创业培训、创业指导等全方位服务。

济南市积极推进城中村、老旧小区、棚户区等175个城市更新项目，截至2023年底，累计投资已达497.3亿元。城市管理在科学化、精细化、智能化方面持续进步，成功完成了41万件城市家具保洁任务。2023年，济南市政府财政在民生领域的支出高达1093.6亿元，占比达80.1%，确保了城乡居民人均可支配收入的稳步增长。教育领域，济南市已开工新建改扩建中小学幼儿园60所，持续巩固义务教育“双减”政策，六大公共卫生中心全

部建成，医疗卫生机构床位数每千人口达到8.11张。同时，养老服务体系不断完善，截至2023年底已累计建成各类养老服务设施4142处，新增护理型床位1736张，社区养老服务设施配建达标率达100%，退休人员基本养老金实现连年提升。在住房保障方面，济南市筹集了保障性租赁住房3.56万套，并在全国首次创新推出二手房“带押过户”登记新模式。此外，该市还获批成为全国灵活就业人员缴存使用公积金试点城市。这些政策的出台，旨在吸引更多高校毕业生来济南就业创业，打造“强省会”人才高地，为济南的新时代现代化强省会建设提供有力的人才政策支撑。

（四）文化融合发展，积极打造“强省会”文化建设新IP

济南市是一座历史文化名城，拥有丰富的商业文化、自然文化等文化资源。济南围绕本地特色历史文化遗产独特的文化特质，策划一场启动仪式、一次专题研讨会、一部纪录片、一座博物馆等“四个一”主题，充分展示特色风貌风土人情和文化品牌，展现济南作为一座充满活力的现代化城市的开放基因和文化魅力。济南市围绕消费商圈提升和“五坊”业态打造，在保护与利用、传承与创新之间做好平衡，打造高质量的文旅商业片区，进一步将济南优秀文化资源推介出去，吸引游客，打造济南文旅新IP。济南市深入挖掘和传承城市文化、保护和传承文化遗产、发展文化旅游，举办了一系列重大文旅活动，如书博会、文旅博览会、韩美林艺术展等。济南的文化软实力显著提升。2023年，济南荣获了“2023年度活力城市”的荣誉称号。济南将继续加强与国内外文化机构的合作与交流，深入挖掘和传承济南的历史文化遗产，推动文化产业的发展与创新，不断提升济南的文化软实力和国际影响力，聚焦深厚的历史文化资源，进一步突出“颠覆性创意、沉浸式体验、年轻化消费、移动端传播”理念，精心策划开展了“食、购、游、文、遗、艺、赛、庆、品、鉴”等十大类别活动，实施以研学、泉水和阅读为主题的十百千工程，实现文商旅体多业态联动。

（五）生态友好发展，培育生态友好型发展模式

在生态建设方面，济南市污染防治工作扎实推进，根据济南市第十八届

人民代表大会第三次会议政府工作报告，2023 年济南市 PM2.5 浓度在全省 7 个传输通道城市中表现最优，国控断面水质均达到优良等级，土壤污染风险得到有效管控。截至 2023 年底，中心城区雨污合流管网改造和城市内涝治理项目累计开工 2235 处，完工 967 处，总投资达 90 亿元。同时，深入实施黄河流域生态保护和高质量发展战略，严格贯彻《黄河保护法》，完成了白云湖湿地保护、鹊山水库除险加固、东部城区四库连通等重点工程，显著提升了黄河安澜保障水平，节水型社会建设实现了区县全覆盖。在生态建设的基础上，2023 年济南市委、市政府积极推进生态友好型优势工业产业，印发《推进新型工业化加快建设工业强市三年行动计划（2023—2025 年）》，到 2025 年，让规模以上工业企业的营业收入超过 1 万亿元，同时让工业增加值在 GDP 中的比例持续稳定增长。大数据与新一代信息技术、智能制造与高端装备、精品钢与先进材料、生物医药与大健康等四大主导支柱产业规模总量达到 2 万亿元；先进制造业占规模以上工业比重达到 70%；在经济发展态势中，数字经济规模显著增长，其占 GDP 的比重突破 50%，成为推动经济增长的重要动力。同时，数字经济核心产业的增加值也显著增长，其占 GDP 的比重达 21%以上，进一步凸显了数字经济在国民经济中的核心地位。济南市工业实现高端化低耗能发展，培育生态友好型工业产业取得了良好的成效。

三　贵州省贵阳市与山东省济南市主要指标比较分析

贵阳市位于中国的西南部贵州省内中心区域，而济南市则位于中国东部沿海省份山东省的西部地区，一个深处内陆山地崎岖，一个通江达海交通便利，一南一北两种不同的地理环境和区域特征，孕育出两种发展模式，其主要指标具有明显的差异性。虽然差异较大，但两座城市之间的比较分析，对两座城市未来发展规划有着重要的经验借鉴价值。例如，改革开放之初的 1978 年，贵州省地区生产总值（GDP）为 46.62 亿元，贵阳市则为 10.77 亿元，占全省比重为 23.10%；同一时期山东省地区生产总值（GDP）为 225.45

亿元，济南市则为 23.6 亿元，占全省比重为 10.47%。当时两者差距较大，而到了 2023 年，贵州省地区生产总值（GDP）为 2.09 万亿元，贵阳市则为 5154.75 亿元，占全省比重为 24.66%；同一时期山东省地区生产总值（GDP）为 9.21 万亿元，济南市则为 1.28 万亿元，占全省比重为 13.90%，由此可见，改革开放以来贵阳市与济南市经济都在稳步增长，省会经济影响力也在逐步增强。在此基础上，其他各项指标的比较也具有一定参考价值。

（一）经济产业结构情况比较

进入新时期，在“强省会”行动的推动下，贵阳市经济发展已形成“三二一”的产业结构模式，即第三产业占据主导地位，第二产业和第一产业的占比则相对落后，其主要原因为贵阳市历史上地理位置偏远、地质条件复杂，重工业基础和种植农业基础薄弱，经济资源欠缺。2023 年，贵阳市第三产业增加值达到 3142.00 亿元，同比增长 6.2%，其得益于近年来贵阳市打造世界级旅游目的地，发掘本地民族特色文化资源，利用“路边音乐会”等形式加强对青年群体的吸引，使得本地区第三产业蓬勃发展，近年来取得了不俗的成绩。济南市近年来实行“强省会”战略也取得了一定的发展，经济产业模式突破了原来的“二一三”发展结构，形成“二三一”结构，由于历史上济南市工业基础雄厚，加上近年来持续扶持工业发展的相关政策加持，2023 年济南市第二产业同比增长 7.8%，高于同时期贵阳市增长速度和本市其他产业增长速度，发展优势明显，近年来开发济南市历史文化资源，发展旅游业也取得了一些发展，推动民营经济稳中有进发展壮大（见表 2）。

表 2　2023 年贵阳市与济南市三大产业增加值比较

单位：亿元，%

产业类别	贵阳市增加值(亿元)	同比增长(%)	济南市增加值(亿元)	同比增长(%)
第一产业	207.48	4.0	429.50	4.1
第二产业	1805.28	5.8	4312.00	7.8
第三产业	3142.00	6.2	8015.90	5.2

资料来源：贵阳市统计局、济南市统计局。

通过比较不难发现，贵阳市和济南市的产业结构各有特色和优势，两地都在积极推动产业结构的优化和升级。贵阳市经济基础薄弱，虽近年来经济增长速度加快，但依旧在产业经济增长量上处于落后境地，济南市一二三产业增加值均为同时期贵阳的 2~3 倍，其差距明显。值得注意的是，贵阳市第三产业发展迅猛，济南市第二产业实力雄厚，建议继续发挥优势，助力贵阳旅游业和济南重工业稳中向好，经济总量更上一层楼。

（二）经济市场主体情况比较

市场主体是指以营利为目的从事经营活动的自然人、法人及非法人组织。我国改革开放以来，市场经营主体不断发展壮大，推动社会主义市场经济蓬勃发展。贵阳市和济南市市场主体在数量、增长速度和结构特点等方面均有差异，通过比较分析可以解读两者发展趋势。

第一，在市场主体数量和增长速度方面，截至 2023 年末，贵阳市市场主体总量达到 107.35 万户，比 2022 年末增加了 6.4%，同一时期的济南市市场主体数量为 154.80 万户，比上年增长 3.3%，两座城市市场主体总体增长趋势趋于平稳。但从数量上看，济南市市场主体数量较多，平均比贵阳同时期多约 50 万户；从增长速度上来看，贵阳市的市场主体增长速度较快，增长速度平均为济南市增长速度的 2 倍以上（见图 1）。

第二，在市场主体的结构特点方面，贵阳市的市场主体结构包括私营企业、个体工商户、外资企业等多种类型，贵阳市的市场主体结构日臻完善，市场活跃度较高；济南市的市场主体主要包括国有企业、集体企业和外资企业，其中国有企业占比较大，受当地就业趋势和市场环境影响较大，经济活跃度较低。

（三）常住人口集聚情况比较

贵阳市和济南市均实行“强省会”发展战略，近年来，城镇人口集聚效应显著，城镇化进程加速，进入新时期，贵阳市和济南市在常住人口数量和人口增长趋势两个方面变化明显，两地差异化发展情况凸显背后所代表的

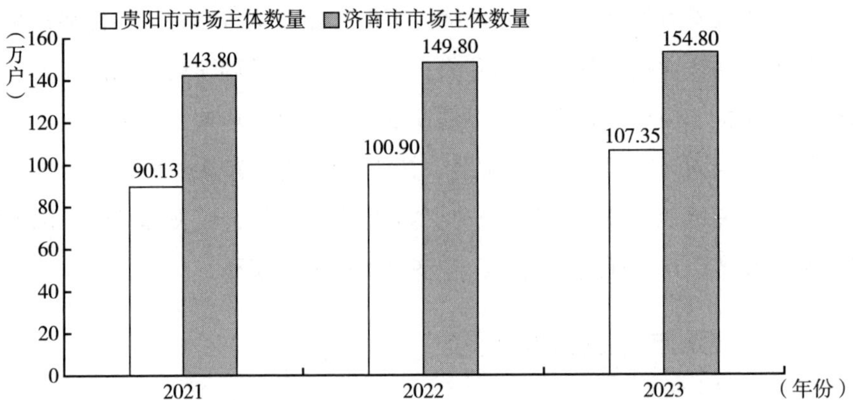

图1 2021~2023年贵阳市、济南市市场主体数量统计

资料来源：贵阳市统计局、济南市统计局。

趋势和走向，对调整人才政策和规划城市布局有着重要的参考价值。

据贵阳市人民政府公布数据，2021年贵阳市常住人口为610.23万人，2022年为622.04万人，2023年则为640.29万人，近三年平均增长率保持在2%左右，尤其是2023年人口增长速度较快，在全国同一时期的省会城市人口增长率中位居前列；据济南市人民政府和济南市统计局公开数据，2021年济南市常住人口为933.60万人，2022年为941.50万人，2023年则为943.70万人，其中2023年济南市人口比上年增长0.2%，人口增长逐步放缓。但两座城市人口稳定增长，吸引了一批年轻群体定居本地（见表3）。

表3 2021~2023年贵阳市与济南市人口数量比较

单位：万人，%

年份	贵阳市人口数	同比增长	济南市人口数	同比增长
2021	610.23	1.9	933.60	1.0
2022	622.04	1.9	941.50	0.8
2023	640.29	2.9	943.70	0.2

资料来源：贵阳市人民政府官网、济南市人民政府官网、济南市统计局。

由表3数据不难看出，2021~2023年，贵阳市人口增长速度加快，济南市人口增长速度放缓，其原因为贵阳人口基数小，故增长速度较快，显示出较强的发展潜力和吸引力，济南人口基数较大，因此其人口增长量也相应较大，但增长速度较小。随着两地“强省会”行动的持续发展和城市化的不断推进，其常住人口数量增长将会继续发生变化。进一步助力城市建设和发展。

综上所述，近年来贵阳市和济南市在经济产业结构、市场主体发展和人口集聚情况等方面均取得了显著成效。不过，从第二产业产值增长速度、市场主体总量和人口集聚数量等方面来看，济南市可能表现出更为强劲的发展态势，将会在经济总量上取得更好的成绩。

四　山东省济南市“强省会”经验及启示

（一）“强省会”行动必须得到各级政府和有关部门的高度重视和大力支持

“强省会”行动关乎全省经济发展格局，对所在省份经济高质量发展具有重要意义，“强省会”最终是为了带动全省更快更好发展，其着眼点不是在省内，而是在全国，因此，“强省会”需要扩大视野，要在改革创新方面走在前面。济南市有关部门建立“强省会”建设综合领导机制，加强顶层设计，稳步推进济南在“强省会”建设上取得新的进步。济南“强省会”建设要继续加大省级支持力度，适当调整“强省会”组织架构，投入大能级的项目或平台支撑。综观其他地区“强省会”建设，中欧班列、自由贸易区、国家级新区、国家批复的经济功能区等枢纽或平台项目，是各地“强省会”过程中，推动产业经济体量不断扩大、实现经济能级跃升的核心角色。例如在“强省会”数字基础设施建设方面，济南已建成了全市上下互联互通、高速智能分发的一体化大数据平台，为各级服务部门提供数据调用服务，并实现主城区5G网络连续覆盖，成为全国首批千兆城市，同时出台《济南市公共数据授权运营办法》，以法规形式支持“数字济南”建设，高效赋能“强新优富美高”的新时代中国特色社会主义现代化济南“强省会”建设。

（二）“强省会”行动必须重视与周边城市的区域协调合作发展

加强省会与周边城市的区域联动，既是体现“强省会”带动全省发展的应有之义，也是在省内通过区域联动、省会都市圈一体化为“强省会”提供空间支持的重要举措，济南正稳步推进省会经济圈、济南都市圈全面衔接共融，进一步推进钢城—泰安新泰、济南商河—德州临邑、济南平阴—泰安肥城—聊城东阿等重点毗邻区域协同发展，同时也高标准推动济南新旧动能转换起步区，除此之外，进一步加强海陆新通道建设，计划开设“济青快线”，增开济南东至青岛多趟动车组，助力内陆省会与沿海经济强市实现联动发展，发挥山东沿海省份优势，加强城市间协同推动海陆联运，既谋一域，也谋全局，打造协同创新共同体，也是区域协调发展的应有之义，内外联动可以更好实现济南“强省会”持续驱动高效发展。

（三）“强省会”行动必须有开拓创新的精神和视野

“强省会”最终是为了带动全省更快更好发展，其着眼点不在省内，而在全国。因此，“强省会”需要扩大视野，要在改革创新方面走在前面。改革是发展的活力来源，创新是发展的驱动力，济南在加快建设“强新优富美高”新时代社会主义现代化“强省会”的进程中，积极推动改革创新，济南体量超过 1.2 万亿元、人口超过 1000 万人，锐意进取全面推进改革发展稳定，济南市布局推广云计算、大数据、人工智能等技术，2021～2023 年，济南共获批省级重大技术创新工程 66 项，资金 7.7 亿元，累计实施省级科技创新示范工程项目 10 项，资金超过 20 亿元，为济南创新驱动发展提供资金支持，鼓励科技创新开创新局面。此外，济南人工智能计算中心与高校、研究机构、企业开展交流合作，通过与国内外众多知名机构和企业建立合作关系，积极推进人工智能技术的发展和产业化进程。打开更广阔的技术蓝海，助力济南“强省会”奋发前行。

（四）“强省会”行动必须以人为本广纳人才服务民生

“强省会”既需要人的支撑，也需要保障人的需求。一是加大人才招引力度，济南市探索与周边地区协同发展，形成济南城市圈，快速集聚人口，拿出真心、给足诚意，围绕急需的高层次领军人才、科技创新人才、高层次应用型人才等，加大投入力度，为人才提升待遇、完善服务，制定引进顶尖人才及团队“一事一议”制度、柔性引才用才和企业引进培育高层次人才奖补等配套措施，对编制外引进的高层次、专业型人才实行独立的薪酬制度体系，在人才政策有效作用下，2023 年济南市人才资源总量突破 278 万人，连续两年被评为“中国年度最佳引才城市”。二是要构筑人文环境体系，济南持续开展文明城市建设，2018~2021 年连续四年为全国文明城市年度测评省会，城市综合文明素质连年提升，居副省级城市组别第一名，持续多年推进文明城市建设，提升市民人文素养，以守正创新的精神推动山东济南城市文化移风易俗，以良好的社会风气容纳各方居民和人才。三是认真提升民生服务质量。打造更加亲民、便民、利民、惠民、高品质的全生命周期基本公共服务体系，做好“幼有所育、学有所教、劳有所得、病有所医、老有所养、住有所居、弱有所扶”，济南将进一步建设沿护城河及大明湖智能绿道，使之成为济南市民休闲娱乐新场地，济南市对基础民生设施的建设，让山东济南成为人们安居乐业的高质量省会城市，更好地激发人才活力，助力济南“强省会”建设。

参考文献

《山东省人民政府关于印发“十大创新”“十强产业”“十大扩需求”行动计划（2024—2025 年）》（鲁政发〔2024〕5 号），山东省人民政府，2024 年 4 月 22 日。

申红、王健、段婷婷等：《统筹抓好 2000 个重大项目，促进内外需协调发展，当好引领示范，开创强省会建设新局面》，《大众日报》2024 年 1 月 11 日。

《关于培育发展现代化都市圈的指导意见》（发改规划〔2019〕328 号），国家发展和改革委员会，2019 年 2 月 19 日。

王玉清：《接连上新！济南强省会建设高歌猛进》，爱济南新闻客户端，2024 年 6 月 17 日。

B.16

湖南省长沙市“强省会”经验研究

王红霞*

摘　要：　省会强，则全省强。近年来，长沙通过筑牢基础设施、优化城市空间布局、区域一体化发展、提升经济能级、聚焦产业发展以及优化营商环境等措施，显著增强了省会城市的综合实力和辐射带动力。本文总结了长沙在“强省会”行动实施过程中的经验，对比分析贵阳与长沙在经济、人口等方面的差距。研究表明，长沙经验对贵阳的启示表现为：要结合自身资源禀赋和产业基础，选准主导产业和特色产业，通过产业集聚和转型升级、加强科技创新、强化区域协作、提升城市品质等多方面举措，推动“强省会”行动深入实施和经济社会高质量发展。

关键词：　“强省会”　区域发展　湖南长沙

在城市化进程加速的时代背景下，省会城市作为区域发展的领头羊，其战略地位与影响力日益凸显。作为湖南省的政治、经济、文化中心，在“强省会”行动的引领下，长沙通过优化产业结构、提升城市功能、加强创新驱动等一系列措施，激发新的活力与动力，实现经济社会的全面发展，正逐步展现其独特的发展路径，成为高质量发展的强大引擎。长沙在“强省会”过程中采取的系列举措和积累的实践经验，为贵阳提供可借鉴的发展路径与策略。

---

* 王红霞，贵州省社会科学院农村发展研究所助理研究员，主要研究方向为乡村建设、乡村产业发展。

一　长沙市推进“强省会”行动主要举措

长沙，这座古老而又年轻的城市，正以其独特的魅力吸引着世界的目光。作为湖南省省会，长沙在推动湖南发展的过程中扮演着举足轻重的角色。长沙市提出“强省会”行动的具体时间可以追溯到2021年11月25日，这一战略是在中国共产党湖南省第十二次代表大会上首次明确提出的。此次大会的报告中明确提出“实施‘强省会’战略”，标志着长沙正式投身到这一众多“实力选手”竞逐的赛道中，吹响“强省会”的号角。随后，湖南省和长沙市采取一系列措施来推进“强省会”行动的实施。

（一）加强顶层设计

2022年4月13日，湖南省委、省人民政府印发《关于实施强省会战略支持长沙市高质量发展的若干意见》，提出持续增强长沙市的全省辐射力、区域引领力、全国竞争力、全球影响力。4月19日，省委召开实施“强省会”行动暨长株潭都市圈建设推进会，就实施“强省会”行动作出全面部署、提出明确要求，以长沙市为极核，引领长株潭都市圈和湖南省各市州协同发展。随后，长沙市委、市政府印发《关于贯彻落实强省会战略的行动方案（2022—2026年）》《长沙市2023年推进经济高质量发展十大行动方案》《长沙市加快打造“三个高地”深入实施“强省会”行动2023年重点任务清单》等文件，明确未来几年的发展目标和具体行动方案。当长沙综合首位度低于0.213时，可以适度实施“强省会”行动来提高长沙的集聚水平，从而促进湖南省的协调发展水平。

（二）筑牢基础设施

在推进基础设施建设过程中，长沙市致力于打造高质量、可持续的基础设施体系。从重点项目数量与投资、交通、信息、能源与水利等基础设施方面优化资源配置，精准对接发展需求，为实施长沙“强省会”行动奠定坚实基础。

1. 加大项目投资力度

2023 年 1~11 月，全市 545 个市级重点项目完成投资 2394.99 亿元，完成投资计划的 109.11%，92 个在长省重点建设项目累计完成投资 958.21 亿元，投资完成率为 113.47%，均超时序进度推进。[①] 这些项目涵盖交通、能源、水利、信息等多个领域，形成全方位、多层次的基础设施网络，为全市高质量发展和现代化建设提供强劲支撑。

2. 着力交通基础设施建设

首先，长沙轨道交通建设加速推进，地铁 1 号线北延、2 号线西延、6 号线东延、7 号线一期工程等项目均紧锣密鼓地实施。这些项目的建设将进一步完善长沙的轨道交通网络，提升城市公共交通的便捷性和通达性。其次，湘雅路过江通道、香炉洲大桥等过江通道的建设取得重要进展。香炉洲大桥于 2023 年 12 月 28 日正式合龙，标志着全桥主体工程完成。这些过江通道建设将有效缓解长沙的交通压力，提高城市交通的流畅性。最后，长沙机场改扩建工程、长沙至赣州高速铁路等项目的推进，将进一步巩固长沙作为交通枢纽的地位。

3. 强化电网与水利设施维护

长沙智慧电网建设顺利推进，为城市的能源供应提供更加智能、高效的解决方案。如长沙市农服公司秉承“人民电业为人民”企业宗旨，在国网长沙供电公司的指导下，更好地扛起“供好电、服好务”的主责主业，在“强省会引领、创一流大供”征程中，持续探索，不断完善，培育出更多更好更优秀的“长电雏鹰”，服务地方经济社会高质量发展。同时，加强水利设施的建设和维护，提高城市的防洪排涝能力和水资源利用效率，助力推进长沙“强省会”战略行动。

4. 加快信息基础设施建设

在算力中心方面，位于长沙天心经开区的中国电信中南智能算力中心于

① 《项目汇聚磅礴力量——2023 年长沙市重点项目建设掠影》，http://www.hnzy.gov.cn/content/646845/97/13420187.html。

2023 年 10 月 28 日竣工投产，为长沙的数字经济发展提供强大的算力支持。在通信运营基础设施方面，长沙持续推进通信运营基础设施的升级和完善，提升城市的信息化水平和通信能力。

（三）优化产业结构和产业布局，打造经济增长极

优化产业结构和精心布局产业是打造经济增长极的关键引擎。长沙市着力创新驱动与资源整合，围绕“第二产业支撑、第三产业驱动”理念，积极培育新兴产业，促进产业与城市协同发展。

1. 产业结构持续优化，形成较为稳健的经济体系

近年来，长沙经济增长主要由第三产业驱动，同时第二产业也保持重要支撑作用。首先，第三产业成为经济增长主动力。自 2017 年开始，第三产业成为长沙经济增长的主要动力，其增加值在地区生产总值中的占比逐年提升。截至 2023 年，长沙第二、三产业增加值占比合计达到 96.8%，显示出第三产业在经济发展中的主导地位。其次，第二产业保持重要支撑。尽管第三产业占据主导，但第二产业仍然是长沙经济的重要组成部分。工程机械、汽车及零部件、电子信息等制造业领域的发展为长沙经济提供了重要支撑。

2. 产业布局与城市协同发展，形成多个重点产业集群和产业园区

首先，布局七大支柱产业集群。长沙的产业结构经过多年的发展，已形成工程机械、汽车及零部件、电子信息、食品制造、生物医药、文化创意、旅游七大支柱产业集群。这些产业集群的发展不仅提升长沙的产业竞争力，还带动相关产业链发展。其次，布局重点产业园区。长沙重点布局多个产业园区，包括长沙高新区、长沙经开区、宁乡经开区、浏阳经开区（高新区）和望城经开区等国家级产业园区。这些产业园区以工程机械、汽车及零部件、电子信息、文化创意等为主导产业，通过产业集聚和规模效应推动产业发展。最后，形成区域产业特色。长沙各区域在产业侧重上有所不同，形成各具特色的产业格局。例如，芙蓉区、岳麓区、开福区、天心区服务业占比较高；雨花区、长沙县、浏阳市制造业占比相对更高；宁乡市则以“工业四基”为压舱石，以产业基础高级化和产业链现代化为主抓手。

（四）长株潭一体化，提升长沙“强省会”整体竞争力

长株潭一体化是湖南省委、省政府为贯彻落实国家区域发展总体战略，推动中部地区崛起而作出的重大决策。长株潭一体化在助推“强省会”行动中扮演着至关重要的角色。这一战略不仅促进长沙、株洲、湘潭三市的协同发展，还提升长沙“强省会”的整体竞争力和发展水平。

1. 加强区域基础设施建设互联互通

在交通互联方面，长株潭三市大力推进交通基础设施建设，如城际轨道交通、高速公路、融城干道等，形成便捷高效的交通网络。在物流方面，构建高效联通的物流网络，提升区域物流效率，降低物流成本，为三市产业发展提供有力支撑。

2. 促进产业协同发展

三市根据各自的优势产业和资源禀赋，优化产业布局，进行差异化布局和协同发展。例如，长沙重点发展工程机械、电子信息等产业，株洲着力打造轨道交通装备产业，湘潭则在钢铁、新能源等领域具有优势。推动产业链上下游企业之间的配套协作，形成产业集群效应。同时，建立产业协同发展服务平台，为企业提供信息共享、市场开拓等支持。

3. 推动科技创新合作

共建创新平台，如建设湘江科学城、国家第三代半导体技术创新中心等，提升区域科技创新能力。加强三市之间人才流动与合作，共同培养高素质的科技人才和创新团队。

4. 促进公共服务均等化

推动优质教育、医疗等公共服务资源在三市之间均衡布局和共享。例如，建设湖南师范大学附属中学新校区、湖南省儿童医院西院区等项目，提升区域公共服务水平。推动政务服务事项的跨市通办和互认互信，提高政务服务效率和质量。

（五）强化创新驱动，提升科技实力

创新是引领发展的第一动力，长沙始终将科技创新摆在重要位置。通

过加大科研投入、优化创新环境、引进高端人才等措施，长沙不断提升自身的科技创新能力。如今，长沙已成为国家级创新型城市，拥有众多高新技术企业和科研机构，为湖南的科技进步和产业升级提供有力支撑。与此同时，长沙将先进制造业作为实施“强省会”行动的根基，优化科技创新生态，大力提升经济能级和经济首位度，在引领长株潭都市圈和湖南省其他地市的发展中探新路，以省会之强引领全省，推动经济实现量的合理增长和质的有效提升。长沙临空经济示范区作为“强省会”行动的核心平台支撑和重要增长点，提出要利用“创新飞地”模式，补强先进制造业链条、鼓励发展“保税+制造业”新业态，并为项目落地提供土地、资金等专项支持。

（六）深化改革开放，拓展对外合作

长沙市着力深化改革开放与积极拓展对外合作。在机制上不断创新，激发市场活力与潜力，以供给侧结构性改革为主线，加快新旧动能转换，在经贸、科技、文化等方面加强对外交流合作，为实现更高水平的开放型经济新体制奠定坚实基础。

1. 深化改革，激发市场活力

长沙市委、市政府坚决贯彻落实党中央关于全面深化改革、全面扩大开放的决策部署，深入推进重点领域和关键环节改革，不断优化营商环境。通过深化改革、加大简政放权力度，降低企业成本，激发市场活力，扩大开放，长沙的产业发展环境不断优化，为长沙的产业发展提供了广阔空间。

2. 着力深化交流合作，提升城市对外开放水平

积极参与“一带一路”建设，深化与国内外城市的交流合作，拓展发展空间。长沙主动融入全球经济大循环，通过举办各类国际性展会、论坛等活动，加强与世界各地的经贸往来和文化交流。同时，长沙还积极引进外资、技术、管理等先进要素，推动本地企业与国际市场接轨，进一步提升城市的开放度和国际化水平。

3. 以供给侧结构性改革为主线，加快新旧动能转换

长沙市委、市政府紧紧抓住新旧动能转换的机遇，深入推进供给侧结构性改革，加快培育新动能，改造提升旧动能。一方面，大力发展数字经济、智能经济、绿色经济等新兴产业，推动产业向高端化、智能化、绿色化方向发展；另一方面，加大对传统产业的技术创新和改造投入，提高产业技术水平和产品质量，增强市场竞争力。

（七）改善生态环境，为社会经济发展保驾护航

长沙市注重水体治理、空气治理以及城市绿化，为推动可持续发展提供坚实的生态保障。

1. 加强水体治理

长沙注重水体治理和生态保护工作，通过实施一系列治理措施改善水环境质量。例如，圭塘河经过长达 10 余年的接续治理从臭水沟蝶变成美丽河湖；湘江长沙段生态环境持续改善，多次出现成群江豚。

2. 提升空气质量

长沙通过加强大气污染防治工作提升空气质量。近年来，空气质量优良天数逐年增加，空气优良率持续提高。

3. 推进城市绿化

长沙通过“添绿建园”“增花添彩”等措施增加城市绿地面积和提升绿化覆盖率。例如，新建提质园林街景、建设街角（口袋）公园等举措让市民“出门见绿、推窗见景、入园见花”。

（八）实施城市更新行动，提升城市品质

长沙不断优化城市规划与空间布局，完善城市功能，实施城市更新行动，提升城市品质。极大地改善居民的居住环境和生活质量，提升城市承载能力，让城市更加美好。

1. 建设高品质示范项目

长沙全面推进城市高品质建设，通过实施一批高品质建设示范项目，如

鸭子铺路项目、湖南创意设计总部大厦等，提升城市整体品质。这些项目不仅注重功能性和实用性，还强调与周边环境的和谐共生，体现了“以品建城、以质铸城”的理念。

2. 提升既有小区品质

长沙自 2021 年起全面启动既有小区品质提升三年行动计划，通过修缮道路、绿化、门禁等公共区域设施设备，以及优化活动场地、美化生活环境等措施，提升居民居住品质。据长沙市住建局统计，截至 2023 年 7 月共完成 306 个既有小区品质提升，惠及居民逾 60 万户、约 150 万人。解决了一批停车难、用电难、供水难等群众“急难愁盼”的问题，完善了配套设施，优化了活动场地，美化了生活环境，提升了居住品质，居民幸福感、获得感普遍增强。①

3. 实施城市更新行动

长沙加快转变超大特大城市发展方式，实施城市更新行动，通过改造重点片区、城镇老旧小区、城镇危旧房屋等，提升城市整体风貌和功能。例如，2023 年长沙改造重点片区 14 个、城镇老旧小区 508 个、城镇危旧房屋 370 栋、棚户区 1690 户，实施历史文化保护更新项目 6 个，浏阳百川里片区老旧小区改造项目获评中国人居环境范例奖。②

二　长沙市“强省会”发展成效

近年来，长沙市“强省会”采取一系列重要举措，提升省会城市地位，加强城市综合实力，为湖南省的发展注入新的活力，其主要成效表现为以下几个方面。

① 《长沙全面推进城市高品质建设 构建人民满意的现代化品质城市》，https：//mp. weixin. qq. com/。

② 《2024 年政府工作报告》，长沙市人民政府网站，2024 年 1 月 24 日，http：//www. changsha. gov. cn/szf/zfgzbg/202401/t20240124_ 11355726. html。

（一）综合经济实力持续提升

长沙围绕先进制造业高地、科技创新高地、内陆地区改革开放高地等建设目标加速发展，2023 年，列全国先进制造业百强城市第六位，被授予“2023 活力城市”称号。长沙的经济体量已经突破 1.2 万亿元大关，人口总量也超过 1000 万人。连续 16 年被授予中国最具幸福感城市称号，被批准为首批碳达峰试点城市和拥有强大供应链的国家综合货运枢纽。长沙县、浏阳市和宁乡市在中国经济社会综合发展百强县中分别列第 4、第 5 和第 15 位。

（二）产业竞争力显著提升

规划布局“4433”现代产业体系，优化整合 17 条产业链，不断壮大工程机械、先进储能材料、电子信息、汽车及零部件等六大百亿级制造业集群。工程机械和新一代自主安全计算系统两大集群正在向世界一流水平迈进。入选全国中小企业数字化转型首批试点城市，数字经济规模超过 5000 亿元。制造业智能化转型和市场化升级新模式入选国家自贸区第七批改革试点经验。

（三）技术创新能力全面突破

全球 R&D 中心城市建设取得显著成效。湘江科学城首个开发区已开工建设，全省“4+4 科技创新工程”持续发力。长株潭国家自主创新示范区支撑全省区域创新能力居全国第 8 位，再次被授予国家“创新驱动示范城市”称号。新增创新平台 604 个，其中国家级平台 11 个，新增国家重点实验室 7 个。全社会 R&D 投资强度达到 3.18%，提高了 0.39 个百分点。新增高新技术企业 1238 家，总数达到 7889 家。新增国家级专业化创新型“小巨人”企业 48 家，总数达到 185 家。① 长沙科技创新平台数量和高新技术企业数量快速增长，创新能力跻身全国第一方阵。

① 《2024 年政府工作报告》，长沙市人民政府网站，2024 年 1 月 24 日，http://www.changsha.gov.cn/szf/zfgzbg/202401/t20240124_11355726.html。

（四）经营主体活力进一步释放

在 2023 年“万家民营企业营商环境评价”中，长沙市入选“十大省会及副省级城市”和“十大最佳口碑省会及副省级城市”。新引进“三类 500 强”企业投资项目 71 个，湘商回归新注册企业 153 家；上市企业增至 87 家，总数和市值居中部首位；新设经营主体和企业分别增长 12.9%、14.1%，新设企业增长率保持中部省会城市前列；人才总量突破 300 万人，获评 2023 中国年度最佳引才城市，连续 3 年入选“中国十大夜经济影响力城市”，城市影响力和美誉度不断提升。[①] 4 家公司登上了 2023 年全球独角兽榜单。2023 年，经营主体达 177.7 万户，同比增长 13.6%；新设市场主体 35.4 万户，同比增长 12.9%。企业开办全程网办率达 85%以上。[②]

（五）集聚力更加凸显

通过加强长沙、株洲、湘潭三市的经济、社会、文化等各方面的联系与合作，实现资源共享、优势互补、互利共赢，进而提升湖南省在全国的竞争力。通过加强基础设施建设、促进产业协同发展等措施，湖南省在中部地区的地位日益凸显。一体化发展促进长株潭三市之间公共服务的均等化和优质化，提升市民的获得感和幸福感。长株潭一体化在助推“强省会”行动中发挥了重要作用。未来，随着长株潭一体化发展的不断深入和拓展，湖南省将实现更高质量的发展水平和更强的区域竞争力。

（六）城市吸引力更加明显

深化青年发展型城市建设，精心打造“青年友好城市”。2023 年，长沙荣获“中国最佳引才城市”称号，长沙人才总量由 2017 年的 110 万人增至

---

① 《以实干筑牢发展之基 以实绩答好时代之卷——长沙主题教育系列总结报道之四》，https：//android. icswb. com/h/161/20240203/856316_m. html。

② 《【长沙市】经营主体去年增长 13.6%，企业开办全程网办率超过 85%，节约开店成本上亿元》，http：//www. hunan. gov. cn/hnszf/hnyw/szdt/202401/t20240109_32621211. html。

2022年的302万人，中高端人才净流入率居全国前三，“人才吸引力指数”跃居全国第十、中部第一。2022年，长沙人口新增18.13万人，增长人数位列全国第一。[①] 成功举办第三届中国非洲经贸博览会、第二届博鳌经济与安全论坛、世界计算大会、世界旅游城市联合会长沙香山峰会等活动。马拉维共和国驻长沙总领事馆正式开馆，国际友好城市增至35个国家的57个城市。[②] 城市的影响力和美誉度不断提升。

三　贵阳市、长沙市主要指标比较分析

贵州省位于中国的西南部，而湖南省则位于中国中部、长江中游。两省在地理位置上紧密相连，共同构成了中国南方地区的重要部分。贵州省的东部和南部与湖南省的西部和西南部接壤，这种地理位置的相邻性使得两省在交通、经济、文化等多个方面都有着密切的联系与合作。贵州省与湖南省都是内陆省份，地形地貌都以山地、丘陵为主，但湖南拥有较大面积的平原，如洞庭湖平原，而贵州是全国唯一没有平原支撑的省份。湖南省总面积为21.18万平方公里，居全国各省区市第10位、中部第1位。而贵州省总面积为17.62万平方公里，略小于湖南省。1978年贵州GDP为46.62亿元，湖南GDP为146.99亿元。2023年，湖南以5.001万亿元列全国第9位，而贵州则以2.09万亿元，列全国第22位。[③]

（一）地区生产总值比较

从地区生产总值的总量和增速来比较长沙市和贵阳市两地的发展水平，虽然总量有差距，但两个城市增速都表现出稳定增长态势。

---

① 《长沙荣获2023中国最佳引才城市》，长沙市人民政府网站，2023年12月19日，http：//www.changsha.gov.cn/bmrl/bmrlzwdt/202312/t20231219_11322553.html。

② 《长沙：扩大国际朋友圈，崛起开放新高地》，长沙市商务局网站，2024年1月17日，http：//swt.changsha.gov.cn/zfxxgk/zxzx_35631/WXZX/202401/t20240117_11349711.html。

③ 此部分数据来自国家统计局官网，笔者整理所得。

1. GDP 数量

2023 年，长沙市 GDP 达到 14331.98 亿元，占湖南省 GDP 比重近 30%，充分展示了长沙强大的经济实力。并且，长沙作为湖南省的省会城市，其经济总量在全省乃至全国都占据重要地位。相比之下，贵阳市 2023 年的 GDP 总量为 5154.75 亿元，占贵州省 GDP 比重为 24.65%，GDP 也相当于长沙 2011 年的 GDP（5619.33 亿元）。[①] 虽然两个省会城市 GDP 所占各省比重仅相差 4 个百分点左右，但从 GDP 来看，长沙明显高于贵阳，两者之间的差距较大（见图 1）。

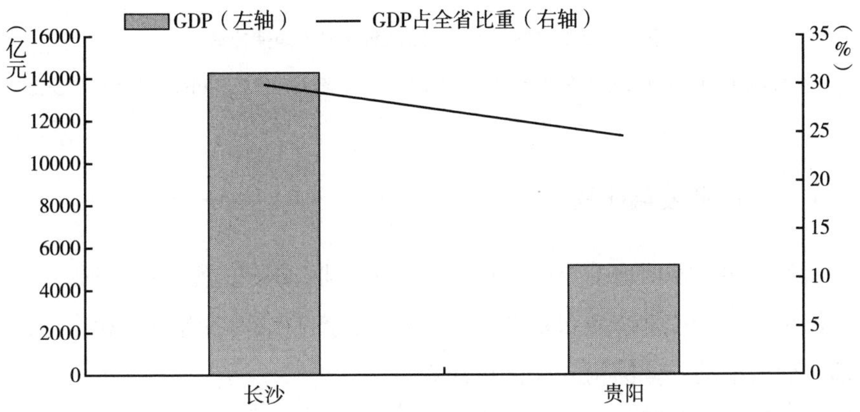

图 1　2023 年长沙、贵阳两地 GDP 及全省占比比较

资料来源：湖南省、长沙市国民经济和社会发展统计公报，贵州省、贵阳市国民经济和社会发展统计公报。

2. GDP 增速

2023 年，长沙 GDP 同比增长了 4.8%，这一增速虽然不算特别高，但在全国范围内仍属于较高水平，展现了长沙经济的稳定增长态势。而贵阳市 2023 年的 GDP 增速为 6.0%，略高于长沙（见图 2）。这表明贵阳市在经济增长速度上表现更为强劲，显示出其经济发展的活力和潜力。从增速来看，贵阳略高于长沙，但两者都保持了较为稳定的增长态势。

① 《2011 年长沙市国民经济和社会发展统计公报》，长沙市人民政府网站，2021 年 7 月 29 日，http：//www.changsha.gov.cn/zfxxgk/fdzdgknr/tjxx/tjgb_134828/202107/t20210729_10094211.html。

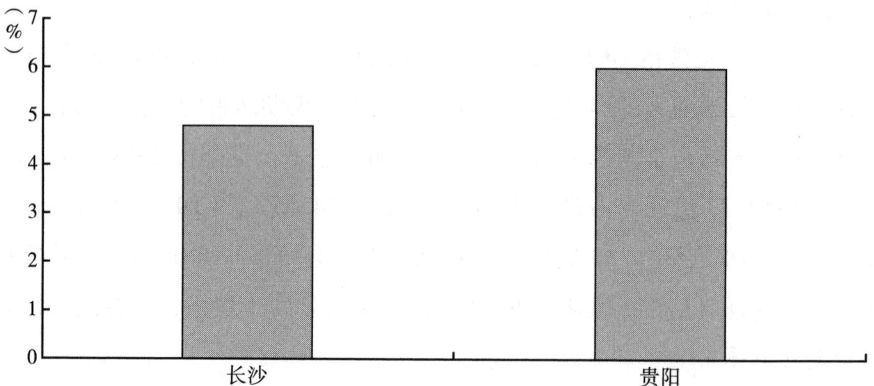

图 2　2023 年长沙、贵阳两地 GDP 增速比较

资料来源：长沙市国民经济和社会发展统计公报，贵阳市国民经济和社会发展统计公报。

（二）产业发展比较

从贵阳和长沙两地主导产业布局和具体产业结构来看，主导产业各有不同，都布局高新技术产业和新兴产业。并且，产业结构各有特色和优势，两地都在积极推动产业结构的优化和升级。

1. 主导产业布局

贵阳主要以航空航天零部件产业、工程机械及能矿装备产业、电子信息制造业、新能源汽车产业等多个产业布局，并在农业和服务业方面也有明显的发展，这些产业共同构成了贵阳较为完备的产业体系，为贵阳的经济发展提供了有力支撑。近年来，长沙的主要产业涵盖了工程机械制造业、电子信息产业、汽车及零部件产业、先进制造业和高新技术产业、文化产业及服务业等多个领域。

2. 具体产业结构

贵阳的经济发展已经形成了“三二一”的产业结构模式，即第三产业占据主导地位，第二产业次之，第一产业占比相对较低。2023 年，贵阳的第三产业增加值达到 3142. 00 亿元，同比增长 6. 2%，主要得益于服务业的快速发展，服务业涵盖了金融、旅游、文化、教育等多个产业，形成了多元化的格局。第二产业也在稳步发展，特别是在高端装备制造、电子信息等领域具备了一定的竞争优势。而长沙的产业结构经过多年的发展，已经形成了较为稳健的“三产主导、二产支撑”的格局。整体产业结构多元化，对单一产业的依赖性较弱。长沙的七大支柱产业集群包括工程机械、汽车及零部件、电子信息、食品制造、生物医药、文化创意、旅游。其中，工程机械行业是长沙的龙头产业，产值和规模均居全国前列。长沙的产业发展与城市发展方向一致，重点以工程机械、汽车及零部件、电子信息、文化创意等为主导产业，同时推动产业规模化、集群化、智能化发展。

贵阳和长沙的产业结构各有特色。贵阳的服务业发展较为突出，特别是在金融、旅游等领域具有较高的知名度和影响力；而长沙则以工程机械等制造业为主导产业，同时积极发展高新技术产业和服务业，形成了较为完善的产业链和生态系统。两者都在积极推动产业结构的优化和升级，以适应经济发展的新趋势和新要求。

（三）市场主体比较

长沙和贵阳在市场主体方面存在差异，以下从总量、增长速度、结构特点三方面来比较两地的市场主体实力和市场影响力。

1. 市场主体总量

根据贵阳市统计局发布的《2023年贵阳市国民经济和社会发展统计公报》，截至2023年末，贵阳市市场主体总量达到107.35万户，比2022年末增加了7.54万户。这一数据反映了贵阳市在推动市场主体发展方面的积极成果。而长沙在市场主体发展方面表现更为突出，2023年，长沙市经营主体总量达到177.7万户，企业开办全程网办率达85%以上。

2. 市场主体增长速度

2023年末，贵阳市场主体总量为107.35万户，比上年增长7.6%，[①] 显

① 《2023年贵阳市国民经济和社会发展统计公报》，贵阳市人民政府网站，2024年5月16日，https：//www.guiyang.gov.cn/zwgk/zfxxgks/fdzdgknr/tjxx/tjgb/202405/t20240516_84640698.html。

示出稳健的增长态势。然而，与长沙相比，这一增长率相对较低。长沙的市场主体增长速度更为迅猛，2023 年，该市经营主体总量达 177.7 万户，同比增长 13.6%，新设市场主体 35.4 万户，同比增长 12.9%。[①] 这种高速增长态势不仅体现了长沙经济的强劲活力，也反映了其采取了优化营商环境、激发市场活力的有效举措（见图 3）。

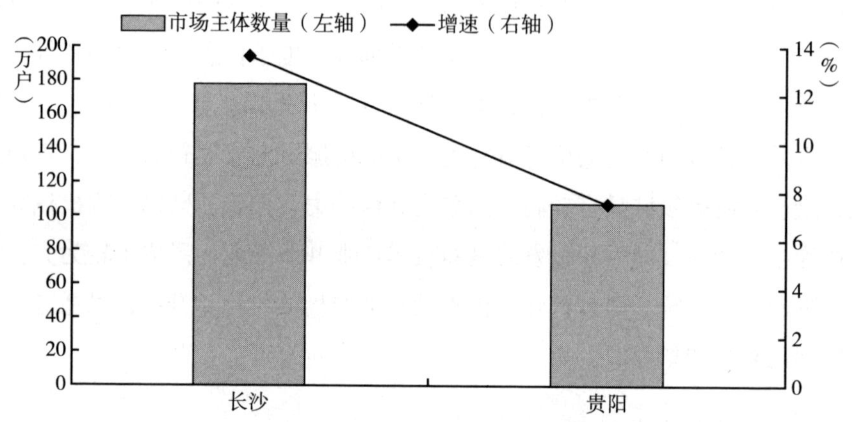

图 3　2023 年长沙、贵阳两地市场主体数量及增速比较

资料来源：贵阳市国民经济和社会发展统计公报、湖南省人民政府网。

3. 市场主体结构特点

贵阳市的市场主体结构包括私营企业、个体工商户、外资企业等多种类型。随着贵阳经济结构的不断优化升级，市场主体的结构也将更加合理和完善。长沙注重培育重点行业市场主体，如先进制造业、文化创意产业等。这些行业的企业数量和质量均呈现稳步增长态势。特别是长沙的“四新”（新技术、新产业、新业态、新模式）经济形态呈现大幅增长的态势，截至 2023 年 6 月底，全市实有“四新”经济企业达 32.8 万户，占到全市实有企业总量的 51.3%。[②]

① 《【长沙市】经营主体去年增长 13.6%，企业开办全程网办率超过 85%，节约开店成本上亿元》，湖南省人民政府网站，2024 年 1 月 9 日，http：//www.hunan.gov.cn/hnszf/hnyw/szdt/202401/t20240109_32621211.html。

② 《长沙日均新增 1163 户经营主体丨 2023 年长沙上半年经济发展报告》，https：//finance.sina.com.cn/jjxw/2023-08-01/doc-imzerxye8513293.shtml。

4. 营商环境

贵阳市政府积极出台政策措施以优化营商环境、激发市场活力。这些政策包括简化审批流程、降低市场准入门槛、加强知识产权保护等方面内容。贵阳市还坚持“数字活市”主战略，推动数字经济发展，进一步提升市场主体的竞争力和创新能力。长沙在优化营商环境方面同样不遗余力。长沙市政府通过出台一系列政策措施，如实施经营主体培育工程计划书、推进“个转企”“小升规”“规做精”“优上市”等提档升级行动，以及打造“湘易办”长沙旗舰店等举措，为市场主体提供全方位、全过程、全生命周期的保障、支持和服务。这些措施的实施极大地激发了市场主体的活力，促进了长沙经济的高质量发展。

（四）人口发展比较

通过比较贵阳和长沙两地的人口数量、变化趋势等方面的差异和特点，可以更加全面地了解两地的人口发展状况和趋势，为经验运用提供有力支持。

1. 常住人口数量

根据公开发布的数据，截至 2023 年末，长沙市的常住人口为 1051.31 万人，人口增长相对稳定，近年来一直保持正增长。例如，在 2022 年，长沙的人口增量在全国各大城市中名列前茅，显示出其强劲的人口吸引力。

2023 年末，贵阳的常住人口达到 640.29 万人。贵阳市的常住人口数量虽然也在增长，但与长沙相比仍有较大差距。不过，贵阳的人口增量还是相当可喜，2023 年贵阳的人口增量位居全国前列，显示了贵阳在吸引和留住人口方面的努力和成效。

2. 人口增长趋势

长沙和贵阳都呈现人口增长的趋势，长沙的人口基数较大，因此其增长量也相应较大。而贵阳虽然人口基数较小，但其增长速度较快，显示出较强的发展潜力和吸引力。随着两地经济的持续发展和城市化的不断推进，其常住人口数量增长将会继续发生变化。

综上所述，2023 年贵阳和长沙在市场主体发展、人口数量增加等方面均取得了显著成效。然而，从市场主体总量、增长速度以及营商环境等方面来看，长沙表现出更为强劲的发展态势。

四 启 示

长沙在“强省会”的实施过程中，展现出了强大的引领作用和示范效应。这不仅带动湖南省经济社会快速发展，也给贵阳市带来诸多启示。

（一）强化传统产业升级，产业链上下游协同发展

贵阳从龙头企业布局、产业链上下游协同、传统产业升级等方面推进产业多元化、高端化和智能化发展，进一步提升产业竞争力。

1. 重点关注龙头企业集群分布

长沙的工程机械、汽车制造及零部件等产业集中布局于长沙经开区，生物医药、电子信息等产业则主要集中于高新区。贵阳在龙头企业集群分布中可借鉴长沙对企业集群的布局，这种龙头企业集群分布的特征显著提升产业竞争力、促进产业链的完善和发展。

2. 产业链上下游协同

围绕产业园区和产业集群注重产业链上下游的协同发展，通过引进和培育上下游企业，形成完整的产业链体系。这种协同发展的模式不仅降低企业的生产成本和交易成本，还提高产业的整体竞争力。同时，服务业需更加注重与制造业、高新技术产业的融合发展，以形成更为完善的产业链和生态系统。

3. 加快传统产业转型升级

一是加快产业转型升级步伐。通过大力发展高新技术产业、现代服务业等战略性新兴产业，构建以大数据、智能制造、新能源材料等为代表的现代产业体系。二是加大传统产业转型升级力度，推动产业链向中高端延伸，提高产业附加值。通过产业结构调整，推进贵阳的产业布局更加合理，产业发

展更加协调。通过不断优化产业结构和布局，推进产业多元化、高端化和智能化发展。

（二）创新驱动发展，布局未来产业

从长沙创新驱动发展举措及成效来看，贵阳市应从配优创新要素、系统布局未来产业等方面发力。

1. 配优创新要素

长沙在产业布局中注重创新驱动发展，建设国家级科技创新平台，通过加强科技创新和吸引高端人才等措施，推动产业向高端化、智能化方向发展，这种创新驱动的发展模式为长沙的经济发展注入新的活力。同时，长沙通过大力发展高新技术产业，如智能制造、电子信息等，实现产业结构的优化升级。这为贵阳提供了宝贵的经验，贵阳的制造业、能源等第二产业有着一定基础，特别是在高端装备制造、电子信息等领域具备一定的竞争优势。即通过建设科技创新平台，吸引高端科技人才，通过产业升级来提升区域竞争力。

2. 系统布局未来产业

加强新兴产业培育，长沙将数百家工业企业从长株潭"生态绿心"里全部迁出，转而发展大数据、云计算、区块链、智能制造、先进储能等新兴产业，为布局未来产业、发展新质生产力抢抓机遇。而贵阳在大数据产业方面更有先发优势，充分发挥现阶段比较优势产业的同时，更需要对未来产业进行系统谋划。

（三）区域一体化联动，合作共赢

通过长沙市推动长株潭一体化发展的举措和成效，启示贵阳市继续深化黔中城市群发展，继续深化基础设施互联互通，促进公共服务共建共享。

1. 强化区域协调发展战略

长沙通过长株潭一体化实践，彰显了区域协调发展的重要性。贵阳可以深化与周边城市的合作，共同制定并推进区域发展规划，促进资源、产业、人才等要素的自由流动和高效配置，形成协同发展新局面。

2. 推动基础设施互联互通

长沙利用其地理位置优势，打造了综合交通枢纽，促进了与周边地区的经济联系，在交通、信息等基础设施方面的互联互通为区域一体化奠定了坚实基础。贵阳应进一步加快构建现代化基础设施网络，依托黔中城市群，提高区域整体运行效率，为经济社会发展提供有力支撑。

3. 促进公共服务均等化

长沙在教育、医疗等公共服务领域的共建共享，提升了区域居民的生活品质。贵阳应进一步加大公共服务投入，推动优质公共服务资源向基层延伸，同时加强区域间合作，实现公共服务标准对接和资源共享，提升区域整体公共服务水平。

（四）延续城市文脉，提升城市品质

长沙在延续城市文脉、提升城市品质方面的实践经验为贵阳提供了宝贵的启示。贵阳可以结合自身实际情况，借鉴长沙的成功做法，提升城市品质。

1. 注重城市体检，科学规划更新项目

把城市视作一个“有机生命体”，长沙以城市体检为切入点，创新了“六步工作法”，包括开展城市体检、完善组织机制、编制规划计划、分类实施更新、实施动态监测、发布宜居指数。贵阳市可以借鉴这一模式，通过城市体检全面了解城市发展现状和存在的问题，科学规划城市更新项目，确保更新的针对性和有效性。

2. 优化城市功能布局，提升城市品质

长沙在城市更新中注重历史文化保护，通过更新改造历史街区和历史地段、修复修缮历史建筑等方式，既保留了城市的历史记忆，又提升了城市的文化品质。贵阳进一步加强对历史文化遗产的保护和利用，通过活化利用老厂房、老街巷等旧有建筑和空间，打造具有地方特色的文化地标和创意高地。同时，注重挖掘和宣传城市的历史文化故事，提升城市的文化内涵和吸引力。

3. 创新城市更新模式，推动多方参与

长沙在城市更新中注重创新模式，通过政府引导、市场运作、公众参与等方式，形成了多元化的更新模式。贵阳市可以借鉴长沙经验，积极探索适合自身特点的城市更新模式，鼓励社会资本参与城市更新项目，推动政府、开发商、市民等多方共同参与城市更新行动。同时，注重完善政策体系和法规制度，为城市更新提供有力的政策支持和法律保障。

4. 树立城市文化形象，延续城市文脉

长沙通过打造"网红城市"形象，成功吸引了大量游客并获得大量关注。长沙的茶颜悦色、文和友等品牌已经成为城市的文化名片。长沙的湘绣、湘剧等传统艺术形式在保留传统技艺的基础上，不断创新设计理念和表现手法，赢得了市场的认可。贵阳可以借鉴长沙的经验，结合自身的文化特色，树立独特的城市文化形象，提升城市的知名度和美誉度。贵阳拥有多彩的文化风俗、历史遗迹和民族特色，应深入挖掘本土文化资源，包括传统节日、民俗活动、历史名人等，为城市文化注入更多内涵。积极培育具有地方特色的文化品牌，通过发展民族手工艺品、特色美食等产业，注重传承与创新并重，将传统文化与现代元素相结合，打造具有时代感和吸引力的文化产品。

参考文献

刘晓玲：《促进还是阻碍？——强省会战略对湖南省区域协调发展的效应分析》，《辽宁经济》2023 年第 10 期。

任杲：《建设省域副中心城市的学理支撑、类别分析及制约因素》，《经济论坛》2023 年第 10 期。

陈丽萍：《强省会战略背景下高质量发展的人才支撑策略——以长沙为例》，《理财》2023 年第 6 期。

邹文博：《以数字经济助力强省会战略》，《经济研究导刊》2023 年第 10 期。

陈文锋：《以"强省会"促进高质量发展和区域协调发展》，《新湘评论》2023 年第 3 期。

郑建新：《奋力推进"强省会"构筑开放新高地》，《新湘评论》2022 年第 19 期。

B.17

四川省成都市“强省会”经验研究

潘 一 杨竹卿*

摘 要： 省会城市作为一省之核心，聚集着全省最丰富的资源，不仅是全省的政治中心，同时也是推动区域经济增长的中坚力量，对区域经济发展具有不可替代的作用。四川地处西部地区，被誉为“天府之国”。成都市作为四川省省会，在经济总量、产业发展、科技教育、人口吸引、招商引资等方面在四川全省发挥着核心作用。2003年，四川提出建设西部综合实力最强的现代特大中心城市，确立了强省会的发展路线，进一步彰显“成都强则四川强”的战略重要性。本文从四川省成都市“强省会”的发展基础、主要做法、重要实践及经验启示几个方面，以实例分析，提出了推进实施“强省会”行动可采取超前谋划把握发展主导优势、做大产业提高经济综合水平、重视人才教育提高创新能力、加强对外开放促进区域协作等建议。

关键词： “强省会” 人才优势 开放合作 成都市

成都作为四川省的省会城市，凭借其得天独厚的地理位置、丰富的自然资源和深厚的文化底蕴，承载着引领全省经济、文化、科技发展等职能，是全省发展的引擎。四川省“强省会”，契合国家推动形成区域极化格局、进一步加强重点发展区域对资源的集聚能力的趋势，通过增强成都的综合实力，不断突出成都引领地位、提高发展能级、增强辐射带动，推动了高新技

* 潘一，贵州省社会科学院区域经济研究所助理研究员，主要研究方向为区域经济、金融经济；杨竹卿，贵州省社会科学院城市经济研究所研究实习员，主要研究方向为城市经济、数字经济。

术产业、现代服务业和现代农业的快速发展，吸引了大量优质资源和人才，与周边城市和地区建立形成了经济合作和互助的良性发展格局，带动了全省经济发展和社会进步，增强了四川在全国的竞争力。

一 成都市“强省会”的发展基础

成都市作为四川省的省会，在“强省会”上具有得天独厚的地理位置与资源禀赋、雄厚的经济与产业基础、丰富的人才集聚与创新能力等优势，尤其在经济总量、城市发展、产业结构、民生福祉等方面优势突出。

（一）经济总量逐年增加

2019~2023 年，成都市经济总量呈逐年上升态势。2023 年，成都市地区生产总值达 22074.7 亿元（见图 1），占全省 GDP 比重为 36.71%，在 2023 年全国省会首位度排名中，位列第四，成都市对四川省经济发展具有重要支撑作用。

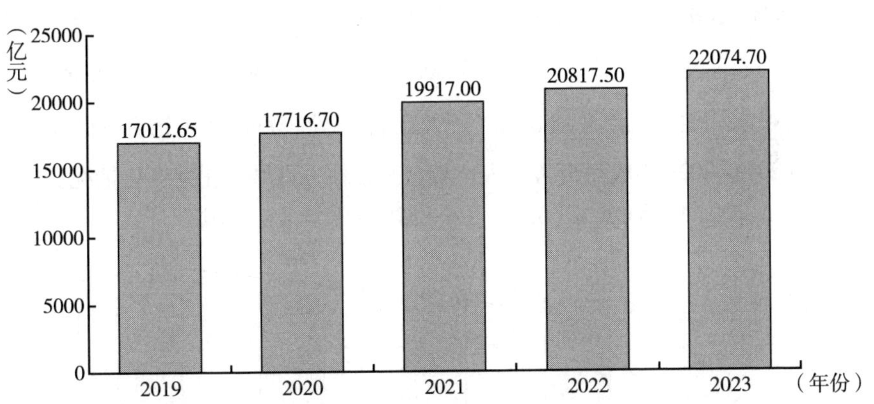

图 1 2019~2023 年成都市地区生产总值增长情况

资料来源：成都市统计局。

（二）城市面积不断扩大

成都市城区平铺式急速扩张。1990 年以后，建成区面积保持高速扩展，特别是从2000年开始，年均增长面积高达27.2平方公里。同时，成都通过撤县设区扩大城市规模，2023年全市建成区面积达到了1309.9平方公里，与1949年相比，扩张了43.8倍，呈现惊人的增长速度。表1所示为2010~2020年间成都市撤县设区统计情况。

表1　2010~2020年间成都市撤县设区统计情况

时间	区域	面积变化
2016年1月	双流县改为双流区	无变化
2016年5月	简阳市由成都代管	增加2213平方公里
2016年12月	郫县改为郫都区	无变化
2020年6月	新津县改为新津区	无变化

资料来源：作者根据相关文件整理自制。

（三）城镇化率稳步提升

2019~2023年，成都市常住人口逐年上涨，并在2020年突破2000万人，2023年达到2140.3万人，较2019年增加近500万人。城镇化率同样保持上涨态势，2023年常住人口城镇化率达到80.5%。此外，成都市在人口保持增长的同时，全市人均地区生产总值也保持平均上涨态势，2023年达到103465元。图2所示为2019~2023年成都市常住人口数量及常住人口城镇化率变化情况。

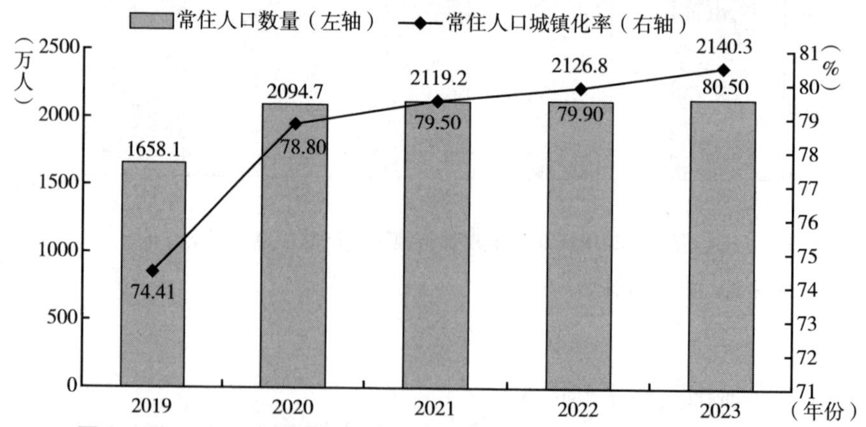

图2　2019~2023年成都市常住人口数量及常住人口城镇化率变化情况

资料来源：成都市统计局。

（四）产业结构持续优化

2019～2023 年，成都市三次产业结构由 2019 年的 3.6∶30.8∶65.6，变化为 2023 年的 2.7∶28.9∶68.4，第三产业占比持续提升，产业结构不断优化，更加合理。图 3 所示为 2019 年、2023 年成都市产业结构比。

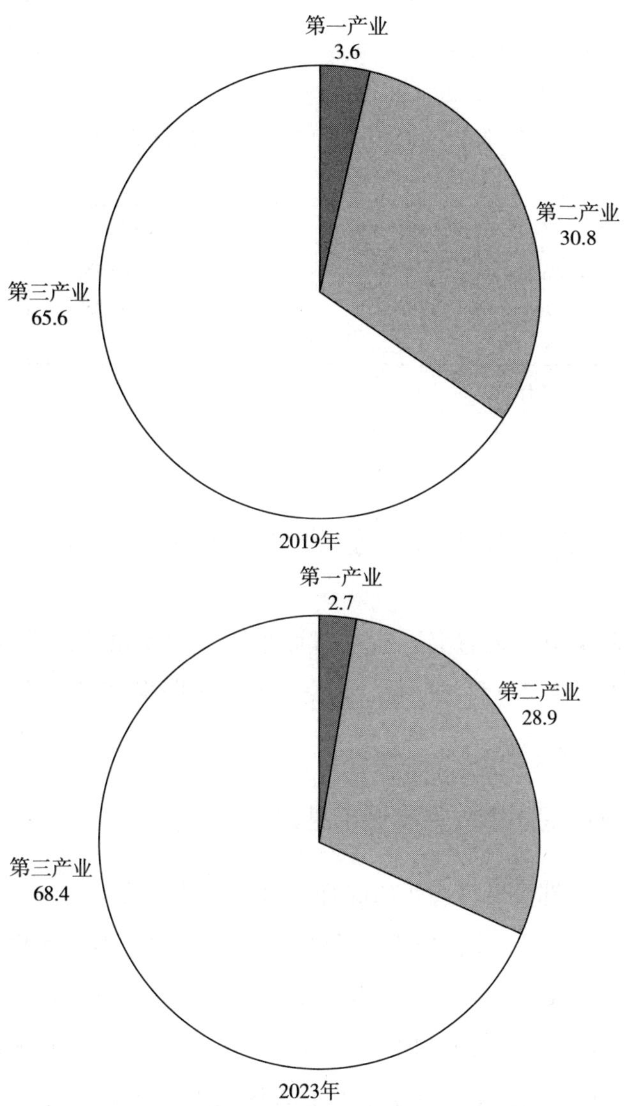

图 3　2019 年、2023 年成都市产业结构比

资料来源：成都市统计局。

（五）生活水平不断提升

2019~2023年，成都市人均可支配收入逐年提升，从2019年的39507元，增加到2023年的50585元。人民生活水平伴随经济社会的全面发展而不断提升，为“强省会”发展奠定了民生基础。表2所示为2019~2023年成都市人均可支配收入情况。

表2　2019~2023年成都市人均可支配收入情况

单位：元，%

年份	人均可支配收入	增长率	年份	人均可支配收入	增长率
2019	39507	8.9	2022	47948	4.8
2020	42075	6.5	2023	50585	5.5
2021	45755	8.7			

资料来源：成都市统计局。

二　成都市“强省会”的主要做法

成都市在实施“强省会”行动方面采取了多项做法，通过城市提质、产业发展、人口集聚、科技教育、招商引资等不断提升城市的核心竞争力，带动全省经济社会发展。

（一）城市提质率先夯实城市基础

2003年，成都提出打造西部综合实力最强的现代特大中心城市的战略定位。由此，拉开了“强省会”发展序幕。2011年，四川提出支持成都打造西部核心增长极，举全省之力做大做强省会。成都还通过撤县设区的方式扩大城市体量和城区人口规模。2015年，《成都市新型城镇化规划（2015—2020年）》发布，由此，撤县设区的工作全面启动。经过20年的扩张，成都管辖面积扩大了3倍，中心城区也迎来了史无前例的大扩容，由原来的青羊、锦江、金牛、武侯、成华五个城区扩大至青白江、龙泉驿、新都、温江、双流、郫都，以及天府新区成都直管区等区域，成都市一跃成为全国扩张最快的省会城市，并在2021年成为继重庆、上海、北京之后，全国第4个人口超2000万的城市。与此同时，成都都市圈获批成为国家级都市圈，与重庆携手打造成渝地区双城经济圈这一中国经济第四极和世界级城市群。

（二）产业发展引领四川经济腾飞

作为四川省的省会及经济、文化中心，成都市充分发挥其区位、资源、人才等优势，积极推动产业结构优化升级。通过大力发展高新技术产业、先进制造业、现代服务业、文化创意产业及绿色农业等多元化产业，带动了周边地区乃至整个四川省的产业升级和经济发展。成都市的产业集聚吸引了大量国内外企业和投资，促进了技术创新和产业升级，为四川经济的快速增长和高质量发展注入了强劲动力。

1. 集聚高新技术产业

作为中国西部的重要科技创新中心，成都市高新技术产业在全国范围内占据重要地位。成都市高新区是国家级高新技术产业开发区，吸引了大量国内外知名企业落户，如华为、英特尔、西门子等，这些企业的入驻不仅提升了成都的科技创新能力，也为四川的经济发展注入了新的活力。高新技术产业的集聚发展，使成都在电子信息、生物医药、新材料等领域形成了完整的产业链，这不仅有助于提升成都的产业竞争力，也为全省的产业转型升级提供了示范和引领作用。

2. 推动制造业转型升级

成都是中国重要的制造业基地，拥有丰富的工业资源和完善的产业基础。近年来，成都市积极推进制造业的转型升级，大力发展智能制造、绿色制造、高端制造等新兴产业。通过技术改造和创新驱动，成都的制造业正逐步向高附加值、高技术含量的方向发展。制造业的转型升级，不仅提升了成都的产业竞争力，也为全省的经济增长提供了重要支

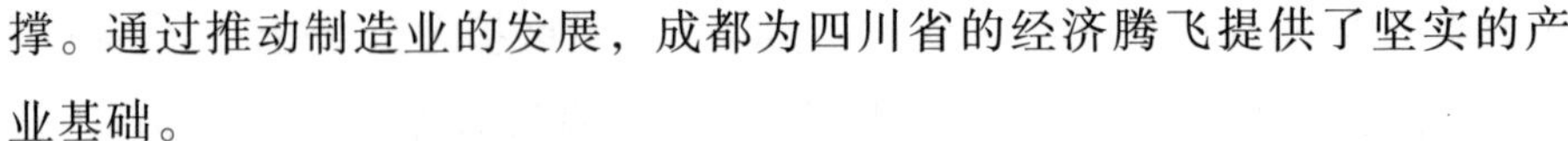

撑。通过推动制造业的发展，成都为四川省的经济腾飞提供了坚实的产业基础。

（三）人口集聚吸引大量优质人口

成都市以其独特的城市魅力、蓬勃的经济活力、丰富的文化底蕴及高质量的生活环境，吸引了大量优质人口流入。这座充满活力的城市不仅拥有优越的地理位置和便捷的交通网络，还在教育、医疗、科技、文化等多个领域展现出强大的吸引力和竞争力。成都市的人口集聚促进了城市经济社会的繁荣，也使成都成为西南地区的璀璨明珠和人口流动的优选目的地。

1. 吸纳常住人口集聚

四川是中国人口大省，常住人口众多。作为省会城市的成都，人口集聚效应明显。成都市不仅是四川省的政治、经济、文化中心，也是西南地区的重要交通枢纽和经济中心。良好的发展环境和丰富的就业机会，使得成都成为吸引人口的重要目的地。通过吸引和留住大量优质人口，成都不仅为城市的发展提供了充足的劳动力和人才支持，也为全省的人口结构优化和经济发展提供了重要保障。

2. 吸引中部和沿海地区人口

除了留住本地人口，成都市还以其独特的地理位置和发展优势，吸引了大量来自国内中部和沿海地区的人口。这些人口的流入，不仅提升了成都市的城市活力和竞争力，同时也提升了自身的国际化水平和综合实力，为全省的经济社会发展提供了重要的人力资源和智力支持。

（四）科技教育提升核心技术吸引

成都市科技教育的蓬勃发展，为城市的核心技术提升注入了强劲动力，并吸引了广泛关注与众多人才。通过加大对科研机构的支持力度，优化高等教育与职业教育体系，成都市构建了一套完善的科技创新与人才培养机制。成都高校与科研院所林立，不仅为全国学子们提供了丰富的学习资源和实践机会，也为企业研发和技术创新搭建了良好的合作平台。

1. 以科技创新为引领

成都是中国西南地区的重要科技创新中心，拥有丰富的科技资源和创新平台。近年来，成都市积极推进科技创新，大力发展创新型经济，培育了一批具有国际竞争力的高新技术企业和创新团队。通过科技创新的引领，成都在新一代信息技术、人工智能、生物医药等领域取得了显著的成就。科技创新的引领作用，不仅提升了成都的科技竞争力，也为全省的科技创新和产业升级提供了重要支持。

2. 加强教育资源集聚

成都市拥有丰富的教育资源，是中国西南地区的重要教育中心。成都市内拥有四川大学、电子科技大学、西南交通大学、西南财经大学、四川农业大学等一批知名高校，以及众多科研院所和职业院校。这些教育资源不仅为成都市的发展提供了充足的人才支持，也为全省的教育事业发展提供了重要保障。通过集聚优质教育资源，成都市不仅提升了自身的人才培养和科技创新能力，也为全省的人才发展和科技进步提供了重要支撑。

（五）招商引资推动四川开放合作

成都市作为四川省的门户城市和经济发展引擎，积极实施招商引资战略，有力地推动了四川乃至整个西南地区的开放合作进程。通过优化营商环境、出台优惠政策、举办投资促进活动等多种方式，成都市吸引了大量国内外企业来蓉投资兴业。

1. 不断优化投资环境

成都是中国西南地区的重要投资目的地，拥有优越的投资环境和丰富的资源优势。成都市不仅拥有良好的基础设施和交通条件，还具备完善的产业配套和优质的服务环境。近年来，成都市积极推进投资环境的优化发展，大力吸引国内外知名企业和投资机构落户。通过营造优越的投资环境，成都市不仅吸引了大量优质企业和投资，也为全省的经济开放与合作提供了重要支撑。

2. 持续提升国际化水平

成都是中国西南地区重要的国际化城市，具有较高的国际化水平和开放度。成都市不仅是中国“一带一路”倡议的重要节点城市，也是中国西部地区对外开放的重要窗口。通过积极推进国际化战略，成都市大力发展外向型经济，积极参与国际合作和交流，国际化水平不断提升，不仅增强了自身的国际竞争力，也为全省的对外开放和国际合作提供了重要支持。

三　成都市“强省会”的重要实践

成都市在推进“强省会”行动过程中，开展了一系列重要实践，这些实践不仅显著提升了成都市的综合实力和核心竞争力，也有效带动了四川省乃至整个西部地区的发展。

（一）推动国家中心城市建设，发挥成都引领辐射作用

成都市作为国家中心城市建设的积极推动者，不断提升自身的综合承载能力和辐射带动力，充分发挥其在区域经济中的引领作用。通过科学规划和战略布局，加强科技创新、产业升级、文化交流等方面合作，带动周边地区共同发展，为国家和区域发展贡献更多“成都力量”。

1. 优化空间布局，促进“单核放射”结构向“网络化、多中心、组团式、集约型”升级

成都市还未达到最优城市首位度，因此在战略选择上，四川顺应市场的资源配置规律，支持成都率先发展、做优做强，推动现代高端产业集聚，发挥经济集聚效应，带动周围城镇发展，同时向外疏解不符合成都国家中心城市角色的功能和产业，与环成都经济圈有机融合。成都以生态基底为约束，以重要的交通廊道为骨架，以城镇圈促进城乡统筹，以生活圈构建生活网络，优化市域空间格局。其中“网络化”重点突出交通、信息、生态、文化等复合网络，通过强化各级城镇之间扁平化、多维度的分工协作网络，构建以网络城市群为特征的发展格局。同时，不断完善国家中心城市功能体

系，将国家中心城市“五中心一枢纽（包括西部经济中心、金融中心、科技中心、文创中心、对外交往中心和西部综合交通通信枢纽）”的功能进行细化分解，并在全域统筹布局。中心城区高度集聚国家中心城市核心功能，培育多个城市副中心、新城中心、核心镇中心，既是面向市域的综合服务中心，又兼顾强化国家中心城市的专业功能。加强郊区新城就业集聚度，打造配套完善、职住平衡的产业社区。按照30~40分钟交通出行时间，以一个或多个城镇为核心，形成城镇圈，统筹配置公共服务设施，强化交通网络支撑，实现城乡发展一体化。在邻近成都市域边界，和德阳、眉山、资阳相连地区形成跨市级行政边界的城镇圈，推动实行规划共同研究编制，促进跨行政区统筹。

2. 加快创新领域发展，强化国家中心城市功能

成都重点加快创新领域发展，强化国家中心城市功能，积极构建国家科技创新服务基地。成都在诸多高端科技方面已有基础，并积极推动军转民应用等进一步发展。成都着力加强下游创新领域的发展，结合数字经济、互联网、电商等的发展，积极打造市场营销领域的研发服务、咨询服务、信息服务。同时，成都为减少产业开发与工业排放对环境的影响，推动工业向外调整。此外，成都在退二进三的基础上对腾挪出来的用地进行服务升级，在龙泉山以东推动公路铁路建设，组织分散的产业城镇组团；对于一些污染较大的企业，则尽量迁出四川盆地范围，并以天府新区为契机推动空间重构，推动消费娱乐、科教创新、文化体验、国际交往、主题公园、优质公共服务向南布局；以水网、田园格局为基础，构建多组团结构。同时结合天府新区形成的双城结构、南部区域服务功能密集的新格局，进一步加强区域交通配套，促进成渝腹地与成都区域服务功能节点的快速联系。通过产业和要素向其经济腹地转移，带动整个四川经济发展。

3. 深入推进成都东进，促进成渝相向发展

由于成渝两大城市之间区域仍是产业布局和城镇化的洼地，因此成都以东部新城为载体推动城市东进，先行先试率先突破，全面加强与重庆在现代产业、科技创新、对外开放等方面衔接互动，以点连轴推动成渝相向发展，助力形成西部大开发新格局，更好支撑国家战略意图实现。同时，成都东进区域距离川东北、川南区域中心城市100~200公里，为此成都不断加强东部新城能级，推动重大项目布局向东延伸，持续增强对川东北、川南、成都平原经济区引领辐射带动作用，逐步推动形成大中小城市梯次布局的区域协调发展格局。成都在东进区域大力发展先进制造业和国际化生产性服务业，重点支持汽车制造、航天航空、节能环保、智能制造等产业，积极发展研发设计、检验检测、航空物流等生产性服务业，构建现代化产业基地，不断培育成渝地区产业发展的新动力。

（二）培育核心载体，分层次重点突破

成都市在推动城市发展的过程中，采取培育核心载体、分层次重点突破的战略思路，通过构建多层次、多维度的发展平台，实现城市功能和产业结构的优化升级。

1. 遵循区域经济发展规律，分层次重点突破

四川不断提高区域间密度、缩短距离、打破分割，通过经济地理变迁，促进经济发展。一是推进城市无拥挤的集聚，发挥大城市的集聚效应和辐射带动作用。二是强化多个支点支撑发展战略，允许不平衡的增长，支持成都率先发展，促进要素自由流动。三是加强区域协调合作，制定区域公共制度，改善交通基础设施，合理布局区域产业分布，发挥地区专业化优势。促进土地、财政等要素向承担国际化和区域功能的镇投放，并推动市级优质公共服务资源（如医疗、教育等）有效延伸到重点县（区）、乡（镇）。图4所示为成都市网络化治理模式。

2. 支持成渝毗邻地区、枢纽地区先发展起来

推动成德眉资交界区域优先发展，在成都天府新区—仁寿、青白江—广汉、淮州新城—中江、空港新城—雁江等区域打造若干支撑同城化发展的重要增长点。提升产业协作水平。推动成资共建临空经济区，成德工业园与淮州新城相向发展、成眉共建视高合作园区，在成都淮州新城、空港新城、简州新城创新打造一批跨市级、县级行政区划的产业功能区。以互惠共享为重

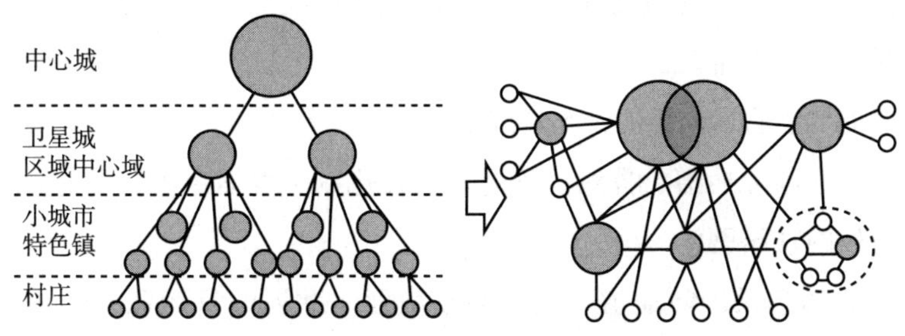

图 4　成都市网络化治理模式

资料来源：调研搜集资料。

点推进公共服务同城化。一是推进公共服务体系均等化供给，支持成都教投、医投、旅投、体投、物投五大民生领域投资集团跨市发展，加快组建跨区域义务教育联盟和职业教育“产教融合共同体”，搭建跨区域远程会诊平台，推动形成更加紧密的跨区域医疗专科联盟和医联体。二是优化社会保障卡“一卡通”功能，加快公共服务从按行政区域配置资源向按经济区域配置资源转变，形成“高品质成德眉资公共服务圈”。

3. 全面激发县域经济发展活力

对于都市圈内的小城镇，借助成都大都市溢出效应带来的发展机遇，鼓励与城市中心地带形成产业链，承接成都制造业转移，提供都市农产品加工、康养等生产服务，做大做强。进一步加强成渝城市群发展轴带上县域的交通基础设施建设，改善营商环境，立足自身的自然资源、劳动力资源和社会经济基础，强化社会生产的地域分工，因地制宜培育发展专业化生产部门，形成县域产业比较优势，发展成为城市群网络上的节点。对相对偏远农业县（区），鼓励人口向都市圈、城市群转移，发展现代农业，培育农村电商，完善交通物流配套，建立生态补偿机制，提高公共服务水平，重点补齐短板。

（三）加快内联外通基础设施建设，推动区域协调共同发展

成都市在推动区域协调共同发展的过程中，高度重视加快内联外通基础

设施建设。通过构建高效便捷的交通网络，促进成都市与周边地区以及国内外紧密联系，从而推动区域经济的协同发展。

1. 全面加强联通内外的铁路网络建设

按照打通国际通道、提级国家通道、强化成渝客运走廊建设的思路，建设联通内外的铁路网络。

（1）打通 3 条国际通道。强化与东南亚、欧洲的货运联系，重点打造 3 条国际铁路通道，实现点对点贸易通关一体化。一是成绵乐—东南亚货运走廊：向北承担省内成德绵地区货运，以及省外与西北地区的货运联系；向南接入陆海大通道，经广西接入泛亚铁路或海上丝绸之路联系东南亚。二是成渝—南亚货运走廊：途经简阳、天府新区，向西经川藏铁路联系南亚，向东联系重庆方向。三是沪汉蓉欧货运走廊：途经青白江、淮口和都江堰，向东联系长三角方向，向西经川青铁路接入蓉欧铁路联系欧洲方向。

（2）提级 3 条国家通道。改变成都处于国家高铁网络末梢的格局，重点打通直达长三角、珠三角和京津冀的走廊，升级京昆通道和成广通道，在沪汉蓉沿江通道的基础上新增两条沿江通道，实现与主要中西部省会城市 2 小时点对点到达，与沿海城市群 3 小时点对点到达。同时，向北强化成都—西安—北京走廊，连接成都—兰州、成都—西宁走廊，打通成都—格尔木走廊，打破河西走廊瓶颈；向东增强成都—达州—万州的出川走廊，链接成都—贵阳—长沙—厦门的出海走廊。

（3）强化成渝客运走廊。以高铁、城际和高速公路为骨架设施，直接联系成渝两地及其沿线城镇。打造“都江堰—成都南站—天府站—重庆”客运走廊，在成都市内与既有“都江堰—成都站—成都东站—重庆”客运走廊形成双通道。

2. 加快提升区域民航发展综合承载能力

（1）强化成都“一市两场”的功能体系。成都依托天府新机场和双流机场建设国家航空枢纽第四极。双机场服务各有侧重，天府机场偏重于服务区域、国际客流和物流；双流机场偏重于服务市内、旅游和商务客流。充分做强双流机场，以成都和成绵乐轴带为主要腹地，面向对时间敏感的商务和高端客货市场，重点发展空中商务快线、精品直达航线、公务机和高价值腹仓货邮。

（2）鼓励发展通用航空。积极鼓励通用航空从事林业、农业的作业飞行、抢险救灾、气象探测、遥感测绘、教育训练、文化体育、旅游观光等飞行活动。逐步于近期实现成德眉资地区通用航空服务基本覆盖，远期保证每个市（州）均有一个二类及以上通用机场。

3. 进一步强化公路交通体系

以打通对外通道为重点，推动高速公路延伸；以完善路网骨架为重点，推动国省干线公路加快提档升级；以乡镇通油路、建制村通硬化路为重点，推动农村公路网络加速完善畅通。加快推进通乡油路、通村硬化路、县乡道改善、村道完善和渡改桥工程等农村公路建设，提升农村公路覆盖范围和通行保障能力。

4. 强化环成都经济圈城际与轨道交通建设

着力推进环成都经济圈城际与轨道交通布局网络化改造，围绕经济圈“一环七射”公交化开行格局，串联起双流与天府机场、产业园区、港口、景区、重点城镇等重要节点，形成四通八达的换乘体系。把成都的地铁向周边地市延伸，建设“轨道上的经济圈”。构建以城际铁路和市域轨道快线为骨干，以区域高铁为辅助的成都经济圈内部轨道交通体系，以期实现核心区与副中心之间不少于两条轨道的联系，区域外围主要节点城镇之间至少一条轨道联系。全面推动城际铁路、轨道快线公交化运营，提升成都至德阳、眉山、都江堰等城市的发车频率，加密至 50 对/日。同时，考虑将成都的地铁 15 号线延伸至德阳，将地铁 11 号线延伸至视高片区，将地铁 13 号线延伸至资阳城区，逐步形成成都与周边地市之间公共交通系统的对接，增强同城化的交通联系。

5. 推进区域内重要水系流域的保护和开发进程

严格控制污水处理率和污水厂尾水水质。在适当地区增设人工湿地，净化水质；控制岷江和沱江沿线的采砂活动，防止水土流失；定期疏浚河道，清捞垃圾；控制河岸农业生产，防止面源污染。在城镇密集区内岷江和沱江干流，以及主要支流锦江、南河、西河等两侧防洪堤外建设沿江生态绿地，改造城区内河流堤岸，营造沿河绿化带，建设生态型河堤。扩大城市林盘和绿地空间，按照公园城市理念，大力推进龙泉山城市森林公园等大型生态公园建设，并在城区周边增建郊野公园，营造蓝绿交织的自然生态格局，创造生物适宜栖息地。

6. 统筹成德眉资能源基础设施一体化布局

以成都市为中心，在其现状 500kV 电力环网外围形成更大尺度的电力环网，保障区域内各地市的供电安全。加快 500kV 区域输电网络建设，提高区域电力网络安全保障水平。采取网络化建设，统一调配的方式连接绵竹变电站、丹景变电站、新都变电站、温江变电站、德阳变电站、龙王变电站、十陵变电站、新津变电站等，构建区域 500kV 高压电力双环。在现有燃气管网的基础上，结合道路建设新增区域输气管道，推动成德眉资形成环状燃气管网。

四　成都市“强省会”的经验启示

成都市在推进“强省会”行动过程中，积累了宝贵的经验，为其他省会城市发展提供了重要启示。

（一）超前谋划把握发展主导优势

通过提高政府服务能力、优化产业结构、推动城市功能区域协调发展等方式，发挥好省会城市的龙头作用。进一步加强对省会城市经济规模和内部资源的充分利用，增强地方经济竞争力，使整个地区更具活力。围绕资金、人才、数据、住房等领域，推动中心城市要素供给体系集成创新，吸引更多的人才、资本等资源，提升城市综合实力，促进地方经济发展。深挖地方特色、加强宣传推广，积极打造具有地方特色的文化、旅游、产业品牌，增强地区形象和知名度，吸引更多的外界资源投入。

（二）做大产业提高经济综合水平

依托省会城市，强化政府间协商、规划协调、政策协同、社会参与等合作机制创新，通过做大产业提高整体经济综合水平，实现省域内一体化市场建设和公共服务共建共享等政策协同的突破。通过制度创新与政务信息化建设，打破城市群一体化建设过程中条块分割的各种有形与无形的壁垒，便利内部要素流动和产业转移，强化省会城市的产业链带动效应。进一步发挥中心城市产业体系完备、产业链完整的优势，培植具有"链主"地位的中心城市引领型企业，在城市群一体化进程中，利用"链主"企业的品牌、数据、技术等集成优势，构建大中小协同、上下游协作的城市群产业共同体，锻造区域产业链，提升产业链韧性。

（三）重视人才教育提高创新能力

创新活动需要集聚大量的人才、创意及资金等创新要素。高校、科研院所多数建在省会城市，教育资源丰富，行政管理便利，使得省会城市的创新企业、创新模式和创新人才辈出，创新输出提高了周边地区创新能力与产业发展层次。加快教育信息化发展，健全"互联网+教育"服务体系。在以省会城市为核心的城市群网络下，创新链与产业链相互作用，通过分享、学习、匹配、交流等渠道，不仅能够提高省会城市的创新要素使用效率，而且能够以网络、链条等关联方式活跃邻近区域和城市的创新活动，全面提升以省会城市为核心的都市圈、城市群的创新能力与科技水平。

（四）加强对外开放促进区域协作

一方面，通过撤县设市、撤区设市，发展一些条件较好、城市品质较高的小城市，推动省会都市圈市郊铁路建设，依托卫星城承接省会城市部分功能，强化省会城市扩散辐射效应，推动都市圈的现代化建设，提高各圈层之间的紧密合作程度。同时，选择一些条件较好、人口和经济规模较大的城市建设省域副中心城市，支持中西部省际交界区域中心城市发挥跨省协作的枢纽作用，将省会城市产业链内部分环节向周边中小城市和小城镇扩散，培育省域经济新兴增长极。另一方面，加强省会城市与城市群周边地区在基础设施等方面的互通互联，进一步推动省会城市对周边地区在产业发展、公共服务等方面的开放共享，带动周边区域共享发展成果。

参考文献

宁越敏、张凡：《中国省会城市首位度变化分析——兼论省会城市的高质量发展》，《同济大学学报（社会科学版）》2021 年第 3 期。

王涛、郝汉舟：《城市规模与城市效率研究进展》，《湖北农业科学》2019 年第 16 期。

杨国才：《省际竞争视域下“强省会”战略的逻辑生成、路径选择与分异趋向》，《湖北社会科学》2023 年第 11 期。

周玉龙、杨一诺：《“强省会”战略：历史、逻辑与成效》，《城市问题》2024 年第 3 期。

潘方勇：《省会城市与周边城市产业协同发展的问题与对策——以四川省成都市为例》，《中小企业管理与科技（下旬刊）》2019 年第 10 期。

彭星、刘军伟：《成都引领省域产业协同共兴现状评价及路径建议》，《成都工业学院学报》2023 年第 5 期。

黄建华、孙亮：《腾笼换鸟推动转型发展 涅槃重生重塑竞争优势——从功能视角做优做强成都中心城区的思考和建议》，《先锋》2022 年第 7 期。

王瑞娟：《成都都市圈：发展与展望》，《中国投资（中英文）》2022 年第 Z5 期。

曹勇：《成德眉资产业同城化的路径探讨》，《经济师》2021 年第 12 期。

盛毅：《成德眉资同城化：为双城经济圈建设贡献力量》，《先锋》2020 年第 3 期。

附　录

贵阳贵安发展大事记（2018~2023）

卫肖晔　袁　昕*

2018年

一月

1月2日　兰海高速遵贵扩容工程（贵遵复线）建成通车。工程起于遵义市青山枢纽互通，连接建成的杭瑞高速思南至遵义段和青檬高速，经喇叭、尚嵇、开阳、禾丰、水田，止于贵阳市下坝枢纽，接兰海高速贵阳至新寨段和贵阳绕城高速。主线长121.511千米，路基宽33.5米，设计时速100千米。

1月3日　贵阳市第十四届人民代表大会第二次会议开幕。应到352人，实到代表336人。

1月8日　贵阳国家高新区行政审批局揭牌成立，这是贵阳市成立的首家行政审批局，将集中审批39项行政许可事项，实现“一颗印章审批”。

1月11日　全省精神文明建设表彰大会在贵阳举行。

1月19日　中国人工智能开放创新平台上线。该平台由贵阳市人民政府与英特尔（中国）有限公司、中国人工智能产业创新联盟支持建立，提

* 卫肖晔，贵州省社会科学院副研究馆员，主要研究方向为图书情报学；袁昕，贵州省社会科学院研究实习员，主要研究方向为对外贸易和数字经济。

供平台基础、资源管理、应用开发服务，兼备孵化器、加速器功能。

1月22日 轨道交通1号线实现全线“轨通”。

1月25日 渝贵铁路开通运营。渝贵铁路全长347千米，设计时速200千米，重庆至贵阳铁路平均运行时间由10小时缩短至2小时。

是月 贵阳国家高新区推荐园区企业实施的“食品安全社会共治信息技术研究与应用示范”项目，成功申报国家科技重点研发计划，获批扶持资金991万元。

是月 贵阳新开工亿元以上重大项目31个，总投资694.68亿元。其中，投资额最大的是观山湖区，达227.38亿元；开工项目数量最多的是开阳县，为9个。

二月

2月7日 中共中央宣传部在贵阳召开推动习近平新时代中国特色社会主义思想深入人心、落地生根理论工作座谈会。来自中央有关部门和贵州、山东、云南等16个省区市党委宣传部门的80余人参加。

2月8日 贵阳市人民政府与印度软件和服务业企业行业协会（NASSCOM）签署合作框架协议，中印IT产业集聚区服务中心揭牌。根据协议，双方将加强信息互通，打造高水平信息交流共享平台，共建中印IT产业集聚区，吸引NASSCOM更多会员企业到集聚区发展，助力贵阳打造“中国数谷”。会上，高新区还与Zeta-V技术解决方案有限公司和贵州海上丝路国际投资公司签署三方合作协议。

三月

3月15日 2018第14届亚洲越野跑锦标赛暨第16届全国越野跑锦标赛在清镇体育训练基地开赛。

3月23日 科技部在北京召开新闻发布会，发布《2017中国独角兽企业发展报告》。在164家上榜独角兽企业中，满帮集团以20亿美元估值居榜单47位，其中，在13家物流上榜企业中，菜鸟、易商、满帮领衔前三位，干线物流满帮位居第一。

3月24日　第六届中国贵州人才博览会在贵阳开幕。

四月

4月2日　位于贵阳观山湖区现代制造业产业园的贵州吉利新能源汽车有限公司生产线试运行启动仪式举行。省委副书记、省长谌贻琴宣布生产线试运行启动。

4月11日　吉利控股集团携手贵阳农投集团在息烽县小寨坝镇田兴村举行仪式，将投资8965.02万元帮助贵阳5个特别困难村发展猕猴桃、食用菌等特色产业。

4月13日　第四届（2018）中国数字阅读大会在杭州开幕，发布2017年度十大数字阅读城市名单，贵阳继获得“2016年度十大数字阅读城市”称号之后再次入选。

4月19日　“贵阳一号”卫星冠名仪式在贵阳举行。26日12点42分，“贵阳一号”的高光谱卫星，与组成欧比特徽纳卫星星座02组的另外四颗卫星，在中国酒泉卫星发射中心搭乘长征十一号遥四固体运载火箭，以“一箭五星”的发射形式成功飞向太空。

4月20日　“贵阳楷模·时代先锋”贵阳市2017年度人物评选活动颁奖典礼在贵阳广播电视台举行。

4月21日　在北京召开的2018美丽中国——生态城市与美丽乡村经验交流会上，贵阳市获评入选“全国十佳生态文明城市”。

4月24日　首条贵阳—香港—洛杉矶航线开通。贵阳真正意义上实现洲际航线“零的突破”。

是月　同城南路开通。同城南路是同城大道在观山湖区的一段，全程4.3千米。同城大道起于观山湖区黔灵山路与210国道交叉口，经高新区、白云区，与修文县扎佐镇的贵钢大道相接，全长31.7千米。

是月　国家发改委批准中国联通试点建设5G网络，贵阳与北京、天津、青岛等12个城市成立首批5G试点城市。

五月

5月25日 在第二届社会民生福利大数据应用高峰论坛暨数据科学前沿国际学术研讨会上，贵阳市人民政府与美国加州伯克利大学签署合作办学框架协议，贵阳市与美国加州伯克利市签署友好备忘录。

5月25日 苹果 iCloud 中国（贵安）数据中心项目奠基仪式在贵安新区举行，该项目投资规模10亿美元。

5月26日 2018年中国国际大数据产业博览会开幕，中共中央总书记、国家主席、中央军委主席习近平向会议致贺信。2018年中国国际大数据产业博览会由国家发展改革委、工业和信息化部、国家互联网信息办公室、贵州省人民政府共同主办。中共中央政治局委员、全国人大常委会副委员长王晨宣读习近平主席的贺信并致辞。省委副书记、省长谌贻琴主持开幕式。

5月26日 以“新电商领动新融合 新时代助推新发展”为年度主题的2018中国电子商务创新发展峰会在筑开幕。峰会达成《贵阳共识》，发布《2017年中国电子商务发展指数报告》。

5月28日 贵阳市人民政府与深圳市腾讯计算机系统有限公司签订战略合作框架协议，双方将通过打造贵阳微政务服务体系，共同推进“中国数谷”建设。

是月 贵阳入选工信部评审的2017年工业稳增长和转型升级成效明显地方名单。

六月

6月12日 贵阳至莫斯科首航仪式在贵阳龙洞堡国际机场举行。该航线是贵阳首条至欧洲的直航航线，由俄罗斯皇家航空公司执飞，每周二13时10分从贵阳龙洞堡国际机场起飞至莫斯科谢列梅捷沃机场，航程9小时。

6月26日 为期5天的贵阳市第十一届残疾人运动会在清镇市开幕。该届残运会设田径、游泳、射击、羽毛球、乒乓球（盲人乒乓球）、举重、飞镖、象棋、盲人足球9大项，107个小项，来自10个区（市、县）代表团的300名运动员参赛。决出106枚金牌、73枚银牌、57枚铜牌。

6月28日 贵阳市第十三届运动会暨贵阳市第十届少数民族传统体育运动会在贵阳奥体中心开幕。运动会从6月持续到10月，设28个大众健身项目、17个青少年竞技项目、11个山地户外项目、12个老年人项目和10个少数民族传统体育项目。

七月

7月1日 贵阳市委召开全市扶贫攻坚“七一”表彰大会，表彰100名扶贫攻坚优秀共产党党员、98名扶贫攻坚优秀党务工作者、98个扶贫攻坚先进党组织。

7月5日 贵州首届“大数据企业人才·项目·资本需求专项对接活动”在贵阳高新区举行。

7月5~6日 泛珠区域高铁经济带建设工作现场会暨第四届粤桂黔高铁经济带合作联席会议在佛山市南海区召开。贵阳、广州等高铁沿线13个城市打破区域行政阻隔，开展合作，深入交流，签署《粤桂黔高铁经济带乡村振兴共同行动倡议》。

7月7日 生态文明贵阳国际论坛2018年年会在贵阳市开幕。国家主席习近平向论坛年会致贺信。中共中央政治局委员、国务院副总理孙春兰出席开幕式，宣读习近平主席贺信并致辞。联合国秘书长安东尼奥·古特雷斯向会议发来视频致辞。来自35个国家和地区的2426名嘉宾参会。

7月7日 由中国旅游研究院、中国气象局公共气象服务中心联合主办，世界旅游组织支持的“第四届中国避暑旅游产业峰会”举行。会上公布2018年避暑旅游城市观测点、最具潜力避暑旅游城市、最佳避暑旅游城市名单，贵阳市获得“最佳避暑旅游城市”称号，这是贵阳市连续四年获此称号。

7月22日 “爽爽贵阳·生态领跑”2018贵阳国际马拉松赛在贵阳奥林匹克中心举行，来自17个国家和地区的25000余名选手参赛。赛事设有全程马拉松（42.195千米）、半程马拉松（21.0975千米）和迷你马拉松

（3.5千米）三个项目。

7月22日 第四届“一带一路”园区建设国际合作峰会暨第十五届中国企业发展论坛营商环境峰会在北京钓鱼台国宾馆举行。峰会宣布“2018中国企业营商环境（案例）十佳城市”，贵阳市入选。

7月27日 中国互联网协会、工业和信息化部信息中心在厦门发布“2018年中国互联网企业100强榜单”，贵阳朗玛信息技术股份有限公司入围，排名第39位，成为国内唯一一家连续三年入选的“互联网+医疗”企业，也是贵州省唯一上榜企业。

八月

8月2~3日 全市半年经济工作会暨营商环境优化提升、推动实体经济发展、产业招商精准招商大会召开。上半年，贵阳实现地区生产总值1648.34亿元、比上年同期增长11.1%，经济增速连续22个季度位居全国省会城市第一，分别高于全国、全省4.3个和1.1个百分点。

8月9~13日 2018年中国·贵阳国际特色农产品交易会在贵阳国际会议展览中心举行。25个国家及地区的700多家企业参展。

九月

9月4日 贵州民营企业“千企帮千村”精准扶贫行动贵阳市工商联尽锐出战“百家民营企业进织金”结对帮扶对接会议召开。会上，贵阳市120家民营企业和商会同织金县120个深度贫困村结成帮扶对子。

9月6日 贵阳市第九届旅游产业发展大会暨乡村旅游助推脱贫攻坚工作推进会、第五届农业嘉年华开幕式在开阳县举行。开幕式上向五星级农家乐、甲级旅游村寨和精品级客栈代表授牌。向旅游“三变”受益农户代表发放收益卡。

9月8日 2018贵州省产业大招商重大项目开工仪式在双龙航空港经济区宝能·贵州数据科技城举行，贵州省集中开工新引进项目267个、投资总额1069.78亿元，其中，贵阳集中开工新引进项目20个、总投资386.63

亿元。

9月8日 大数据与实体经济融合——先进制造业产业研讨会在贵阳国际生态会议中心举行。研讨会上举行签约仪式，贵阳市签约项目31个，总投资177.51亿元。

9月9日 以“荟萃全球佳酿 促进投资贸易”为主题的第八届中国（贵州）国际酒类博览会暨2018贵州内陆开放型经济试验区投资贸易洽谈会在贵阳开幕。第十届全国人大常委会副委员长、中国关心下一代工作委员会主任顾秀莲讲话。开幕式上，举行经贸合作及酒类投资贸易合作项目签约仪式，该届大会达成签约项目293个、涉及金额1494.71亿元，其中现场集中签约仪式项目37个、总额430亿元。

9月10日 省委副书记、省长谌贻琴到贵阳市看望慰问教师，调研教育工作，代表省委、省政府向全省广大教师和教育工作者致以节日祝贺和崇高敬意。

9月12日 由贵阳市人民政府主办的“多彩贵州·爽爽贵阳”旅游文化推介活动在俄罗斯首都莫斯科举行。

9月13日 国家技术标准创新基地（贵州大数据）在贵阳高新区揭牌成立，贵州省成为全国首个建设大数据国家技术标准创新基地的省份。

9月15日 第六届知行论坛暨“东亚儒学的现代性转化”和“阳明学与文化区域建构”国际学术大会在贵阳孔学堂举行。来自韩国、越南、德国等国家和中国大陆、台湾地区的50多所高校、研究机构及出版单位的近百位专家学者参会。

9月17日 全球首个无人驾驶实训基地在贵阳高新区启用。

9月17日 贵阳—瑞士招商精准对接会在瑞士苏黎世举行。贵阳市市长做招商推介。

9月19日 “多彩贵州·爽爽贵阳”旅游文化推介活动在德国法兰克福举行。贵阳市市长做旅游文化和产业招商推介。

9月21日 贵阳到香港的首趟高铁开通。

9月25日 2018年东盟“一带一路”旅游文化交流周贵州（贵阳）旅

游专场推介会在贵阳举行。柬埔寨王国旅游部部长唐坤，马来西亚驻华大使拿督·扎伊努丁·叶海亚，日本—东盟中心秘书长藤田正孝，中国—东盟中心秘书长陈德海出席。市长及省旅游发展委员会副主任汪文学分别作旅游推介。

十月

10月20日 贵阳举行2018年第一次工业项目集中开工投产仪式。开工项目41个，总投资103亿元；投产项目35个，总投资51亿元。

10月25~26日 2018中国·贵阳（修文）第六届国际阳明文化节在修文县中国阳明文化园举办。

10月27日 云上方舟商业综合体开业。该项目是贵州首个智慧商业体。

10月28日 2018贵阳·清镇半程马拉松举行。

10月29日 贵州达沃斯光电有限公司大尺寸触摸屏——全球首条类7代触摸屏智能生产线在贵阳国家高新区建成投产。

10月30日 贵州航瑞科技有限公司的首批钛合金抽芯铆钉正式交付用户。此举标志着这一航空航天器重要零部件的生产打破国外公司的技术垄断。

是月 贵州云上医学影像诊断中心项目推荐会暨建设启动仪式在贵阳举行。该项目选址位于贵阳高新区沙文园区贵州科学城·智谷，总投资1.5亿元。

十一月

11月1日 货车帮与中国交通通信信息中心所属交通运输通信信息集团有限公司在贵阳签署战略合作框架协议。交信集团将与货车帮代表的满帮集团实现优势互补，在数据、投资等领域进行合作。

11月1日 昆明、南宁、贵阳三市政协主席联席会议第三次会议在南宁举行，围绕“发挥区域优势，助推南向通道建设”，共商三地合作发展的路径举措，促进区域实现大开放大发展。

11 月 5 日　贵阳市 94 家单位参加在上海举行的首届中国国际进口博览会，其中企业 80 家、事业单位 5 家、市直部门 9 家，人数 220 人。

11 月 6~11 日　贵州省第九届少数民族传统体育运动会在贵阳举行。来自全省 9 个市州和贵安新区，以及 8 所省属高校的 18 个代表团 2000 名运动员参加比赛。

11 月 17 日　由《中国国家旅游》杂志主办的 2018 长三角文旅产业发展论坛暨第三届“中国国家旅游”年度榜单颁奖盛典在上海举行，贵阳入选最佳优质旅游城市。

11 月 23 日　2018 年中国（贵州）国际民族民间工艺品·文化产品博览会多彩贵州文化创意设计大赛暨“十佳评选”颁奖典礼在贵阳举行，贵阳孔学堂入选 2018 年贵州省文化产业“十佳品牌”。

11 月 30 日　贵阳市举行见义勇为表彰大会，对 2017 年涌现出来的 17 名见义勇为英雄模范进行表彰，表彰奖励金额 21.8 万元。

十二月

12 月 1 日　贵阳轨道交通 1 号线全线开通试运营。

12 月 1 日　市公安局执法规范化“数据铁笼”平台全面正式运行。

12 月 15 日　由中国新闻社《中国新闻周刊》主办的“影响中国”2018 年度人物荣誉盛典在北京举行，贵阳获得“影响中国”2018 年度城市称号。

12 月 30 日　花冠路建成通车。花冠路全长 23.6 千米，设计时速 60 千米，双向 6 车道，起点位于南明区粑粑街市南路交叉口，止于花溪区甲秀南路与迎宾路交叉口，是按照园林景观大道标准打造的一条标志性城市景观大道。

12 月 30 日　省文明委发布《关于对 2018 年度“文明在行动·满意在贵州”活动综合考核结果的通报》，贵阳市以 91.26 分在市州综合考核中名列第一，观山湖区以 96.15 分在县市区综合考核中名列第一。

12 月 30 日　贵阳市融媒体中心投入试运行，在全国率先探索省、市、县三级资源整合建设融媒体中心的模式。

12 月 30 日　生态环境部通报 2018 年 1~12 月全国空气质量状况。贵阳空气质量平均优良天数比例为 97.8%，同比上升 2.7 个百分点，与珠海市并列全国第 11 位。

2019年

一月

1 月 1 日　贵阳市高速公路全面开通移动支付。

1 月 8 日　贵阳直飞缅甸曼德勒航线开通，这是贵阳首条直飞缅甸的国际航线。

1 月 9 日　贵阳市政府与荷兰共和国罗瓦涅米市政府考察团举行座谈会。会上，贵阳市教育局、罗瓦涅米市教育局共同签署合作备忘录。

1 月 12 日　由新华网主办的“第六届旅游业融合与创新论坛”在北京举行，论坛发布“2018 最美中国榜”，贵阳市以“中国最佳全域旅游创建示范城市”荣登“2018 旅游业最美中国榜”。

1 月 14 日　贵阳直飞米兰洲际航线开通。

1 月 25 日　贵阳市人民政府与深圳市腾讯计算机系统有限公司签署合作协议。双方将围绕城市数字引擎、数字政府、智慧社会、数字产业发展等开展深入合作。

1 月 26 日　人民大道（北段）试通车。

1 月 30 日　《贵阳市人民政府比亚迪股份有限公司全面合作协议》《贵阳国家高新技术产业开发区比亚迪股份有限公司智能制造产业园投资协议》签约仪式举行。

二月

2月21日　德国驻成都总领事任汉平一行到贵阳访问。

2月25日　2019年贵州省补短板强基础项目集中开工仪式贵阳市分会场在花溪区举行，贵阳集中开工32个项目，总投资218.27亿元。

三月

3月15日　贵阳农产品物流园在修文县扎佐镇建成开业。占地66.67公顷，总建筑面积69万平方米，总投资32亿元。

3月20日　贵阳市数博大道首批重大项目集中开工仪式举行。开工的项目共20个，总投资22亿元。其中，融合应用类项目9个，总投资4.1亿元；数字产业类项目7个，总投资15.2亿元；信息基础设施4个，总投资2.7亿元。

3月23日　贵阳至巴黎航线首航仪式在贵阳龙洞堡国际机场举行，市长讲话并宣布航线开通。

3月27日　印度尼西亚共和国驻华兼驻蒙古国大使周浩黎一行到贵阳访问。

3月28日　贵阳市人民政府与贵州海上丝路国际投资有限公司、中国电建集团贵州电力设计研究院有限公司、德国氢能时代技术公司、德国欧洲蓝色能源有限公司、奥地利生物能2020+公司在筑签订战略合作框架协议，共同开展中欧生态环境治理区域合作，打造氢能源示范产业群。

3月29日　菲律宾华商经贸联合会一行35人来筑考察访问。

四月

4月1日　贵阳市0.17万公顷（2.5万亩）高标准蔬菜保供基地建设开工仪式在清镇市红枫湖镇骆家桥村举行。

4月14日　为期三天的第四届中国（宁波）特色文化产业博览会落幕。贵阳代表团“多彩贵州·爽爽贵阳”专题馆获“最具人气奖”。

4月18日 贵阳市民营经济发展大会召开，印发《关于促进民营经济高质量发展的若干措施》。

4月27日 贵阳市人民政府与恒大集团签署合作协议，双方将在高科技、大健康、文化旅游等领域开展合作。

4月29日 贵州省庆祝“五一”国际劳动节暨表彰大会在贵阳举行。大会表彰一批为贵州经济社会发展作出突出贡献的先进集体和个人。其中，贵阳市10个先进班组获“贵州省工人先锋号”称号，14名先进个人获“贵州省五一劳动奖章”。此外，来自贵阳的贵州森瑞新材料股份有限公司排水车间主任黄开军获得“全国五一劳动奖章”、贵州景峰注射剂有限公司获得“全国五一劳动奖状”。

是月 息烽南山风力发电场建成投用。息烽南山风电场于2017年3月开工建设，坐落在息烽海拔较高的南望山山脉。该项目由中国华能集团计划投资4.23亿元建设，总装机48兆瓦。

五月

5月9日 长城战略咨询在京发布《2018年中国独角兽企业研究报告》，公布“2018中国独角兽企业榜单”，满帮集团再次入选，居总榜第14位，是贵州唯一入选企业。

5月26日 2019中国国际大数据产业博览会在贵阳开幕。中共中央总书记、国家主席、中央军委主席习近平向会议致贺信。中共中央政治局委员、全国人大常委会副委员长王晨出席开幕式。该届数博会为期4天，有来自61个国家的2.6万余名嘉宾参会、448家企业参展，其中参展世界500强企业39家。

六月

6月11日 日本前驻华大使、日本贵州之友会会长宫本雄二一行到贵阳访问。

6月12日 贵阳直飞墨尔本航线开通。

七月

7月5日 贵阳市人民政府与中央民族大学附属中学举行合作办学签约仪式。根据协议，双方合作共建中央民族大学附属中学贵阳市实验学校，为全日制公办完全中学，落户贵阳市乌当区，按照贵州省级示范性普通高中标准建设，总规划用地20公顷，建筑面积14万平方米，建成投用后将新增学位5000个（初中2000个、高中3000个）。

7月18~20日 中共中央政治局委员、中宣部部长黄坤明在贵阳等地调研。

7月21日 贵阳5G产业发展论坛在贵阳经开区举行。当天，中国信息通信产业领袖计划启动。

7月22日 以“深化务实合作 共享发展成果”为主题的2019中国—东盟教育交流周在贵安新区开幕。开幕式上还举行“汉语桥”东盟国家青少年来华夏令营开营仪式和GET全球数字经济创新创业挑战赛颁奖仪式。

7月26~28日 贵阳工业产品博览会在贵阳国际会议展览中心举行。该次工博会展示总面积4.5万平方米，包括4个展馆，近600家企业参展。

八月

8月14日 2019年中国互联网企业100强榜单发布，贵阳两家企业上榜。其中，贵阳朗玛信息排名第35位，满帮集团排名第87位。

8月24日 2019年贵阳市第三次工业项目集中开工活动举行。省委常委、市委书记赵德明宣布开工，浪潮集团副总裁刘卫华发言。此次贵阳市集中开工项目共38个，总投资215.6亿元，涵盖电子信息制造业、装备制造业、铝及铝加工、医药制造业、轻工建材业、采选业、特色食品业、磷煤化工业等多个类别。

九月

9月5日 修文县龙场镇新寨村八角岩遗址考古发掘出100多件新石器

时代至商周时期的文物，其中包括陶片、石器、动物骨骼等。据分析，该遗址的历史可追溯到万年前。

9 月 8 日　深化东西协作招商引资大会在贵阳举行。东西产业 14 个合作项目签约，合同投资额 69.4 亿元。

9 月 10 日　第三届经济发展论坛举行，来自意大利、西班牙、波兰、德国、美国、英国等 11 个国家，全国 25 个省（市、区）41 个城市的会展管理机构、行业商协会、会展企业代表共 400 多人出席论坛。

9 月 19 日　2019 年“贵州 · 台湾经贸交流合作恳谈会”贵阳专场活动“黔台两地金融服务业创新合作对接会”在贵阳举行。

9 月 24 日　第 16 届中国—东盟博览会、中国—东盟商务与投资峰会闭幕新闻发布会在中国南宁国际会展中心新闻发布厅举行，新闻发布会上宣布第 17 届东博会中方“魅力之城”为贵阳。

9 月 25~29 日　农业农村部、贵州省人民政府主办，省农业农村厅、贵阳市人民政府承办，以“乡村振兴脱贫攻坚 黔货出山风行天下”为主题的 2019 中国 · 贵阳国际特色农产品交易会在贵阳国际会议展览中心举办。来自国内外的 1000 多家展商携带上万种特色农产品参展。展区面积近 6 万平方米，观展 39 万人次，销售额超过 2.39 亿元，所有参展商补货 5038 次；到会采购商 317 家，签约合同 49 份，签约总金额 32.59 亿元，招商推介会达成合作项目 11 个，合同金额 7.63 亿元。

十月

10 月 18 日　2019 中德工业城市联盟第八次全体会议系列经贸交流活动（贵阳站）落幕。这是中德工业城市联盟第一次走进贵阳举行经贸交流活动。活动期间，来自 8 个德方成员城市、9 个中方成员城市的政府、协会、企业代表等 100 名嘉宾齐聚一堂，与贵阳市 53 家本地企业展开合作洽谈，嘉宾们还实地考察贵阳的投资环境。

10 月 23 日　贵阳市与德国索林根市在上海签署友好城市合作备忘录。根据协议，双方将突出各自的区位优势并重点在经济、旅游、文化、教育等方面开展合作。省委常委、市委书记赵德明与德国索林根市市长蒂姆·奥利弗·库尔兹巴赫座谈并见证签约。活动中，贵阳市商务局、贵阳市旅游文化投资有限公司还分别与德国全球交易中心签署贵阳德国工厂奥特莱斯项目合作备忘录、贵阳国际体育（泵道）文旅项目合作备忘录。

10 月 23 日 美国独立经济智库库米尔肯研究所发布的 2019 年度“中国最佳表现城市”报告显示，贵阳继 2016 年、2017 年、2018 年之后，再次获“中国最佳表现城市”称号，位列“最佳表现城市（一、二线城市）”第七位。

10 月 24 日 贵州省科学技术奖励大会在贵阳举行，贵阳高新区有 10 个项目获奖，涉及 9 个单位。

10 月 25 日 2019 年贵阳市“海外专家贵阳行”暨中高端制造业国际化发展论坛在贵阳开幕。该次论坛共设置新材料产业创新发展、中高端制造业国际化发展等分论坛，吸引来自德国、以色列、美国、日本等 15 个国家 200 多名专家学者、行业领军人物参加。

10 月 25 日 “外交官重走丝绸之路”考察团在筑参观考察，马来西亚、印度尼西亚、埃塞俄比亚、俄罗斯、缅甸等 16 国驻华外交官走进贵阳企业及青岩古镇，了解贵阳发展情况，感受传统民俗文化。

10 月 25~27 日 中国（贵州）国际民族民间工艺品·文化产品博览会在贵阳国际会议展览中心举行。该届民博会的赛事活动包括贵州能工巧匠选拔大赛、中国妇女手工创业创新大赛南部赛区比赛、“圆梦锦绣·巧手脱贫”妇女特色手工技能暨创新产品大赛、少数民族服饰设计作品大赛等。配套活动方面，举办以“文化+大扶贫”“文化+大数据”“文化+大生态”文化旅游工艺品等为主题的招商推介会，以及贵州省茶产业推介会、多彩贵州水产业推介会等。在招商推介会上市投促局发布 18 个招商项目。

10 月 28 日 国际山地旅游联盟总部落成揭幕仪式在贵阳举行。法国前总理、国际山地旅游联盟主席多米尼克·德维尔潘，贵州省副省长卢雍政，国际山地旅游联盟秘书长何亚菲，世界旅游经济论坛副主席兼秘书长何超琼，世界旅游组织荣誉秘书长弗朗西斯科·弗朗中利，贵州省文化和旅游厅厅长张玉广出席。

10月31日 携程旅游发布《2019年国庆旅游账单》，贵阳入围国庆长假最受游客欢迎的国内旅游城市前十，入列2019年国庆旅游20大客源城市。

十一月

11月8日 首届国际大坝安全技术研讨会在高新区举行，来自国内大坝安全主管部门、科研院校及投资、设计、施工等相关单位的90名专家学者参加。

11月9日 日本群马县日中友好协会会长、原群马县议会议长中村纪雄率领群马县日中友协代表团一行到筑访问。

11月13日 农业农村部乡村产业发展司公示2019年中国美丽休闲乡村名单。经地方推荐和专家审核，全国260个村落入选名单，贵阳市青岩镇龙井村榜上有名。

11月16日 在生态环境部举行的“中国生态文明论坛十堰年会”上，贵阳市花溪区获评国家级“生态文明建设示范市县”。

11月19日 贵阳—尼泊尔加德满都航班从贵阳龙洞堡国际机场首航起飞，这是贵阳首条直飞南亚的定期航线。该航线由喜马拉雅航空公司执飞，执飞机型为空客320，每周二往返，单程飞行时间约4小时。

11月29日 贵阳市政府与深圳市腾讯计算机系统有限公司（简称腾讯公司）再度携手，签订战略合作补充协议。根据协议，双方将采取“1（贵阳市政府）+1（腾讯公司）+N（生态合作伙伴）”合作模式，以贵阳市政府和腾讯公司合作为主体，同时引入双方共同认为符合相关要求的生态合作伙伴，打造数智贵阳“未来城市”。

是月 贵阳高新区企业中国电建集团贵阳院申报的“BIM技术在国际项目RU—FIJI水电站的运用”项目，在南京河海大学举办的首届水利工程BIM应用高峰论坛上获规划设计类金奖；在贵州省首届BIM大赛上获一等奖。

十二月

12 月 5 日 贵州高铁陆续试行电子客票，旅客将告别纸质火车票，直接刷二代身份证等有效证件就可进站乘车。

12 月 5 日 北京·贵阳·贵安新区产业协作对接会在京举行。来自贵阳的高新区、经开区、清镇市等 6 个区（市、县）、开发区，与蓝杞数据和能人居签订 6 个合作协议。

12 月 8 日 中马国际贸易交流促进会暨跨境经贸洽谈会在贵安新区举行。会上，贵阳综保区与马中“一带一路”全球采购中心亚太区总部签署战略合作备忘录，进一步推动经贸交流合作。

12 月 9 日 市委副书记、市委政法委书记向虹翔在京与中国工程院院士、清华大学公共安全研究院院长范维澄座谈，就推进政法大数据融合运用及提升市域社会治理能力等进行交流，并共同见证市委政法委与清华大学公共安全研究院签订战略合作协议。

12 月 9 日 市委常委、副市长孙志明在贵阳会见荷兰蒙特弗兰市市长彼特·德·巴特，双方就农业、大数据、商贸、文化旅游等方面进行交流探讨。

12 月 14 日 2019 年贵阳市第 4 次工业项目集中开工活动在贵州轮胎股份有限公司年产 300 万条全钢子午胎建设项目现场举行。此次贵阳市集中开工项目共 25 个，总投资 198 亿元，涉及先进装备制造、中高端消费品制造、新材料、数字产业、健康医药等新产业，预计达产后年新增产值 184.8 亿元，新增就业人数 5000 多人。

12 月 24 日 贵州茅台双龙智慧物流园项目奠基开工仪式在双龙航空港经济区物流园举行。该项目是贵州茅台酒厂（集团）有限责任公司未来的产品战略储存中心和物流发运总仓，负责贵州茅台各品类产品的存储保管，并根据客户和各分店的要求进行快速配送。该项目集智慧仓储、物流商贸、文化展示与体验于一体，总投资 6.36 亿元，规划用地面积 13.33 公顷，建设用地面积 6 万平方米，规划近 16 万个货位，库存能力达 3 万吨，预计

2021 年 6 月建成投产，预计达产后年销售收入 27811 万元。

12 月 25 日　国家林业和草原局公布《国家林草局关于公布第一批国家森林乡村名单》，贵阳市共 14 个村入选。

12 月 31 日　国家林业和草原局公布《国家林草局关于公布第二批国家森林乡村名单》，贵阳市共 14 个村入选。

2020年

一月

1 月 6 日　《贵阳市有轨电车线网规划》出台。贵阳市域及贵安新区规划建设 19 条有轨电车线路，总里程 586 千米。

1 月 7 日　市委副书记、市长会见中国光大国际有限公司副总经理，中国光大绿色环保有限公司行政总裁钱晓东一行，双方就生态文明建设和环保产业合作进行深入沟通交流，达成系列共识。

1 月 7 日　贵阳市人民政府、深圳海盈控投集团合作签约仪式在白云区会议中心举行，合作内容涉及商贸、新能源、总部大楼等项目，总投资 40 亿元的海盈（贵阳白云区）新能源智能化基地建设项目落户白云区。

1 月 9 日　市委农村工作会议暨全市扶贫开发工作会议召开，省委常委、市委书记赵德明出席会议并讲话。

1 月 9 日　贵阳日报传媒集团与中国移动集团贵州有限公司贵阳分公司签署 5G 战略合作协议，探索 5G 融媒传播新模式。

1 月 10 日　贵阳高新区企业贵州航天云网科技有限公司的“贵州工业互联网平台安全监测与防护系统”项目，入选工信部 2019 年工业互联网试点示范项目名单，这是贵州省唯一入选的安全集成创新应用项目。

1 月 10 日　在贵州省大数据发展促进会公布的“贵州大数据企业 50 强”及“贵州大数据企业三个单项奖”名单中，贵阳高新区 20 家大数据企业入选，占全省入选企业的 1/4。

1月10~14日　2020年贵阳综合保税区进口商品保税展示暨跨境电商体验消费周活动举行。此次活动系贵州省首个跨境电商大型消费者体验活动，活动主题为“汇聚世界，闪购全球”，活动地点在贵阳综合保税区海关特殊监管区。活动主要包括“进口保税商品展示销售”“跨境电商商品消费体验”两大部分。

1月11日　复旦大学和国家信息中心数字中国研究院联合发布2019下半年《中国地方政府数据开放报告》暨“中国开放数林指数”。根据2019下半年“中国开放数林指数”，贵阳蝉联地级（含副省级）综合排名第一，贵州获省级综合排名第三。

1月16日　工信部公示第九批国家新型工业化产业示范基地名单，贵阳高新区获批“大数据·贵阳高新技术产业开发区”国家新型工业化产业示范基地，成为该批次贵州获批的两个示范基地之一，也是贵州省首个获批大数据方向的国家新型工业化产业示范基地。

1月20日　陆海新通道首列为单一客户定制的全外贸原箱出口专列开行。贵州开通陆海新通道集装箱班列线路7条，班车线路1条，班列班车均实现周班开行。2020年，“陆海新通道”班列开行数量提高到每周两班。

1月22日　数博大道（长岭南路延伸段）通车。数博大道（长岭南路延伸段）起于贵黄路，止于北京西路。道路全长2.6千米，双向8车道，设计时速为每小时60千米。

二月

2月4日　生态环境部发布2019年度全国环境空气质量榜单，贵阳市在全国168个重点城市中排名第八，在省会城市中位列第四。

2月22日　观潭大道开工建设。该道路是贵阳贵安互联互通骨架路网重要组成部分，是贵阳老城区、观山湖区连接贵安新区的一条快速通道。

2月29日　贵阳市、贵安新区举行党政联席会议，传达学习《中共贵州省委贵州省人民政府关于支持贵安新区高质量发展的意见》，研究贯彻落实举措。

三月

3月5日 贵阳市政府批复《中心城区控制性详细规划（总则）——三马组团》，标志着三马片区这片位于观山湖区以南、贵安新区以东、老城区以西的“三区交汇中心点”区域城市蓝图最终确定。

3月10日 省重大工程和重点项目建设工作领导小组办公室下发2020年贵州省重大工程和重点项目名单，其中贵阳市共安排省重大工程和重点项目556个，年度计划投资1462亿元。

3月11日 工信部公布的2020年大数据产业发展试点示范项目名单中，贵阳经开区的《基于大规模实时物流数据的运力智能调度平台》项目入选，是贵州唯一入选的民生大数据创新应用项目。

3月11日 中央农办、农业农村部印发《关于通报表扬2019年村庄清洁行动先进县深入开展2020年村庄清洁行动的通知》，通报表扬全国106个措施有力、成效突出、群众满意的全国村庄清洁行动先进县，贵阳市花溪区入选。

3月12日 2020年省重点项目——长通智能制造产业基地在贵阳高新区沙文生态科技产业园破土动工。此项目投资5.8亿元，建成达产后年产值将超过40亿元。

3月14日 宾阳大道延伸段（一期）开工建设。作为贵阳路网结构中的重要组成部分、贵阳与贵安快速连接的“新纽带”，这条长3.6千米的城市主干道被定位为与太金线一起作为贵阳市横贯东西的大通道。

3月14日 贵阳贵安融合发展道路互联互通重大项目开工仪式在贵安新区举行。省委常委、贵阳市委书记、贵安新区党工委书记赵德明宣布开工。

3月16日 民政部官网发布公告，对第一批国家森林康养基地名单（共107处）进行公示，贵州省有4处入围，其中包括贵阳市桃源河景区森林康养基地、开阳县水东乡舍森林康养基地2处。

3月16日 贵阳市纪委监委官方微信公众号上线，这是贵阳市纪委监委适应新形势、新任务要求，通过移动互联网打造的又一重要信息平台，旨在运用新媒体的传播特点，聚焦纪检监察工作，开展廉政教育、弘扬廉政文化。

3 月 17 日　2020 年大数据产业发展试点示范项目名单公示，贵阳高新区两个企业项目榜上有名：世纪恒通科技股份有限公司的“大数据技术汽车消费领域和智能应用平台”项目、贵州北斗空间信息技术有限公司的“智慧城市三维指挥调度系统”项目。

3 月 18 日　市委召开专题会议，研究市农投集团产业帮扶全省“9+3”县（区）脱贫攻坚工作。

3 月 31 日　贵州省脱贫攻坚“冲刺 90 天打赢歼灭战”动员大会召开。18 家省直部门在省主会场签订总攻责任状，9 个市（州）、85 个扶贫开发任务的县（市、区）党政主要负责人在各地分会场签订总攻责任状。

四月

4 月 2 日　贵阳贵安农村人居环境整治工作推进现场会在开阳县举行。2020 年是贵阳完成农村人居环境整治三年目标任务的收官之年，贵阳将建设 141 个农村人居环境整治示范村（寨），其中包括 11 个精品型示范村（寨）。

4 月 3 日　2020 年贵州省重大工程项目集中开工仪式贵阳市、贵安新区分会场活动在贵阳市旅游公路环境——观山湖段项目现场举行。贵阳市此次参加集中开工项目共 60 个，总投资 333. 55 亿元。

4 月 9 日　中国共产党贵阳市第十届纪律委员会第五次全体会议召开。出席全会的有市委纪律委员 27 人，列席 96 人。省委常委、市委书记赵德明出席会议并讲话。

4 月 17 日　省委常委、市委书记、贵安新区党工委书记赵德明主持召开数博大道建设领导小组会议。

4 月 20 日　贵阳龙洞堡国际机场三期扩建工程 T3 航站楼项目获得三星级绿色建筑设计标识证书。贵阳龙洞堡国际机场成为贵州省首个获得三星级绿色建筑设计标识的“绿色机场”。

4月22日 贵安南明产业共建共享协同融合发展合作协议签约仪式举行。根据协议，贵安新区和南明区将共建贵安南明产业园、外贸综合服务平台等，共同推进区域融合、产业协作分工，加快推进贵阳贵安融合发展。

4月30日 贵阳市11个县（区）全部开通5G网络，实现贵阳市5G网络“县县通”。

五月

5月6日 市委办公厅、市政府办公厅印发《贵阳市优化营商环境攻坚行动计划》，聚焦企业全生命周期，围绕企业开办、不动产登记、纳税服务、获得信贷等8个专项领域提出60条具体措施，助推经济高质量发展。

5月29日 第一财经·新一线城市研究所公布“2020城市商业魅力排行榜”。贵阳入选“2020城市商业魅力排行榜”二线矩阵。

六月

6月2日 贵州双龙航空港经济区企业联盟成立，标志着双龙航空港经济区企业服务工作迈上新台阶。

6月8日 “开放贵阳·筑力黔行”2020贵阳市云上外商投资洽谈会跨境电商专场举行。

6月8日 《中国政府透明度指数报告（2019）》在北京发布。报告显示，在2019年的评估中，贵阳市在较大的市政府中排名第13位。

6月16日 2020年贵阳市工业项目集中开工活动在贵阳高新能源动力电池项目现场举行。集中开工的项目有13个，总投资97亿元，涉及先进装备制造、中高端消费品制造、基础建材、健康医药、清洁高效电力及新能源等产业。

6月22日 贵阳首个农村电网智能配变台区在息烽县温泉镇天台村龙潭沟文曲广场投运，标志着贵阳地区正式进入智能配变台区时代。

6月26~28日 2020贵阳进出口商品网络交易会（简称云上筑交会）

举行，2万余件商品参展，国内外4000余家企业汇聚云端。大宗贸易类商品浏览量超过百万次，线上直播的访问量达244.2万人次，展会总交易额达11.74亿元。

七月

7月1日　贵阳市2020年脱贫攻坚“七一”表彰大会召开，对全市100名脱贫攻坚优秀共产党员、100名脱贫攻坚优秀党务工作者和100个脱贫攻坚先进党组织进行表彰。

7月6~7日　中共中央政治局常委、国务院总理李克强在铜仁、贵阳考察。

7月10日　中国信息通信研究院发布《中国数字经济发展白皮书（2020年）》。白皮书显示，2019年贵州数字经济增速为22.1%，连续5年排名全国第一。

7月13日　文化和旅游部发布公告，公示第二批全国乡村旅游重点村名单，其中贵阳市乌当区偏坡布依族乡偏坡村、花溪区青岩镇龙井村、花溪区高坡苗族乡扰绕村入选。

7月15日　贵州榛杏科技有限公司主导研制的区块链国际标准《分布式账本技术总体技术需求》，在国际电信联盟SG16全会上获通过，成为贵州省首个区块链国际标准。

是月　贵阳市对口帮扶县2020年剩余的80048名贫困人口全部达到脱贫标准。

八月

8月3日　装载4640套马桶盖的集装箱卡车从平坝夏云工业园驶出，通过公路运往重庆团结村站，搭乘中欧班列经新疆阿拉山口出口至德国。这是贵州首次以“公铁联运、多程转关”模式出口货物，也是企业首次经中欧班列出口货物，开辟商品出口跨境物流快捷新通道。

8月5日　由世界品牌实验室（World Brand Lab）主办的（第十七届）

“世界品牌大会”在北京举行，会上发布2020年“中国500最具价值品牌”分析报告。贵州五大品牌茅台、老干妈、前进（轮胎）、黄果树（烟草）及华夏航空上榜。

8月7日 中共贵阳市委十届九次全会召开，会议审议通过《中共贵阳市委关于坚持以新发展理念为引领加快推动贵阳贵安高质量发展的意见》。

8月11日 国务院下发《关于同意全面深化服务贸易创新发展试点的批复》，同意商务部提出的《全面深化服务贸易创新发展试点总体方案》，同意在北京、天津、上海、重庆（涪陵区等21个市辖区）、贵阳、河北雄安新区、贵州贵安新区等28个省、市（区域）全面深化服务贸易创新发展试点。

8月14日 为期三天的2020中国（贵阳）国际果蔬产业博览会在贵阳国际会议展览中心开幕。

九月

9月5日 贵阳综保区举行跨境电商“前店后仓极速配送”模式启动仪式。作为该创新模式的首个试点项目，贵阳综合保税区跨境商品交易中心投入运营，消费者在此购买跨境商品，从下单到提货，最快只需5分钟。

9月9日 第十届（贵州）国际酒类博览会在贵阳市开幕。

9月16日 《贵阳市防止返贫致贫保险保障方案（试行）》印发。

9月17日 修文县农村产业融合发展示范园被认定为国家农村产业融合发展示范园。

9月18日 贵阳市乌当羊昌花画小镇景区成为贵州确定新增的8个国家级AAAA旅游景区之一。

9月22日 由中共中央对外联络部和中共贵州省委共同举办的“中国共产党的故事——习近平新时代中国特色社会主义思想在贵州的实践”专题宣介会在贵阳举行。

9月25日 首列中欧班列“贵西欧”国际集装箱货运班列从贵阳改貌车站驶出。

9月27日 在2020中国餐饮大会暨贵州（清镇）第四届生态美食文化节启动仪式上，中国食品文化研究会授予清镇市“中国黔菜美食之都”“全国大健康食材示范市”称号。

9月29日 竞争力智库、中国经济导报社、中国信息协会信息化发展研究院和北京中新城市规划设计研究院在北京联合发布《中国西部地区县域发展监测报告2020》，“2020中国西部百强县市”名单同步揭晓，贵州10个县市入选，其中贵阳市下辖的清镇市、开阳县榜上有名。

是月 世界城地组织亚太区执行局批准贵阳市人民政府成为世界城地组织正式会员，并向贵阳市颁发会员资格证书。

十月

10月11日 印有“爽爽贵阳 中国数谷欢迎您”宣传字样的G1376次高铁列车驶入贵阳北站，标志着贵阳高铁外宣车正式发车。

10月15日 昆明、南宁、贵阳、红河、桂林、黔南三省六地文化和旅游合作战略联盟在红河哈尼族彝族自治州成立。

10月20日 全国双拥模范城（县）命名暨双拥模范单位和个人表彰大会在京举行。贵阳市再度荣获“全国双拥模范城”称号，贵阳市教育局获评为全省唯一一个爱国拥军模范单位。这是贵阳市连续八次荣获“全国双拥模范城”称号。

10月28日 国家发展改革委、交通运输部联合印发《关于做好2020年国家物流枢纽建设工作的通知》，共有22个物流枢纽入选2020年国家物流枢纽建设名单，其中贵阳陆港型国家物流枢纽上榜，系全省唯一。

十一月

11月1日 第七次全国人口普查登记工作开展。

11月5~10日 第三届中国国际进口博览会在上海举办，服务贸易、汽车、技术装备、消费品、医疗器械及医药保健、食品及农产品等行业的180余家贵阳企业参展。

11月11日 外交部政策规划司与贵州省外事办公室在贵阳联合举办2020年版《中国外交》白皮书推介会。

11月13日 中央宣讲团党的十九届五中全会精神宣讲报告会在贵阳举行。中央宣讲团成员、商务部党组书记、部长钟山作宣讲报告。

11月20日 全国精神文明建设表彰大会在京举行，贵阳连续第四次获得“全国文明城市”称号。

11月23日 省政府新闻办召开新闻发布会，宣布同意紫云自治县、纳雍县、威宁自治县、赫章县、沿河自治县、榕江县、从江县、晴隆县、望谟县等9个贫困县退出贫困县序列。至此，贵州省66个贫困县全部实现脱贫摘帽。

11月24日 全国劳动模范和先进工作者表彰大会在北京人民大会堂隆重举行。贵阳市5人获“全国劳动模范”称号，1人获“全国先进工作者”称号。

11月30日 在生态环境部举行的“第四批国家生态文明建设示范市县、‘绿水青山就是金山银山’实践创新基地和‘2018-2019绿色中国年度人物’授牌活动”上，贵阳市观山湖区获评国家级“绿水青山就是金山银山”实践创新基地。

十二月

12月1日 中国社会科学院财经战略研究院2020年《中国县域经济发展报告》发布，清镇市列2020年全国县域经济综合竞争力百强榜第97位。

12月2日 全国人大常委会副委员长、全国妇联主席沈跃跃到贵阳调研，对贵阳市妇女工作给予充分肯定，对中国·堡子半边天文化陈列馆发挥的妇女教育基地作用给予高度评价。

12月9日 在北京国家会议中心召开的第十五届中国IDC产业年度大典上，贵安新区获“2020年度中国数据中心新基建先锋城市园区奖”。

12月10日 《国家大数据（贵州）综合试验区城市大数据及网络安全指数》在2020贵阳大数据及网络安全精英对抗演练总结会上发布，贵阳市、遵义市和六盘水市在贵州的大数据城市网络安全指数中排名前三位。

12月29日 由文化和旅游部主办的澜湄旅游城市合作联盟交流活动在

江苏省南京市举行，贵阳市成为澜湄旅游城市合作联盟的首批中方城市之一。

12月30~31日　中国共产党贵阳市第十届委员会第十次全体会议在贵阳会议中心召开。

2021年

一月

1月5日　国家卫生健康委员会公布第四批国家级健康促进县（区）技术评估结果，清镇市通过国家验收，成功创建国家级健康促进县，其典型经验在全国推介。

1月8日　工信部公布2020年信息消费示范城市名单，贵阳入选特色型信息消费示范城市（公共服务类）。

1月9日　农业农村部、财政部联合下发《农业农村部财政部关于认定第三批国家现代农业产业园的通知》，决定将2018年和2019年批准创建、符合认定条件的38个现代农业产业园认定为第三批国家现代农业产业园，修文县现代农业产业园入选。

1月13日　贵阳高新区获商务部批准由国家科技兴贸创新基地升级为国家外贸转型升级基地。

1月20日　RCEP开放机遇贵阳研讨会召开，RCEP成员国驻华大使、商协会代表，以及贵阳市、贵安新区领导，省市相关单位和部门负责人、企业代表约100人参加。

1月26日　由《人民日报》人民文旅研究院撰写的2020年第四季度全国重点旅游城市文旅传播影响力报告发布，贵阳市以97.93的得分位居榜首。

二月

2月3日　省工业和信息化厅公布贵州省工业互联网典型应用案例名

单，小孟工业园区获评贵州省工业互联网示范园区。

2月4日 中共中央总书记习近平到贵阳市观山湖区合力惠民生鲜超市，了解节前市场供应、物价运行、食品安全等情况，并向大家致以新春的祝福。到观山湖区金阳街道金元社区，了解开展便民服务、加强基层党建、提升基层治理水平等情况。在社区广场上，习近平总书记来到居民中间发表讲话。

2月10日 《2020年全省产业招商综合成效测评结果》显示，贵阳国家高新区产业招商综合成效测评以81.96分在全省“1+8”国家级开放创新平台中排名第一。

2月23日 贵阳市与乌拉圭里维拉市召开视频会议，交流两市经济社会发展经验及情况，共同签署友好合作备忘录。

三月

3月1日 贵阳市民营经济服务平台（贵商易）新系统上线启动仪式在贵阳市民营经济统战工作展示中心举行。

3月19日 国家标准化管理委员会批准国家技术标准创新基地（贵州大数据）成立。

3月23~25日 中国—东盟食品行业合作（贵阳）对接会、中国—东盟中医药产业合作（贵阳）对接会在南明区举行。

3月30日 “贵州省面向广东省产业大招商行动贵阳贵安工业招商对接座谈会”在广州市举行。

是月 司法部、民政部印发通知命名1045个村（社区）为第八批全国民主法治示范村（社区），贵州共有33个村（社区）入选，其中贵阳南明区永乐乡水塘村、花溪区高坡苗族乡扰绕村、观山湖区金华园街道金徽社区、修文县洒坪镇青山村4个村（社区）入选。

四月

4月2日 2021环球城市招商引资推介大会发布《中国城市投资吸引力指数报告》，并为“2020中国十大最具投资价值城市”颁奖授牌。贵阳市入选“2020 中国十大最具投资价值城市”。

4 月 4 日　由贵州桥梁集团大通公司承建的贵州首座“提篮”式公路桥梁——G320 线花鱼洞大桥被国际桥梁大会（IBC）授予古斯塔夫斯·林德撒尔金奖。

4 月 11~13 日　2020 年度全国十大考古新发现最终评选在北京举行，贵安新区招果洞遗址入围。

4 月 18 日　第 13 届贵州茶产业博览会按照“1+N”办会模式，分别在南明区、观山湖区、云岩区、开阳县等地设立分会场，组织开展展销、大众品茗等系列活动。

4 月 19~20 日　全国政协外事委员会主任楼继伟率全国政协调研组就“实行高水平对外开放”赴贵安新区开展专题调研。

4 月 19~25 日　贵阳市贵安新区开展“人才日”系列活动，发布《贵阳贵安人才“强省会”行动若干政策措施》。

4 月 21 日　由《中国国家旅游》杂志主办的科技与文旅融合发展论坛暨第五届《中国国家旅游》年度榜单颁奖盛典在北京举行，贵阳市获“2020 中国国家旅游年度臻选旅游城市”大奖。

4 月 23 日　2020~2021 年度“中国美好生活城市发布盛典”在成都举行。在发布的系列榜单中，贵阳上榜十大“大美之城”。

4 月 26 日　“融入湾区发展新机会·共建粤黔合作大平台”贵阳国家高新区产业融合对接会在广东省深圳市举行。

4 月 27 日　中国南方电网贵州电网公司贵阳供电局获全国五一劳动奖状。

4 月 28 日　贵阳市轨道交通 2 号线全线开通运营仪式在云峰大道站前广场举行。

4 月 30 日　贵阳都拉营国际陆海通物流港开通运营。

五月

5 月 11 日　江苏省委常委、省委统战部部长杨岳一行参加贵州“强省会”行动推介暨“苏商入黔”集中签约活动后，在贵阳市考察调研。

5月18日 RCEP（《区域全面经济伙伴关系协定》）产业合作研究院和中国—东盟中医药行业合作委员会秘书处揭牌仪式在南明区举行，标志着贵州、贵阳与RCEP成员国产业合作开启新篇章。

5月19日 贵州省2021年新型城镇化“三改”项目集中开工仪式在贵阳举行。

5月21日 国家标准化管理委员会评选出2021年度国家级服务业标准化试点项目126个，贵阳市申报的贵阳市观山湖区养老服务中心养老机构服务标准化试点、贵州黔灵女家政服务有限公司家政服务培训标准化试点、贵州天下家政有限公司保洁服务标准化试点、贵阳冰清玉洁物业清洁有限公司清洁服务标准化试点4项标准化试点项目入选。

5月26日 2021中国国际大数据产业博览会在贵阳开幕，国家发改委宣布全国一体化算力网络国家枢纽节点建设启动。中共中央政治局委员、国务院副总理刘鹤以视频方式出席开幕式并讲话。该届数博会为期3天，通过“线上+线下”办会模式，实现全球范围的“云会议”“云展览”“云洽谈”。

5月29日 以“中国共产党与百年乡村振兴”为主题的第九届中国·贵州“后发赶超”论坛在白云区举行。

5月30日 在北京召开的中国科协第十次全国代表大会上公布第二批“科创中国”试点城市（园区）名单，贵阳市入选。

是月 贵州首座110千伏车载式移动变电站在贵安新区建成投运，满足省级重点项目恒力（贵阳）产业园万余台设备24小时连续生产的用电需要。

六月

6月1日 中国少年先锋队贵阳市第六次代表大会在贵阳开幕。

6月4日 水利部印发《关于表彰全面推行河长制湖长制先进集体和先进个人的决定》，评选表彰一批全面推行河长制湖长制先进集体和先进个人。其中，贵阳市水务管理局河长制工作处被评为“全面推行河长制湖长制工作先进集体”；修文县高潮水库管理所干部吕祥被评为“全面推行河长制湖长制工作先进工作者”；息烽县永靖镇党委书记、息烽河乡级河长付凯被评为“全国优秀河（湖）长”。

6月7日 人力资源和社会保障部公布第五批全国创业孵化示范基地名单，贵阳市南明大数据电商产业聚集区创业孵化基地、贵阳学院大学科技园、贵阳国家高新区大学生创业园国家级创业孵化示范基地达3家。

6月8日 人力资源和社会保障部、国家乡村振兴局召开全国乡村振兴（扶贫）系统先进集体、先进个人表彰大会，贵阳市扶贫开发技术服务中心主任邱波获“全国乡村振兴（扶贫）系统先进个人”称号。

6月10日 国务院印发《关于公布第五批国家级非物质文化遗产代表性项目名录的通知》，公布第五批国家级非物质文化遗产代表性项目名录和扩展项目名录，清镇市申报的苗族古歌《簪汪传》成功入选扩展项目名录。

6月20日 贵阳市举行庆祝中国共产党成立100周年全市安保维稳誓师大会。

6月29~30日 2021第七届中国产业园区大会在贵阳国际生态会议中心举行。

6月30日 “百年风华——庆祝中国共产党成立100周年美术、书法、摄影大展”开幕式在贵阳美术馆举行。

是月 第一财经·新一线城市研究所发布《2021中国城市商业魅力排行榜》，贵阳排名全国第34位。

七月

7月1日 贵阳市、贵安新区以各种形式集中收看庆祝中国共产党成立100周年大会直播。

7月4日 商务部新认定105家国家外贸转型升级基地，贵阳经开区成功入选。

7月5日 贵州航宇科技发展股份有限公司在科创板上市，成为贵州首家在科创板上市的企业。

7月7日 学习贯彻习近平总书记“七一”重要讲话精神宣讲会暨贵阳

贵安年轻干部廉政教育大会召开。

7月8日 省委常委、市委书记、贵安新区党工委书记赵德明，省委常委、常务副省长率队调研贵安新区重大项目和重点企业，强调要深入学习贯彻习近平总书记视察贵州重要讲话精神，加快推进新型工业化和新型城镇化，为全省高质量发展作出新的更大贡献。

7月12~13日 以“低碳转型绿色发展——共同构建人与自然生命共同体”为主题的2021年生态文明贵阳国际论坛在贵阳市举行。开幕式上，中共中央政治局常委、全国人大常委会委员长栗战书出席并作主旨演讲。原国务委员戴秉国出席。

是月 贵阳市被交通运输部命名为国家公交都市建设示范城市。

八月

8月2日 《贵阳贵安“强省会”五年行动科技创新实施方案》印发。

8月11日 赛迪顾问园区经济研究中心发布“园区高质量发展百强（2021）”，围绕“营商引领”单个维度，评价形成“园区营商环境TOP20”，贵阳高新区在榜单中列第20位。

8月24日 中国共产党贵阳市第十届委员会第十一次全体会议举行。

8月25日 文化和旅游部会同国家发展改革委公布第三批199个全国乡村旅游重点村名单和第一批100个全国乡村旅游重点镇（乡）名单，贵州有7个村（社区）和4个镇（乡、街道）入选，其中贵阳市开阳县禾丰布依族苗族乡马头村入选全国乡村旅游重点村。

8月28日 商务部公示30个全国首批城市一刻钟便民生活圈试点地区名单，贵阳入选。

是月 在新华社《半月谈》杂志主办的“火种计划·全国数字经济党建创新项目”征集活动中，由贵阳高新区报送的“数博大道数字经济党建示范带党建项目”成功入围30强，并获全国数字经济党建优秀创新项目提名奖。

九月

9月9日　第18届中国—东盟博览会RCEP背景下贵阳贵安经贸合作交流会在广西南宁举行。

9月17日　贵阳市贵安新区召开领导干部会议，宣布省委关于贵阳市委、贵安新区党工委主要领导职务调整的决定。省委书记、省人大常委会主任谌贻琴出席会议并讲话。

十月

10月16日　“2021北京网络企业红色故土贵州行”系列活动——“京黔携手网聚贵州”主题交流座谈会在贵安新区举行。

10月26日　贵阳市与乌克兰苏梅市召开视频会议，交流两市经济社会发展经验，签署建立友好城市意向书。

十一月

11月16日　2021年贵阳市“学习贯彻习近平法治思想推进法治贵阳贵安建设”领导干部专题研讨班开班。

11月18日　贵阳直达莫斯科中欧班列首发仪式在贵阳都拉营国际陆海通物流港举行。

11月18日　文化和旅游部确定第五次全国文化馆评估定级拟命名一二三级文化馆名单，贵阳市共10个文化馆上榜。

11月25日　瓮开高速公路唯一控制性工程——开洲湖特大桥主体工程施工完成。

11月26日　贵阳市交通集团承建的观潭大道路网重要控制性节点工程——化槁山大桥合龙。

11月27日　第三届国际自然资源法治论坛在贵阳市线上线下同步举行。

十二月

12月1日　在第一届中国新型智慧城市建设峰会上，工信部中国电子信息产业发展研究院“赛迪顾问”发布《中国城市数字化转型白皮书》，贵阳入选“2021 城市数字化转型百强榜”，排名第二梯队第 20 位。

12 月 10 日　贵安新区管委会与湖南中科电气股份有限公司年产十万吨锂电池负极材料一体化项目签约仪式举行。

12 月 13 日　科技部火炬中心公布国家级科技企业孵化器 2020 年度评价结果，贵阳高新技术创业服务中心再次被评为优秀（A 类）孵化器。

12 月 15 日　中国共产党贵阳市第十届委员会第十三次全体会议召开。

12 月 16 日　贵阳贵安“筑人才 · 强省会”2022 届在黔高校毕业生就业创业行动启动仪式暨贵州大学招引活动举行。

12 月 20 日　国家新闻出版署发布国新出发〔2021〕18 号文，公布 2021 年中国报业深度融合发展 60 个创新案例，贵阳市融媒问政平台入选。

12 月 21~23 日　中国共产党贵阳市第十一次代表大会召开。

12 月 24 日　文化和旅游部资源开发司发布 2021 年智慧旅游典型案例，贵阳市水东乡舍“互联网+乡村旅居”助力乡村振兴案例入选。

是月　在国务院国有企业改革领导小组办公室公布的《“科改示范企业”专项评估结果》中，贵阳经开区企业贵州航天电器股份有限公司被评为优秀科改示范企业。

是月　教育部基础教育质量监测中心公布 2021 年国家义务教育质量监测实施优秀组织单位名单。其中，贵阳市教育局（贵阳市人民政府教育督导室）获评“市级优秀组织单位”，贵安新区、清镇市、修文县、开阳县、息烽县获评“县级优秀组织单位”。

2022年

一月

1 月 14 日　工业和信息化部公布“2021 年工业互联网 App 优秀解决方案名单”，贵州百讯智汇科技有限公司的“制造企业设备服务管理 App 应用解决方案”、贵阳爱立示信息科技有限公司的“基于无钥签名区块链的流程溯源 App 解决方案”、贵阳高新区企业贵州航天云网科技有限公司提供的“磷化工生产智能调度 App 应用解决方案”入选。

1 月 19 日　赛迪顾问发布《2021 中国科技创新竞争力研究》，揭晓“2021 科技创新百强区总榜单”，南明区位居第 71 位，是贵州唯一入选的区。

1 月 22 日　工业和信息化部公布“2021 年度绿色制造名单”，贵阳市 6 家企业入选“绿色工厂”。

二月

2 月 14 日　息烽县十万吨锂电池电解液项目一期工程奠基仪式举行。

2 月 15 日　贵阳市人民政府、贵安新区管委会与北京联东投资（集团）有限公司签署《战略合作协议》。

2 月 27 日　市委农村工作会议召开，会上印发《中共贵阳市委贵阳市人民政府关于做好 2022 年全面推进乡村振兴重点工作的实施意见》，对 2022 年贵阳贵安的乡村振兴及“三农”重点工作进行全面部署。

2 月 28 日　在贵州省生态环境厅举行的“首批贵州省两山基地命名授牌仪式暨新闻发布会”上，贵阳市花溪区获评省级“绿水青山就是金山银山”实践创新基地。

三月

3 月 13 日　中国消费者协会发布《2021 年 100 个城市消费者满意度测评报告》，贵阳市得分为 78.95 分，较上年提升 9.47 分，排名第 75 位，较上年跃升 25 位。

3 月 16~20 日　在 2022 年第 49 届日内瓦国际发明展会，贵州美瑞特环保科技有限公司与贵州师范大学地环学院联合研发的“农业秸秆吸附分离功能复合材料的制备”项目获银奖。

3 月 17 日　贵阳高新区企业贵州精准健康数据有限公司研发的产品

“远程会诊咨询系统”“医学影像存储与传输系统（PACS）软件”获批国家第二类医疗器械注册证，成为贵州省首家获批远程医疗器械注册证的企业。

3月20日 贵阳大数据科创城2022年度首批项目集中开工仪式在贵安新区举行。

3月30日 贵阳市域环城快铁全线通车。

是月 贵阳市大数据产业有限公司获批为国家高新技术企业。

是月 贵阳市农业农村局组织中国工商银行、中国农业银行、中国建设银行、中国邮政储蓄银行、省农信社、贵阳银行、贵阳农商行在筑金融机构就开展乡村振兴深化合作以来的信贷产品进行梳理，制发《在筑部分商业银行乡村振兴信贷产品汇编》，共推出48个乡村振兴信贷产品。

四月

4月1日 农业农村部公示《国务院第三次土壤普查第一批检测实验室》名单，贵阳高新区辖区企业贵州勘设生态环境科技有限公司实验室上榜。

4月2日 中国共产党贵阳市代表会议召开，会议选举产生贵阳市出席中国共产党贵州省第十三次代表大会代表56名。

4月6日 赛迪顾问城市经济研究中心发布“赛迪创新百强区（2022）”榜单，贵阳市云岩区作为贵州省唯一入选的市辖区，居百强区第92位。

4月7日 贵阳贵安启动建设67个“15分钟生活圈”。

4月8日 由贵州省交通规划勘察设计研究院股份有限公司设计的清镇花鱼洞大桥获第39届国际桥梁大会“古斯塔夫·林德撒尔”奖。

4月13日 数据安全DSMM国家标准与数据交易产业推广会在贵阳举行。

4月19日 国务院国有企业改革领导小组办公室公布最新“科改示范企业”名单，其中，贵阳高新区的沃顿科技股份有限公司、中国电建集团贵阳勘测设计研究院有限公司、贵州中南交通科技有限公司3家企业上榜。

五月

5 月 7 日 2022 年“贵州人才日”系列活动暨第十届线上线下贵州人才博览会在贵阳开幕。省委书记、省人大常委会主任谌贻琴，省委副书记、省长李炳军向广大人才朋友致信。

5 月 11 日 省委常委、市委书记胡忠雄参加贵阳贵安共青团系统庆祝中国共产主义青年团成立 100 周年活动并宣讲省第十三次党代会精神。

5 月 15 日 省工业和信息化厅公布贵州省 2022 年“专精特新”中小企业培育认定名单，全省有 208 家企业入选。其中，贵阳市 80 家、贵安新区 2 家。

5 月 18 日 一列中欧班列从贵阳都拉营国际陆海通物流港驶往匈牙利布达佩斯。其中 5 个货柜橡胶制品从越南胡志明市通过公铁联运经中老铁路抵达贵阳，以贵阳为中转中心，首次测试中老铁路与中欧班列货运衔接运行。

5 月 21 日 2022“爽爽贵阳百城百媒爽心之旅黔茶飘香”暨“国际茶日”茶文化系列活动启动仪式举行。

5 月 26 日 2022 中国国际大数据产业博览会以线上方式在贵阳市开幕。中共中央政治局委员、中宣部部长黄坤明以视频方式出席开幕式并讲话。省委书记、省人大常委会主任谌贻琴，工业和信息化部部长视频致辞。省委副书记、省长李炳军作视频推介。中央网信办、国家互联网信息办公室副主任曹淑敏，国家发展改革委副主任林念修视频致辞。

六月

6 月 2 日 贵阳市第十四届运动会、贵阳市第十一届少数民族传统体育运动会、贵阳市第九届老年人运动会启动仪式举行。

6 月 27 日 全国机关事务工作先进集体和先进个人表彰大会在北京举行，贵阳市市直机关事务管理局荣获全国机关事务工作先进集体称号，为贵州省唯一一家获此荣誉的市级机关事务工作单位。

七月

7月3日 “爽爽贵阳”环城健身步道联赛首站（南明站）暨2022贵阳国际马拉松线上赛欢乐跑在贵阳森林公园开赛。

7月6日 “走进大数据国家工程研究中心，共享数智科技成果”2022生态合作伙伴交流会在贵阳国家高新区举行。

7月8日 2022（第四届）中国城市水环境与水生态发展大会在贵阳市开幕。省委常委、市委书记、贵安新区党工委书记胡忠雄出席并致辞。

7月11日 贵阳市以长坡岭国家级森林公园为试点，建成全省首个林长制主题公园。

7月12日 工业和信息化部办公厅公布2021年度国家信息消费示范城市建设成效评估结果，贵阳市获评优秀等次。

7月14日 2022云贵川渝数字化人才发展论坛在贵安新区举行。

7月25日 贵州省第十一届运动会贵阳代表团成立大会暨出征仪式举行。

7月28日 2022年筑创荟·科技创新实战路演活动大数据软件信息服务业专场在贵阳高新区举办。

八月

8月5日 贵阳市首家市、区两级“双拥医院”在贵黔国际总医院挂牌。

8月11日 国家知识产权局印发《关于确定国家知识产权强市建设试点示范城市的通知》，贵阳市位列其中。

8月15日 由贵阳市商务局主办，贵阳市进出口企业协会、贵州对外国际中心承办的贵州出海选品中心正式启用暨食品药品出口认证资质分享会在贵州对外国际中心举行，近30家食品药品企业参加。

8月16日 “中国缩影·贵州这十年”主题新闻发布会市州系列发布会首场——贵阳专场发布会举行，展现“黄金十年”贵阳贵安取得的系列成果。

8月17日 贵阳市与北帕默斯顿市缔结友好城市关系30周年纪念大会

通过视频连线举行。贵阳市人民政府市长，北帕默斯顿市市长格兰特·史密斯讲话。

8月18日 全国绿化委员会、人力资源社会保障部、国家林业和草原局发布《关于表彰全国绿化先进集体、劳动模范和先进工作者的决定》，贵阳市林业局被授予“全国绿化先进集体”称号，贵阳市退耕还林工程服务中心主任汪贵庆被授予“全国绿化先进工作者”称号。

8月18日 工业和信息化部公布2022年新型信息消费示范项目名单，注册于贵阳高新区的贵州电子商务云运营有限责任公司“一码贵州智慧商务大数据平台”项目上榜。

8月22日 安顺市党政代表团来筑考察，两市举行交流座谈。

8月24~27日 第四届中国—东盟艺术暨教育成果展在位于白云区蓬莱仙界的中国东盟（蓬莱）青少年交流活动中心、中国—东盟国际教育展览中心举行。

8月25日 由省工信厅、省财政厅主办的第七届“创客中国”贵州省中小企业创新创业大赛在贵阳落下帷幕，贵阳7个项目获奖。

8月26日 全国自由搏击锦标赛在贵州省清镇市举行，这是自由搏击项目成为奥运会候选项目后举办的首个国家级比赛。

8月27日 贵阳国际陆港—广州港黔粤班列首次实现双向开行，贵阳国际陆港开港运行，黔粤大通道打通。

8月29日 国务院国有企业改革领导小组办公室公布地方“双百企业”“科改示范企业”2021年度评估结果，贵州轮胎股份有限公司作为“双百企业”，成为贵州省唯一一家被评为优秀等级的企业。

8月30日 中国共产党贵阳市第十一届委员会第四次全体会议召开。全会播放警示教育片《作风建设永远在路上》；审议通过《中共贵阳市委关于抓作风优环境强省会的实施意见》《中国共产党贵阳市第十一届委员会第四次全体会议决议》。

8月30日 全国“人民满意的公务员”和“人民满意的公务员集体”表彰大会在北京举行，贵阳市信访局副局长赵家祥被授予全国“人民满意的公务员”称号，云岩区卫生健康局被授予全国“人民满意的公务员集体”称号。

九月

9月8日 第二十二届中国国际投资贸易洽谈会在厦门国际会展中心开幕，贵阳作为“中国投资热点城市”亮相。

十月

10月11日 国家发展改革委公布2022年国家骨干冷链物流基地建设名单，贵阳国家骨干冷链物流基地入选。

10月16日 贵阳市四大班子和贵安新区领导、贵阳贵安各级各部门广大党员干部职工集中收看中国共产党第二十次全国代表大会开幕会电视直播，听取习近平总书记代表第十九届中央委员会向大会作的报告。

10月19日 工业和信息化部公布第七届“创客中国”中小企业创新创业大赛500强名单，贵阳市有3个项目入选，分别是贵州华云创谷科技有限公司“国产可信数据安全交换平台”项目、贵阳臻芯科技有限公司“全智动PCBA烧录测试一体机”项目、贵州中森医药有限公司“医药化学药创新”项目。

是月 全国博士后管理委员会办公室公布2022年第一批博士后科研工作站通过备案名单，贵阳永青仪电科技有限公司名列其中。

十一月

11月1日 水利部、全国总工会、全国妇联联合发文通报，贵阳黔仁生态公益发展中心陆小龙获得“最美民间河湖卫士”称号。

11月3日 学习贯彻党的二十大精神中央宣讲团报告会在贵阳举行。中央宣讲团成员、财政部部长刘昆作宣讲报告。省委书记、省人大常委会主任谌贻琴主持并讲话。

11月3日 商务部、国家发展改革委等八部门决定，在全国增设29个国家进口贸易促进创新示范区，贵阳综保区入围，成为贵州首个国家进口贸易促进创新示范区。

11 月 8 日 竞争力智库、北京中新城市规划设计研究院等机构联合发布《中国西部地区县域发展监测报告 2022》。清镇市、开阳县进入中国西部百强县市，分别居第 61 位、第 67 位，观山湖区、南明区、云岩区、花溪区、白云区进入中国西部百强区，分别居第 24 位、第 27 位、第 31 位、第 36 位、第 93 位。

11 月 9 日 由商务部、省人民政府联合主办，以“展示全球佳酿、促进开放合作”为主题的第十一届中国（贵州）国际酒类博览会在贵阳开幕。

11 月 15 日 贵阳市与白俄罗斯维捷布斯克市通过视频连线方式，签署建立友好城市关系意向书。贵阳市国际友城及友好交往城市增加至 23 个。

11 月 15 日 文化和旅游部公布第二批全国乡村旅游重点镇（乡）名单，开阳县禾丰布依族苗族乡入选。

11 月 18 日 首个国家级大数据产业创新赛事——2022 第一届中国大数据大赛落幕。

11 月 19 日 在生态环境部举行的“中国生态文明论坛南昌年会”上，花溪区获评国家级“绿水青山就是金山银山”实践创新基地。

11 月 22 日 国台办 2022 年重点交流项目——第五届筑台两地青年精英交流活动以线上方式在贵阳、厦门同时举办。

11 月 25 日 贵阳市与老挝凯山·丰威汉市通过视频连线方式，签署建立友好城市关系意向书。

11 月 25 日 贵阳贵安超互联新算力基础设施项目在贵阳大数据科创城举行开工仪式。该项目入选第一批全国一体化算力网络国家（贵州）枢纽节点重点项目，总投资 30.05 亿元，计划 2025 年建成。

11 月 30 日 民政部印发《民政部关于表彰全国社会救助工作先进单位和先进个人的决定》，贵阳市社会救助服务中心获评全国社会救助工作先进单位。

十二月

12 月 2 日 赛迪顾问发布《赛迪投资竞争力百强区（2022）》，南明区列全国第65位，是全省唯一入选区。

12月5日 2022年度“贵州省劳动关系和谐企业”公示。57家企业获表彰，其中贵阳企业6家。

12月6日 商务部、公安部、海关总署联合发布《关于进一步扩大开展二手车出口业务地区范围的通知》，决定新增14个地区开展二手车出口业务，贵阳市在列。

12月14日 首届全球数字贸易博览会在浙江杭州闭幕，贵阳高新区企业中国电建集团贵阳勘测设计研究院有限公司的“贵勘数字·数字工程全生命周期解决方案”获先锋奖（DT奖）铜奖。

12月15日 农民日报社发起2022中国农业企业500强评价活动，贵阳南明老干妈风味食品有限责任公司、贵阳市农业农垦投资发展集团有限公司、贵州百灵集团制药股份有限公司上榜，分别排在第185、第267和第273位。

12月18日 工业和信息化部通报2022年全国“千兆城市”建设情况，贵阳通过“千兆城市”总结评估，成功入围国家“千兆城市”行列。

12月23日 贵阳市500条背街小巷改造全面完工，总投资4.7亿元。

12月24日 中国共产党贵阳市第十一届委员会第五次全体会议召开。

12月27~29日 贵阳市第十五届人民代表大会第二次会议召开，选举出席贵州省第十四届人民代表大会的70名代表。

12月28日 科技部火炬中心公布2021年度国家级科技企业孵化器评价结果，贵阳高新区创业服务中心再度获评优秀（A类）国家级科技企业孵化器，这是中心连续九年获评国家级A类孵化器，也是贵州省唯一一家“9连A”孵化器。

2023年

一月

1月3日 贵州省总工会、省人社厅、省国资委、省精神文明办等部门单位联合下文，命名中国水利水电第九工程局有限公司等57家企业为2022年度“贵州省劳动关系和谐企业”。获表彰的57家企业中，有22家为省直企业，有6家来自贵阳。

1月4日 省委常委、市委书记胡忠雄主持召开党外人士座谈会暨政党协商专题座谈会，就贵阳贵安经济形势和2023年经济工作听取意见和建议。

1月7日 以“奋进新时代 迈上新征程”为主题的贵阳市第52届全民健身迎新跑在观山湖公园开跑。

1月12日 贵州省第十四届人民代表大会第一次会议贵阳市代表团召开组团会议。

1月15日 教育部下发了《关于贵州省有关工作入选校外培训机构治理优秀案例情况的通知》，经严格评选，贵阳市有3个案例被评为全国“双减”工作优秀案例。

1月18日 司法部、民政部印发《关于命名第九批“全国民主法治示范村（社区）”的决定》，决定命名1136个村（社区）为第九批“全国民主法治示范村（社区）”，贵州省共有38个村（社区）上榜，其中贵阳市有4个。

二月

2月1日 贵阳市作为全国第二批“科创中国”试点城市，在全国65个城市（园区）样板间中综合排名第23位，相关试点工作取得初步成效。

2月8日 贵阳市第十五届人民代表大会第三次会议在贵阳会议中心开幕。

2月10日 贵阳市第十五届人民代表大会第三次会议圆满完成各项议程后，在贵阳会议中心胜利闭幕。

2月15日 国家创新型城市监测评价报告发布与专家咨询会在京举行，科技部和中国科学技术信息研究所分别发布《国家创新型城市创新能力监测报告2022》和《国家创新型城市创新能力评价报告2022》。报告发布的全国城市创新能力百强榜显示，贵阳市排名第29位。

2月17日 贵阳市TOD大数据监测与评估平台系统获得2022年第十二届钱学森城市学金奖提名奖。

2月24日 省委常委、市委书记胡忠雄在杭会见浙江省委常委、杭州市委书记刘捷。杭州市领导柯吉欣、朱华，贵阳市领导刘本立、毛胤强、宋旭升参加。

2月27日 贵阳市委副书记、市长在筑会见泰国普吉府行政机构主席雷瓦·阿雷罗布一行，双方就持续深化友谊、推进多元合作进行深入交流、达成系列共识。

是月 水利部办公厅发文通报表扬《公民节约用水行为规范》主题宣传活动优秀组织单位，贵阳市3家单位上榜。

三月

3月6日 十四届全国人大一次会议贵州代表团举行会议，学习贯彻习近平总书记参加江苏代表团审议时的重要讲话精神，继续审议政府工作报告。

3月24日 工业和信息化部公布“2022年度绿色制造名单”，包括“绿色工厂”“绿色设计产品”“绿色工业园区”“绿色供应链管理企业”4项内容，其中，贵阳有4家企业入选“绿色工厂”。

3月27日 贵州省2023年春季促就业攻坚行动暨贵阳贵安“筑人才·强省会”高校毕业生就业创业行动综合性招聘活动在主会场贵州财经大学和分会场贵州交通职业技术学院举行。

3月31日 在2023年全省产业大招商暨优化营商环境工作会议上，省产业大招商工作领导小组办公室通报了2022年全省产业大招商综合成效测评和营商环境考核评估结果，贵阳两项工作均为全省第一。

是月 民政部发布全国养老服务先进单位和个人名单，贵阳市1家单位和1名个人入选。

是月 国务院服务贸易发展部际联席会议办公室公布第三批共25个全

面深化服务贸易创新发展试点“最佳实践案例”，贵阳贵安报送的“探索建设数字丝绸之路贸易港”案例入选并获全国推广。

四月

4 月 1 日 全国首批“中国飞天梦——王伟英雄班”在贵阳开班。

4 月 6 日 以“共聚多彩贵州公园省、共建世界旅游目的地”为主题的第十七届贵州旅游产业发展大会在贵阳花溪青岩隆重开幕。省委书记、省人大常委会主任徐麟出席并宣布开幕。省委副书记、省长李炳军致欢迎辞。

4 月 7 日 贵州文化旅游产业招商大会在花溪区召开，会上举行了招商引资重点项目签约仪式，5 个战略合作协议及 15 个具有代表性、引领性的投资协议项目集中签约。

4 月 7 日 首届新的社会阶层人士服务团网络人士大会暨“凝聚新力量筑梦新时代”——2023 年“寻美 · 中国”主题活动启动大会在天津举行。其中，“寻美贵阳”荣获 2022 年度“寻美 · 中国”市级优秀组织贡献单位奖，市网联会理事唐煌的作品《翻越》荣获“寻美 · 中国”视频类作品优秀奖。

4 月 12 日 以“创业新机遇 · 就业新方向”为主题的贵阳市跨境电商青年创业创新大赛决赛暨颁奖仪式在贵阳国际生态会议中心举行。

4 月 18 日 2023 年“筑创荟”大学生科技创新创业大赛暨华为开发者 & 鲲鹏应用创新贵州区域赛推介会在贵州理工学院（贵安校区）举行，5 月 31 日在筑举行决赛。

4 月 20 日 贵阳至南宁高速铁路贵州段接触网实现“电通”，标志着贵南高铁贵州段“四电”工程建成投用。

4 月 29 日 贵阳大数据科创城核心区项目开工。

是月 贵阳市 17 座新建生活垃圾转运分类分拣中心全部完成联调联试，投入试运行。

是月 贵阳市政府办公厅、贵安新区办公室印发《贵安新区整体提升教育水平推进高质量发展攻坚行动计划（2023—2030 年）》，提出聚焦贵安新区打造教育高地、人才高地、科技高地的发展目标，针对贵安教育存在的短板弱项，集中力量实施攻坚。

五月

5月23日 首届全国城市生活垃圾分类宣传周启动。贵阳两人入选“全国城市生活垃圾分类达人”名单。

5月26日 2023中国国际大数据产业博览会在贵州省贵阳市隆重开幕。全国政协副主席、民盟中央常务副主席王光谦出席开幕式并讲话，克罗地亚前副总理、克对华友好协会主席司马安出席，省委书记、省人大常委会主任徐麟致辞，省委副书记、省长李炳军主持，泰国猜也奔府行政机构主席卢振翼出席，工业和信息化部副部长王江平、中央网信办副主任赵泽良致辞。图灵奖获得者杰克·唐加拉以全息投影形式发表主旨演讲，中国工程院副院长、院士吴曼青，中国南方电网有限责任公司董事长孟振平，中国电子信息产业集团有限公司董事长曾毅，华为公司常务董事、华为云CEO张平安发表演讲。

是月 文化和旅游部发布2022年度全国国内旅游宣传推广十佳案例、优秀案例，“爽爽贵阳”城市品牌宣传推广及其产业链打造入选优秀案例。

六月

6月6日 由贵阳市人民政府主办，贵阳市商务局、老挝国家工商总会承办的贵阳—万象2023经贸交流推介会在老挝万象市举行。老挝中央委员、万象市市长阿沙庞通·西潘敦，老挝工贸部副部长马诺松·沃恩赛出席并见证签约。

6月8日 2023年泛珠三角区域合作行政首长联席会议筹备工作秘书长会议在贵州省贵阳市召开。2023年泛珠联席会议于7月7日在贵阳召开，以“奋进新征程 合作开新局”为主题。

6月8日 中国（贵阳）—越南贸易投资合作企业洽谈会在越南河内举行。

6月10日　“爽爽贵阳 大美之城”2023贵阳马拉松赛在观山湖区鸣枪开跑，来自32个国家和地区的2.5万名选手参赛。

6月11日　以“团结奋进新时代建功贵州新未来”为主题的贵州省第十届少数民族传统体育运动会在贵阳开幕。

6月12日　贵阳龙洞堡国际机场国际货运中心通过贵阳海关验收，标志着贵州“一局四中心”建设取得阶段性重要成果。

6月12~13日　贵阳市委副书记、市长率团访问印度尼西亚雅加达。其间，拜会了印度尼西亚中华总商会总主席张锦雄，并与商会相关企业负责人座谈交流。

6月25日　以“传承创新 融合发展——推动中医药高质量走向世界”为主题的世界中医药大会第七届夏季峰会在贵州省贵阳市隆重开幕。

6月26日　由中国旅游研究院、中国气象局公共气象服务中心等共同主办的2023年中国避暑旅游发展报告发布会举行，贵阳市以凉爽的气候、丰富的避暑旅游资源上榜2023避暑旅游优选地。

是月　国家卫生健康委、国家发展改革委、财政部等6部门联合印发通知，公布81个紧密型城市医疗集团建设试点城市（地级市和直辖市的区），贵阳市入选。

七月

7月4日　“爽爽贵阳避暑季 大美之城迎贵客”2023年贵阳贵安避暑季活动推介会在西安市举行。省委常委、市委书记胡忠雄出席并见证签约。

7月4日　贵阳市房地产健康发展座谈会召开，会议强调要深入学习贯彻习近平总书记关于住房工作的重要指示批示精神，坚持房子是用来住的、不是用来炒的定位，多措并举增信心、强转型、提品质、防风险，推动全市房地产市场平稳健康发展。

7月7日　贵州贵阳（观山湖）现代种业产业园、岳麓山贵阳种业创新中心揭牌仪式暨2023年贵阳贵安现代种业招商引智活动在筑举行。省委常委、市委书记胡忠雄出席并巡展，中国工程院院士刘少军作主旨演讲。

7月8~9日 2023年生态文明贵阳国际论坛以线上线下相结合的方式举办。

7月9日 2023年生态文明贵阳国际论坛高质量发展市长论坛在贵阳举行。

7月11日 由贵阳市文化和旅游局主办、马蜂窝承办的2023年爽爽贵阳避暑季文化旅游推介会来到重庆，在展现贵阳丰富的文旅资源与避暑新玩法的同时向重庆市民发出23℃的清凉邀约。

7月12日 在“网络文明贵州行动”2023年贵州省网络文化节暨网络文明宣传季开幕式上，贵阳市新时代文明实践中心云平台获评2022年贵州省网络文明建设优秀项目。

7月12日 生态环境部在“全国低碳日”主场活动上发布了《国家低碳城市试点工作进展评估报告》（以下简称《评估报告》）。《评估报告》显示，北京、深圳、成都、贵阳等40个城市的评估结果为优良。

7月21日 贵安新区管委会与茅台集团战略合作框架协议签约仪式在贵阳举行。

7月23日 贵阳北、贵阳东和贵阳三大站累计发送旅客1936.6万人次，比2019年同期的1804万人次增加132.6万人次，增长7.35%。2023年以来，贵阳铁路客流强劲恢复并增长。

7月27日 贵阳贵安推动民营经济高质量发展大会暨半年经济工作会议召开。省委常委、市委书记胡忠雄出席会议并讲话。

7月28日 一列满载着1500余吨床垫、婴童用品、瓷砖的国际班列缓缓从贵阳国际陆港驶出，标志着贵阳国际陆港直达中亚班列正式开通。

7月29日 贵阳大数据科创城管委会与中电科大数据研究院战略合作签约仪式举行。贵阳市市长，中电太极（集团）有限公司党委副书记、总经理，中国电科15所所长等见证签约仪式。

7月29日 《中国文化报》刊发特别报道《2023年全国县域旅游研究成果发布》。报道中公布了“2023年全国县域旅游综合实力百强县”名单，开阳县、清镇市、修文县上榜。

7月31日　“奋进二十年 启航新征程”贵阳市住房公积金管理中心成立20周年新闻发布会在市政府新闻办举行。会上，市住房公积金管理中心相关负责人介绍，经过20年的发展，贵阳市住房公积金制度更加完善、覆盖面更大、缴存结构更加合理，资金规模持续增长，资金规模、社会效益持续稳居全省第一。

是月（7月1~25日）　贵州省旅游订单量同比增长65%，贵阳旅游订单量同比增长70%。

八月

8月1日　贵阳大数据科创城（苏贵产业园区）党工委管委会揭牌仪式在贵安新区举行。

8月3日　贵阳贵安外贸攻坚行动誓师大会召开。会议安排部署下半年外贸工作。贵阳市市长、贵安新区党工委副书记、管委会主任等领导出席并讲话。

8月4日　“爽爽贵阳 品质生活”优质资产招商推介会在深圳举行，全方面展示爽爽贵阳的气候、交通、生态环境优势和避暑类地产信息和优惠政策。

8月5日　在首届贵州科技节举行之际，贵阳全国创新驱动示范市授牌仪式在国家大数据（贵州）综合试验区展示中心举行，中国科协为贵阳市授牌。

8月8日　国家统计局贵阳调查队公布，上半年贵阳市城乡居民收入保持回稳向好态势，其中，城镇居民人均可支配收入为25314元，同比增长4.3%；农村居民人均可支配收入为11270元，同比增长7.7%。

8月14日　贵阳市7月空气质量考核结果出炉，开阳县居首。

8月15日　贵阳市生态文明建设成果展显示，2023年以来，贵阳市环境空气质量优良率达99.1%，28个国、省控断面水质达标率100%、优良率96.43%，15个集中式饮用水水源地水质达标率100%。

8月18日　2023年“贵品出山出海·进口好货入黔”进出口贸易洽谈

会在贵阳国际会展中心举行。

8月18日　“爽爽贵阳·千企千品”发布会在观山湖区举行。

8月18日　首届贵州名优商品展暨九市州联动消夏消费季——贵阳贵安消费品制造招商推介会在贵阳国际会展中心举行，省内外有关商协会和采购商、参展商代表参加。

8月24日　贵阳市专利快速预审业务平均授权周期比普通通道缩短85%~90%。进一步缩短专利授权周期，降低了创新主体研发成本，充分助力企业走上专利申请“快车道”。

8月29日　以“教育合作新愿景‘一带一路’共繁荣”为主题的2023中国—东盟教育交流周在贵安新区开幕。

8月29日　省委书记、省人大常委会主任徐麟深入贵安新区调研。省委常委、贵阳市委书记、贵安新区党工委书记胡忠雄，省委常委、省委秘书长陈少波，副省长郭锡文参加。

8月31日　贵南高铁全线贯通运营，贵阳北至南宁东最快2小时49分钟可达。

九月

9月1日　2023中国特色旅游商品大赛颁奖典礼在天津市国家会展中心举行，贵州选送的90套（件）参赛商品获得4金12银6铜的佳绩，其中，贵阳选送的商品获1金1银1铜。

9月4日　贵阳市大力推进棚户区、老旧小区、背街小巷“三改”，提升城市功能品质，2023年老旧小区计划改造项目全部开工。

9月5日　据贵阳市统计局统计，2023年1~7月，贵阳市规模以上工业增加值同比增长6.9%，全市工业经济平稳运行。

9月5日　在息烽县小寨坝镇大湾村实施的玉米高产竞赛通过省级专家的田间实测验收，现场田间实测种植面积为1.086亩，折合亩产1019.9公斤，标志着贵阳市乃至黔中的玉米单产首次破千公斤纪录。

9月8日　省委书记、省人大常委会主任徐麟在贵阳市调研教育工作，并看望慰问教师，代表省委、省政府向全省广大教师和教育工作者致以节日祝福和诚挚问候。

9月8日 2023全国优强民营企业助推贵州高质量发展大会暨第十届全球贵商大会在贵阳开幕，会上举行了招商项目签约仪式，30个具有代表性、引领性的投资协议项目现场集中签约，签约合同资金总额392亿元。其中，贵阳市（含贵安新区）现场签约项目6个，签约合同资金总额115.4亿元，占全省签约合同资金总额的29.44%，排全省第一。

9月9日 第十二届中国（贵州）国际酒类博览会中国（贵阳）国际酒博城分会场系列活动启动，八大系列活动精彩登场。

9月14日 贵阳市与北京市西城区深化友好区市合作协议在京签署。贵阳市委副书记、市长与西城区委书记孙硕，西城区委副书记、区长刘东伟进行座谈交流。

9月15日 贵阳在全省率先完成基层"智慧应急"融合终端安装任务，实现贵阳贵安148个乡镇（街道）全覆盖，基本实现省、市、县、乡镇（街道）终端设备的互联互通。

9月18日 省委副书记、省长李炳军到贵阳国家高新区、观山湖区、白云区部分民营企业调研。

9月20日 2023年贵阳贵安"四城"联动系列活动科技成果推介暨技术需求对接会在贵州大学科技园举行。此次对接会由贵州大学、贵阳市科技局指导，贵州大学科学技术研究院、贵阳生产力促进中心主办，旨在深入落实"四城"创新驱动发展战略，加强高校、科研院所和企业之间的交流合作，促进高校、科研院所的技术成果与企业需求对接。

9月27日 省委书记、省人大常委会主任徐麟在贵阳市调研"城市大脑"建设和经济运行工作。省委常委、贵阳市委书记、贵安新区党工委书记胡忠雄，省委常委、省委秘书长陈少波参加调研。

十月

10月1日 省委副书记、省长李炳军在贵阳市检查调研中秋国庆长假期间旅游秩序、交通保畅、市场消费、安全保障等工作，看望慰问坚守一线的干部职工。

10月6日 自2023年9月28日起，全市新增36个住房公积金“社区服务站”。

10月6日 为期8天的2023年中秋国庆假期落幕。初步统计数据显示，8天中，贵阳火车站管辖的贵阳北、贵阳东、贵阳三大贵州铁路重点客运站累计发送旅客121万人次，日均15.13万人次，客发总量和日均客发量双双创下历年国庆假期最高纪录。

10月16日 农业农村部公布2023年农业品牌精品培育名单，将69个品牌纳入2023年农业品牌精品培育计划，其中“修文猕猴桃”品牌入选。

10月18日 贵州省“十四五”规划实施重点项目——贵阳抽水蓄能电站项目开工。该项目是贵州省首个核准、开工的抽水蓄能电站项目。

10月27日 奇瑞集团、宁德时代项目产业链对接会在贵安新区举行。省委常委、贵阳市委书记、贵安新区党工委书记胡忠雄出席，副省长郭锡文讲话，奇瑞集团董事长尹同跃，宁德时代董事长、总经理曾毓群讲话。

10月28日 贵阳贵安专场招商推介会在贵阳国际生态会议中心召开，活动聚焦贵阳贵安“七大产业”，向与会企业家发出合作邀请。

10月28日 在生态环境部举行的“中国生态文明论坛济南年会”上，贵阳市本级及下辖清镇市获评国家级“生态文明建设示范区”。

十一月

11月2日 省委书记、省人大常委会主任徐麟在贵阳市双龙航空港经济区调研综合交通枢纽规划建设工作。

11月6日 市政府新闻办召开新闻发布会，贵阳森林覆盖率已达55.3%，在全国省会城市中排名第三。

11月8日 国际桥梁与结构工程协会（IABSE）2023年颁奖典礼在瑞士苏黎世举行，来自贵阳高新区的贵州省交通规划勘察设计研究院股份有限公司设计的云南玉溪至楚雄高速公路绿汁江大桥荣获IABSE“最佳建设创新提名奖”。

11 月 11 日　以“阳明心学与企业家精神”为主题的首届孔学堂文明论坛在贵阳开幕。省委常委、省委宣传部部长卢雍政致辞，省委常委、市委书记胡忠雄出席。

11 月 17 日　贵阳贵安女企业家商会、贵阳市白云区女企业家商会成立大会召开。

11 月 18 日　贵阳携冬季特色文旅产品与“大礼包”，亮相在福州举行的第八届“海上丝绸之路”国际旅游节，开展以“爽爽贵阳·遇见福地”为主题的 2023 年爽爽贵阳秋冬文化旅游推介会，这是入冬以来贵阳在全国开展的第一场冬季主题的文化旅游推介活动。

11 月 22 日　在省民政厅举行的推进“15 分钟养老服务圈”新闻发布会上，贵阳市民政局相关负责人介绍了贵阳贵安创新“12345”工作法，全力建设“15 分钟养老服务圈”的情况。

11 月 24 日　贵阳阿哈湖国家湿地公园被国家林草局、科技部联合授予首批国家林草科普基地称号，成为全省唯一获此殊荣的单位。

11 月 24 日　贵阳至金沙高速正式通车。贵金高速全长 165.284 公里，双向六车道，设计速度 100 公里/小时。项目的建设，使贵阳至金沙通行里程缩短约 65 公里，通行时间从原来的 2 小时缩短到 1 小时左右，金沙县正式融入贵阳“一小时经济圈”。

11 月 28 日　国务院食安办举行第三批“国家食品安全示范城市”授牌仪式，贵阳市在列。

11 月 30 日　贵阳产控集团旗下贵州招商易科技服务有限公司与中科亚太数智科技（北京）有限公司在贵阳签署战略合作协议，双方共建的贵阳贵安区域产业发展研究中心揭牌，将整合双方资源、形成优势互补，共同助力贵阳贵安招商引资取得更大成效。

十二月

12 月 1 日　新贵钢花鸟市场（贵钢花鸟商业街区）试运营，市场内部分商家开始开门迎客。

12月1日 贵阳市公安局举行了平安贵州冬季行动集中清查宣防统一行动启动仪式。按照省公安厅统一部署，贵阳市公安局于2023年12月1日至2024年2月29日开展为期3个月的平安贵州冬季行动。

12月1日 中国（贵阳）二手车出口基地授牌仪式在贵阳综合保税区举行，全省二手车出口产业发展将进入一个新阶段。

12月4日 贵阳首个集中储能电站——开阳县200MW/400MWh（200兆瓦/400兆瓦时）集中式储能电站成功并网并顺利完成第一次充电。该项目是全省范围内择优配置的15个独立储能示范项目之一。

12月6日 南明河作为贵州省唯一案例入选生态环境部第二批全国美丽河湖优秀案例，其整治经验被生态环境部作为重大工程实施典型案例推广。

12月7日 贵阳市文化和旅游局携全新玩法和地道风味，在北京举行了一场以“爽爽贵阳，我们‘京’喜相见”为主题的秋冬文化旅游推介会。

12月12日 贵阳民航综合医院建成仪式举行。该院的建成，将大幅提升贵阳机场口岸医疗保障水平和应急救援能力，及贵阳机场突发公共卫生事件和传染病防控能力。

12月15日 贵阳贵安“四型”国家物流枢纽建设情况新闻发布会召开。近年来，贵阳贵安持续推进国家物流枢纽建设，2022年，社会物流总额完成9200亿元，同比增长2.8%；物流业务收入完成390亿元，同比增长3.5%；交通运输仓储邮政业增加值完成316亿元，同比增长1.4%；社会物流总费用与GDP的比率为14.7%，与2021年基本持平。

12月16日 贵阳市轨道交通3号线开通仪式举行。省委常委、市委书记胡忠雄宣布开通运营。

12月19日 贵州省社会科学院承担研究《“东数西算”工程算力保障报告（2023）》（绿皮书）和“东数西算”工程算力保障指数发布，标志着贵州省《在实施数字经济战略上抢新机的若干重要问题研究》课题取得阶段性成果。根据测算结果，贵安数据中心集群算力保障指数居全国10个数据中心集群之首。

12 月 19 日　第二届中国气象旅游产业发展大会在河南三门峡举行，会上发布《中国气象旅游发展报告（2023）》，贵阳获评 2023 年度气象旅游城市。

12 月 22 日　贵阳市政府新闻办召开新闻发布会，前三季度，贵阳贵安完成农林牧渔总产值 269.45 亿元，增长 4.0%，增速排全省第 3 位，高于全省 0.3 个百分点；贵阳市农村常住居民人均可支配收入增长 7.7%，达 18215 元，排名全省第一；贵安新区农民人均可支配收入 10786 元，增长 8.5%，增速比全省高 0.7 个百分点。

12 月 22 日　省委经济工作会议在贵阳举行。会议以习近平新时代中国特色社会主义思想为指导，全面贯彻落实中央经济工作会议精神，总结 2023 年全省经济工作，分析经济形势，研究部署 2024 年全省经济工作。

12 月 24 日　省委常委、市委书记胡忠雄主持召开贵阳贵安工业重点产业高质量发展工作专题会。他强调，要深入学习贯彻习近平总书记关于新型工业化的重要论述，做强做大做优工业重点产业，全面推进贵阳贵安新型工业化高质量发展。

12 月 26 日　贵阳贵安 2023 年林长制工作推进情况新闻通气会召开，2023 年以来，按照市委牢牢守住森林覆盖率 55% 的红线要求，贵阳贵安 2252 名各级林长巡林 2.42 万次，发现并解决问题 656 个。

12 月 26 日　贵州省生态环境厅发布《贵州省生态环境厅关于命名 2023 年贵州省生态文明建设示范区、“绿水青山就是金山银山”实践创新基地的公告》，开阳县获评省级“绿水青山就是金山银山”实践创新基地、贵阳市白云区获评省级“生态文明建设示范区”。

12 月 31 日　2023 年贵阳贵安安全生产工作新闻通气会召开，2023 年度贵阳贵安安全生产工作取得阶段性成效，148 个乡镇（街道）实现“六有”，1681 个村（社区）实现“三有”，排查整治重大事故隐患 2000 余个，900 余家企业安全生产标准化达标。

皮 书

智库成果出版与传播平台

✤ 皮书定义 ✤

皮书是对中国与世界发展状况和热点问题进行年度监测，以专业的角度、专家的视野和实证研究方法，针对某一领域或区域现状与发展态势展开分析和预测，具备前沿性、原创性、实证性、连续性、时效性等特点的公开出版物，由一系列权威研究报告组成。

✤ 皮书作者 ✤

皮书系列报告作者以国内外一流研究机构、知名高校等重点智库的研究人员为主，多为相关领域一流专家学者，他们的观点代表了当下学界对中国与世界的现实和未来最高水平的解读与分析。

✤ 皮书荣誉 ✤

皮书作为中国社会科学院基础理论研究与应用对策研究融合发展的代表性成果，不仅是哲学社会科学工作者服务中国特色社会主义现代化建设的重要成果，更是助力中国特色新型智库建设、构建中国特色哲学社会科学“三大体系”的重要平台。皮书系列先后被列入“十二五”“十三五”“ 十四五”时期国家重点出版物出版专项规划项目；自 2013 年起，重点皮书被列入中国社会科学院国家哲学社会科学创新工程项目。

皮书网

（网址：www.pishu.cn）

发布皮书研创资讯，传播皮书精彩内容
引领皮书出版潮流，打造皮书服务平台

栏目设置

◆ 关于皮书
何谓皮书、皮书分类、皮书大事记、
皮书荣誉、皮书出版第一人、皮书编辑部

◆ 最新资讯
通知公告、新闻动态、媒体聚焦、
网站专题、视频直播、下载专区

◆ 皮书研创
皮书规范、皮书出版、
皮书研究、研创团队

◆ 皮书评奖评价
指标体系、皮书评价、皮书评奖

所获荣誉

◆ 2008 年、2011 年、2014 年，皮书网均在全国新闻出版业网站荣誉评选中获得“最具商业价值网站”称号；

◆ 2012 年，获得“出版业网站百强”称号。

网库合一

2014年，皮书网与皮书数据库端口合一，实现资源共享，搭建智库成果融合创新平台。

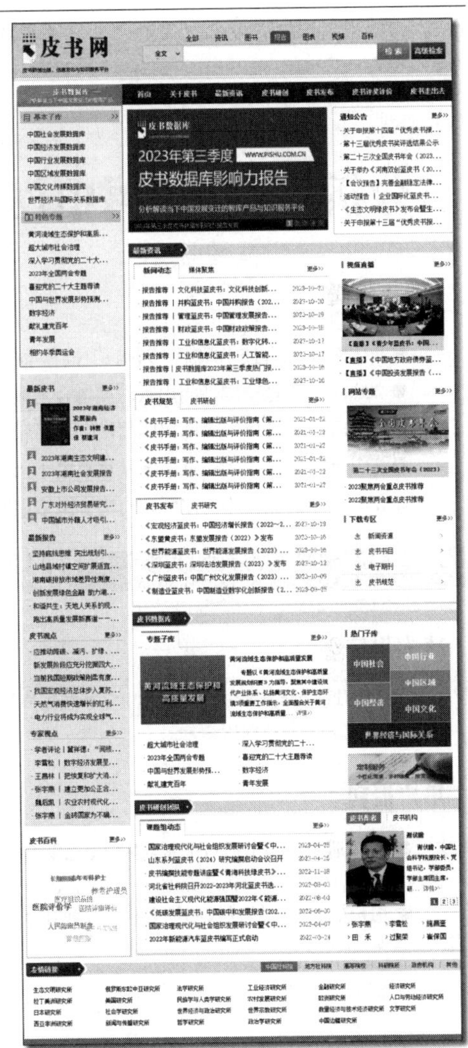

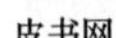

皮书网

“皮书说”
微信公众号

中国社会发展数据库（下设 12 个专题子库）

紧扣人口、政治、外交、法律、教育、医疗卫生、资源环境等 12 个社会发展领域的前沿和热点，全面整合专业著作、智库报告、学术资讯、调研数据等类型资源，帮助用户追踪中国社会发展动态、研究社会发展战略与政策、了解社会热点问题、分析社会发展趋势。

中国经济发展数据库（下设 12 专题子库）

内容涵盖宏观经济、产业经济、工业经济、农业经济、财政金融、房地产经济、城市经济、商业贸易等12个重点经济领域，为把握经济运行态势、洞察经济发展规律、研判经济发展趋势、进行经济调控决策提供参考和依据。

中国行业发展数据库（下设 17 个专题子库）

以中国国民经济行业分类为依据，覆盖金融业、旅游业、交通运输业、能源矿产业、制造业等 100 多个行业，跟踪分析国民经济相关行业市场运行状况和政策导向，汇集行业发展前沿资讯，为投资、从业及各种经济决策提供理论支撑和实践指导。

中国区域发展数据库（下设 4 个专题子库）

对中国特定区域内的经济、社会、文化等领域现状与发展情况进行深度分析和预测，涉及省级行政区、城市群、城市、农村等不同维度，研究层级至县及县以下行政区，为学者研究地方经济社会宏观态势、经验模式、发展案例提供支撑，为地方政府决策提供参考。

中国文化传媒数据库（下设 18 个专题子库）

内容覆盖文化产业、新闻传播、电影娱乐、文学艺术、群众文化、图书情报等 18 个重点研究领域，聚焦文化传媒领域发展前沿、热点话题、行业实践，服务用户的教学科研、文化投资、企业规划等需要。

世界经济与国际关系数据库（下设 6 个专题子库）

整合世界经济、国际政治、世界文化与科技、全球性问题、国际组织与国际法、区域研究 6 大领域研究成果，对世界经济形势、国际形势进行连续性深度分析，对年度热点问题进行专题解读，为研判全球发展趋势提供事实和数据支持。

法律声明